정성호 교수의
철학 강의실

정성호 교수의
철학 강의실

모두를 위한 철학 수업

정성호 지음

P 필로소픽

지치고 암울했을 때도 멈추지 않고
진리를 향한 길을 가도록 힘을 준
제자들에게

목차

머리말

이 책은 내가 미국과 한국의 대학 철학과에서 지난 30년간 강의한 내용의 일부를 요약하고, 그 수업 광경을 재현한 것이다. 책의 일차 대상은 대학에서 철학을 하거나 부전공하는 학생들이고, 이차 대상은 전문직종에 종사하는 지식인과 철학에 관심을 가진 일반인이다. 인문, 사회, 과학 분야의 독서를 다소 한 사람이면 누구나 읽고 이해하는 데 어려움이 없을 것이다. 특별히 철학에 관심이 없거나, 철학은 현실에 도움이 되지 않는 추상적이고 관념적인 학문이라고 생각하는 분들도 환영한다. 그 분들의 비판과 반론은 이 책을 보다 온전한 것으로 만드는데 도움이 될 수 있기 때문이다.

이 책은 총 10개의 철학적 주제를 다루고 있다. 이 주제들은 고대로부터 철학의 중심 과제인 것도 있고, 현대에 이르러 새롭게 제기된 것도 있다. 1, 2장은 철학이라는 학문에 대한 개관과 특성, 3, 4장은 형이상학의 중심 분야인 존재론, 5, 6장은 근대 서양철학을 특징짓는 인식론, 7장은 도덕론과 윤리학을 다루고 있다. 모두 철학의 전통적인 핵심 분야이다. 8, 9장은 현대의 뇌과학과 컴퓨터 기술의 발전으로 촉발된 심리철학의 문제들, 10장은 수학, 논리학, 언어학의 눈부신 발전에 자극받은 언어분석철학의 문제들을 다루고 있다.

이 책은 철학을 처음 하는 사람이나, 보다 깊이 있게 이해하고자 하는 사람들을 위한 입문서이다. 일반적으로 철학 입문서는 두 가지 접근 방식을 택하는데, 하나는 철학의 역사를 중심으로, 다른 하나는 철학의 문제를 중심으로 접근하는 방식이다. 이 책은 후자에 해당한다. 우리가 현재 당면하고 있는 철학적인 문제들을 해결하는 과정에서 기존의 철학자들의 이론을 참고하고, 우리 시대에 필요하고 적합한 철학을 새롭게 정립하는 것이 이 책이 지향하는 바이다. 그 과정에서 철학적 사고 능력을 배양하여 자신의 삶의 의미를 발견하고 성찰하는 길을 모색할 수 있다면, 그 이상 바랄 것이 없을 것이다.

미국의 어떤 자동차 회사 광고에 "당신의 아버지가 타시던 올즈모빌oldsmobile이 아닙니다"라는 문구가 있다. 철학도 마찬가지이다. 오늘날 우리가 할 철학은 우리의 아버지나 할아버지가 하시던 철학이 아니다. 과거의 위대한 철학자들의 사상과 이론을 습득하고 이해하는 것이 철학함의 모든 것이던 시대는 지났다. 우리는 우리 시대에 필요하고 요청되는 철학을 해야 한다.

또한 이 책은 지금까지 시중 서점에서 판매되어 온 철학 입문서들과 다른 형식과 구조를 갖고 있다. 먼저 각 장은 크게 세 부분으로 나뉜다. 시나리오로 구성된 사고 실험thought experiment으로 시작하여, 그 실험에서 제기된 철학적 문제들에 대한 학생들의 질문과 토론으로 이어지고, 마지막으로 그 문제들을 해결하는 데 필요한 이론들에 대한 교수의 강의와 설명으로 끝맺는다. 이러한 방식은 주입식 강의를 주로 들어온 사람들에게 낯설 수도 있다. 그러나 철학을 처음 접하는 사람들에게 가장 적합한 방식이고, 앞으로 철학이 나아가야할 교육 방식이기도 하다.

화학 실험실에서 실험을 하듯, 철학 강의실에서도 실험을 한다. 화학에서 어떤 가설을 설정하고, 그 가설이 맞는지 맞지 않는지 약품과 기구를 사용하여 실험을 하듯이, 철학에서는 가상의 시나리오를 설정하고, 그 시나리오에서 파생되는 철학적인 문제들을 사고와 논리를 통해서 해결한다. 대학 학부 수준에서의 해결 방식은 주로 질문과 토론이다. 이 방법의 장점은 어려운 철학적인 문제에 비교적 쉽게 접근할 수 있고, 학생들의 흥미를 유발하고, 다른 사람들과 대화하면서 문제를 함께 풀어나가는 즐거움을 준다. 누구누구의 철학이 중요하다고 하니까 나도 알아야 한다는 식의 철학 공부가 아니다.

철학 수업에서 질문과 토론의 중요성은 아무리 강조해도 부족하다. 철학한다는 것 자체가 질문하고 토론하는 것이다. 질문하면서 생각하고, 토론하면서 이론을 수정하고 정립해 나간다. 동서양의 위대한 철학 사상들이 모두 그렇게 해서 생겨났다. 각 시대가 당면한 철학적인 문제를 두고 질문하고 토론하지 않는 곳에서는 철학의 발전이 없다. 전통 보존과 계승만 있을 뿐이다. 이 책에서 질문과 토론에 등장하는 학생들의 이름은 내 수업을 들었던 동국대학교 철학과 학부 학생들의 실명이다. 학생들에게 내 책에 실명을 사용해도 되겠느냐고 물어보았더니 모두 허락하고 좋아했다. 해외에 나가 있거나 연락이 되지 않는 학생의 이름을 사용한 경우도 있는데, 물어보지 않아도 허락할 것이라고 생각해서 사용했다. 혹시 내 생각이 잘못이면 양해하기 바란다.

교수의 강의와 설명은 철학에 입문하는 대학생, 지식인, 교양인에게 필요하고 도움이 될 만한 내용과 수준으로 다음과 같이 구성되었다. 첫째, 다른 학문이나 기술 분야에서는 찾아보기 어려운 철학 특유의 시각과 접근이 어떤 것인지, 그것이 왜 중요한지를 토론과 질문, 강의와 설명을 통해서 보여준다. 둘째, 일상생활에서 접하는 철학적인 용어와 개념의 의미를 그것이 제기되고 문제시되는 철학적인 문맥을 통해서 설명했다. 독자들은 철학 용어나 개념들이 생각보다 어렵고 추상적인 것이 아니라는 인상을 받을 수 있을 것이다. 셋째, 제시된 문제와 관련되고 중요한 이론들을 핵심적으로, 그리고 가능한 한 간단명료하게 제시하려고 노력했다. 이 이론들은 철학을 전공 혹은 부전공하는 재학생들은 모두 알아야 하지만, 일반 지식인과 교양인도 알면 도움이 될 수 있는 이론들이다.

보다 더 깊이 있는 공부를 하고 싶은 사람은 여기에서 제시된 이론과 철학자들을 도서관이나 인터넷에서 찾아보기 바란다. 철학하는 즐거움을 맛보는 경험을 할 수 있을 것이다. 특히 인문, 사회, 과학, 예술 분야에 종사하는 전문 지식인들에게는, 그들 분야의 이론적 체계의 기초가 되는 철학 사상들이 포함되어 있으므로 관심을 가지고 정독하기를 권장한다. 나무에 굳건한 뿌리가 있어야 그 꽃과 열매가 풍성할 수 있는 것처럼, 학문이나 기예에도 그 뿌리가 깊어야 한다. 그렇지 않으면 부분적이고 피상적인 관찰이나 정보밖에 제공하지 못하기 때문이다. 그들에게 철학이 필요한 이유이다.

철학은 직장을 갖고, 가정을 꾸리며 사는 데에는 크게 도움이 되지 않는 학문이다. 철학은 직장 생활을 하는 데 필요한 지식이나 기술, 가정생활을 하는 데 필요한 정보와 도구를 제공하지 않는다. 그런 것들을 위해서는 법학, 의학, 경영학, 기술공학 같은 분야들을 전공할 일이다. 그러나 직장과 가정생활, 그리고 경제활동이 우리 인생의 전부는 아니다. 어떤 생각과 태도를 갖고 직장 생활을 하고, 어떤 마음과 가치관으로 가족들과 생활하고, 자녀들을 교육할 것인가 하는 문제도 중요하다. 가정과 직장이 안정되고 풍요로운 생활을 하는 것으로 우리 삶의 문제가 모두 해결되지도 않는다. 인생에는 수많은 요소와 조건들이 복잡하게 얽히고설켜 있다. 매일 반복되는 직장생활은 사람을 지치고 공허하게 하고, 예기치 못한 사고나 감당하기 어려운 상황에 부딪쳤을 때는, 지금까지 살아온 인생을 그 근본에서 되돌아보게 된다. 나는 지금까지 무엇을 위해서 살았던가? 나는 어떤 존재이며, 내 삶의 의미는 무엇인가? 자기 자신과 자신의 인생에 대한 근본적이고 총체적인 검토와 성찰이 요구된다. 그런 요구에 부응할 수 있는 인문, 사회, 과학, 예술 분야들이 다소 있지만, 철학처럼 다양한 시각에서, 깊이 있고 체계적으로 사고하는 데 도움을 줄 수 있는 분야는 없다. 철학은 합리적으로 사고하고, 논리적으로 분석하고, 윤리적으로 판단하는 계기와 방법을 어떤 분야보다 잘 제공하기 때문이다. 철학은 인간과 세계의 본질에 접근하여, 자연환경과 인간사회 속에서 자신의 위치와 의미를 파악하는 데 도움을 줄 수 있다. 이 책은 그런 가능성을 향해 썼다.

이 책이 잘 출판될 수 있도록 처음부터 끝까지 도와 준 제자 윤성희, 권재현, 김은주에게 먼저 고맙다는 말을 하고 싶다. 원고를 출판사에 보냈을 때, "기다렸던 책"이라고 반겨주신 필로소픽 이은성 사장님, 편집 과정을 부드럽게 이끌어주신 구윤희 편집장님, 자세하게 원고 교정과 조언을 해주신 깐깐한 하종 씨에게 감사를 드린다. 마지막으로, 길고 험난한 진리의 길을 흔쾌히 함께 해준 아내 수향에게 이 자리를 빌어서 감사의 마음을 전한다.

1부

철학 입문

1장

철학이 필요한가? 왜 하지요?

사고 실험: 산 위의 현자

바닷가 마을에 사람들이 살고 있었다. 앞으로는 바다가 펼쳐지고, 뒤로는 넓은 들과 높은 산이 솟아 있었다. 바다에서는 어부가 고기를 잡고, 들에서는 농부가 농사를 지었다. 봄 축제에는 마을 사람들이 중앙 광장에 모여 악사의 음악에 맞추어서 춤을 추었다. 광장 주위에는 은행, 병원, 교회, 관공서 등이 들러서 있었다. 교회에서는 결혼식도 열리지만, 때로 장례식이 열릴 때면 슬픈 종소리가 마을로 퍼져 나갔다. 가끔 바다 너머에서 나타난 해적들이 마을에 들어와 약탈과 방화를 하고 도주하는 것 외에는 비교적 평온한 마을이었다.

　마을 뒷산에 있는 정자에 앉아 이런 광경을 지켜보고 있는 사람이 있었다. 그는 들이나 바다로 나가 일하지도, 시장에서 물건을 팔지도 않았고, 관공서에 직장을 갖고 있지도 않았다. 그가 주로 하는 일은 마을을 내려다보면서 거기서 일어나는 일들에 대해서 생각하는 것이었다. 그 생각은 주로 이런 것들이었다.

　'저들은 무엇을 위해서 저렇게 살고 있는가? 저들이 저런 삶에서 최종적으로 얻는 것은 무엇인가? 자신들이 어떤 존재이고, 어떤 세계 속에서 살고 있는지 알고 있는가? 이해관계를 달리 하면서 서로 다투지 않고 평화롭게 사는 방법은 없을까? 평생 힘들게 일하고 고생하다 죽어가는 인생에 어떤 가치가 있는가? 이 모든 것의 의미는 도대체 무엇인가?'

산 위에 오랫동안 머물면서 생각한 후에, 그는 이 질문들의 답을 얻었다. 산을 내려와 마을 광장에 모여 있는 사람들에게 자신이 얻은 답을 말했다. 마을 사람 중에는 그를 '현자'라고 부르며 따르는 사람들이 있었다. 쓸데없는 소리를 한다며 등을 돌리는 사람들도 있었다. 마을을 떠나라고 소리 지르며 돌을 던지는 사람도 있었다.

철학이 왜 필요한가?

위 이야기의 바닷가 마을에서 농부는 농사를 짓고, 어부는 고기 잡기에 바쁘다. 가게 주인은 장사하기에 분주하고, 경찰은 범인을 추적하는 데 몰두해 있다. 누구나 매일매일 자기가 해야 할 일에 정신을 팔고 있다. 이런 상황에서는 마을 전체에서 일어나는 일들을 전체적으로 조망하고 판단할 사람이 필요하다. 그 규모가 더욱 커져서 국가적인 단위가 되면 그런 사람이 더욱 필요하다. 국가의 정치, 법률, 경제, 문화, 국방, 사회질서 등의 문제들을 전체적으로 조망하고. 정책을 수립하고. 담당하는 전문가가 필요하다.

그런데 문제는 여기에서 끝나지 않는다. 정치를 어떤 방향으로 할 것인가? 법률에서 어떤 정신을 기본으로 할 것인가? 경제에서 어떤 가치를 중요하게 생각할 것인가? 교육에서 학생들에게 무엇을 가르칠 것인가? 하는 문제들이 발생한다. 이런 분야뿐만이 아니다. 예술은 예술대로, 문학은 문학대로, 과학은 과학대로, 종교는 종교대로 각 분야에서 하고 있는 일들의 목표와 방식에 대한 반성과 검토가 필요하다. 이런 경우 각 분야 외부에서 그들이 하고 있는 일을 전체적으로 조망하고 검토할 시각이 요구된다. 그런데 그런 검토는 각 특수 분야에 종사하는 전문가들이 할 수 있는 일이 아니다. 그들은 각자의 일에 몰두하여 자기가 하고 있는 분야 전체를 조망하기가 어렵다. 숲속에서는 숲 전체를 볼 수 없는 것과 같다. 이 일은 결국 철학자에게 맡길 수밖에 없다. 종교철학, 정치철학, 경제철학, 법철학, 과학철학, 예술철학, 교육철학 등이 필요하고 존재하는 이유이다.

한 가지 예를 들어보자. 현대 자유민주주의 국가에서는 개인의 인권, 즉 개인의 기본 권리가 중요하게 생각된다. 토머스 제퍼슨은 미국 독립선언문에서 인간은 모두 평등하게 태어나고, 생명, 자유, 행복을 추구할 권리를 하나님으로부터 부여받았다고 선언했다. 과거 군주 시대에는 상상도 할 수 없는 선언이었다. 대영제국의 식민지 국가였던 미국에서 이런 선언이 왜 갑자기 나타날 수 있었을까? 그것은 제퍼슨이 당시 유럽의 계몽주의 철학자들의 사상에 영향을 받았기 때문이다. 계몽주의는 이성을 가진 인간이 자유의지를 가지고 주체적으로 사고하고 행동할 수 있다는 사상을 사람들에게 심어주었다. 식민지 미국의 농민들이 대영제국의 군대와 싸워서 독립을 쟁취하고, 프랑스의 굶주린 시민들이 루이 16세의 사치와 부패에 분노하여 일으킨 혁명도 모두 계몽주의 사상에 영향을 받아서 일어났다.

동북아시아에서는 유럽보다 종교, 정치, 경제, 법률, 과학 등 사회의 전반적인 문화가 철학 사상에 의해서 더 많이 지배되고 통제되었다. 한반도의 경우 조선왕조 500년간 공자, 맹자의 유학 사상이 정치 이념뿐만 아니라, 일상생활의 사고와 행동 규범과 방식까지 규정했다. 유학 사상은 부모에게 효도하고, 국왕에게 충성하는 것이 사람으로 태어나서 해야 할 가장 중요한 덕목이요, 도리라고 가르쳤다. 화가가 그림을 그려도 유학에서 강조하는 덕목을 상징하는 매화, 난초, 국화, 대나무를 주로 그렸고, 도학道學에서 이상으로 생각하는 산수화, 자연 속에 살면서 자연과 동화한 인간의 그림을 그렸다. 문학의 경우도 마찬가지였다. 한국의 대표적인 문학 작품이라고 할 수 있는 《심청전》과 《춘향전》도 유학이 강조하는 덕목인 효도와 절개를 이상화하여 묘사한 것이다.

그러면 문제는 여기에서 끝나는가? 그렇지 않다. 앞에서 말한 정치, 경제, 법률, 과학, 예술, 교육 등 다양한 전문 분야의 철학들에 대한 전체적인 조망과 검토가 다시 필요해진다. 정치철학, 예술철학, 과학철학, 종교철학, 교육철학 같은 다양한 전문 분야의 철학들이 철학이라고 불리기 위해서는 먼저 그것들이 철학이어야 한다. 그 전문 분야의 철학들이 철학이 되게 하는 무엇이 있어야 한다. 그 무엇이 무엇인가? 무엇이 그들로 하여금 철학이게 만드는가?

이 단계에 이르면 철학은 다른 차원의 일을 할 수밖에 없다. 세상사의 부분들에 대한 전체적인 조망과 검토를 넘어, 세상사 전체에 대한 통일적인 조망과 검토가 필요한 것은 물론, 세상사 전체를 떠받치고 있는 보다 근본적이고 근원적인 차원의 조망과 검토, 즉 높은 차원의 철학이 필요해진다. 우리는 낮은 차원의 이론을 내려다보며 수립한 이론을 '메타meta이론'이라고 부른다. 메타이론은 이론에 대한 이론이다. 이론에 대한 이론은 앞의 이론보다 더욱 근본적이고 근원적인 문제를 검토의 대상으로 다룬다. 건축의 경우, 다양한 상층 구조를 떠받치고 있는 하층 구조를 규명함으로써 건축물 전체의 통일적인 설명을 하는 것과 같다. 자연과학의 경우도 마찬가지이다. 세상에는 온갖 종류의 물질들이 있지만, 그것들은 화학의 주기율 도표에 나온 118가지 원소로 이루어져 있고, 그것들은 다시 분자, 원자, 원자핵, 전자, 중성자 등으로 이루어져 있다. 과학은 이를 통해 가장 근본적이고 근원적인 물질을 규명함으로써 세상에 존재하는 온갖 종류의 물질들의 성질들을 밝혀낸다. 물리학이 화학과 지질학의 기초가 되고, 다시 생물학과 심리학의 기초가 되어 자연과학이라는 체계를 이루는 것과 같다.

전통적으로 사회학자들은 산업을 세 단계로 나누어서 설명해왔다. 1차 산업은 자연 속에 있는 자원을 채취하는 산업, 즉 농업, 어업, 광업이다. 2차 산업은 1차 산업에서 채취한 자원을 활용하는 산업, 즉 제조업, 건설업 등이다. 3차 산업은 서비스 산업으로, 2차 산업에서 생산된 자원을 관리 혹은 통제하는 산업이다. 유통업을 비롯 교육, 금융, 정치, 법률, 정보통신, 예술 같은 산업이다. 1차 산업보다는 2차 산업이, 2차 산업보다는 3차 산업이 사회와 관련해서 더 포괄적이고 이론적인 문제들을 다룬다. 육체적 노동보다는 지적 노동에 종사하는 전문 직종들이다. 이런 구도에서 보면 철학은 '메타산업'에 속한다. 교육, 금융, 정치, 법률, 정보통신, 예술 등이 추구할 가치와 방법을 제시하고 검토하고 비판하는 역할을 하기 때문이다. 그런 의미에서 철학은 가장 높은 단계의 메타산업이라고 할 수 있다.

형이상학을 하는 이유

형이상학이라는 말을 들어 본 일이 있을 것이다. 영어로 하면 meta-physics이다. physics가 물리학이니까 meta-physics는 메타물리학이 된다. 메타물리학이 형이상학이라는 이름을 갖게 된 까닭은 아리스토텔레스의 metaphysics를 동양의 유학자들이 유학적으로 번역했기 때문이다. physics를 형形에 대한 이론, 즉 형상과 형태를 가진 물질에 대한 이론으로 보고, metaphysic는 형상과 형태 이상의, 혹은 그런 것을 넘어선 이론으로 본 것이다.

즉, 형이상학이라는 이름은 형상과 형태를 초월한 존재에 대한 이론이라는 것이다. 그러나 형이상학에는 유물론 혹은 물리주의가 있고, 존재의 영역뿐만 아니라 비-존재의 영역까지 포함해서 연구의 대상으로 하는 것을 감안하면, 그렇게 잘 된 번역은 아니다.

어쨌든 형이상학은 존재의 문제를 다루기 때문에 철학의 가장 중심적인 위치에 있는 분야이다. 먼저 존재가 있고 나서, 존재하는 세상과 존재하는 인간에 대한 문제가 따라 나온다. 존재하느냐, 존재하지 않느냐의 문제보다 인간과 세상에 더 중요하고 근본적인 문제는 없다. 어떤 종류의 존재가 실제로 존재하는가? 아니면 허상에 불과한가? 어떤 종류의 존재가 항구적인가? 아니면 일시적 것에 불과한가? 어떤 종류의 존재가 근본적이고 어떤 종류의 존재가 피상적인가? 하는 문제보다 더 중요하고 근본적인 철학적인 문제는 없다.

조선 왕조 말, 기독교가 한반도에 처음 들어왔을 때, 정치인은 물론 일반인들까지 많은 반발이 있었다. 그 이유 중 하나는 서양의 식민 세력이 들여오는 종교라는 것 때문이었고, 다른 하나는 우리가 수천 년간 지켜온 문화를 파괴할 수 있는 이질적인 문화라는 것 때문이었다. 그 중의 하나가, 기독교인은 조상에게 제사를 지내지 않는다는 것이었다. 효도와 조상 숭배를 기본 이념으로 삼고 있는 조선에서, 조상에게 제사를 지내지 않는다는 것은 인간의 도리를 지키지 않는 것은 물론, 야수野獸나 들짐승들이나 할 일이었다. 예수교를 야수교라고 부른 것도 놀라운 일이 아니다.

그러나 천지를 창조한 유일신, 여호와를 믿는 기독교인에게는 음식을 차려놓고 조상신에게 절을 올리는 것은 우상 숭배와 마찬가지였다. 조상신에게 제사를 지내는 것은 기독교의 가장 중요한 계율인 십계명을 어기는 일이었다. 제사 문제로 결국 문화적 충돌, 더 정확히 말하면 존재론의 충돌이 일어나고 말았다. '수천 년간 믿어온 조상신이 존재하느냐? 기독교가 말하는 유일신이 존재하느냐?'의 문제였다. 수많은 기독교인들이 목숨을 잃고, 조선 왕실은 결국 서양문화를 배격하는 쇄국정책을 펴기에 이르렀다. 존재의 문제가 철학자들의 형이상학적 논변에 지나지 않는다는 생각이 잘못되었다는 것을 여실히 보여주는 한 예이다.

당신은 정해진 운명이 있고 지금까지 그 운명에 따라서 살아왔다고 생각하는가? 아니면, 운명 같은 것은 없고, 당신의 자유의지와 주체적인 결정에 따라서 살아왔다고 생각하는가? 세상에는 온갖 종류의 관습과 제도가 있고, 그것들은 또 시대에 따라서 변하기도 하지만, 어느 시대나 지역에 상관없이 지켜야 할 보편적인 도덕 혹은 윤리가 있다고 생각하는가? 아니면 그런 도덕이나 윤리는 없고 모든 것이 상대적이라고 생각하는가? 인간의 의지와 희망을 초월한 만물을 관장하고 다스리는 법칙이나 진리가 존재한다고 생각하는가? 아니면 법칙이니 진리니 하는 것이 모두 인간이 만들어낸 상상 혹은 추론의 산물이라고 생각하는가?

이런 존재론적 질문들은 당신이 직장에 다니고, 가족을 이루어서 생활하는 것과는 상관이 없어 보인다. 그러나 당신이 운명론자, 자유의지론자, 윤리 절대주의자, 윤리 상대주의자인지에 따라, 혹은 보편적인 진리가 있다고 믿는지, 아니면 진리는 인간이 만든 도구에 불과하다고 믿는지에 따라 당신의 사고와 행동은 크게 달라지고, 삶의 방향과 내용에도 커다란 차이가 발생할 수 있다. 당신의 존재론은 이 세상에서 살아가는 당신의 삶의 방향과 내용을 결정한다고 해도 과언이 아니다. 그런 사실을 알든 모르든, 당신은 존재론의 지배를 받고 살고 있다.

인식론에서는 무엇을 하는가?

그런데 존재론에 따라 나오는 중요한 문제가 있다. 운명이 존재하는지 않는지, 절대적인 가치가 있는지 없는지, 보편적인 진리가 존재하는지 않는지를 어떻게 아느냐 하는 문제이다. 그것들의 존재 유무를 판단할 기준이 어디에 있으며, 그런 기준이 있다면, 그런 기준을 어떻게 알 수 있느냐 하는 문제가 따라 나온다. 어떤 사람이 "서울 남산 아래에는 석유가 매장되어 있다"라고 주장하면 금방 따라 나오는 질문이 있다. "그것을 어떻게 아느냐?"이다. 이처럼 존재론에는 인식론적인 질문이 따라 나오기 마련이다.

오랫동안 기독교 전통 속에 있던 서양은 신God의 존재를 믿어왔다. 우주를 창조한 전지, 전선, 전능의 신, 하나님이 존재한다는 것은 의심의 여지가 없이 확실했다. 하나님의 존재를 부정하는 것은 상상할 수 없는 일이었고, 지옥 불에 떨어져서 영원히 고통을 받을 일이었다. 다른 사람 앞에서 공공연히 그 생각을 발표했다가는 파문을 당하거나 화형에 처해질 일이었다. 기독교의 경전인 성경은 그 자체로 신성했고 오류가 없다고 여겨졌다.

성경에 의하면 하나님은 빛과 어둠, 하늘의 별들을 창조한 후, 마지막으로 인간 남녀를 창조했다. 인간 중심의 우주론이었다. 인간이 살고 있는 지구가 우주의 중심에 위치해 있었고, 태양을 포함한 모든 천체가 지구를 중심으로 운동하는 것으로 보았다. 이런 상황에서 갈릴레오는 망원경을 제작하여 수성, 화성, 금성 등 행성들의 운동을 관찰하고, 그것을 수학적으로 계산하여 지구를 포함한 행성들이 태양을 중심으로 회전운동을 한다는 것을 발견했다. 그리고 그 발견을 책으로 써냈다. 인간 중심의 우주론에 대한 정면 도전이었다. 그것은 동시에 오류가 없는 성경에 대한 도전이기도 했다. 로마 교황청이 그를 가만히 둘 리가 없었다. 종교 재판에 불려나간 갈릴레오에게 교황청의 성직자들이 물었을 것이다. "태양이 지구를 중심으로 돌지 않는다는 네 주장의 근거는 무엇이냐?" 갈릴레오의 대답을 정확하게 알 수 없지만, 아마도 이런 내용을 포함했을 것이다. "망원경으로 관찰하고, 관찰한 것을 수학적으로 계산해서 알아냈습니다. 지구가 태양을 중심으로 회전 운동을 하고 있다는 것은 사실입니다." 이 말을 들은 교황청 성직자들은 크게 분노했을 것이다. 장난감 같은 망원경과 종이 위에 끼적거린 몇 개의 수식을 가지고, 신성한 성경의 진리를 부정하다니…. 말 그대로 천벌을 받아 마땅한 일이었다.

기독교와 근대 과학이 충돌하는 순간이었다. 또한 근대 인식론과 자연과학이 출현하는 사건이었다. 철학적으로 말하면, 서양 중세의 존재론과 근대 인식론 사이에서 일어난 사상적 충돌이기도 했다. 중세적 존재론이 근대 인식론의 도전을 받은 것이다. 그런데 생각해보면, 존재론과 인식론은 동전의 양면 같이 상호 보완적이다. 존재하는 것이 있어야 인식할 대상이 있고, 인식이 있어야 존재에 대한 이론이 생겨난다. 이 두 관점의 충돌이 근대에 이르러 존재론과 인식론이 철학의 중심적인 영역에 자리하게 된 계기이다.

윤리학은 도덕론과 어떻게 다른가?

인간이 사회를 이루어 공동체 생활을 하기 위해서는 두 가지 요건이 필요하다. 하나는 질서이고, 다른 하나는 협력이다. 먼저 질서는 사회를 유지하고, 구성원들이 안정된 생활을 할 수 있도록 하는 장치이다. 이 장치는 사회 구성원이면 누구나 지켜야 하는 강제적 법률 체제이다. 상거래를 공정하게 하기 위해서는 상법이 필요하고, 범죄자를 체포하고 처벌하기 위해서는 형법이 필요하다. 법률은 공동체 내부의 갈등을 조정하고, 상호간의 투쟁을 방지하고, 사회 전체가 혼란과 파괴에 빠지지 않게 하는 최소한의 장치이다.

인간이 공동체 생활을 하는 데 필요한 두 번째 요건은 협력이다. 협력이란 구성원 사이에 서로 교류하고, 이해하고, 배려하는 행동 방식을 말한다. 협력은 질서와 달리 강제적이 아니고 자발적이다. 법률로 명시되어 있지 않지만, 보다 조화롭고, 원활하고, 품위 있는 사회를 이루기 위해 구성원들 사이에 지키면 바람직한 일종의 규범 혹은 격률이다. 이런 규범 혹은 격률을 도덕 혹은 윤리라고 부른다. 동양에서는 이런 도덕과 윤리를 인간이면 마땅히 지켜야 할 도리道理라고 불렀다. 도道는 길이고, 리理는 이치 혹은 원리이다. 인간이면 마땅히 가야할 길이요 따라야 할 이치이다. '효孝는 백행지본百行之本'이라는 말이 있다. 효는 인간의 모든 행동의 근본이라는 말이다. 내가 어렸을 때 어른들에게서 곧잘 들었던 말이다. 부모님께 쓴 편지는 항상 '불효자'라는 말로 끝맺었다. 나이가 많이 든 지금도 부모님께 효도를 하지 못한 죄의식을 가슴에 품고 산다.

그런데 문제는 이런 규범과 격률을 어떻게 혹은 무엇을 기준으로 수립할 것인가이다. 사회질서 유지를 위한 기준은 이미 법률에서 확립되었지만, 구성원들 사이의 협력을 이끌고 증진시키기 위한 도덕과 윤리의 기준을 어디에서 찾고, 무엇에 근거할 것인가의 문제가 발생한다. 이 문제를 해결하기 위해서는 인간 사회에 대한 보다 깊은 이해와 검토가 필요하다. 인간은 어떤 존재인가? 인간이 어떤 존재이어야 하는가? 인간이 무엇을 위해서 살 것인가? 어떻게 하면 조화롭고 품위 있게 살 수 있는가? 이상적인 삶의 방식은 무엇인가? 등의 문제를 해결해야 한다. 이런 문제들을 해결하기 위해서 노력하는 분야가 윤리학이다.

윤리에는 두 단계가 있다. 하나는 일정한 시대와 지역에서 통용되는 특수한 윤리가 있고, 다른 하나는 일정한 시대와 지역을 넘어선 보편적인 윤리가 있다. 전자는 일정한 시대와 지역의 특수한 상황에서 발생하고 요구되는 도덕규범과 가치를 다루는 윤리이고, 후자는 일정한 시대와 지역의 특수한 상황을 초월하여 인간이면 마땅히 지켜야 할 보편적 규범과 가치를 다루는 윤리이다. 예를 들면 이렇다. 한국에서는 젊은 사람이 상관이나 연장자 앞에서 담배를 피우는 것은 윤리적으로 지탄받을 일이다. 그러나 유럽이나 미국은 물론 다른 아시아 국가에서는 윤리적으로 옳지 않은 행동은 아니다. 한국이라는 지역의 특수한 규범과 가치일 뿐, 인류 보편적인 윤리는 아니다. 한국이라는 지역 안에서도 시대에 따라 달라지는 윤리가 있다. 과거에는 미혼의 남녀가 동네의 이런저런 이성을 만나고 다니면 윤리적으로 지탄의 대상이 되었지만, 지금은 그렇지 않다. 사람들은 이런 현상을 두고 세상이 변했다고 한다.

시대와 지역에 따라서 다른 윤리가 있을 뿐만 아니라, 종교에 따라서 다른 윤리가 있다. 유교의 윤리적 가치관, 기독교의 윤리적 가치관에 입각한 행동의 규범이 있다. 유교적 가치관에서는 세상을 떠난 조상에게 제사 지내는 것을 중요한 윤리 규범으로 생각하지만, 기독교적 가치관에서는 조상에게 제사 지내는 것을 권장하지 않을 뿐만 아니라 금기시하기도 했다. 조상에게 제사 지내는 것을 후손이 할 당연한 도리로 생각한 조선 시대에는 조상에게 제사 지내지 않는 것을 윤리적으로 비난했을 뿐만 아니라 천벌을 받을 일이라고 생각했다. 제사를 두고 유교 윤리적 가치관과 기독교 윤리적 가치관이 충돌하여 발생한 대원군의 기독교 박해가 대표적인 경우이다.

이념이나 이데올로기에 따라 윤리가 다를 수 있다. 개인주의 사회에서는 개인의 복지와 권리가 존중되고 보장되지만, 전체주의 사회에서는 공동체 전체의 질서와 번영이 보다 더 존중받는다. 전체주의 사회에서는 개인이 공동체를 위하여 존재하지만, 개인주의 사회에서는 공동체가 개인을 위해 존재한다. 현대에 이르러 개인주의와 전체주의, 민주체제와 전제체제, 자유주의와 평등주의 사이의 갈등과 충돌은 집단 간 혹은 국가 간의 유혈사태와 전쟁에 이르기도 했다.

사회 집단이나 직업에 따라서도 윤리가 다를 수 있다. 가정에는 가족 사이에 지켜야 할 가족 윤리가 있고, 직장에는 직장인들 사이에 지켜야 할 직장 윤리가 있다. 상인은 상인으로서 지켜야 할 상행위 윤리가 있고, 의사는 의사로서 지켜야 할 직업윤리가 있다.

그런데 시대와 지역, 이념과 집단에 따라 달라지는 윤리만 있어서는 윤리가 존재할 수 없다. 시대와 지역 등 특수한 상황에서 발생하고 지켜지는 윤리를 윤리로 만드는 혹은 윤리로 성립하게 하는 상위의 윤리가 있어야 한다. 이 윤리는 지역에 따라 다르고, 시대에 따라 변하는 윤리가 아니다. 시간과 공간 특수적이 아니다. 이곳에서 윤리적인 것이 저곳에서는 비윤리적일 수 있고, 과거에는 비윤리적인 것이 오늘날에는 윤리적이 될 수 있는 그런 윤리가 아니다. 특수하고 상대적인 윤리들을 윤리가 되게 하는 보편적이고 절대적인 단계의 윤리가 존재해야 한다는 말이다. 유교적 규범이 윤리가 되고, 기독교적 규범이 윤리가 되기 위해서는, 어떤 윤리가 두 규범의 상위에 구별되고 분리되어 존재해야 한다는 말이다. 이런 의미에서 이 윤리는 특수 윤리 상위에 있는 '메타윤리'이다. 이러한 두 윤리 사이의 혼란을 피하고, 합리적이고 체계적인 윤리 체계를 정립하기 위해서, 시공간 특수적인 윤리를 '도덕morality'이라고 부르고, 시공을 초월한 보편적인 윤리를 '윤리ethics'라고 부르자. 이렇게 구별하면 도덕은 시대적, 지역적 특성을 띤 윤리이고, 윤리는 인류 보편의 윤리라고 말할 수 있다.

　우리는 일상생활에서 '도덕'과 '윤리'를 동의어로 혹은 혼동해서 사용하고 있다. 철학자들 사이에서도 이런 경우가 흔하다. 그러나 도덕과 윤리는 엄연히 구별되어야 한다. 결코 혼동하거나 뒤섞어서 사용할 규범, 가치 체계는 아니다. 도덕과 윤리를 혼동함으로써 발생한 불행한 사건들이 수없이 많다. 특정 지역과 시대의 규범과 가치관을 절대화하고 보편화해서 과장하고 강요한 사건들이 수없이 많았다. 도덕만 있고 윤리는 없는 가치 체계에서는 근거 없고 부당한 가치관들이 성행하고 난무하여 많은 사람들의 불행과 고통을 불러왔다. 인간이면 누구나 반드시 혹은 마땅히 지켜야 할 규범이요 법도라고 하는 것들이 실제로는 시대와 지역 특수적인 것들이 한둘이 아니다. 예를 들어 불사이군不事二君, 즉, '두 군주를 섬기지 않는다'라는 만고불변의 법도를 지켜야 한다고 생각하는 사람은 현대의 자유민주주의 체제에서는 보기 드물다. 여기에서 도덕론과 윤리학의 구분이 명확해진다. 도덕론은 시대와 지역에 특수한 격률과 규범에 대한 이론이다. 어떤 행동이 그 이론에 맞으면 그 행동은 옳고, 맞지 않으면 그르다. 따라서 도덕의 기준은 '옳다, 그르다'이다. 부모에게 효도하는 것은 도덕적으로 옳고, 학생이 교사의 말을 듣지 않는 것은 도덕적으로 그르다. 도덕적으로 옳은 행위는 칭찬을 받을 행위이지만, 도덕적으로 그른 행위는 비난을 받을 행위이다. 그러나 윤리학은 시대와 지역에 특수적이 아닌, 인류 보편적인 격률과 규범에 대한 이론이다. 어떤 행동이 그 이론에 맞으면 그 행동은 선하고, 맞지 않으면 선하지 않고 악하다. 따라서 윤리학의 기준은 '선하다, 악하다'이다. 타인에게 유익함을 주는 것은 윤리적으로 선하지만, 타인에게 고통을 주는 것은 윤리적으로 악하다. 윤리적으로 선한 행위는 허용되어야 하지만, 윤리적으로 악한 행위는 금지되어야 한다. 선한 행동은 인간이 보편적으로 지향하고, 악한 행동은 인간이 보편적으로 지양해야 할 행위이다. 여기에서 선과 악의 기준이 문제가 되고, 무엇이 선이고 무엇이 악인가의 개념적 규정이 요구된다. 윤리학이 필요한 이유이다. 윤리적 선과 악이, 도덕적 옳음과 그름의 상위개념이 되고, 그 기준이 된다. 윤리적으로 선한 행동은 도덕적으로 옳으나, 도덕적으로 옳다고 해서 반드시 윤리적으로 선한 것은 아니다. 도덕적으로는 옳지 않지만, 윤리적으로 악하지 않은 경우도 있을 수 있다. 윤리학이란 선과 악의 문제를 다루는 철학의 한 분야이다. 선한 행동과 악한 행동의 기준을 설정하고, 인간 행동이 지향해야 할 보편적인 가치를 연구하는 것이 윤리학이다.

논리학, 꼭 해야 하나?

형이상학, 인식론, 윤리학과 더불어 철학의 중요한 분야가 하나 더 있다. 논리학logic이다. 논리학이란 말 그대로 논리論理에 대한 학문이다. 논리란 사고하고, 사고한 것을 말로 혹은 글로 표현하는 과정에서 지켜야 할 규칙 혹은 법칙이다. 왜 그런 규칙과 법칙이 필요한가? 명확하고 조리 있게 사고하고 표현하기 위함이다. 사고와 표현이 명확하다는 것이 무슨 뜻인가? 무엇을 사고하고 표현하는지 그 뜻을 정확하게 알 수 있다는 뜻이다. 사용하는 단어와 문장의 의미가 애매하거나 모호하지 않다는 뜻이다. 애매하다는 것은 그 의미가 이것인지 저것인지 헷갈리는 경우이다. 단어나 문장의 의미가 여럿인 경우ambiguous에 이런 일이 자주 일어난다. '배가 물에 뜬다'의 경우 '배'가 과일인지, 선박을 의미하는지 분명하지 않다. 모호하다vague는 것은 단어나 문장이 의미하는 범위 혹은 외연의 범위가 분명하지 않다는 뜻이다. '기차가 느리게 간다'는 모호한 표현이다. 얼마나 느린지, 그 속도가 얼마인지 분명하지 않기 때문이다. 이렇게 사용하는 단어나 문장의 의미를 명확하게 하는 데 필요한 규칙이나 법칙을 다루는 논리학의 분야를 비형식 논리informal logic라고 한다.

사고와 표현에 조리가 없다는 것이 무슨 뜻인가? 사고하고 표현하는 과정에서 그 의미하는 바가 혼란스럽고 헷갈린다는 뜻이다. 어떤 경우에 사고와 표현이 혼란스럽고 헷갈리는가? 일관성과 정합성이 없을 때이다. 일관성consistency이란 무엇인가? 모순에 빠져 있지 않는다는 것이다. 모순에 빠진다는 것은, 가능한 경우에 참이 아니고 오류라는 것이다. 'a는 b보다 크고, 동시에 b는 a보다 크다'라는 문장이 참이 될 수 있는 경우는 어디에도 없다. '조령모개朝令暮改'라는 말이 있다. 아침에 명령을 내려놓고 저녁에 그 명령을 바꾼다는 말이다. 이럴 때 우리는 명령이 일관성이 없다고 한다. 아침의 명령과 저녁의 명령이 동시에 참이 될 수 없고 또 오류가 될 수 없기 때문이다.

정합성coherence이란 무엇인가? 어떤 주제에 대해 그 구조나 구성이 전체적으로 잘 짜여있다는 뜻이다. 어떤 구조나 구성이 정합적이기 위해서는 먼저 일관적이어야 하지만, 정합성은 그 이상을 요구한다. 구조나 구성을 이루는 개별적인 요소들 사이에 모순이 없을 뿐만 아니라, 그 요소들 사이의 관계가 조화로워야 한다는 것이다. 예를 들어서 자동차의 경우, 그 부품들 사이에 정합성이 없으면 작동할 수가 없다. 자연 속의 생명체는 물론, 인간 사회도 그렇다. 사회 구성원 사이에 서로 삐걱거리고 싸우는 사회가 잘 운영될 수가 없다. 인간의 사고와 표현도 마찬가지이다. 사고와 표현이 전체적으로 정합적이어야, 본인의 사고가 조리가 있고, 그 사고의 표현도 조리가 있다.

그런데 왜 사고와 표현이 명확하고 조리 있어야 하는가? 다시 말하면, 우리가 왜 논리학을 해야 하는가? 하고 싶은 대로 생각하고 표현하면 되지 않는가? 대답은 '진리를 위해서'이다. 논리학의 궁극적인 목적은 말을 멋지게 잘하고, 논쟁에서 이기기 위함이 아니라, 우리의 사고와 판단, 언어 사용과 표현에서 진리를 보존하기 위함이다.

진리를 보존한다는 말이 무슨 뜻인가? 사고와 표현의 과정에서 오류를 피하고 개입할 여지를 차단한다는 뜻이다. 여기에서 사고와 표현의 과정이란, 주어진 명제 혹은 문장에서 새로운 명제 혹은 문장을 이끌어 내는 과정을 말한다. 일반적으로 주어진 명제 혹은 문장을 '전제premise'라고 부르고, 새로 이끌어 낸 명제 혹은 문장을 '결론conclusion'이라고 부른다. 그러니까, 논리학이란 전제에서 결론을 이끌어 내는 과정에서 진리를 보존하는 것이 목적이다. 전제가 진리인 경우에 결론도 진리인 논증argument 혹은 추론inference의 과정에서 오류가 발생하지 않게 하는 것이 논리학이 존재하는 이유이다. 가끔 논리학을 논증에 대한 학문이라고 말하는 이유가 여기에 있다.

논증에서 전제가 참인 경우에 결론이 참이 되는 두 가지 방식이 있다. 하나는 필연적으로 참이 되는 경우이고, 다른 하나는 개연적으로 참이 되는 경우이다. 결론이 필연적으로 참이 되는 방식의 논증을 연역법deduction 혹은 연역적 논리deductive logic라고 하고, 결론이 개연적으로 참이 되는 방식의 논증을 귀납법induction 혹은 귀납적 논리inductive logic라고 한다. 연역적 논증의 대표적인 예는 수학이다. 수학적으로 타당한 논증은 전제가 참이면 결론도 반드시 참이다. 전제가 참인데, 결론이 오류가 되는 경우는 없다. 귀납적 논증의 대표적인 예는 물리학, 화학, 생물학 같은 자연과학과 우리가 일상생활에서 하는 추리들이다. 경험적 자료 혹은 정보를 기초로 추론하여 결론을 이끌어 내는 자연과학에는 필연적인 진리란 없다. 우리가 자연법칙이라고 부르는 것도 개연적으로 참이지 필연적으로 참은 아니다. 절대 불변의 진리라고 찬양을 받던 뉴턴의 물리학 법칙들도, 아인슈타인의 물리학에 의해서 부분적으로 수정된 것이 좋은 예이다.

자연과학에 필연적인 진리가 없는 것은, 자연에서의 운동과 변화에 필연성이 존재하지 않기 때문이다. 지금까지 관찰되지 않았던 반대 사례가 하나만 나와도 관련된 이론을 수정해야 한다. '북극곰은 희다'라는 자연과학적 이론이나 법칙이 있다고 하자. 이런 경우 붉은 색이나 푸른색을 띤 북극곰 한 마리가 나와도 그 이론이나 법칙은 부정된다. 이렇게 자연과학적 진리는 모두 개연적이다. 언제 오류로 밝혀질지 모르는 진리들이다. 그래서 자연과학자들은 진리라는 말을 잘 사용하지 않는다. 언제 자연이 변할지 모르기 때문이다. 영국의 철학자 흄Hume의 말처럼, 미래의 자연이 과거의 자연과 같을 것이라는 보장이 없기 때문이다.

여기에서 논리학의 필요성과 중요성이 드러난다. 논리학은 가장 추상적이고 이성적인 학문으로 불리는 수학과, 가장 구체적이고 경험적인 학문으로 불리는 물리학의 기초라는 점이다. 수학과 물리학이 사용하는 추론의 논리가 바로 논리학이 다루는 추론의 과정과 법칙이고, 그것에 근거해 있기 때문이다. 다시 말하면, 수학과 물리학의 탐구 방식과 추론의 정당성을 논리학이 제공한다는 것이다. 수학과 물리학은 화학, 지질학, 생물학과 같은 자연과학과 공학 그리고 기술과 같은 산업 기술의 이론적, 실천적 기초가 되어 있다.

수학과 물리학이 없었으면, 자연과학과 산업 기술이 없었을 것이고, 오늘날 우리가 보는 것 같은 발전된 현대문명도 없었을 것이다. 서울에서 부산을 당일에 왕복할 수 있는 KTX도 없었을 것이고, 지구 반대편에서 일어나는 사건들을 실시간으로 볼 수 있는 스마트폰도 없었을 것이고, 태양계를 벗어나 우주를 향해 날아가는 우주선도 없었을 것이다. 그런데 이 모든 것은 수학과 물리학의 배후에 있는 논리학이 기초가 되어 있다. 어떻게 논리학의 필요성과 중요성을 가볍게 볼 수 있겠는가?

당신은 논리학과 상관없이 살아왔고, 또 알 필요도 없다고 생각할지 모른다. 그러나 당신이 앓고 있는 질병에 대한 진단을 하고 치료의 처방을 내리는 당신의 의사는 논리적으로 생각해야 한다. 검사 자료에서 올바른 병명과 치료 방법을 추론해야 한다. 의사의 추론에 오류가 발생하면 당신의 생명에 위험이 될 수 있다. 의과대학에서는 당신의 신체에 대한 검사 자료를 수집해서 그것을 기초로 병명과 치료 방법을 추론해 내는 방법을 배운다. 논리학의 귀납법을 사용하는 것이다. 이런 경우에는 이런 질병의 가능성이 몇 퍼센트가 되고, 저런 경우에는 저런 처방이 효과가 있을 가능성이 몇 퍼센트가 된다는 것을 추론하는 것이다. 어떻게 당신의 삶이 논리학과 무관하다고 할 수 있는가?

철학은 현실과 무관하다?

우리는 지금까지 철학의 대표적인 네 분야, 형이상학, 인식론, 윤리학, 논리학의 필요성과 중요성에 대해서 살펴보았다. 인간이 우주와 자연 속에서 존재하고, 주위의 사물과 사건에 대한 인식을 하고, 공동체를 이루어 질서 있고 조화롭게 생활하고, 명확하고 조리 있게 생각하고 추론하기 위해서는 철학이 필요하고 중요하다는 것을 알았다.

그럼에도 불구하고 철학은 우리 학생들이 현재 당면하고 있는 문제와 상관이 없어 보인다. 그들이 현재 당면한 문제는 취업이다. 철학이 현대문명의 기초일지는 몰라도 직장을 구하는 데는 도움이 되지 않는다. 보수가 높고 안정적인 직장을 갖기 위해서는 철학이 아니라 법학, 경영학, 의학, 컴퓨터 공학을 전공할 일이다. 철학과에 진학하려는 학생들이 한결같이 받는 질문이 있다. "어떻게 먹고 살려고 철학과에 가니?" 철학은 취업에 도움이 되지 않을 뿐만 아니라, 관념적이고 난해하다는 소문까지 있다. 이런 철학을 해야 할 이유가 어디에 있는가?

그런데도, 철학은 한국 대학에서 오랫동안 누구나 수강해야 졸업할 수 있는 필수 과목이었다. 왜 그랬을까? 학생들의 취업에 도움이 되지 않는 철학을 왜 필수과목으로 수강하게 했을까? 내가 대학에 다니던 1970년대 초반만 해도 철학은 국어, 영어, 수학과 함께 교양 필수 과목으로 인문 계열은 물론, 사회, 과학, 공학, 의학 계열의 학생들이 반드시 수강해야 했다. F학점을 받으면 졸업할 수가 없었다.

뿐만 아니라, 세계의 명문 대학에는 어느 곳이나 철학과가 있다. 종합대학에는 철학과가 있는 것이 당연하고, 우수한 철학과를 갖고 있는 것을 자랑한다. 명문 대학 하버드대학교의 경우, 캠퍼스의 중앙 광장에 대학교회, 대학본부, 중앙도서관과 더불어 철학과 건물이 자리하고 있다. 공과대학을 표방하며 설립된 MIT에도 철학과가 있고, 철학박사학위 졸업생들의 대학교수 취업률이 높은 것으로 잘 알려져 있다. 미국 대학 평가 기관들의 발표에 의하면, 일반 대학원 신입생 중에서 철학과 학생들의 GRE 점수가 가장 높은 부류에 속한 것으로 나온다. 왜 이런 일이 일어나고 있을까? 철학을 교양 필수 과목으로 지정하고, 종합대학에는 철학과가 있어야 한다고 생각하고, 철학과 대학원 입학생들의 입학 성적이 가장 높은 부류에 속하는 일들이 왜 일어나는 것일까?

그 이유는 앞에서도 말했지만 철학의 중요성 때문이다. 그 중요성에는 두 가지가 있는데, 하나는 학문적인 중요성이고, 다른 하나는 현실적인 중요성이다. 철학의 학문적 중요성은 철학이 종교, 예술, 과학과 더불어 인류 역사의 지적 탐구 네 방식 중 하나라는 데에서 잘 드러난다. 종교, 사회, 예술, 과학, 기술 등 특수 분야들은 각자 관련된 분야의 문제들을 중심으로 연구하고 실천했지만, 철학만이 인류의 문명과 문화 전체를 대상으로 그것이 나아갈 방향과 지향할 목표를 제시하는 역할을 해왔다. 오늘날 서양문명과 문화는 고대 이후의 서양철학이 제시한 방향과 목표의 결과이고, 오늘날 동양문명과 문화는 고대 이후의 동양철학이 제시한 방향과 목표의 결과이다. 대표적인 예 하나를 들면, 서양철학은 진리truth를 추구하고, 동양철학은 도道를 추구했는데, 그 결과로 오늘날 우리가 보는 동서양 문명과 문화의 차이가 생겨났다. 동서양 문명과 문화의 중심에 각각 철학이 있었고, 각각의 철학이 그런 결과를 만든 것이다.

철학의 현실적 중요성은 수학과 비교하면 잘 드러난다. 자연과학적 탐구와 공학기술 발전의 배후에 수학이 있는 것처럼, 인문 사회 분야의 탐구와 발전의 배후에는 철학이 있다. 먼저 수학에 대해 생각해보자. 수학은 자연과학 탐구의 형식을 제공하고, 공학기술을 현실에 적용할 수 있는 도구를 제공한다. 물리학을 포함한 자연과학의 법칙과 이론들이 모두 수식으로 표현되는 것은 이 때문이다. 우주선을 달에 착륙시키고 안전하게 지구로 귀환시키는 데는 고도의 수학 이론과 그 이론을 현실에 적용할 수 있는 도구와 기술이 필요하다. 달과 지구의 회전 궤도와 운동 속도를 측량하고 계산하는 데는 천체망원경과 슈퍼컴퓨터가 필요한데, 그 모든 것이 수학에 기초해 있고, 수학을 도구로 사용한다.

철학도 마찬가지이다. 철학은 인문 사회 분야의 탐구의 정신을 설정하고, 그것을 현실에 적용할 수 있는 논리를 제공한다. 국가를 운영할 헌법을 만든다고 가정해보자. 헌법은 형법, 상법, 민법을 포함하는 국가 운영의 최고 법률로, 국가를 어떤 방향으로 운영할지, 그 정신이 어디에 있는지, 국가가 지향할 가치가 어디에 있는지 등 국가라는 기구의 존재 목적과 운영방식을 제시해야 한다.

이 과정에 철학이 깊이 개입한다. 법률의 기초가 되는 정신은 윤리학과 정치철학이 제공하고, 형법, 상법, 민법 등 다양한 법률 사이의 일관성과 정합성은 논리학이 제공한다. 철학 없이는 국가의 법률 체계가 한 발자국도 앞으로 나갈 수 없다. 그 방향과 방식을 철학이 제공하기 때문이다. 특히, 자본주의와 공산주의 사이의 갈등으로 국토가 분단되고 전쟁까지 치른 대한민국의 경우는, 철학의 현실적 중요성이 세계 어느 나라보다 더 명확하게 드러난다.

이러한 철학의 중요성에도 불구하고, 대학 졸업을 앞둔 젊은 학생들에게는 취업만큼 중요한 현실이 없다. 그들의 현실 앞에 철학은 큰 도움이 되지 않는다. 철학은 취업을 위해 생겨난 학문이 아니기 때문이다. 철학의 존재 목적은 그보다 더 보편적이고 근본적인 데 있다. 철학은 인류의 문명과 문화 전체를 대상으로 하고, 그것이 나아갈 방향과 내용을 탐색하고 검토하는 학문이다. 특수화되고 협소한 전문분야의 문제를 다루는 마이크로-학문micro-science이 아니라, 보편적이고 근본적인 인간과 인류의 문제를 다루는 매크로-학문macro-science이다. 따라서 월급을 많이 주고 경제적인 안정을 제공하는 직장을 갖기를 목표로 삼는 젊은 사람은 철학과에 갈 것이 아니다. 철학과에는 그보다 크고 높은 삶의 가치를 지향하는 젊은이들이 갈 곳이다.

철학함의 혜택 세 가지

철학을 하거나 하지 않는 것은 본인의 선택이다. 그러나 철학을 하는데서 오는 혜택은 철학을 하는 사람만이 누릴 수 있다. 철학함에는 다른 어떤 분야나 기술이 줄 수 없는 혜택들이 있다. 여기에서는 철학을 전공하지 않았거나, 철학을 직업으로 하지 않는 사람들에게 철학이 줄 수 있는 혜택 몇 가지를 언급하겠다.

첫째는, 철학을 하면 사고력이 크게 향상된다. 사고thought에는 기억, 이해, 추리, 상상, 분석, 판단 등 여러 유형의 사고가 있지만, 철학은 특별히 이런 유형의 사고를 하는 과정에서 논리적으로 사고하고, 그 본질을 파악하는 데 도움을 준다. 논리적으로 사고한다는 것은, 크게 말하면 논리 법칙이나 원리에 따라 사고한다는 뜻이지만, 보다 구체적으로 말하면, 주어진 정보를 근거로 참되고 타당한 결론을 내린다는 것이다. 철학적인 이론이나 설명들은 대부분 논증으로 이루어져 있는데, 즉 전제에서 결론을 도출해내는 추론 과정으로 이루어져 있는데, 이런 논증들을 많이 읽다 보면, 자연스럽게 논리적으로 이해하고 추리하고 판단하는 능력이 길러진다. 감정이나 편견에 사로잡히지 않고, 이성적이고 합리적인 사고를 하는 태도를 길러준다. 우리는 일상생활을 하면서도 어떤 것을 가정하고, 그 가정에 근거해 결론을 내리고, 그에 따라 행동한다. 철학을 하면 이런 과정에서 오류를 범하지 않고, 합리적으로 이해하고 판단하는 능력을 현저히 향상시켜 준다. 철학을 조금이라도 해본 사람과 해보지 않은 사람의 차이는 이 사고력에서 분명히 드러난다. 현대 사회의 생존경쟁에서 이기려면 우수한 사고력이 필요한데, 철학은 어떤 학문보다 논리적 사고의 능력을 길러주고, 사안의 본질을 파악하는 데 도움을 준다. 본질essence이란 '근본적인 성질'의 줄임말인데, 어떤 사물이나 사건이 가진 수많은 성질 가운데 가장 근본적이고 핵심적인 성질을 말한다. 어떤 성질이 가장 근본적이고 핵심적인가? 답은 그 성질이 없으면 혹은 빠지면 어떤 사물이나 사건이 더 이상 그 사물이나 사건이 될 수 없는 성질이다. 예를 들어 "인간의 본질이 무엇인가?"라는 질문은 인간이 가진 수많은 성질들 가운데에서, 그 성질이 빠지면 더 이상 인간이라고 할 수 없는 성질을 묻고 있다. 그것이 무엇인가? 서양철학은 오랫동안 '이성reason'이라고 생각했다. 반면 동양철학은 무엇이라고 보았을까? 내 생각에는 '도덕성'이라고 보았던 것 같다. 우리는 살아가면서 가끔, "나는 무엇인가?", "인생이란 무엇인가?" 혹은 "정의란 무엇인가?" 등의 질문을 한다. 이런 질문들에 대한 대답을 하는 데 철학보다 더 잘하는 학문이 없다. 철학의 역사는 이런 질문들에 대한 대답 혹은 해결의 역사이다. 다시 말하면, 철학은 본질을 추구하고 파악해온 학문이다. 철학을 하면 자연스럽게 이런 능력이 길러진다.

철학이 주는 두 번째 혜택은, 자기 자신을 아는 데 도움이 된다는 것이다. 자기 자신을 안다는 것과 관련해서 고대 그리스로부터 전해 내려오는 유명한 일화가 하나 있다. 서양철학의 시조라고 할 수 있는 소크라테스는 지혜로운 사람을 찾아다녔다. 지혜롭다는 사람을 만나서 궁금한 것에 대해서 물어보고 대화를 해보았으나 그런 사람은 없었다. 소크라테스는 결국 올림포스 산에 있는 델피의 신전에 가서 물어보았다. "그리스에서 누가 가장 지혜롭습니까?" 대답은 놀랍게도 "소크라테스가 가장 지혜롭다"였다. 왜 그럴까? 소크라테스는 그 이유를 곰곰이 생각해서 답을 얻었다. 세상에서 지혜롭다는 사람들이 모르는 중요한 것이 있었다. 그것은 그들 자신이 지혜롭지 않다는 것이었다. 그럼에도 불구하고 그들은 자기 자신이 지혜롭지 않다는 것을 모르고 있었다. 소크라테스는 자신이 지혜롭지 않다는 것을 안다는 점에서 그들보다 더 지혜롭다는 것을 알게 되었다. 생각해보면, 자신이 무지의 상태에 있으면서 무지하다는 것을 모르거나, 잘 안다고 생각하는 것처럼 어리석은 것은 없다. 그리하여 소크라테스는 '무지의 지無知의 知', 즉 자신의 무지함에 대한 깨달음이야말로 지혜로움으로 나아가는 길이요 그 과정이라는 것을 알았다. 서양철학의 이름이 '지혜에 대한 사랑'이 된 까닭도 여기에 있다.

철학이 어떻게 나 자신을 아는 데 도움이 되는가? 그 이유는 철학이라는 학문의 성격에서 잘 드러난다. 철학은 인간과 세계 사이의 관계에 대한 지적 탐구이다. 이 탐구는 기본적으로 세 가지 질문으로 이루어진다. '인간이란 무엇인가? 세계란 무엇인가? 인간과 세계 사이에는 어떤 관계가 있는가?' 철학자들이 수많은 철학적인 문제들을 다루고 있지만, 따지고 보면 이 세 문제로 수렴된다. 철학의 중심 영역이라고 할 수 있는 형이상학, 인식론, 윤리학, 논리학도 따지고 보면 이 세 문제를 해결하기 위한 탐구 영역이다. 첫 번째 문제는, 인간이 어떤 존재이며, 삶의 의미가 어디에 있는가를 다룬다. 두 번째 문제는, 인간이 그 속에 존재하는 세계, 즉 물리적, 정신적, 사회역사적 세계가 어떤 세계이며, 어떤 세계 혹은 사회가 되어야 하는가를 다룬다. 세 번째 문제는, 인간이 그 속에서 살아가는 세계와 어떤 관계가 있고, 어떤 관계가 이상적인 관계인가를 밝히고자 한다. 따라서 철학을 하다보면, 이 세 문제에 대한 관심을 갖게 되고, 이 세 문제와 관련된 이론들을 많이 접하게 된다. 자기 자신은 물론, 자기가 살아가는 세계, 그 세계와의 관계에 대해서 많은 생각을 함으로써, 철학은 다른 학문 분야에서는 찾아볼 수 없는 자기 자신에 대한 깊이 있는 이해를 하게 된다.

철학이 주는 세 번째 혜택은 철학을 하는 즐거움이다. 철학을 하는 즐거움이라니? 어렵고 골치 아픈 학문으로 악명이 높은 철학을 하는 데도 즐거움이 있다는 말인가? 대답은 '있다'이다. 있는 정도가 아니라, 철학하는 즐거움만 한 즐거움도 드물다. 세상에는 많은 종류의 즐거움이 있지만, 철학하는 즐거움에는 다른 곳에서 찾아 볼 수 없는 특별한 무엇이 있다.

즐거움은 그 강도, 양상, 매개체에 따라서 종류가 나뉜다. 격렬한 즐거움이 있는 반면에 은은한 즐거움이 있고, 피상적인 즐거움이 있는 반면에 심층적인 즐거움이 있고, 육체적인 즐거움이 있는 반면에 정신적인 즐거움이 있다. 즐거움에도 질적 차이가 있어서, 순수한 즐거움이 있는 반면에 혼탁한 즐거움이 있고, 양적 차이가 있어서 순간적인 즐거움이 있는 반면에 지속적인 즐거움도 있다.

어떤 사람이 어떤 종류의 즐거움을 더 좋아하는가는 개인에 따라 다를 수 있지만, 즐거움을 이루는 기본 요소에는 세 가지가 있어 보인다. 그 하나는 쾌감 혹은 황홀한 느낌이다. 향긋한 커피를 마셨을 때의 쾌감과 첫 키스의 황홀함은 자신의 존재마저 잊게 만든다. 쾌감은 그 매개체에 따라 육체적 혹은 정신적 쾌감으로 나눌 수 있지만, 쾌감은 어디까지나 우리의 마음 혹은 뇌가 느끼는 심적 혹은 정신적 현상이다. 다른 하나는 충만감이다. 충만감은 비어 있던 것이 채워지는 만족감, 원하던 것이 이루어진 성취감 등에서 얻어지는 감정이다. 에베레스트 산 정상에 올랐을 때나 월드컵 결승전에서 이겼을 때 느끼는 충만감이 어떨지는 그렇게 하지 못한 우리도 충분히 상상할 수 있는 감정이다. 충만감의 반대말은 공허감인데, 공허감은 허무감이나 상실감을 동반하기도 한다. 이런 의미에서 공허한 즐거움, 즉 즐거움 후에 아무런 성취감이나 만족감이 수반되지 않고 오히려 허무상실감이나 허무감이 뒤따라오는 그런 즐거움, 약물이나 알코올에 중독되어 몸을 상하면서도 계속 쾌감을 추구하는 그런 즐거움은 진정한 즐거움이 아니다. 자신의 삶이 공허하다고 생각하는 사람은 행복하기도 어렵다. 즐거움의 요소 중 마지막은 깨달음enlightenment이다. 깨달음은 이전에는 모르던 것을 새롭게 알게 되거나, 잘못 알고 있던 것 혹은 자신의 오류를 발견하고 바로 고쳐 잡는 지적 상태 혹은 그 때 갖는 느낌이다. 깨달음은 무지에서 지식으로, 오류에서 진리로 이행하는 과정에서 발생하는데, 그것은 마치 침침한 어둠 속에 갇혀 있다가 눈부신 햇빛 속으로 나아가는 것 같은 해방감을 동반한다. 어린 아이들이 시도 때도 없이 즐거운 것은, 시시각각 새롭게 알아가는 깨달음 때문인 경우가 많다. 깨달음의 반대말은 몽매함인데, 몽매함처럼 인간을 혼란스럽게 하고 속박하는 것도 없다.

철학은 즐거움을 구성하는 세 요소를 모두 갖추고 있다. 철학의 문장들이 추상적이고 난해한 만큼, 그 의미를 밝혀냈을 때의 즐거움이 크다. 산이 높고 험할수록 그 정상에 섰을 때의 즐거움이 큰 것과 같다. 산에 높이 오를수록 산 아래 풍경을 내려다보는 즐거움이 큰 것처럼, 복잡한 철학적인 문제를 풀어내는 즐거움이 크다. 이 즐거움은, 첫 키스를 했을 때나 하늘 높이 날 때에 느끼는 황홀함에 비유될 수 있다. 그러나 철학에서 경험하는 황홀함은 그 차원이 다르다. 새로운 세계에 눈을 뜨고, 보다 높은 경지로 상승하는 것 같은 황홀함이기 때문이다. 잠시 있다 사라지는 쾌감이나 만족감이 아니다.

이 세상에는 수많은 인간들이 존재하고, 그보다 더 많은 수의 인간이 존재하다 사라졌지만, 나와 꼭 같거나, 나를 대체할 수 있는 인간은 없다. 내가 하던 일을 대신 처리하고, 내가 차지하고 있던 자리를 대신 차지할 인간은 있을지 모르지만, 나의 삶을 대신할 존재는 없다. 나의 복사판 인간, 도플갱어가 쌍둥이 지구에 존재하더라도, 그는 나의 삶과 나의 삶의 경험과 의미를 대체할 수는 없다. 어떤 철학자들은 인간의 이런 존재 방식을 실존이라고 불렀다. 광활한 우주 속에 오로지 하나 있으면서, 그 우주를 대상으로 사고하고, 자기 나름의 독자적인 사고와 행동으로 자신만의 독특한 삶을 살아가는 존재, 실존으로서의 당신은 이 우주 속에 당신 하나밖에 없다. 철학은 그런 당신에게, 자신의 삶과 존재의 의미를 성찰하고, 어떻게 사는 것이 참되고 아름다운가를 숙고할 수 있는 도구와 기회를 제공할 수 있을 것이다. 세상 사람들이 모두 잠든 밤에 노자의 《도덕경》, 플라톤의 《향연》, 데카르트의 《성찰》, 니체의 《차라투스트라는 이렇게 말했다》 같은 책을 읽다가, 뜰로 나와서 하늘에서 반짝이는 별들을 바라보라. 그 적막함에 홀로 서서, 진정한 나 자신을 대면하고, 나를 둘러싸고 있는 존재들의 본질을 들여다보고, 인간이 살아가는 진리와 의미를 다시 되돌아보는 시간을 가질 수 있을 것이다.

2장

철학은 종교, 예술, 과학과 어떻게 다른가?

철학과 학생들이 궁금해 하는 것

대학에서 철학을 가르치다 보면, 학년에 따라 질문이 달라진다. 1학년 때는, "교수님, 철학이 뭐예요?", 2학년 때는 "사랑이란 뭔가요?", 3학년 때는 "인생이란 무엇인가요?"라는 질문을 많이 한다. 4학년 때는 질문이 별로 없다. 취직 준비에 여념이 없기 때문이다.

철학과에 들어와서 철학 수업을 듣는데, 중·고등학교에서 배운 과목들과 많이 다르고 이해가 잘 안 될 때가 많다. 철학이라는 것이 무엇인지 궁금해진다. 대학에 들어와서 이성을 만나서 사랑을 한번 하고 싶은데, 뜻대로 잘 안 되고 혼란스러울 때가 많다. 사랑하는 줄 알았는데, 나중에 보니 사랑이 아니었다. 도대체 이 사랑이라는 것이 뭘까 묻게 된다. 3학년이 되면, 철학도 공부해 봤고, 이성도 사귀어 봤지만, 앞으로 어떻게 살아갈 것인가? 어떻게 사는 것이 의미 있게 사는 것인가 하는 문제가 다가온다. 인생이란 무엇인가? 하고 묻게 된다. 이래서 학생들은 철학, 사랑, 인생에 대한 질문들을 강의실에서 혹은 내 연구실로 찾아와서 물어본다. 철학을 가르치기에 좋은 기회이다. 고대 중국의 공자는 "'왜 그렇습니까? 어찌해서 그렇습니까?' 하고 묻지 않는 자는 나도 어쩔 수 없다"라고 말했다고 한다. 그러나 나는 그럴 걱정이 없다. 우리 학생들이 질문을 가지고 나에게 찾아오기 때문이다.

철학은 어디에서 출발하는가?

철학은 질문에서 출발한다. 질문은 호기심에서 비롯하고, 호기심은 알고자 하는 욕구에서 시작한다. 이상하고, 궁금하고, 의심스럽고, 그것이 왜 그런지 앞으로 어떻게 될 것인지 알고 싶어 하기 때문이다. 이런 질문을 하는 사람은 누구나 철학을 할 수 있는 준비가 되어 있다. 다만, 철학에서 하는 질문은 일상생활에서 하는 질문과 다소 차이가 있다. 그 차이는 호기심의 차이에서 온다.

일상생활에서는 실천적 호기심에서 비롯된 질문을 주로 하지만, 철학에서는 이론적 호기심에서 비롯된 질문을 많이 한다. 실천적 호기심은 실생활 속에서 실천적인 요구에 대한 결과를 산출하는 데 관심이 있다. '어떻게 하면 인간관계를 잘 할 수 있을까?', '어떻게 해야 돈을 많이 벌 수 있을까?' 같은 실천적인 결과를 산출하는 데 대한 호기심이다. 이에 반해 이론적 호기심은 이론적인 질문에 대한 해답을 구하는 데 관심이 있다. '진리란 무엇인가?', '시간과 공간을 초월한 보편적인 가치가 존재하는가?' 같은 이론적 결과를 산출하는 데 대한 호기심이다. 철학을 직업으로 하는 사람들도 일상생활에서는 실천적 호기심을 가지고 질문을 하지만, 그들이 철학이라는 학문의 영역에서 하는 질문은 대부분 이론적 호기심에서 비롯된 이론적 질문이다.

나의 철학 수업도 이런 이론적인 질문에서 출발한다. 수업은 내가 낸 질문으로 시작할 수도 있고, 학생들이 낸 질문으로 시작할 수도 있다. 그래서 학기 초에 나는 언제나 질문하는 데 대해서 특별히 다음의 두 가지 유의사항을 제시한다. 첫째, 질문하는 것을 주저하지 말라는 것이다. 질문은 몰라서 하는 것이다. 알면 질문할 필요가 없다. 어리석은 질문을 해서 본인의 실력이 드러나고, 주위 사람들 앞에서 창피를 당하지 않을까 걱정하지 마라. 철학에서 가장 어려운 것이 바로 올바른 질문을 하는 것이다. 좋은 질문, 나쁜 질문, 옳은 질문, 틀린 질문 같은 것을 따지지 마라. 내가 강의한 것 중에서 이해가 잘 안 되거나 이상하거나, 의심스러운 것이 있으면 주저하지 말고 질문해라. 둘째, 교수가 열심히 강의를 했는데 질문이 없는 것은, 가수가 열심히 노래를 했는데 박수가 없는 것과 같다. 가수의 노래가 끝난 후 박수가 없는 것이 가수에 대한 예의가 아니듯이, 교수의 강의가 끝난 후 질문이 없는 것은 교수에 대한 예의가 아니다. 내 강의가 너무 한심한 경우가 아니면, 노래 부른 가수에게 박수를 쳐주듯이 나에게 질문을 해주기 바란다.

서양철학의 아버지라고 불리는 플라톤의 대표작들은 모두 대화로 이루어져 있다. 동양철학의 시조라고 불려도 좋은 공자의 논어도 주로 공자와 제자들 사이의 질문과 대답으로 되어 있다. 철학에서의 대화는 질문하고 대답하고 토론하는 것이다. 스승과 제자 사이, 제자와 제자 사이의 대화는 철학 수업의 생명과 같다. 내가 강의실에서 학생들을 빙 둘러 서로 얼굴을 마주 보고 앉게 하고 수업을 하는 것도 교수와 학생 사이의 대화와 토론을 쉽고 활발하게 하기 위함이다. 강의실 뒤 구석 자리에서 졸거나 딴 짓을 하는 것을 방지하는 효과도 있지만.

'철학'과 'Philosophy'

지은 교수님, 질문 있는데요.

교수 무슨 질문이니?

지은 교수님, '철학'은 한자로 哲學이라고 쓰고, 영어로는 Philosophy라고 하는데, 두 용어의 의미가 맞지 않는 것 같아요. 哲學의 哲자는 밝다는 뜻이니까, 철학은 '밝은 학문'이라는 뜻이잖아요? Philosophy의 phil은 사랑, sophy는 지혜이니까 philosophy는 '지혜에 대한 사랑'이 되고요. '밝은 학문'과 '지혜에 대한 사랑'은 의미가 서로 다르잖아요? 그런데, 우리는 철학을 '밝은 학문'으로 번역해서 사용하고 있는 것 같아요. 번역이 잘못된 게 아닐까요?

교수 지은이가 좋은 질문을 했다. Philosophy를 한자로 애지학愛智學이라고 번역하는 것이 의미상 더 맞지. 서양의 Philosophy가 동북아시아에 처음 들어왔을 때, 누가 왜 그렇게 번역했는지 모르지만, Philosophy의 의미를 그대로 옮겨서 직역을 하지 않은 거지. 내 짐작은 그렇게 번역한 사람이 철학이 동양에 들어 온 당시의 서양철학의 사조인 계몽주의의 영향을 받지 않았나 싶다. 계몽주의는 영어로 Enlightenment인데, 'En-light'는 빛을 비춘다는 의미이다. 철학을 계몽주의적 관점에서 보면, 어둠에서 빛으로, 무지에서 지식으로, 무질서에서 질서로 인간을 깨우치고 인도하는 학문이라는 뜻으로 해석할 수도 있다. 크게 잘못된 번역은 아니라고 생각해.

지은 그러니까 서양의 philosophy가 처음 들어왔을 때, 그것이 어떤 학문인지, 무엇을 하는 학문인지 잘 몰랐던 것 같네요. 사실, 저도 그래요. 철학이 어떤 학문인지 잘 모르겠어요.

지은이는 철학을 배워서 먼저 사람이 되고 난 후에 다른 기예를 배워야 한다는 할아버지의 말씀에 따라 철학과에 들어왔다. 지은이는 여주의 명문 유학자 집안의 후손이다.

인간의 대표적인 지적 탐구 네 가지

철학이 어떤 학문인지 알아보는 좋은 방법 중 하나는 철학을 종교, 예술, 과학과 비교해 보는 것이다. 철학을 특별히 종교, 예술, 과학과 비교하는 이유는 이 넷이 인간의 대표적인 지적 탐구 방식이기 때문이다. 인간에게는 많은 종류의 지적 활동과 탐구 방식들이 있지만, 종교, 예술, 과학, 철학만큼 인간과 세계에 대한 총체적이고 근원적인 탐구를 하는 지적 활동은 없다.

인류가 지금껏 구축해 온 문명 및 문화의 방향과 내용은 이 네 지적 탐구의 정신, 방식, 역사에 담겨 있다고 말해도 과언이 아니다. 따라서 철학을 다른 대표적인 지적 탐구 방식과 비교하면, 철학의 특성, 철학이 무엇을 어떻게 하는 학문인지가 잘 드러난다.

여기에서 지적 탐구intellectual pursuit란, 인간이 뇌, 정신, 마음 혹은 영혼을 가지고 사고하고 의식하면서 어떤 것을 대상으로 그 본질, 현상, 원인 혹은 결과 등에 대해 탐구하는 일체의 심리적 현상 혹은 행위를 말한다. 즉, 인간이 지성human intelligence을 가지고 탐구하는 일체의 행위를 말한다. 우리는 가끔 '지적'을 '감각적', '감정적', '욕망적', '영적' 등의 표현과 대비해서 사용하기도 하는데, 이때의 '지적'은 인간 지성의 극히 좁은 의미로 사용된 표현이다. 따라서 좁은 의미의 '지적'은 '이성적'이라고 표현하는 것이 더 적합하다.

그런데 지적 탐구는 어떻게 가능한가? 지적 탐구를 가능하게 하는 요소에는 세 가지가 있다. 첫 번째는 자의식이다. 자의식이란 자기 자신을 대상으로 의식하는 행위이다. 자기 자신의 물리적, 심리적, 사회적 혹은 정서적 상태를 대상으로 의식하고 사고하는 정신적 활동을 말한다. 자기 자신을 대상으로 의식하고 사고할 수 있을 때, 인간의 자아 개념이 형성된다. 자아의 개념이 형성되었을 때, 인간은 자기 자신이 어떤 상태에 있는지 보다 종합적이고 체계적으로 파악할 수 있다. 이 점이 인간이 다른 동물과 근본적으로 다른 차이이다. 자의식을 가졌을 때, 자기 자신이 어떤 상태에 있는가를 종합적이고 체계적으로 파악할 수 있고, 그 결과 오늘날 우리가 보는 고도의 문명과 문화를 구축할 수 있었다. 인간이 자의식을 가지고 사고하고 행동하는 것이야말로, 인간이 주체가 되어 세상을 대상으로 지적 탐구를 할 수 있게 하는 첫 번째 요소이다.

지적 탐구를 가능하게 하는 두 번째 요소는, 자아가 세계 속에 존재하는 사물과 사건들을 대상으로 받아들이는 것이다. 요즈음 말로 입력input에 해당한다. 입력은 주로 감각기관에 의해 이루어진다. 입력이 감각기관에 의해 이루어지므로, 철학자들은 그것을 경험적 감각sensation 혹은 감각적 지각sense perception이라고 부른다. 감각 혹은 감각적 지각의 일차 기능은 자아와 세계 사이의 관계를 맺는 것이다. 즉, 서로 분리되어 따로 존재하는 자아와 세계 사이를 연결하고, 그 사이에 다리를 놓는 일이다. 이런 의미에서 감각이 없으면 인간은 외부 세계에 존재하는 사물과 사건들에 도달할 길이 없고, 그것들을 대상으로 인간의 마음속에 받아들일 방법이 없다. 여기서 '세계world'란, 자아가 아닌 일체의 것 혹은 감각이나 감각적 지각의 대상이 되는 일체의 것을 말한다. 예를 들면, 이 글을 읽고 있는 당신이나, 책상 위에 놓인 책이나, 들에 핀 꽃, 베토벤의 교향곡, 고흐의 그림, 서울시, 대한민국, 지구, 천체 등 일체의 존재들이 세계의 부분들이다. 그런데 문제는 자아도 세계 속에 있다는 점이다. 자아가 아닌 일체의 것 속에 자아가 있다는 말이 된다. 그렇다. 여기에 세계 속에 존재하는 인간의 위대함이 있다. 인간은 세계 속에 있으면서, 세계를 그 대상으로 감각하고 지각하는 능력을 갖고 있다. 세계에 대한 지적 탐구가 가능해지는 계기이다.

지적 탐구를 가능케 하는 세 번째 요소는, 자아와 세계 사이의 관계를 수립하고, 그 관계relation의 성격을 파악하는 것이다. 자의식을 가진 존재가, 자신이 속해 있는 세계와 그 세계 속에 존재하는 사물과 사건들과 어떤 관계에 있는지, 어떤 관계가 성립하고 있는지 파악하고, 이해하고, 설명하는 것이다. 인간과 세계 사이의 관계를 파악하고, 이해하고, 설명하는 정신적 활동을 철학에서는 인지cognition 혹은 인식knowledge이라고 부른다. 그러니까, 지적 탐구에 필요한 세 번째 요소는, 인간이 자신과 세계 사이의 관계를 인지하고 인식하는 능력이다. 인지와 인식 사이에는 다소 뉘앙스의 차이가 있지만, 여기에서는 편의상 동의어로 인지 능력을 포함한 인식이라는 넓은 의미의 표현을 사용하겠다.

인간의 지적 탐구는 크게 다음의 네 문제를 해결하기 위해 노력해왔다. 첫째, 인간 자신에 대한 탐구, 즉 '인간이란 무엇인가? 나의 존재 의미는 어디에 있는가? 인생이란 무엇인가?' 같은 질문을 하고 그에 대한 해결을 모색해왔다. 둘째, 인간이 그 속에서 살고 있는 세계에 대한 탐구, 즉 '우주는 언제, 어떻게 존재하기 시작했는가? 자연 속의 생명체는 어디에서 왔는가? 인간이 추구할 이상적인 사회는 어떤 사회이며, 그런 사회를 어떻게 실현할 수 있을까?' 등의 문제에 대한 해결을 탐구해왔다. 셋째, 인간과 세계 사이의 관계에 대한 탐구이다. 여기에는 앞에서 말한 것처럼, 여러 가지 종류의 관계가 문제될 수 있지만, 가장 대표적인 문제는 세계 속에서의 생존과 번영이다. '인간은 자연환경 속에서 어떻게 생존하고 번영을 누릴 수 있는가? 나의 정체성은 무엇이며, 어떤 가치를 지향하며 살아야 할까? 나는 과연 성공할 수 있을까?' 같은 자연과 사회 속에서의 존재와 삶에 대한 문제의 해결을 추구해 왔다. 인간, 세계, 인간과 세계 사이의 관계에 대한 이러한 문제는, 자의식, 대상에 대한 감각적 지각, 세계와의 인식적 관계를 맺을 수 있는 인간에게 가장 근본적이고 포괄적인 문제이다. 다시 말하면, 인간이 갖고 있는 모든 문제는 이 세 가지 문제로 수렴되고, 그 중의 하나에 해당한다. 그리고 인간에게는 수많은 종류의 지적 탐구가 있지만, 종교, 예술, 과학, 철학만큼 근본적fundamental이고 포괄적인comprehensive인 탐구분야가 없다. 이것이 내가 이 넷을 인간의 지적 탐구의 대표적인 경우로 설정한 근거이다.

은서 교수님, 질문 있는데요?

교수 무슨 질문이니?

은서 그런데, 철학은 문과대학의 문사철文史哲 과목 중의 하나이고, 동국대학교에서 수많은 학과 중의 하나인데, 종교, 예술, 과학과 같은 큰 영역과 동등한 위치에서 비교하는 것은 좀 무리가 아닐까요? 자연과학대학의 수학과, 물리학과, 사회과학대학의 법학과, 경제학과, 공과대학의 컴퓨터 공학과, 기계공학과 등 다른 주요 학과에서 보면, 철학을 너무 부풀리고 과장했다고 비판할 수 있지 않을까요?

교수 그렇군. 은서 말을 듣고 보니 그런 비판이 나올 만하다. 그런데, 그들도 서양 학문의 출발과 발전의 역사를 보면, 철학이 서양 학문에서 차지하는 비중이 어떤지 알 수 있어. 서양의 학문은 고대 그리스에서 출발했는데, 그 출발이 플라톤과 아리스토텔레스 같은 철학자에서 비롯되었다는 것을 알 수 있어. 오늘날 우리가 자연과학, 사회과학, 인문과학, 예술이라고 부르는 분야들이 모두 철학에서 비롯되었거나 철학의 영향 아래에서 이루어졌지. 서양의 종교인 기독교도 철학자들에 의해서 고등종교로 발전한 것이고. 오늘날 대학에서 수여하는 박사학위의 영어 표현이 Ph. D인데, Doctor of Philosophy의 약자야. 지금도 계속되고 있는, 서양학문에서의 철학의 위상을 단적으로 보여주는 예라 할 수 있지. 철학은 동국대학교의 한 학과로 들어와 있지만, 인간의 지적 탐구의 방식으로서의 위상은, 종교, 예술, 과학과 같을 뿐만 아니라, 그 이상의 위치에 있다고 해도 과언이 아니다.

은서는 동국대학교 패러글라이딩 동아리 회장인데, 자기 부친과 나를 각각 등 뒤에 태우고 남한산성 위 하늘을 날며 그 묘미를 보여주고 싶어 한다. 그런데 둘 다 반응이 없다.

지적 탐구로서의 종교의 특성

이제 지적 탐구의 첫 번째 방식인 종교에 대해서 생각해보자. 종교는 인류 문명의 초기부터 있어 왔고, 생존을 위한 도구의 개발과 함께 인류 문명을 태동시킨 원동력 중 하나이다. 고대 이집트와 메소포타미아의 도시들이 모두 성곽으로 둘러싸여 있고, 그 중심에 높은 신전이 자리하고 있는 것에서 우리는 종교가 고대인의 생활의 중심에 놓여 있었다는 것을 알 수 있다. 이 생활방식은 사실 고대 이집트나 메소포타미아인들에게만 한정된 것이 아니었다. 중세는 물론 근대 유럽의 도시들도 같은 구조를 갖고 있는 것을 볼 수 있다. 유럽 도시들에 관광을 가는 사람들은, 구경거리 중에 성당이나 사원이 많고, 박물관 소장품들도 종교 유물이 많다는 것을 알게 된다. 한반도의 유물도 주로 불교와 유교에 관련된 것들이 많다. 오늘날에도 한국 인구의 상당수가 어떤 특정한 종교에 속해 있거나 관련되어 살고 있다. 이처럼 고대로부터 현대에 이르기까지 인류문명의 중심에 종교가 자리하고 있는 것은 분명해 보인다.

종교는 왜 인간 삶의 중심에 자리하게 되었을까? 그 이유는 인류학자의 도움을 받지 않아도 어느 정도 유추할 수 있다. 고대인들은 자연재해와 빈번한 전쟁 앞에서 생존의 위협에 그대로 노출되어 있었다. 태풍, 가뭄, 홍수, 지진, 추위 등은 인간의 생명을 위협하고 주거와 농토를 파괴했고, 기근과 질병에 시달리게 했다. 종족과 국가 사이의 빈번한 전쟁은 수많은 사상자를 내고 인간에게 엄청난 고통을 가져왔다. 이렇게 인간은 자연재해와 전쟁의 발발로 인한 고통과 불안, 위협과 공포 속에서 오랜 기간 생활해왔다. 그런 환경에서 벗어나기 위해, 혹은 그런 환경 속에서도 생존하기 위해, 인간이 종교가 주는 현재의 위안과 미래의 약속에 귀 기울이고 의지하게 된 것은 자연스러운 일이다. 그러면, 종교적 탐구 방식의 특성은 무엇인가? 세상에는 수많은 종교와 종교 행위가 있지만, 그 탐구 방식에서는 다음과 같은 공통점이 있다.

종교는 자연을 의인화한다

첫째, 종교의 탐구방식은 자연의 의인화personification이다. 자연의 의인화란 자연현상이나 사물들을 인격화해서 이해하고 설명하는 것이다. 인격화한다는 것은 자연현상이나 사물이 인간과 같은 의식과 정신을 갖고 있다고 보고, 인간과 같은 사고와 행동을 한다고 간주하는 것이다.

고대인들은 왜 자연현상이나 사물을 의인화했을까? 자연현상이나 사물을 설명하는 데 그들이 사용할 수 있는 유일한 방법이었기 때문이다. 그들은 자연에서 일어나는 현상들이 인간에게 일어나는 사건들과 같은 방식으로 일어난다고 믿었다. 인간이 행하는 모든 행위의 배후에 인간이 존재하듯이, 자연에서 일어나는 모든 사건의 배후에 인간과 같은 인격체가 존재한다고 믿었다. 인간이 없이 인간 행위가 존재할 수 없듯이, 자연 배후에 어떤 인격체 없이 자연현상이 발생할 수 없다고 믿었던 것이다.

그들이 의인화의 방법을 사용한 다른 이유는, 의인화는 자연현상을 이해하고 설명하는 가장 단순하고 직접적인 방법이기 때문이다. 의인화가 가장 단순하고 직접적인 인식 방식인 이유는 유비analogy에 의존하기 때문이다. 유비는 두 사물, 두 사건을 한두 개의 공통점으로 이해하고 설명하는 방식이다. 한두 개의 공통점만 찾으면 되는 인식 방식이기 때문에 단순하고 직접적이다. '낙타는 사막의 배이다', '청춘은 봄이다', '인생은 마라톤이다' 등이 흔히 사용되는 유비이다. 이런 유비에는 사물이나 사건에 대한 개념적 규명이나, 그것의 본질에 대한 이론적 설명이 없다. 유비가 참인가 아닌가를 증명할 근거나 방법도 없다. 유비는 단지 연상에 의한 관념 사이의 연결일 뿐이다. 유비에 의한 자연현상의 의인화는 신뢰할 만한 지적 탐구의 방식이 되지 못한다.

따라서 종교의 최초의 형태가 자연신 숭배였다는 것은 놀라운 일이 아니다. 가장 대표적이고 보편적인 자연신은 태양신이다. 태양신은 세계 곳곳에서 존재한 원시적 형태의 신이다. 태양빛이 있어 식물과 동물들이 자라고, 그 식물과 동물을 먹고 인간이 살아간다. 인간이 낮에 활동할 수 있는 것도 태양빛이 있기 때문이다. 요즈음 말로 표현하면, 인간을 포함한 모든 생명은 태양 에너지에서 나오고, 태양이 그 에너지를 지구에 보내지 않으면 모든 생명은 사멸한다. 따라서 태양을 숭배하는 것이 지극히 당연하다. 시대가 지나면서 인간은 태양보다 하늘에 더 중점을 둔 것 같다. 하늘에는 하늘님이 있고, 하늘님이 세상 모든 것을 관장한다. 태양은 물론 달과 별, 계절과 기후의 변화 모두 하늘님의 소관이다. 하늘님은 하늘에 계신 님인데, 여러 문화권에서 한울님, 하느님, 하나님, 천주님이라고 불리기도 했다. 하늘님 혹은 하나님이 계시는 곳을 천국 혹은 그냥 하늘이라고 부르기도 했다. 하늘이 내린 명령을 천명天命, 하늘이 인간에게 내린 운명을 천명天運, 하늘이 내린 벌을 천벌天罰이라고 불렀다.

종교는 자연을 신비화한다

둘째, 종교의 탐구 방식은 신비화mystification이다. 종교에서의 신비화는, 앞에서 말한, 자연현상의 배후에 존재한다고 믿어지는 인격체에 초-자연적인 능력을 부여하는 것이다. 그리고 초-자연적인 능력을 가진 인격체를 인간과 구별하여 신, 정령, 귀신이라고 부른다. 이런 인격체 가운데는 인간에게 선을 행하는 천사가 있는 반면에 악을 행하는 악마도 있다. 인간은 어떤 대상에 대한 이성적이고 논리적인 이해와 설명을 할 수 없을 때, 곧잘 신비화에 호소한다. 특히 어떤 자연현상이 인간의 상상을 능가할 정도의 규모, 힘, 영향력을 가졌을 때 신비화에 호소하는 일이 흔하다. 그 대표적인 경우가 앞에서도 언급한 태양신이다. 태양을 인격체로 보고, 인간의 길흉화복을 좌우하는 능력이 있어 그에게 살아있는 인간을 희생으로 바친 아즈텍 종교 같은 경우도 있었다. 고대 중국인들이 태양이 있는 하늘을 천天이라 부르고 천제天祭를 지낸 것이나, 이씨 조선의 왕이 가뭄이 들면 하늘을 향해서 기우제를 지낸 것도 모두 자연현상에 대한 신비화의 예들이다.

신비화는 전쟁과 자연재앙에 의한 생존의 위협을 느끼고 있던 고대인들에게 불안과 공포에서 벗어나게 해주는 거의 유일한 수단이었을 것이다. 자연현상 배후에 있는 인격체가 자신들을 적의 공격과 자연의 재앙으로부터 보호해준다고 믿는 것은 그들에게 마음의 위안과 평정을 주는 효과적인 방법이었을 것이다. 그들은 이 인격체에 초-인간적이고 초-자연적인 능력을 부여하고, 그의 뜻에 따르거나 그를 기쁘게 하면 자신들의 생존과 번영을 보장받을 수 있을 것이라고 믿었다. 초-인간적 능력이란, 인간으로서는 도달할 수 없고, 이해할 수도 없는 능력을 말한다. 초-자연적인 능력이란 자연 속 운동과 변화의 질서를 관장하고 자신의 의지에 따라서 그것을 제약 없이 바꿀 수 있는 능력을 말한다. 그는 우리 인간으로서는 상상할 수도 이해할 수도 없는 기적을 행할 수 있는 존재이다. 한마디로 그는 신비한 혹은 신비로운 존재이다. 신비한 존재인 만큼, 그와의 관계도 신비로운 방식으로 하지 않을 수 없다. 인간이 다른 인간을 대하는 방식으로 그의 뜻을 이해하고, 그를 기쁘게 할 수가 없다. 초-인간적이고 초-자연적인 방법 이외에 그에게 도달하고, 그와 소통할 수 있는 방법이 없다. 즉 신비로운 체험만이 인간이 초-자연적인 존재와 관계할 수 있는 유일한 방법이다.

종교는 신앙의 대상과 내용을 교조화한다

셋째는, 종교의 탐구 방식은 교조화dogmatization이다. 교조화란 일단의 원리나 이념을 설정하고, 그것을 유일하고 절대적인 준칙으로 삼아 지켜 나가는 것을 말한다. 종교의 교조적인 방식은 그 종교의 일관성과 통합성을 유지하는 데는 도움이 되지만, 다른 원리나 이념을 용인하지 않는 폐쇄성과 다른 종교에 대한 배타성을 갖는다. 종교의 교조적 속성은 다양한 신을 믿는 다신교보다는 유일한 신을 믿는 일신교의 경우에 더 강하다. 유대교의 "나 이외의 다른 신을 섬기지 말라"라는 모세 십계명이나, 기독교의 "나를 말미암지 않고는 아버지(하나님)께 이를 자가 없다"라는 예수의 선언이나, 이슬람교의 "알라는 위대하다. 알라 이외의 신은 없다"는 기도는 일신교들의 교조적 특성의 대표적인 예이다. 이들이 모두 아브라함이 창시한 유일신의 개념을 공통적으로 계승했음에도 불구하고, 수천 년간 서로 갈등하고 투쟁한 역사는 종교의 교조적 특성이 얼마나 폐쇄적이고 배타적일 수 있는지 보여준다.

이렇게 종교에는 유비에 의한 자연의 의인화, 초-자연적인 존재에 호소하는 신비화, 원리와 이념의 교조화 같은 요소가 있지만, 여전히 인간이 세계를 대상으로 하는 지적 탐구의 한 방식임에 틀림없다. 종교가 다른 지적 탐구의 방식인 예술, 과학, 철학과 충돌하고 제재하고 부정하기도 한 역사가 그것이 지적 탐구의 한 방식임을 증명한다. 종교는, 예술, 과학, 철학이 극단으로 발전한 현대 산업사회에서도 여전히 인간의 세계에 대한 지적 탐구의 중심된 한 방식으로 남아 있다.

지적 탐구로서의 예술의 특성

지적 탐구의 두 번째 방식은 예술이다. 예술을 몇 개의 단어나 문장으로 규정하고 정의하는 것은 거의 불가능하다. 수많은 유형의 예술과 예술적 행위가 있기 때문이다. 여기서는 이런 다양한 예술들의 공통된다고 생각되는 특성들을 파악해서 그 본질에 접근하고자 한다.

예술은 그 태도에 따라 크게 순수예술과 응용예술로 나뉜다. 순수예술은 말 그대로 예술을 위한 예술이다. 예술을 하는 목적이 예술적 이상을 실현하는 것에만 있을 때, 그 행위는 예술적으로 순수하다 할 수 있다. 응용예술은 때로 생활예술이라고도 불리는데, 일상생활에서 예술적 요소 혹은 가치를 적용하고 활용하여 소기의 목적을 달성하려는 예술적 행위를 말한다.

응용예술의 목적은 예술 자체보다는 현실적 실용성에 있고, 그 목적은 개인적인 것에서부터 집단 혹은 국가적 목적에 이르는 수없이 다양한 목적이 있을 수 있다. 경제적 가치를 추구하는 상업예술, 공산주의 이념을 선전하는 프로파간다 예술, 종교적 가르침을 회화로 표현한 성당과 사찰의 벽화들이 대표적인 예들이다. 우리가 여기서 다루고자 하는 예술은 순수예술이다. 인간과 세계에 대한 지적 탐구의 방법으로의 예술은 응용예술보다 순수예술에 있기 때문이다.

다음으로 예술적 행위를 하는 신체기관과 그 매개체에 따라서 수많은 종류의 예술로 나뉜다. 먼저, 시각기관을 이용하는 시각예술이 있다. 회화, 조각, 건축이 대표적이다. 청각기관을 이용하는 청각예술이 있다. 음악이 대표적이다. 미각기관을 이용하는 미각예술이 있다. 요리나 음료 제작이 대표적이다. 감각기관뿐만 아니라 육체의 일부 혹은 전체를 이용하는 예술도 있다. 댄스와 발레가 대표적이다. 그런데, 예술적 행위에는 여러 종류의 신체기관을 이용하는 경우도 있다. 연극과 오페라가 대표적이다. 연극과 오페라는 시각, 청각 및 육체 전체를 이용하는 예술이다. 이런 예술을 우리는 종합예술이라고 부른다. 사실 댄스와 발레 같은 공연예술들도 시각, 청각, 촉각 등 여러 신체기관이 관여하는 종합예술의 일종이다. 요리를 하고 와인을 맛보는 일만 하더라도 미각뿐만 아니라 시각, 후각, 촉각 등이 함께 작용한다.

인간의 신체기관뿐만 아니라, 공학적 기술이 함께 하는 예술도 있다. 건축과 공예가 대표적이다. 건축과 공예는 기본적으로 시각적 예술이지만, 설계와 제작의 과정에서 공학적 기술이 동원된다. 공학적 기술이 동원되는 경우에는 상업적 요소까지 개입할 필요가 있다. 건축은 물론이지만, 현대의 종합예술이라고 할 수 있는 영화의 경우, 촬영, 녹화, 편집 같은 공학적 기술뿐만 아니라 재정적 지원이 이루어져야 예술적 행위가 가능하다. 오늘날에는 앞에서 언급한 예술의 유형뿐만 아니라, 전위예술, 설치예술, 행위예술 같은 다양한 유형의 예술들도 존재한다.

예술은 감성적 방식으로 세계를 이해한다

인간과 세계에 대한 지적 탐구의 방식으로서의 예술의 특성은 무엇인가? 예술의 첫 번째 특성은 감성적emotional 방식을 취한다는 것이다. 감성적 방식은 두 가지 측면에서 이루어진다. 하나는 입력의 측면인데, 감각기관을 통해서 마음속으로 들어오는 감각적 인상과 그 인상들을 계기로 혹은 매개로 마음속에 일어나는 감성적 느낌을 통해서 세계를 이해하는 방식이다. 앞에 놓인 꽃을 눈으로 보고, 그 형태와 색깔에 예쁘다는 느낌을 받는다거나, 손으로 꽃잎을 만져보고, 그 매끄러운 감촉에 싱싱하다는 느낌을 받는 것은 감성적 방식의 입력적 측면이다.

감성적 방식의 다른 하나는 출력의 측면인데, 예술적 행위를 하는 주체가 자신의 감각적 인상과 감성적 느낌을 외부로 표출하거나 타자에게 전달하는 경우이다. 고흐의 회화 〈해바라기〉를 예로 들어 보자. 고흐는 화병에 꽂힌 해바라기를 눈으로 보고 손으로 만져보고 자기 나름의 인상과 느낌을 받았을 것이다. 그리고 그는 물감과 붓을 사용해서 그 인상과 느낌을 캔버스 위에 그렸을 것이다. 이렇게 예술적 행위의 감성적 방식은 입력과 출력의 두 측면을 통해서 이루어진다.

예술은 주관적 방식으로 세계를 이해한다

예술적 방식의 두 번째 특성은 주관적subjective 방식을 취한다는 것이다. 주관적이란 주체에 속해 있다는 뜻이다. 예술에서 외부 세계를 탐구할 때 예술가는 개인적 관점, 성향, 태도에 따라 개인별로 다양하게 세계를 이해 혹은 표현한다. 예술적 방식이 주관적이 될 수밖에 없는 것은, 그것이 감성적 방식을 취하기 때문이다. 예술 행위 주체자의 개인적 인상과 느낌에 따라 외부세계를 이해하고 표현하기 때문에, 주체의 개인적 관점, 성향, 태도에 따라서 예술 행위를 할 수밖에 없다. 이러한 예술의 주관적 특성은 고대 이후의 고전주의나 사실주의보다는 근대 이후의 낭만주의, 인상주의, 표현주의, 추상주의 등에서 잘 나타난다.

건축에서 아테네의 파르테논 신전과 프랭크 게리의 구겐하임 미술관, 조각에서 미켈란젤로의 〈다비드〉와 로댕의 〈생각하는 사람〉, 회화에서 보티첼리의 〈봄〉과 피카소의 〈아비뇽의 여인들〉, 음악에서 모차르트의 교향곡 〈주피터〉와 스트라빈스키의 〈불새〉등을 비교해보면, 근대 예술이 얼마나 주관적인 방식과 태도를 취하고 있는지 알 수 있다. 근대에 이르러 예술이 주관적 특성을 강하게 갖게 된 데에는, 근대 시민 사회의 개인의 자유와 인권에 대한 각성에 힘입은 바가 크다. 예술가들이 종교나 정치의 규제에서 벗어나, 자기 나름의 독자적인 관점과 태도를 갖게 되었기 때문이다.

예술은 표상의 방식을 사용한다

예술적 방식의 세 번째 특성은 표상성representation이다. 표상은 현시와 대비되는 개념으로, 대상을 직접적이 아니라 간접적으로, 즉 어떤 매개체를 통해서 '보여주다' 혹은 '드러내다'라는 뜻이다. 요즈음 한국에서 영어 representation을 '재현再現'으로 번역하기도 하는데, 좋은 번역이 아니다. 재현은 같은 것이 '다시 나타난다'는 말인데, 여기에서 representation은 그런 뜻이 아니다. representation은 presentation과 대비되는 개념으로, 직접적이 아니라 간접적으로, 즉 매개체를 통해서 보여주거나 드러낸다는 뜻이다. 오래 전부터 사용해 온 '표상表象'이 더 합당한 번역인 것은, 표상은 象, 즉 '이미지를 드러내 보이다' 혹은 '이미지를 통해서 드러내 보이다'의 의미이기 때문이다. 그래서 여기에서는 '재현' 대신이 '표상'을 사용하겠다.

　표상에는 크게 두 종류가 있다. 언어적 표상과 비-언어적 표상이 그것이다. 언어적 표상은 언어를 매개체로 해서 외부 세계의 사물을 드러내 보이는 것이고, 비-언어적 표상은 언어가 아닌 다른 매개체를 사용해서 외부 세계의 사물을 드러내 보이는 것이다. 앞에 놓인 어떤 물체를 '물', 'water', '水' 등으로 표현하면 언어적 표상이다. 그리고 그것을 시각 혹은 청각 이미지로 표현하면 비-언어적 표상이다. 언어적 표상은 의미를 통해서, 비-언어적 표상은 이미지를 통해서 사물을 표상한다는 점에서 차이가 있다. 그런데 언어적 표상도 시각 이미지인 글(문자), 청각 이미지인 말(발음)을 사용해서 표상한다는 점에서 비-언어적 표상에 의존한다고 볼 수 있다. 최초의 문자가 사물을 그림으로 그린 상형문자와 소리로 드러내는 표음문자라는 점에서 비-언어적 표상이 언어적 표상의 시작이요 바탕이라는 것을 알 수 있다.

　예술의 표상성은 인간과 세계에 대한 지적 탐구에 매우 중요한 의미를 갖는다. 왜냐하면, 인간에게 표상 능력이 없었으면 지금과 같은 고도의 문명과 문화를 이룩하지 못했을 것이기 때문이다. 인간이 외부 세계에 대해서 갖는 모든 정보와 의사는 표상을 사용해 기록되고, 전달되고, 이해된다. 인간의 지식 획득과 축적은 표상 없이는 불가능하다. 파피루스에 그려진 도안과 전달된 정보가 없었으면, 피라미드는 처음부터 건설될 수 없었다. 기독교 성서에 인간의 표상 능력이 얼마나 중요한지를 보여주는 일화가 있다. 고대 바빌론인들이 탑을 높이 쌓아 올렸다. 하늘에 있는 하나님이 보니, 인간이 자신이 있는 장소에까지 도달할 것 같았다. 그래서 그들의 공사를 중단시키기로 했다. 방법은 간단했다. 그들 사이의 정보와 의사전달을 불가능하게 한 것이다. 그들의 언어, 즉 표상 능력을 박탈해 버린 것이다.

표상성은 예술만 갖는 특성은 아니다. 종교, 과학, 철학도 언어와 각각의 표상 체계를 갖고 있다는 점에서 표상성이 없지 않다. 그러나 그들의 표상 체계가 예술이 갖는 감성적, 주관적 표상 방식에서 출발했다는 점에서, 예술의 표상성보다 중요성의 비중이 훨씬 낮다. 그런 의미에서 예술은, 외부 세계에 대한 인간의 지적 탐구에서 그 시원을 제공한 매우 의미 있는 방식이라고 할 수 있다.

지적 탐구로서의 과학의 특성

세계에 대한 인간의 지적 탐구의 네 번째 방식으로 과학이 있다. 과학적 탐구는 고대로부터 세계 곳곳에서 부분적으로 행해져 왔지만, 16세기 이탈리아의 갈릴레오, 17세기 영국의 뉴턴과 19세기 다윈, 20세기 독일의 아인슈타인 등 과학자들에 의해서 근대적인 체계를 갖추었다. 과학은 원래 자연과학이지만, 사회현상, 심리현상 등으로 확장하여 지식 체계의 정상에 자리하고 있다. 근대 산업과 기술은 물론, 경제와 문화 분야까지도 과학의 도움 없이 혹은 과학에 의존하지 않고 유지될 수 없는 상황에 이르렀다. 어떤 특성이 과학을 이런 세계에 대한 지적 탐구의 정상에 올려놓은 것일까?

과학은 객관성을 갖는다

과학적 탐구의 첫 번째 특성은 객관성objectivity이다. 객관성은 주관성과 대비되는 개념으로, 주체에 속하지 않고 객체에 속해 있다는 것이다. 주체란 인식하는 개인이고, 객체란 인식하는 개인의 외부에 있으면서 그 대상이 되는 사물 혹은 사건이다. 영어 subjectivity와 objectivity를 주인과 손님을 의미하는 주객의 관계로 번역한 것은 적합하지 않지만, 상이한 언어 사이의 완벽한 번역이 어려운 점을 감안하면 용인할 수 있는 경우이다. objective하다는 것은 object에 속한다는 의미인데, 여기에서 주의할 것은 영어 'object'에는 두 가지 의미가 있다는 것이다. 하나는 존재론적인 의미로 '사물'이고, 다른 하나는 인식론적인 의미로 '대상'이다. 이 두 의미를 합하여 object는 외부 사물에 속해 있으면서 어떤 개인의 인식의 대상이 될 수 있는 것이라고 말하면 object의 의미를 잘 드러냈다고 볼 수 있다.

그러나 객관성의 의미를 이해하는 가장 좋은 방법은 간-주관성 inter-subjectivity이다. 간-주관성이란 '주관들 사이에 있는', '주관들에 걸쳐서 있는' 혹은 '주관들을 관통해 있는' 성질을 의미한다. 즉 많은 수의 주관들에 공통되고 공유된다는 뜻이다. 그러니까 객관성은 하나의 주관에 속하지 않고, 다수의 주관에 속한다는 의미가 된다. 그런데 문제는 다수의 주관에 속하는 것은 없다는 것이다. 다수의 주관이라는 것이 존재하지 않기 때문이다. 다수의 주관이란 따지고 보면 개인적 주관의 집합에 불과하다. 주관은 언제나 개인적이다. 따라서 객관성은 다수의 주관들에 공유되며, 인정되고 동의된다는 의미로 이해하는 수밖에 없다. 엄밀하게 말해서, 세상에는 객관성이란 존재하지 않고, 일단의 주관들, 일단의 인간들이 인정하고 동의하는 어떤 것이 있을 뿐이다. 따라서 열 명이 동의한 것보다 백 명이 동의한 것이 객관성을 더 많이 갖는다고 볼 수 있다. 즉, 객관성은 상대적 개념이고, 주관성과 대비해서 편의상 가정한 개념이다.

그러면 어떻게 객관성을 확보할 수 있는가? 어떤 방법으로 다수의 주관과 주체들 사이에 공유되고 동의될 수 있는 것을 확보할 수 있는가? 대답은 경험, 특히 감각 경험이다. 여러 사람들이 감각기관으로 관찰하고, 확인하고, 검증하는 방법이다. 인간이 가장 객관적으로 파악하고 공유할 수 있는 것은 감각적 대상이다. 눈으로 보고, 귀로 듣고,

손으로 만져보고, 코로 냄새를 맡아 보는 방법이다. 하나의 대상을 두고 한 사람이 경험하는 것이 아니라, 가능한 많은 사람이 같은 경험을 한다. 오늘만 경험하는 것이 아니라, 내일, 모레, 일 년 후, 십 년 후에도 경험한다. 서울, 부산에서만 하는 것이 아니라 뉴욕, 런던에서도 경험한다. 맨눈으로만 하는 것이 아니라, 현미경, 망원경을 사용해서도 한다. 동일한 관찰과 검증의 환경을 만들기 위해, 실험실과 실험기구를 사용해 관찰하고 검증한다. 인간이 객관성을 확보하기 위해 여러 도구와 방법을 제조한 것은 과학의 중요한 한 부분이다.

과학은 엄밀성을 추구한다

과학의 두 번째 특성은 엄밀성accuracy이다. 엄밀성은 정밀하고 명확하다는 뜻이다. 정밀하다는 것은 정확하고 자세하다는 뜻이고, 명확하다는 것은 분명하고 모호하지 않다는 뜻이다. 과학이 정밀성과 명확성을 갖는 것은 감각적 관찰과 검증으로 파악한 내용을 수학적 형식으로 표현하는 데 기인한다. 과학의 언어가 수학이라고 불리는 이유이다. 수학적 언어가 정밀성과 명확성을 과학에 보장할 수 있는 이유는, 그것이 질quality적인 방법이 아니라 양quantity적인 방법을 사용하기 때문이다. 예를 들어서 '길다', '덥다', '무겁다'는 질적인 표현이다. '100미터', '섭씨 35도', '523킬로그램'은 양적인 표현이다. 후자가 전자보다 훨씬 더 정밀하고 명확하다. 이렇게 양적인 표현을 사용하는 것을 양화 혹은 수량화한다quantify고 한다.

수량화 혹은 양화의 또 다른 장점은, 관찰과 검증의 자료와 결과를 수적으로 측량할 수 있고, 계산할 수 있다는 데 있다. 수적으로 측량하고 계산할 수 있다는 것은 수학이 다른 학문과 달리 갖는 가장 큰 장점 중 하나이다. 수와 수학이 없으면 우리는 몸무게도 정확하게 알 수도 없고, 내일 아침에 정확하게 몇 시 몇 분에 일어나야 하는지 알 수도 없다. 친구에게 전화를 걸 수도, 시간 약속을 해서 만날 수도 없다. 달이 지구를 중심으로 회전하는 속도와 궤도를 측량할 수 없고, 우주선을 달에 보내 착륙시킬 수도 없다. 수학이 없으면 오늘날 우리가 소유하고 있는 대부분의 물건이 만들어질 수 없고, 우리가 하고 있는 대부분의 활동을 할 수가 없다. 수학의 이러한 측량과 계산 능력 때문에, 수학을 언어로 사용하는 과학이 지적 탐구의 여왕의 자리에 오를 수 있게 되었다. 수학이 있고 없고, 수학이 발전하고 발전하지 않고의 차이에 따라 어떤 지역의 문명과 문화가 얼마나 발전하고 발전하지 않았는지를 보면 수학의 중요성이 얼마나 큰지를 알 수 있다.

16세기 무렵에 중국 명나라를 방문한 서양의 천문학자들은 중국인들이 만들어 놓은 천문학 기록을 보고 감탄해 마지않았다고 한다. 고대로부터 축적된 관측 기록은 상상하기 어려울 만큼 그 양이 많았다. 그러나 그들은 중국의 자료에 수학 즉 대수학과 기하학이 빠져 있는 것을 보았다. 양적인 관찰과 측량에 의한 정밀성과 확실성이 결여하고 있었던 것이다. 과학적으로 활용하고 신뢰할 수 있는 자료가 아니었다. 그러나 서양의 천문학은 일찍부터 이집트와 고대 그리스에서 발전한 기하학과 대수학의 도움으로 과학적으로 활용하고 신뢰할 수 있는 자료였다. 수학이 있고 없고, 수학을 사용하고 사용하지 않고의 차이가 빚어낸 결과이다.

과학은 가치중립적이다

과학의 세 번째 특성은 가치중립성value-neutrality이다. 가치중립성은 좋다, 나쁘다, 옳다, 그르다 등 가치 평가나 판단이 개입하지 않는다는 뜻이다. 그래서 몰-가치성이라고 불리기도 한다. 여기에서 가치value란 어떤 사회가 중요시하고 이상으로 삼는 윤리적 규범과 이념을 말한다. 과학은 이런 윤리적이고 이념적인 문제들을 직접 다루지 않는다.

과학은 왜 윤리 혹은 이념적 문제에 관심이 없는가? 그 이유는 과학이 지적 호기심에서 비롯하고, 과학을 하는 목적은 그 호기심을 만족시키기 위한 것이기 때문이다. 과학적 호기심은 자연현상에 대해 '왜 그런 현상이 일어나는가?', '그 원인은 무엇인가?' 등에 대한 의문을 갖는 것이다. 어렸을 때 누구나 그런 호기심을 가진 일이 있을 것이다. '하늘은 왜 푸른빛을 띨까?', '바다 건너에는 무엇이 있을까?', '흐르는 물은 어떻게 추운 날에는 단단한 얼음으로 변할까?' 등 그것이 무엇인지, 그런 일이 왜 일어나는지를 알고 싶어 하는 욕구, 즉 지적 호기심이 과학적 탐구의 출발이다.

과학적 탐구는 지적 호기심에서 출발하지만, 과학을 하는 목적에는 여러 가지가 있을 수 있다. 그 중 대표적인 것이 다양한 자연현상과 그 변화의 배후에 있다고 생각되는 자연법칙의 발견이다. 인간이 자연법칙을 발견하려고 노력하는 이유는 자연현상과 그 변화를 관장하는 근본적이고 일관된 원리와 질서가 있다고 믿고, 그것을 파악하여 아직 일어나지 않은 자연현상과 변화를 예측하고, 그 예측에 따라 자연을 인간 생활에 유익하고 편리하게 통제할 수 있기 때문이다.

이렇게 과학은 자연현상에 대한 이해, 예측, 통제라는 세 목적을 갖는다. 과학이 순수과학과 응용과학, 이론과학과 실천과학으로 나뉘는 이유이기도 하다. 이해는 지적이고 이론적인 관심에서 출발하고 실천적 활용에 관심이 없다는 점에서 순수하다고 말할 수 있고, 예측과 통제는 현실생활의 유익함과 편리함에 주로 관심이 있다는 점에서 실천적이다.

순수과학의 정신을 잘 표현한 문장이 아인슈타인이 독일의 막스 플랑크의 60세 생일에서 한 연설에 있다. 그는 우리 과학자들이 막스 플랑크를 사랑하는 이유는, 개인적 야심이나 실용적 가치를 추구하지 않고, 복잡하고 혼란스런 속세를 벗어나 청명한 공기와 적막함이 있는 높은 산 정상으로 올라가서, 발아래에 전개되는 능선과 계곡을 바라보며 자연에 대한 지적인 그림을 그리려고 했기 때문이라고 칭송했다. 사실 아인슈타인 자신도 그런 사람 중의 하나였다. 그는 빛의 성질에 대해서 호기심을 갖고 연구하기 시작했고, 그 결과가 뉴턴 이후의 과학의 역사를 바꾸어 놓은 상대성이론이 되었다.

순수과학의 가치중립적 태도는 때로 비판의 대상이 되기도 한다. 대표적인 경우가 제2차 세계대전 중에 미국의 핵무기 개발에 참여한 과학자들이다. 그들이 맨해튼 프로젝트에 참여한 많은 이유는 핵분열에 대한 호기심 때문이었다고 한다. 핵폭탄 투하로 일본인 수십만 명이 한순간에 사망하는 것을 보고, 그제야 후회한 과학자들이 있었다고 한다. 그러나 그런 경우를 제외하면 과학은 인류의 생활을 편리하고 윤택하게 하는 데 큰 공로를 세운 지적 탐구 방식의 하나이다.

지적 탐구로서의 철학의 특성

마지막으로, 자아와 세계에 대한 지적 탐구의 네 번째 방식은 철학이다. 철학은 고대문명의 곳곳에서 나름대로 존재했지만, 오늘날 우리가 흔히 말하는 철학, 특히 서양철학은 고대 그리스에 그 시원을 두고 있다. 철학이 왜 고대 그리스에서 시작했는지에 대해서는 많은 이론이 있지만, 내 생각에는 다음의 두 환경이 그곳에서 철학이 발생하게 된 요인이 아닌가 싶다. 하나는 이집트에서 일찍부터 발전한 측량기술과 기하학 지식이다. 나일강 홍수 이후에 실시했던 토지 측량과 피라미드 건설에 필요한 기하학 지식은 수학적이고 논리적인 사고와 추리를 할 수 있는 환경을 제공했고, 이러한 이집트를 포함한 고대 근동의 오리엔트의 문명과 그리스 문명이 합쳐져서 헬레니즘 문명을 낳았고, 이는 그리스 철학을 꽃피웠다. 수는 만물의 원리라는 피타고라스의 사상과 기하학을 모르는 자는 이 문을 들어서지 말라는 경고를 아카데미 학원 입구에 붙여 두었다는 플라톤의 철학은, 고대 그리스 철학의 출발이 수학적, 기하학적 태도와 관심과 긴밀한 관계를 가졌다는 것을 보여준다.

수학은 가장 논리적인 학문인 동시에 가장 추상적인 학문 중 하나이다. 수학적 계산과 추리는 엄밀한 논리적 과정을 따라야 하고, 수학에서 다루어지는 수와 수학적 원리들은 눈으로 보고 손으로 만질 수 있는 감각적이고 물질적인 존재가 아니다. 원주율 파이$_\pi$만 하더라도 실제로 존재하는 수가 아닌 지극히 추상적인 개념이다. 즉 감각적 경험이 아니라 이성적 사고로 파악할 수 있는 존재이다. 내가 보기에 수학이 갖고 있는 이런 논리적, 추상적 사고의 문화가 철학이 생겨날 수 있는 환경을 제공하였다. 플라톤의 경우가 대표적인 예이다. 고대 그리스의 철학과 문화를 헬레니즘이라고 부르는데, 헬레니즘의 핵심이 수학이나 기하학에서 보이는 이성적인 혹은 합리적 사고에 영향을 받았다는 것은 서양 철학사에 널리 알려진 사실이다.

고대 그리스에서 철학이 발생하게 된 두 번째 환경은, 그곳에서 발전한 상업과 국제 무역이라고 생각된다. 고대 그리스, 특히 아테네는 지중해를 둘러싸고 있는 유럽, 중동, 아프리카 여러 지역과 도시와 활발한 무역을 전개했다. 지중해의 연안의 여러 도시들이 그리스의 지배 아래에 놓이기도 했다. 그 결과로 그리스에는 지중해 곳곳에서 온 상인들과 생산된 물자들로 붐볐다. 경제적 부흥이 일어나고 활발한 문화적 교류가 이루어진 것이다. 경제적 부흥은 시간적인 여유가 있는 중산층을 양산하고, 문화적 교류는 다양한 주제를 두고 대화하고 토론하는 문화를 배태했다. 고대 그리스의 비극이 공연된 원형 극장, 아테네 광장에서의 민주적인 토론과 재판, 매년 한 번씩 열렸던 올림픽이 고대 그리스 문화가 높은 수준에 있었다는 것을 보여준다. 철학은 이렇게 시간적 여유를 가진 사람들이 대화와 토론을 할 수 있는 환경 속에서 배태된다. 서양 철학의 아버지라고 불리는 소크라테스가 아테네 광장에서 젊은 사람들을 모아 놓고 대화하고 토론하다가 부인의 물벼락을 받았다는 일화는 서양철학이 대화와 토론의 문화에서 발생했다는 것을 상징적으로 잘 보여준다.

철학은 논리적 접근을 한다

자아와 세계에 대한 지적 탐구방식으로서의 철학이 갖는 첫 번째 특징은 논리적이라는 것이다. 논리적이라는 말은 '논리학'의 원리와 법칙에 따른다는 뜻이다. 논리학에는 크게 두 종류가 있다. 연역 논리학과 귀납 논리학이다. 연역 논리학은 전제와 결론 사이의 관계가 필연적인, 즉 전제가 참인 경우에 결론이 반드시 참이 되는 추리 혹은 논증에 대한 논리학이다. 귀납 논리학은 전제와 결론 사이의 관계가 개연적인, 즉 전제가 참인 경우에 결론이 참이 되는 가능성이 높은 추리 혹은 논증에 대한 논리학이다. 추리와 논증은 동의어로 사용되기도 하지만, 뉘앙스에서 차이가 있다. 추리는 전제에서 결론을 이끌어 내는 심리적 과정을, 논증은 논리적 과정에 대한 표현이다.

　　논리학은 왜 전제에서 결론을 이끌어 내는 추리나 논증을 하는가? 분석하고 직관하여 판단하면 되지 않는가? 논리적으로 사고하고, 논리학을 해야 하는 이유가 무엇인가? 대답은 진리를 보존하기 위함이다. 전제가 참인 경우, 결론이 필연적으로 참이거나 개연적으로 참일 가능성이 높은 사고를 하겠다는 것이다. 참인 전제를 기초로 해서 참인 결론을 도출해 내는 추론이나 논증을 하겠다는 것이다. 다시 반복하지만, 우리가 논리적 사고를 하고 논리학을 하는 목적은 사고의 과정에서 오류에 빠지지 않고 진리를 확보하고 보존하는 데 있다.

사람들은 가끔 일상생활에서의 토론이나 법정에서의 변론에 이기기 위해 논리학을 한다고 생각한다. 이는 크게 잘못된 생각이다. 다시 강조하지만, 논리학의 궁극적 목적은 어디까지나 진리를 확보하고 보존하는 데 있다. 논리학은 말싸움에서 이기자고 하는 것이 아니다. 이점은 논리학을 가장 많이 사용하는 분야가 어디인지를 보면 알 수 있다. 철학 이외에 논리학을 가장 많이 사용하는 학문은 수학과 물리학이다. 이 역시 말싸움에 이기자고 하는 것이 아니다.

논리학을 실생활에서 많이 사용하는 직업 중에 경찰이 있다. 경찰은 범죄자를 추적해서 체포하기 위해서 많은 정보를 수집한다. 그 수집한 정보들을 근거로 누가 범죄를 저질렀는지를 판단한다. 경찰이 수집한 정보가 논리학에서 말하는 전제이고, 그 정보를 바탕으로 내리는 판단이 논리학에서 말하는 결론이다. 병원에서 일하는 의사도 마찬가지이다. 환자의 신체 상태를 검사하고 수집한 자료를 근거로 무슨 병인지 판단한다. 의사의 진찰 자료가 논리학의 전제이고, 그 자료를 근거로 내리는 진단이 논리학의 결론이다. 사람들은 논리학을 철학에서나 하는 딱딱하고 어려운 교과목이라고 생각하기 쉬운데 전혀 그렇지 않다. 오늘 당신이 카페에서 어떤 커피를 마시는가, 백화점에서 어떤 옷을 사는가도 수많은 추론과 논증의 과정을 거쳐서 내린 결론에 달려 있다.

여기에서 철학의 학문적 특성이 잘 드러난다. 철학이 사용하는 방법이 논리학이고, 논리학의 목적이 진리의 보존에 있다면, 철학을 하는 목적도 진리의 확보에 있음을 알 수 있다. 이 말을 역으로 뒤집어서 표현하면, 철학의 목적이 진리 확보에 있는 만큼 진리를 확보할 수 있는 방법을 사용해야 하는데, 그 방법이 곧 논리학이라는 것이다. 철학이 결코 말장난이 될 수 없는 이유이다.

그런데 논리학이 전제가 참인 경우에 결론도 참이 되는 추리 혹은 논증의 과정을 연구하는 학문이라면, 먼저 전제가 참일 필요가 있다. 전제가 참인 것이 추리와 논증의 출발이기 때문이다. 문제는 전제가 참인지 아닌지, 누가 어떻게 아는가이다. 논리학자인가? 아니다. 철학자인가? 그것도 아니다. 그러면 누구인가? 답은 전제와 관계된 전문가이다. 전제가 자연현상에 대한 것이면 과학자가, 전제가 사회현상에 대한 것이면 사회학자가, 전제가 심리현상에 대한 것이면 심리학자가 그 전제가 참인지 아닌지 판별한다. 그러니까 전제가 참인지 아닌지는 논리학자나 철학자의 소관이 아니다. 특수 전문 과학자들의 소관이다. 논리학자나 철학자가 하는 일은 추론이나 논증의 과정이 올바르게 되었는가, 아닌가를 검토하는 일이다. 올바른 경우에 그 과정이 타당valid 하다고 한다. 그러니까, 논리학자나 철학자는 추론이나 논증의 과정이 타당한가 아닌가, 개연적인가 아닌가를 검토할 뿐, 즉 논증의 형식에 대해서 검토할 뿐, 전제 자체가 진리인지 아닌지는 특수 전문 과학자들에게 맡긴다. 전제의 참과 거짓을 과학자들에게 맡기지 않고, 철학자 자기들이 다 알아서 하겠다는 나서는 경우에 다음과 같은 사건이 발생한다.

원은 완전한 도형이다.
천상Heaven에는 완전한 것만 존재한다.
따라서 천상에 있는 천체는 모두 원형이고 원 운동을 한다.

고대 그리스의 위대한 철학자 아리스토텔레스의 논증이다. 논증의 형식은 타당하다. 그런데 결론은 어떤가? 참인가 아닌가? 아리스토텔레스의 이 논증을 후세의 로마 교회에서 그대로 채용하여, 천상에 있는 해와 별도 원형이고 원운동을 한다는 교리를 확립했다(그 모양이 변하는 달의 경우는 좀 특별하고 예외적인 경우이지만). 완전한 존재인 하나님이 계신 천상이니, 그곳의 모든 것은 완전할 수밖에 없다는 추론이 성립한다. 아리스토텔레스의 논리학에 따르면 문제가 없는 타당한 추론이다. 그런데 17세기에 들어서 독일의 천문학자 케플러가 태양계의 행성들이 타원운동을 한다고 수학적으로 계산해 냈을 때, 아리스토텔레스의 논증을 믿고 있던 사람들과 로마 교회는 크게 당황할 수밖에 없었다. 논리학자와 철학자들이 논리적인 형식을 넘어서 그 내용에까지 개입할 때, 즉 전제의 참과 오류를 판별하는 데까지 그 영역을 확장할 때 어떤 일이 생기는가를 잘 보여 주는 사례이다.

철학은 개념적 접근을 한다

철학의 두 번째 특징은 개념적 접근을 한다는 것이다. 개념concept이 무엇인가를 이해하는 좋은 방법 중의 하나는, 그와 대조가 되는 다른 용어들과 비교해 보는 것이다. 그런 용어에는 단어word, 용어term, 관념idea 등이 있다. 단어는 어떤 특정 언어에 속해 있는 물리적 존재이다. 이는 단어에 대한 언어적 규정이 아닌, 존재론적 위상을 의미하는 것으로서 단어는 형태나 소리로 존재한다. 한국어 '고양이'는 '고양이'라는 글자 형태나 '고양이'라는 소리로 존재한다. 용어는 어떤 특정 분야에 속해서 특수한 목적으로 사용되는 단어이다. 철학적 용어, 법률적 용어, 컴퓨터 용어, 심리학적 용어 등이 그 예이다. 관념은 개인의 마음속에 있는 심적 이미지mental image 같은 것이다. 관념은 관념을 마음속에 갖는 개인에게 속하고, 개인의 경험과 관련된 심리적 요소들이 개입되어 있다. 관념이 개인의 경험과 심리적 요소가 개입되어 있는 심적 이미지인 만큼 주관적이다. 호랑이를 예로 들어보자. 나의 경우, 호랑이라고 하면 먼저 고등학교 때 지리산에 등산을 가서 들었던 호랑이의 우렁찬 울음소리가 떠오른다. 그 소리가 얼마나 큰지 당시 머물렀던 초등학교 교실 창문이 흔들렸다. 남명 선생의 묘소가 있는 산골마을에서 밤에 건너편 산에서 푸른빛으로 반짝이던 호랑이 눈빛도 호랑이에 대한 나의 관념에 선명하게 들어있다.

그러나 개념은 다르다. 어떤 특정한 언어나 개인에게 속해 있지 않다. 개념은 심리적이기 보다는 언어적이다. 좀 더 자세히 말하면 의미론적이다. 의미론적이라는 말은 어떤 특정한 언어에 속해 있으면서, 그 언어의 의미론적 체계의 일부라는 뜻이다. 한국어 '호랑이'의 개념은 한국어에 속해 있고, 한국어의 의미론의 체계의 일부를 형성한다. 영어 'Tiger'는 영어에 속해 있고, 영어의 의미론적 체계의 일부를 형성하고 있다. '호랑이'의 개념을 알려면 한국어 사전을 보고, 'Tiger'의 개념을 알려면 영어 사전을 봐야 한다. 이렇게 관념은 개인 특수적이고 주관적인 성질을 갖지만, 개념은 언어 특수적이고 객관적인 성질을 갖는다.

철학이 개념적인 접근을 한다는 것은 철학자들이 언어를 사용하여 그 언어가 표현하거나 표상하는 사물이나 사건을 탐구를 한다는 것이다. 이 말은 철학에 대한 중요한 사실 두 가지를 보여준다. 하나는 철학은 언어를 통해서, 특히 그 의미를 매개로 해서 세계 속의 사물과 사건들을 이해하고 인식하고 설명한다는 것이다. 언어의 의미를 통해 세계를 탐구하는 만큼, 예술가처럼 그림을 그리거나, 과학자처럼 실험을 할 필요가 없다. 언어를 통한 사고만 하면 된다. 철학자의 모습은 숲속

길을 산책하거나 책상에 앉아서 글을 쓰는 것이다. 철학을 하는 데는 사고 이외에 다른 도구가 필요 없다. 가장 경제적인 직업 활동 중의 하나이다.

철학이 개념적 접근을 한다는 것이 보여주는 다른 사실은, 철학은 언어의 의미에 대해 매우 민감하고 엄격하다는 것이다. 언어의 의미를 사용하여 외부 세계에 대한 탐구를 하는 만큼, 사용하고 있는 언어의 의미가 옳은지 옳지 않은지 분명히 할 필요가 있다. 그래서 철학자들은 항상 "그것이 무엇인가?", "그것의 의미가 무엇인가?"를 먼저 묻는다. "진리란 무엇인가?", "정의란 무엇인가?", "인생이란 무엇인가?" 같은 질문을 철학자들이 많이 하는 이유가 거기에 있다. 고대 철학자 소크라테스가 철학은 정의definition를 내리는 학문이라고까지 말한 일이 있다.

철학의 개념적 접근이 주는 중요한 혜택이 하나 있다. 그것은 사물이나 사건의 본질을 파악할 수 있는 길을 열어 준다는 것이다. 앞에서도 언급했듯이 사물의 본질은, 어떤 사물이 그 사물로 존재하게 하는 근본적 속성, 그것이 없으면 그 사물이 그 사물로 될 수 없는 속성이다. '진리란 무엇인가?'라고 물으면서 진리의 개념을 정의하는 일은, 진리의 본질을 밝히는 대표적인 방법이다. '정의란 무엇인가?' '인생이란 무엇인가?' 하는 질문도 마찬가지이다. 정의와 인생의 본질을 밝혀내고, 어떻게 하면 정의를 실현하고, 인생을 의미 있게 살 수 있는지를 생각할 수 있게 하는 단서를 제공한다.

철학이 그 의미를 밝히려고 노력하는 개념 중에 자아의 개념이 있다. '나는 무엇인가?', '나는 어떤 존재인가?' 하는 질문은 곧 '나는 어떻게 살아야 하는가?', '무엇을 위해서 살아야 하는가?' 하는 질문들로 이어진다. 이 질문들만큼 나의 인생에서 중요한 질문도 없어 보인다.

어떻게 살 것인가의 문제는 두 가지 문제를 함의한다. 하나는 어떻게 생존할 것인가의 문제이고, 다른 하나는 어떻게 가치 있게 살 것인가의 문제이다. 두 문제 중에서 생존의 문제가 더 근본적인 것은 사실이다. 그러나 인간의 삶이 생존 문제 해결에만 있으면, 다른 동물의 삶과 차이가 없다. 인간이 다른 생물과 다른 중요한 차이 중의 하나는, 그 삶 속에서 가치를 지향하고 추구한다는 것이다. 소크라테스가 먼저 "너 자신을 알라"라고 말한 데에는 깊은 뜻이 있다.

세계 내에 존재하는 사물의 본질에 대한 탐구는, 개별적 사물의 본질은 물론 세계 혹은 우주의 근원에 접근하는 길을 열어 준다. 여기서 잠깐 세계와 우주의 차이에 대해서 생각해보자. 세계는 인식론적으로 보면 나 아닌 일체의 것entity이지만, 존재론적으로 보면 나를 포함하는 모든 것이다. 세계에는 시간과 공간 속에 존재하는 물리적인 것, 시간과 공간 속에 존재하지 않지만 존재한다고 말할 수밖에 없는 논리적, 수학적, 이론적인 것이 있다. 다수의 논리학자들이 인정하는 가능의 세계, 심리학자들이 주장하는 정신적 세계, 종교인들이 말하는 영적인 세계에 속하는 것들도 있다. 이렇게 많은 종류의 세계를 포함하는 하나의 통합적 단위unit를 우주universe라고 부른다. 그러니까, 우주는 세계의 상위개념이라고 할 수 있다.

철학은 본질 탐구를 통해 우주의 근원에 접근할 수 있는 유일한 지적 탐구방식이다. 종교는 종교적 세계, 과학은 과학적 세계, 예술은 예술적 세계 등 각각 부분적 세계의 영역 내에서 탐구하지만, 철학은 그 모든 것을 통합한 우주적 영역에서 탐구한다. 철학 내에 종교철학, 예술철학, 과학철학이 있는 이유이다. 철학은 종교, 예술, 과학이 하고 있는 지적 탐구의 본질까지 검토한다. 이런 의미에서 철학은 최고의 메타 지적 탐구 방식이다. 철학처럼 포괄적이면서 근본적인 탐구방식을 취하는 학문 분야는 없다. 철학자를 두고 '우주의 시민'이라고 부르는 까닭이 여기에 있다.

철학은 비판적 접근을 한다

세계에 대한 지적 탐구방식으로 철학이 갖는 세 번째 특성은 비판적 태도를 취한다는 것이다. 비판적critical 태도에는 두 가지 의미가 있다. 첫째는 어떤 주장이나 이론이 참인지 오류인지, 옳은지 그른지 검토한다는 뜻이다. 비판적 태도를 가끔 부정적으로 보는 일이 있는 것은 비판의 이런 검토 때문이다. 남의 주장에 대해 옳다 그르다 하며 검토하는 것을 좋아할 사람은 없다. 소크라테스는 이런 검토를 하다가 법정에 고소되어 사형을 당했고, 공자는 상갓집 개로 조롱받기까지 했다. 그런데도 철학자들은 왜 비판적인 태도를 취하는가? 그 이유는 철학은 진리를 추구하는 학문이기 때문이다. 어떤 주장이나 이론이 진리인지 아닌지를 검토하는 것은 철학의 중요한 임무 중 하나이다.

둘째, 비판적 태도를 취한다는 것은 막연하고 적당하게 얼버무리지 않고 엄격하고 철저하게 검토한다는 뜻이다. 철학자들이 이런 태도를 취하는 이유 중 하나는, 앞서 언급했지만, 철학의 중요한 본질 가운데 하나인 객관성 때문이다. 철학자들은 객관적 입장에서 감정이나 이해관계에 치우치지 않고, 사건이나 사태를 엄정하게 분석하고 판단하려고 노력한다. 철학자가 취할 당연한 태도이다.

철학의 이런 비판적 태도는 철학 이론의 발전에 긍정적 영향을 주었다. 철학자 사이의 대화와 토론을 통해 타인의 주장과 이론의 약점이나 오류를 지적할 뿐만 아니라, 다른 철학자의 비판을 수용하여 본인의 이론을 수정하고 보완할 수 있는 기회를 주었다. 동료 철학자들뿐 아니라, 스승과 제자 사이에도 이런 비판적 태도를 취하는 것을 당연하게 생각했다. 이런 비판 정신은 낡은 이론을 폐기하고, 새로운 이론을 개발하는 데 큰 도움을 준다.

서양철학의 역사는 비판적 발전의 역사라고 해도 과언이 아니다. 헤겔은 서양철학의 이런 비판적 발전의 모습을 정, 반, 합의 변증법적 논리의 발전으로 잘 보여주었다. 어떤 이론이 제시되면 반대되는 이론이 나타나고, 그 결과로 두 이론을 넘어서는 제 3의 새로운 이론으로 발전한다는 것이다. 이처럼 스승 플라톤의 이데아론에 대한 아리스토텔레스의 실체론, 흄의 경험론에 대한 칸트의 이성론, 헤겔의 관념론에 대한 러셀과 프레게의 실재론적 반발이 없었다면 오늘날의 서양철학이 존재할 수 없었을 것이다.

철학의 비판적 태도는 정치, 종교, 이념 등 집단적 이해나 편견이 많이 개입하는 분야에 속한 사람들의 비난과 공격의 대상이 되기도 했다. 자기들이 하고 있는 일에 끼어들어 옳다 그르다, 좋다 나쁘다 검토하고 평가하는 사람을 좋아할 이는 많지 않다. 앞에서 언급한 고대 그리스의 소크라테스가 사형선고를 받고 사약을 마시고 죽은 것이나, 고대 중국의 진시황제가 분서갱유焚書坑儒, 즉 책을 불태우고 살아있는 유학자들을 땅에 묻어서 죽게 한 것이나 모두 철학의 비판적인 태도 때문에 생긴 일이다. 내가 철학과에 간다고 했을 때, 나의 어머니께서는 내가 공산주의자가 되고 경찰에 잡혀서 고생할까봐 걱정하셨다. 일제 말기부터 한반도에서는 철학을 한다고 하면 공산주의 사상에 물든다고 생각했다. 당시 지식인들 사이에 공산주의가 널리 퍼졌는데, 공산주의의 평등사상이 유교적 계급 체계, 양반들의 차별과 학대에 시달려온 중인, 상놈들에게 노동자, 농민의 천국을 약속했기 때문이었다. 주위 어른들이 철학을 한다는 나를 걱정한 것은 어쩌면 당연한 일이었다. 한국에도 이렇게 철학하는 것이 위험한 시대가 있었다.

철학이 인간 역사에 주는 두 가지 선물

나는 앞에서 철학과 신입생들이 나에게 가장 많이 하는 질문이 "교수님, 철학이 뭐예요?"라고 했는데, 그 질문에 대한 대답으로 철학을 종교, 예술, 과학과 비교해서 철학의 탐구 정신과 방법에 대해서 설명해왔다. 내가 취한 이 방식은 철학을 한 번도 해보지 않은 사람들에게 철학이 어떤 학문인가를 보여주는 데 도움이 될 것이다. '철학은 만학의 근원이다'. '철학은 지혜에 대한 사랑이다' 혹은 '철학사를 읽어 봐라'라고 말하는 것보다 더 구체적이고 효과적인 방법이다.

종교는 고통과 절망에 빠진 인간에게 위안과 희망을 줄 수는 있으나, 교조적 독단성에 갇혀 다른 종교에 대해 배타적이고 공격적이다. 예술은 인간의 감성을 자유롭게 표현하는 길을 열어 주지만, 주관적 환상에 빠져 현실에 대한 인식을 상실할 수도 있다. 과학은 과학자 개인의 지적 호기심을 만족시키고, 자연에 대한 엄밀한 이론 체계를 수립하는 데는 탁월하지만, 자기가 하고 있는 연구의 사회적 영향과 결과에는 무관심한 경우가 많다. 철학은 논리적이고 개념적인 방법을 사용하여 인간의 본질과 우주의 근원을 밝히는 유일한 학문이기는 하나, 사변적인 관념 놀이에 빠져 시간만 낭비할 가능성이 있다.

이러한 장점과 결점이 있음에도 불구하고, 종교, 예술, 과학, 철학은 인류의 문명과 문화를 이룩한 네 개의 거대한 기둥이다. 그 기둥들 위에 인간이 자연 속에서 생존하고 사회를 구성하여 지금과 같은 고도로 발전한 산업사회를 이루었다. 그 과정에서 철학은 다른 분야보다 특별한 의미를 띤다. 그 네 기둥이 지향해야 할 가치와 방법에 대한 기본적이고 총체적인 이념과 사상을 제시해왔기 때문이다. 지금까지 인류의 역사는 철학이 종교, 예술, 과학을 어떻게 이끌고 지도해왔는지 명확히 잘 보여준다. 종교가 신비와 독단에 빠졌을 때 그것을 밝혀서 바로 잡게 하고, 예술이 종교와 정치의 수단으로 전락하였을 때 그것이 지향할 이념을 제시하고, 자연에 대한 무지와 미신에 빠져 있을 때 과학이 태동할 수 있는 기틀을 마련해주었다. 세계 곳곳에 흩어져 있는 지역의 문명과 문화를 유의해서 관찰해 보라. 그들의 철학에 따라서 그들의 문명과 문화가 어떤 모습과 성질을 갖게 되었는지 어렵지 않게 보게 될 것이다.

나날이 복잡해지고 급변하고 혼란해지는 현실에서, 철학의 역할과 중요성은 갈수록 커지고 있다. 철학이 인간 개인과 사회에 줄 수 있는 최고의 선물은 합리성과 윤리성, 즉 합리적인 사고와 윤리적인 행동의 원천과 기틀을 제공하는 것이다. 철학은 지금까지 그렇게 해 왔고, 앞으로도 그렇게 할 것이다. 이 원천이 없었으면 인류 문명과 문화는 오늘 같은 모습으로 성장하지 않았을 것이고, 이 기틀이 무너지면 인류 문명과 문화는 파멸에 이르게 될 것이다. 방향 없이 흘러가는 기술의 시대에 철학이 어느 때보다 필요한 이유이다.

2부

존재론

3장

전지전능한 신은 존재하는가?

사고 실험: 무인도의 아름다운 정원

두 명의 탐험가가 바다 건너 미지의 섬을 탐험하고 있었다. 험한 산을 넘고
격류가 흐르는 강을 건너고 울창한 정글을 뚫고 앞으로 나아갔다. 그런데
어느 지점에서 그들은 놀라움에 발을 멈췄다. 한 번도 본 적 없는 풍경이 그
들 앞에 펼쳐져 있었기 때문이다. 아름답기 이를 데 없는 정원이었다. 처음
보는 꽃과 나무들이 색깔, 크기, 종류에 따라 질서 있고 조화롭게 정돈되어
있었다. 그들이 지금까지 보아온 영국, 이탈리아, 프랑스의 궁전과 귀족들
의 정원보다 훨씬 아름다웠고 규모도 컸다. 놀라움과 감탄에 사로잡혀 말
을 잊고 있던 두 사람은 정원으로 걸어 들어갔다. 꽃과 나무들 사이로 나 있
는 길을 걸으며 탐험가 A가 말했다. "누가 이렇게 아름다운 정원을 만들고
가꾸었을까? 그는 신의 경지에 있는 정원사임에 틀림없어." 탐험가 B가 말
했다. "우리가 있는 이 섬은 대양 중간에 있는 외딴 섬이야. 정원사라니, 토
끼와 사슴도 없는 이 섬에 무슨 정원사가 있겠나?" A가 반문했다. "그러면
자네는 이 아름다운 정원이 우연히 만들어졌다고 생각하나? 저 기하학적
구도와 다양한 색채의 배합을 보라고. 누군가 돌보지 않고서 어떻게 이런

훌륭한 정원이 있을 수 있겠는가?" 들의 토론은 계속되었다. 외딴 섬 정글 속의 아름답기 그지없는 정원. 누군가 그 정원을 만들고 가꾸었는가? 아니면, 우연히 그렇게 생겨난 정원인가?

두 사람의 논쟁은 본국으로 돌아온 후에도 계속되었다. 두 사람이 가져 온 정원의 그림과 설명을 본 본국의 정원사들은 그 조화로운 구조나 미학 적인 식물 배치를 보았을 때, 정원에 관한 높은 식견과 기술을 가진 누군가 정원을 설계하고 관리하는 것이 틀림없다고 말했다. 그러나 지리학자들은 그 섬 주위 수천 킬로미터 지역에는 인간은 물론 다른 포유동물도 살지 않는다고 증언했다. 인간이 만들고 관리하는 정원일 수가 없다는 것이다.

누가 옳은가? 정원사가 존재하는가? 존재하지 않는가? 아름답기 그지 없는 정원이 존재한다는 점에는 양측이 모두 동의하는데, 문제는 그 정원을 만들고 관리하는 정원사가 있느냐 없느냐 하는 문제에서 의견 이 어긋난다. 눈에 보이지 않는 정원사. 그 혹은 그녀는 존재하는가, 존 재하지 않는가? 이 질문과 꼭 같지는 않지만, 이와 비슷한 다른 질문 하나도 존재하고 있다. '아름다운 이 세상을 창조하고 관할하는 전지전 능한 신은 존재하는가?'라는 문제이다. 인간이 살아가고 있는 이 세상, 밤하늘의 별이 빛나는 광활한 우주에서 들에 핀 작은 백합꽃까지, 우 연히 자연적으로 생겨난 것일까? 초자연적인 어떤 존재가 설계하고 창 조하고 관리하고 있는 걸까? 어떤 사람들은 그런 존재가 있다고 하고, 어떤 사람들은 없다고 한다. 누가 옳을까?

왜 신의 존재 문제를 다루는가?

한국과 미국 대학에서 수십 년 철학을 가르쳐 온 경험에 따라, 나는 1 학년 철학개론introduction to philosophy 강의를 신의 존재 문제로 시작한다. 그렇게 하는 이유는 다음과 같다. 첫째, 접근성 때문이다. 신의 개념은 널리 알려져 있고, 누구나 한 번쯤 생각해 보았을 개념이다. 기독교 같은 종교인은 물론, 종교인이 아닌 사람들도 신의 개념에는 익숙하다. 단군신화에 신의 개념이 있고, 유교의 제례문화에도 귀신의 개념이 있다. 우리 전통 무속과 고대 그리스 신화에는 온갖 종류의 신들이 있어서 인간과 교류를 하고 관계하기도 한다. 신 개념은 이렇게 우리 일상생활 속에 깊이 들어와 있다. 신의 존재 문제는 접근하기에 비교적 쉬운 철학적 문제이다. 철학에 대한 학생들의 관심을 높이고, 수업시간에 참여하여 대화하고 토론하기에 적합한 주제 중 하나이다.

두 번째 이유는 논리적 사고의 훈련에 좋은 주제이기 때문이다. 신의 존재에 대해서는 과거부터 찬반 이론이 치열하게 대립해왔다. 찬성하는 쪽은 찬성하는 주장을, 반대하는 쪽은 반대하는 주장을 논증의 형식으로 비교적 이해하기 쉽게 제시해왔다. 철학을 처음 접하는 이들에게 철학 토론과 논쟁을 이처럼 잘 보여줄 수 있는 경우도 드물다. 철학은 철학적인 문제 해결을 목적으로 하는 학문이지만, 그 방법은 개념적 분석과 논리적 추론에 있다. 개념적 분석과 논리적 추론의 훈련에 신의 존재에 대한 철학자들의 찬반토론은 여간 도움이 되지 않는다.

세 번째 이유는 신의 존재 문제는 개인적으로 의미 있는 문제일 수가 있기 때문이다. 개인적인 문제란, 본인이 신의 존재에 대한 찬반 여부의 입장을 갖는 것을 말한다. 기독교와 같은 종교를 갖고 있는 사람은 신이 존재한다는 것이 개인적인 신앙으로 이미 확립되어 있다. 그런 종교를 갖고 있지 않는 사람은 신이 존재한다는 확신이 없거나, 오히려 신의 존재를 부정하는 확신을 갖고 있을 수도 있다. 어떤 사람은 신의 존재여부를 가지고 왈가왈부하는 것 자체를 싫어하고 반대할 수도 있다. 신의 존재에 대해서는 이렇게 개인적인 입장들이 서로 대립하고 충돌할 여지가 있다. 학생들로 하여금 수업에 관심을 갖고 참여하게 하는 데 이보다 더 좋은 주제가 없다. 앞에서 말한 것처럼 철학은 문제에서 시작하는데, 그 문제라는 것이 다른 사람의 문제가 아닌 본인, 즉 나의 문제여야 한다. 신의 존재 문제는 철학을 한 번도 해보지 않은 학생들이 철학적인 문제를 자기화해서 들여다보고 해결하게 하는 좋은 문제 중의 하나이다.

굳이 1학년 철학개론 강의를 하는 이유

대학교 1학년에게 철학을 가르치는 일에는 3, 4학년들에게 철학 전공과목을 가르치는 것과 다른 재미와 보람이 있다. 첫째, 그들의 참신함이 보기 좋다. 참신하다는 것은 때묻지 않았다는 의미이다. 고등학교를 갓 졸업한 그들에게는 햇병아리 같은 순진함과 순수함이 있다. 아직 대학과 기성세대의 문화에 물들지 않았고 때묻지 않았다. 이 참신함은 여러 장점을 갖고 있는데, 그 중 하나는 어떤 사상이나 이념에 물들고 고착되지 않았다는 것이다. 새롭게 출발할 수 있는 가능성이 열려 있다는 것이다. 그런 그들을 가르치는 것은 교육자로서 기쁨일 뿐만 아니라 명예이기도 하다. 독일 시인 릴케의 말처럼, 인간으로 태어나서 한 사람의 영혼을 일깨우고 변화시킬 수 있으면 허무한 인생은 아닐 것이기 때문이다.

둘째, 참신한 정신을 가진 그들은 참신한 질문을 할 수 있다. 참신한 질문은 학생들에게 도움이 되지만 누구보다 교수에게 도움이 된다. 신입생들은 아직 아무도 한 적이 있는 질문을 할 수 있는 사람들이다. 이미 교육받고 세뇌된 3, 4학년 선배들한테서는 나오기 힘든 질문들을 할 수 있다. 노벨 화학상을 받은 하버드의 어느 원로 교수는 1학년에게 화학개론을 가르치는 것을 수십 년을 해오고 다른 교수에게 양보하지 않았다고 한다. 1학년들의 참신한 질문이 본인의 연구에 도움이 될 때가 많기 때문이다. 나의 1학년 수업이 활발한 것도 아직 '철들지' 않은 어린 학생들이 스스럼없이 질문하고, 대답하고, 해맑은 눈으로 내 강의를 경청하기 때문이다.

셋째는, 철학을 처음 하는 그들에게 철학하는 올바른 길을 제시할 수 있는 기회가 있다. 앞 장에서 말했듯이, 철학은 질문에서 출발한다. 해결할 문제가 없는 철학은 출발점이 없는 달리기와 같다. 철학을 할 동기와 목표가 없기 때문이다. 그런데 철학에 대한 이런 태도는 비교적 최근에 생겨났다. 전통적으로는 철학하는 것은 철학의 역사를 공부하는 것으로 생각되었고 또 그렇게 해왔다. 철학에 대한 역사적 접근 방식이며 태도이다. 한국에서 나온 석·박사 논문의 대다수가 '아리스토텔레스의 형이상학에 대한 고찰', '칸트의 선험성 연구', '퇴계의 이기론 연구' 같은 제목을 갖고 있다. 철학하는 것은 과거의 위대한 철학자의 사상을 배우고 연구하는 것이라고 생각했다.

그러나 그런 연구는 철학의 역사에 대한 연구이지, 우리가 현재 당면하고 있는 철학적 문제에 대한 연구는 아니다. 우리가 과거의 철학자의 이론과 사상을 연구하는 이유는 오늘날 우리가 당면한 철학적 문제를 해결하는 데 도움이 되기 때문이다. 이제 한국도 서양철학의 역사를 배우고 이해하는 단계를 넘어섰다. 서양의 철학 선진국 철학자들과 더불어, 우리 시대가 현재 당면하고 있는 철학적 문제를 그들과 대화하고 토론하면서 해결해 나가야 할 단계이다. 이런 생각은 현재 철학을 하고 있는 사람보다, 앞으로 철학을 해 나갈 젊은 세대에게 더 필요하다. 이제 한국 철학도 역사 중심의 철학에서 문제 중심의 철학적 접근으로 나아가야 한다. 내가 철학을 처음 하는 1학년들을 가르치는 중요한 이유 중의 하나이다.

철학적 신의 개념

나는 수업 시작하기 몇 분 전에 강의실에 들어간다. 이미 와 있는 학생들과는 개인적인 잡담을 하거나, 강의실에 들어오는 학생들과는 인사를 나눈다. 이 습관은 내가 미국 프로비던스대학교 철학과에서 가르칠 때 수녀 학과장님에게서 배운 것이다. 그 분은 강의실 입구 문 앞에 서서 수업에 들어오는 학생들 이름을 일일이 부르면서 "Good morning, John." "Good afternoon, Jane." 하고 인사를 했다. 이름을 잘 기억하지 못하는 나는 도무지 그렇게까지 할 수는 없지만, 강의하기 전에 강의실에 들어가서 학생들과 이런저런 대화하는 것은, 강의하기 전에 내 마음의 준비를 하는 데도 도움이 되지만, 학생들과의 대화 자체가 즐겁기 때문이다. 강의를 시작할 시간이 되면 먼저 출석을 부르고, 강의실 앞뒤에 있는 출입문을 안에서 잠그게 한다. 강의 중에 강의실 문을 열고 들어와서 빈자리를 찾아서 걸어가는 학생처럼 강의에 방해가 되는 것은 없다. 강의실 분위기가 정돈되고 나면 칠판을 향해 돌아서서 오늘 다룰 문제를 칠판 중앙에 분필로 크게 쓴다. '전지전능한 신은 존재하는가?' 전지전능한 신의 존재 문제를 다루기 전에 먼저 밝혀 둘 것은, 우리가 다룰 신의 개념이 특정한 종교의 신이 아니라는 것이다. 기독교의 신이나 이슬람교의 신이 아니라, 전지, 전능, 전선의 신을 말한다. 전지하다는 것은 말 그대로 모든 것을 안다는 뜻인데, 보다 구체적으로 말하면, 과거 현재 미래의 모든 사물과 사건을 안다는 뜻이다. 전능하다는 것은 모든 것을 할 수 있다는 뜻인데, 단 한 가지 조건은 신이 원해야 한다는 것이다. 그러니까 신이 전능하다는 것은 신이 원하기만 하면 무엇이든지 할 수 있다는 뜻이다. 전선은 신이 전적으로 혹은 완전히 선하다는 뜻이다. 신이 하는 모든 일에는 조금의 결함이 없고 도덕적으로나 윤리적으로 완벽하다는 뜻이다.

전지, 전능, 전선에 덧붙이는 한두 가지 개념이 있는데, 하나는 신이 우주를 창조했다는 것이고, 다른 하나는 신이 인간 세상은 물론 우주에 존재하는 모든 사물과 사건을 관할한다는 것이다. 이렇게 되면, 즉 앞에서 말한 사항을 모두 참된 것으로 인정하면, 신은 우주 속에서 유일하고 절대적인 존재일 수밖에 없다. 오로지 하나의 신이 존재하고, 그 신 아래에 우주의 모든 것이 속하고, 그 신의 뜻에 따라서 우주의 모든 것이 움직인다. 신의 개념을 이렇게 정의하면, 우리가 다룰 문제는 다음과 같이 된다. 우주를 창조하고 관할하는 전지, 전능, 전선의 신은 존재하는가?

은서 교수님. 질문 있는데요.

교수 그래, 무슨 질문이니?

은서 교수님께서 우리가 오늘 다룰 신의 개념은 특정한 종교의 신이 아니라, 전지, 전능, 전선의 신이라고 말씀하셨는데, 그 둘의 차이가 어디에 있어요?

교수 좋은 질문이다. 특정 종교란 어떤 특수한 지역에서 발생한 종교를 말한다. 어떤 특수한 지역에서 발생한 만큼, 그 지역의 시대적, 정치적, 사회적, 문화적 내용들이 개입되어 있어. 유대교의 신에는 유대 지역의 문화와 역사가, 이슬람교의 신에는 아랍 지역의 문화와 역사가 담겨있는 것이지. 이런 의미에서 특정 종교의 신은 특정 지역의 역사적 산물이고, 역사적 신이라고 말할 수 있다.

그러나 지금 우리가 다루려고 하는 신은 특수한 지역의 시대적 상황이 개입되지 않은 신이다. 역사적인 신이 아니라는 말이지. 그러면 어떤 신인가? 두 가지로 말할 수 있는데, 하나는 역사적인 신들을 포섭하는 보편적인 신이고, 다른 하나는 보편적인 만큼 이론적인 신이다. 특정 종교의 신의 개념에서 역사 문화적인 요소를 빼고 난 후의 신의 개념, 혹은 순수하게 이론적으로 규정되고 정의되는 신이라고 말할 수 있다. 말하자면, 특정한 시대나 지역의 신앙이나 교리 같은 것이 배제된 순수한 의미에서의 신을 말한다. 만일 어떤 것이 신이라고 불리어지려면, 전지, 전능, 전선하면서 천지를 창조하고 주관하는 그런 신이어야 한다는 것이다. 당연히 우주에서 유일하고 절대적인 신일 수밖에 없다. 이런 신을 이신론적理神論的 신이라고 부르기도 한다.

은서 그러면, 특정 종교의 신과는 상관이 없는 거예요?

교수 아니다. 특정 종교의 신 개념은 우리가 다루려는 보편적 신의 개념 속에 포함되어 있거나 의존해 있기 때문에, 특정 종교의 신의 존재도 이 보편적 신의 존재에 의존해 있거나 포함되어 있다고 볼 수 있다. 보편적인 신의 개념과 존재를 부정하면, 특수한 종교의 신 개념과 존재도 부정하는 것이 되니까, 그렇게까지 하지는 않는 거지.

신의 존재 때문에 생기는 문제들

지은 우리 대학교는 신의 존재를 믿지 않는 불교재단의 대학교라 괜찮아요.

교수 맞아. 그러나 내가 전에 있었던 미국의 프로비던스대학교는 가톨릭 대학이었다. 총장은 물론, 철학과에 30명 가까운 교수가 대부분 가톨릭 신부나 수녀님이었어. 학생들 대부분도 가톨릭 신자이고, 모든 강의실 벽에는 십자가가 걸려 있었지. 이 대학의 학생들에게 신의 존재 문제를 다루었는데, 은근히 불안했다. 신이 존재한다는 신앙에 근거해 세운 가톨릭 대학에서 신의 존재를 문제 삼는 것이 대학의 설립 목적에 어긋나는 일일 수 있으니까. 가톨릭이 지배하던 17세기에 데카르트가 《성찰》을, 스피노자가 《윤리학》을 저술하면서 얼마나 긴장했을지 내 나름대로 실감할 수 있었다. 그러나 신의 존재를 그냥 믿는 것과 어떤 근거를 갖고 믿는 것 사이에는 큰 차이가 있어. 신의 존재에 대한 이론적인 검토는 신의 존재에 대한 보다 합리적이고 정당화된 믿음을 줄 수도 있다. 회의의 과정을 극복한 믿음이 보다 강하고 지속적인 믿음이 될 수 있는 것이지. 귀국해서 들은 말이지만, 연세대학교는 기독교 세례를 받은 사람만 교수로 채용한다고 하더군. 신의 존재를 믿느냐 믿지 않느냐는 개인적인 문제를 넘어서 사회적인 문제가 될 수 있다는 것을 보여주는 좋은 예이다.

지은 그런 것 같아요. 교수님. 오늘 아침에도 사람들이 동국대학교 전철역 앞에서, "하나님은 여러분을 사랑하십니다", "예수 믿고 구원 받으세요"라면서 찬송가를 부르고, 전단지를 돌리고 있었어요. 우리 대학은 불교 대학인데, 기독교인들이 학교 앞에서 그렇게 하는 것은 옳지 않은 것 같아요. 작년에는 캠퍼스 중앙에 있는 부처님 상 주위에 붉은 색으로 십자가를 그려 놓았잖아요. 파출소가 가까이 있는데도 경찰들이 보고만 있고 아무 저지도 하지 않더라고요.

교수 그래. 신의 존재를 믿는 사람들이 보기에는 신의 존재를 믿지 않는 사람들이 어리석고, 믿지 않는 사람들에게는 믿는 사람들이 이상하고…. 종교를 두고 서로 갈등하고 충돌하기도 한다. 인류 역사의 전쟁 중에서 상당수가 종교 전쟁이었다는 것을 생각하면 신의 존재 문제가 단순히 이론적인 문제에 그치지 않는다는 것을 알 수 있어. 그런데, 은서는 신의 존재를 믿니?

지은 잘 모르겠어요. 존재하는 것도 같고 아닌 것도 같아요.

신의 존재에 관한 네 가지 입장들

교수 이제 신의 존재에 대해서 생각해보자. 먼저, 이 강의실에 얼마나 많
은 사람이 신의 존재를 믿고, 믿지 않는지 알아보자. 내가 칠판에 쓴 네
가지 입장 중에서 하나를 선택하는 거야. 여기에서 주의할 점은, 첫째,
아래의 네 선택 외에 다른 선택은 없다는 것이고, 둘째, 내가 물었을 때
깊이 생각하지 말고 직관적으로 마음에 드는 것을 선택하는 것이다.

1. 전지전능한 신은 존재한다.
2. 전지전능한 신은 존재하지 않는다.
3. 전지전능한 신이 존재하는지 않는지 모르겠다.
4. 흥미 없는 문제다. 수업 시간에 다루지 않았으면 좋겠다.

먼저, 1번을 선택한 사람부터 손을 들게 한다. 다섯 명 정도 손을 든다.
2번에는 열 명 정도, 3번에는 다섯 명 정도, 마지막 4번에는 두 명이
손을 들었다. 예상했던 대로다. 우리 학생들은 수업시간에 손을 드는
것을 별로 좋아하지 않는다. 손을 들지 않은 수가 상당히 된다.

교수 손을 들지 않은 사람은 뭔가? 왜 손을 안 드는 거야? 위의 네 가지
외에 다른 선택지가 있어?

신의 존재에 대한 같은 질문을 미국 대학 학생들에게도 했었다. 대부
분 손을 든다. 어릴 때부터 자기 생각을 당당하고 조리 있게 발표하는
훈련을 한 학생들이다. 그들은 질문도 잘하지만 수업시간 토론에도 적
극 참여한다. 수업하기가 재미있다. 그러나 우리 학생들은 학교에서 시

험공부만 해왔다. 답안지 작성에 자신의 미래를 걸어온 학생들이다. 자기 생각을 다른 사람 앞에서 발표하고 토론할 필요가 없었고, 기회도 없었다. 그래서 나는 학기 초에 반드시 이 점을 강조한다. 수업은 교수와 학생이 함께 만들어 가는 작품이라고. 학생의 참여 없이는 좋은 수업이 될 수 없다고.

1, 2, 3의 경우는 철학에서 오래 전부터 논의되어 온 입장이다. 크게 새로울 것이 없다. 그런데 4번의 경우는 다소 당돌하고 도발적이다. 이 문제를 다루지 말자는 입장이다. 그러나 이 입장도 얼마든지 가능한 입장이다. 사실 상당히 의미 있는 입장이기도 하다. 신의 존재여부에 대한 토론이 철학적으로 의미가 없으니 철학에서 제외시켜야 한다고 주장하는 철학자들도 있었다. 그러나….

교수 4번에 두 사람이 손을 들었는데, 누구지? 신의 존재에 대해서 논의하지 말자는 사람. 이유가 뭐지?

승원 교수님. 신의 존재를 믿고 싶은 사람은 믿고, 믿고 싶지 않은 사람은 믿지 않으면 되잖아요? 신의 존재를 믿고 안 믿고는 개인의 선택이고 자유인데, 그것을 가지고 제 3자가 왈가왈부하는 것은 적절하지 않은 것 같아요. 우리가 여기에서 신이 존재한다고 결론을 내린다고 해서 신을 믿지 않던 사람이 신을 믿을 것도 아니고, 존재하지 않는다고 결론을 내린다고 해서 신을 믿던 사람이 믿지 않을 것도 아니고. 괜히 시간만 낭비하고 헛수고하는 것 같아요.

학생들 우우우…, 승원이 너무한 거 아냐?

교수 듣고 보니 승원이 생각에도 일리가 있네. 신의 존재를 믿고 안 믿고는 개인의 자유이고 권리이니까 제 3자가 왈가왈부할 문제는 아니다. 각 개인들에게 맡겨 둘 문제이다. 좋은 생각이야. 그런데 승원아. 신이 존재하지 않는데도 신이 존재한다고 믿거나, 신이 존재하는데도 신이 존재하지 않는다고 믿으면 어떻게 하지? 그렇게 되면 잘못 믿는 게 아닌가? 잘못 믿는 것을 인식론에서 뭐하고 하지?

승원 오류요.

교수 내가 철학의 목적이 한편으로는 진리추구에 있지만, 다른 한편으로는 무엇에 있다고 했지.

승원 오류를 피하는 거요.

교수 맞아. 진리추구는 우리가 철학을 하는 궁극적 이상이지만, 현실적으로는 먼저 할 수 있는 것은 오류부터 피하는 것이지.

승원 이제 교수님께서 무슨 말씀을 하시려는지 알겠어요. 더 말씀하지 않아도 돼요.

교수 알았으니 다행이다. 이제 신의 존재에 대한 논의가 의미가 있는 거지? 나는 사실 여러분이 1, 2, 3, 4 중에서 어느 것을 선택했는가에는 크게 관심이 없다. 이것은 여러분이 지금까지 해온 사지선택의 시험 문제가 아니다. 정답을 찾아내는 질문이 아니야. 자신의 입장과 태도를 명확하게 밝히고, 논리적이고 명확하게 설명하자는 것이다. 비판이나 반대가 있는 경우에는 효과적으로 변호하고.

승원 그런데, 교수님. 눈에 보이지 않고, 손으로 만질 수도 없는 신이 존재하는지 어떻게 알아요? 신의 존재를 증명할 수 있는 방법이 있나요?

신의 존재증명 방법

교수 좋은 질문이다. 자, 그러면 전지전능한 신의 존재 증명에 대해서 생각해보자. 신의 존재를 증명할 수 있는 방법이 있는가? 기하학에서처럼 문제를 풀고 난 후 'Q. E. D.'라고 쓸 수 있는 그런 종류의 증명이 신의 존재를 두고 가능한가? 물리학에서처럼 제시된 가설을 실험을 통해서 누구나 인정할 수밖에 없는 검증을 신의 존재를 두고도 할 수 있는가? 답은 기하학에서 하는 증명이나 물리학에서 하는 검증까지는 아니지만, 신의 존재여부를 증명하는 방법은 있다는 것이다. 그 방법이란 논증의 방법이다. 논증의 방법이란, 참인 전제를 근거로 타당한 추론과정을 거쳐서 참된 결론에 이르는 논리적 방법이다.

신의 존재에 대한 논증에는 크게 두 가지가 있다. 하나는 이성적 사고로 하는 논증이고, 다른 하나는 감각적 경험을 활용해서 하는 논증이다. 이성적 사고로 하는 논증을 선험적a priori 논증이라고 부르고, 감각적 경험을 활용해서 하는 논증을 경험적a posteriori 논증이라고 부른다. 선험적 논증은 개념과 개념, 명제와 명제 사이의 의미론적 관계를 통해서 논증하는 방식이고, 경험적 논증은, 경험을 통해서 주어진 정보들 사이의 통계적 관계를 통해서 논증하는 방식이다. 논증의 종류와 그 방법에 대해서는 논리학 수업에서 자세히 배우기 바란다. 수학을 모르고 물리학을 할 수 없듯이, 논리학을 모르고는 철학을 할 수가 없다.

안셀름의 선험적 존재증명

신의 존재에 대한 선험적 논증은 11세기 캔터베리 대주교였던 성 안셀름St. Anselm이 처음 제시한 것으로 알려져 있다. 안셀름은 당시의 존경받은 신학자이면서 사후에 성자로 추대된 분이지만, 오늘 날에도 그의 명성과 영향력을 상당하다. 그의 이름으로 설립된 대학과 성당들이 아직도 남아 있다. 내가 사는 보스턴 근처에도 성 안셀름의 초상화가 건물 입구에 그려져 있는 성당이 있고, 일요일이면 신자들이 모여서 미사를 드린다.

안셀름은 신 개념을 제대로 아는 사람이면, 신의 존재를 부정할 수 없다고 생각했다. 신 개념에서 신의 존재가 선험적으로 추론되어

나온다는 것이다. 신은 우리가 앞에서 정의한 것처럼 전지, 전능, 전선의 창조자이다. 안셀름은 자신이 그 속에서 살고 있는 우주를 창조한 신의 존재를 부정하는 것은 자신을 낳아서 길러 준 부모의 존재를 부정하는 것과 같다고 했다. "어리석은 자는 하나님이 없다고 말한다"라는 성경 구절을 인용하면서, 안셀름은 신의 존재를 부정하는 것은 바보나 어리석을 자들이 할 일이라고 선언했다.

신의 존재에 대한 그의 논증은, 존재론적 논증ontological argument이라고 불리기도 한다. 그 내용을 요약하면 다음과 같다. 우리는 신의 본질에 대한 개념을 갖고 있다. 그 본질이란 "그 이상 더 위대한 것을 생각할 수 없는 존재a being than which nothing greater can be conceived"라는 것이다. 이 영어 인용은 안셀름이 라틴어로 쓴 것을 영어로 표현한 것인데, 그 번역이 얼마나 정확한지는 알 수 없다. 영어 어휘들이 라틴어에 뿌리를 두고 있어서 대체로 잘 되었을 것이라고 짐작은 하지만, 번역을 해본 일이 있는 사람은 정확한 번역이 거의 불가능하다는 것을 잘 알고 있다. 어쨌든 여기서 'conceive'는 'perceive'와 대비되는 개념으로, 감각적 경험으로부터 얻은 개념이 아니라 이성적 사고로부터 얻은 개념 정도로 이해하는 것이 무난할 것 같다. 왜냐하면 이 두 개념은 안셀름 이전의 플라톤, 아리스토텔레스 시대부터 있었고, 선험적 인식과 경험적 인식을 대비해서 설명할 때 많이 사용하기도 하기 때문이다. 안셀름의 존재론적 논증을 요약하면 다음과 같다.

1. 우리는 신의 본질에 대한 개념을 마음속에 갖고 있다.
2. 신은 그 이상 더 위대할 수 없는 존재이다.
3. 더 이상 위대할 수 없는 존재는 우리의 마음속에 개념으로 존재할 뿐만 아니라, 마음 밖 현실에도 존재한다.

4. 따라서 신은 존재한다.

안셀름이 그의 저서 《훈시Proslogium》에 이 논증을 발표했을 때, 동시대인들의 반론이 이어졌다. 그 중에서 가우닐로Gaunilo는 〈바보를 옹호하며〉라는 제명 하에 다음과 같은 반론을 제기했다.

1. 우리는 최고로 위대한 섬에 대한 개념을 갖고 있다.
2. 섬이 최고로 위대하기 위해서는 현실 속에 존재해야 한다.
3. 따라서 최고로 위대한 섬은 존재한다.

가우닐로가 하고 싶은 말은, 안셀름이 제시한 논증은 타당해 보이나 실제로는 그렇지 않다는 것이다. 안셀름 방식으로 하면 최고로 위대한 섬이 현실에 존재해야 한다. 그러나 그런 섬은 실제로 존재하지 않는다. 안셀름의 추론 방식에 결점이 있다는 것이다.

데카르트의 선험적 증명

안셀름의 논증에 대한 많은 비판이 있었음에도, 17세기에 이르러 데카르트, 라이프니츠, 스피노자 같은 근세 이성론적(합리주의) 철학자들은 그의 논증을 옹호했다. 데카르트는 안셀름의 논증 방식을 그대로 받아들여 자기 나름의 신의 존재논증을 제시했다. 그 논증을 요약해 표현하면 다음과 같다.

① 신이 완전하면, 신은 존재한다.
② 신은 완전하다.
③ 따라서 신은 존재한다.

삼단논법의 타당한 논증이다. 삼단논법이란 전제가 둘, 결론이 하나, 즉 세 명제로 이루어진 논법이라는 뜻이고, 타당한 논증이란 전제가 모두 참이면 결론도 반드시 참이 되는 올바른 논증이라는 뜻이다. 데카르트의 위의 논증은 전건긍정modus ponens이라고 불리는 추론형식을 취하고 있다. 전건긍정이란 조건문에서 전건을 긍정한다는 말인데, 그 형식은 다음과 같다. 'p이면 q이다. p이다. 따라서 q이다.' 여기서 p, q는 명제를 표시하는 기호이다. 어릴 때 우리는 전건긍정의 추론형식을 수없이 많이 경험했다. 초등학교 교장 선생님께서 이렇게 말씀하셨다. "내일 비가 오면 소풍을 가지 않는다." 그날 밤 어린 학생들은 밤잠을 설치면서 생각했을 것이다. '내일 맑으면 소풍을 갈 거야. 내일은 분명 맑을 거야. 따라서 내일 소풍을 갈 거야.' 이렇듯 전건긍정은 일상생활에서 우리가 가장 많이 사용하는 추론형식이다. 기호 논리학적으로 표현하면 이렇게 된다. '$[(p \supset q) \ \& \ p] \supset q$' 기호논리학은 이렇게 추론의 논리적 형식을 한 눈으로 보여준다. 수식처럼 계산도 할 수 있는 장점이 있다.

전제 ①은 정의상 참truth by definition이다. 정의에 의해서 개념적으로 참이라는 말이다. '삼각형은 세 각을 갖고 있다', '삼각형은 세 변으로 둘러싸여 있다' 라는 명제가 참인 것과 같다. 삼각형의 정의가 무엇인지를 아는 사람은 이 명제들이 참이라는 것을 그대로 안다. 마찬가지로, 신의 정의를 아는 사람은 신이 완전하다는 것을 안다. 모든 것을 알고, 모든 것을 할 수 있고, 하는 행동 모두가 완벽하게 선한 그런 존재가 있다면, 그는 완전하다고 할 수밖에 없다.

따라서 신이 완전하다는 것을 부정하는 사람은 신의 개념을 올바르게 갖고 있지 않거나, 자기모순에 빠져 있는 사람이다. 신의 정의와 개념을 올바르게 이해하면 전제 ①이 참이라는 것이 그대로 따라 나온다. 따라서 전제 ①이 참이라는 것을 더 이상 따질 것이 없다.

　　전제 ②는 어떤가? 참인가? 아닌가? 데카르트는 참이라고 대답한다. 왜냐하면 존재하지 않는 것은 완전할 수 없기 때문이다. 데카르트의 이 대답은 전제 ②를 그대로 달리 표현한 말이다. 왜냐하면 명제 '완전한 것은 존재한다'와 '존재하지 않는 것은 완전하지 않다'는 서로 다른 말 같지만, 논리적으로 동치이며, 논리적으로 진리값이 같은 명제이다. 진리값이란 명제의 진리값을 말하는데, 전통적으로 진리값은 두 종류가 있다고 보았다. 진리와 오류falsity이다. 진리값이 진리와 오류 두 종류밖에 없고, 그 중간 값이 없다는 주장을 논리학에서 '배중률 the law of excluded middle'이라고 부른다. 배중률은 동일률, 모순율과 함께 가장 기본적인 논리적 법칙 가운데 하나이다. 데카르트는 이 배중률을 이용하여 전제 ②가 참임을 밝힌다. 즉 '존재하지 않는 것은 완전하지 않다'가 참이면, 배중률에 의해서 '완전한 것은 존재한다'가 참이 된다. 그런데 존재하지 않는 것이 참일 수가 있는가? 존재하지도 않는데 참이 되고 오류가 될 수가 있는가? 참이 되고, 안 되고는 존재하고 난 후의 일이다. 하물며 전지, 전능, 전선의 신에 이르러서야 더 말할 필요가 있는가? 존재하지도 않는데 모든 것을 알고, 모든 것을 할 수 있고, 하는 행동마다 전적으로 선할 수가 있는가? 없다. 존재하지 않는데 완전하다고 말하는 것은 자기모순이다. 따라서 완전한 신은 존재할 수밖에 없다.

교수　여러분 어때? 위의 데카르트 논증에서 전제 ①과 ②가 참이고, 논증이 타당한 형식을 취하면, 결론이 어떻게 되지?

학생들　참이요?

교수　그냥 참이 되는 거야?

학생들 반드시 참이요.

교수 그렇지. 반드시, 필연적으로 참이지. 따라서 데카르트에 의하면, 신은 필연적으로 존재하지. 그의 신 존재 논증은 아주 간단하면서도 명료하다. 역시 위대한 데카르트 아니야?

학생들 그런 것 같아요.

교수 데카르트의 신의 존재에 대한 논증과 이론은 후에 많은 영향을 주었다. 전제 ①은 그의 "나는 생각한다, 그러므로 존재한다"라는 유명한 명제와 더불어 서양철학의 인식론적 전환을 일으킨 생각이다. 신의 존재 증명을 존재론적으로가 아니라 인식론적으로 시도한 일종의 혁명이다. 전제 ② 역시 근세철학을 특징짓는 사상을 배태했다. 그것은 실체 substance에 대한 이론이다. 데카르트는 실체를 다른 것에 의존하지 않는 독립적인 존재로 정의하고, 인간의 정신과 육체를 다른 범주의 실체로 규정했다. 그러나 인간의 정신과 육체는 신의 피조물이라는 점에서, 그 존재를 신에 의존할 수밖에 없다. 결국 신이야 말로 그 어느 것에도 의존하지 않는 우주의 유일한 절대적인 실체이다. 데카르트의 실체론은 그 이후의 철학적 담론의 흐름을 실체에 대한 규명으로 바꾸어 놓았다. 스피노자의 '신은 자연이다'는 사상, 라이프니츠의 단자론monadology, 흄의 반실체론 등은 모두 데카르트의 영향으로 생겨난 사상들이다.

자…, 지금까지 우리는 안셀름과 데카르트의 선험적이고 존재론적인 신의 존재 논증을 살펴보았다. 어때? 그럴듯하지 않아? 안셀름과 데카르트가 아까 신은 존재하지 않는다는 것에 손 든 학생들에게 이렇게 말할지도 모르겠다. 이런 명확하고 타당한 논증을 듣고도 신의 존재를 믿지 않으면, 진짜 바보라고 할 수밖에 없다. 그래, 안 그래? 이제부터 신의 존재를 믿는 거야? 그렇게 하는 거야?

선험적 논증에 대한 비판

한결   안셀름의 논증에 이상한 데가 있는 것 같아요. 안셀름이 신을 "a being than which nothing greater can be conceived"라고 했다는데, 그의 신의 개념에 이미 'being'이라는 말이 들어 있잖아요? 'being'은 존재인데, 논증의 전제에 신이 이러저런 존재라고 해놓고, 결론에 따라서 반드시 존재해야 한다고 말하는 것 같아요. 순환논리에 빠진 거 아니에요?

교수   그런가? 듣고 보니 그런 것도 같네. 그렇게 보면 안셀름의 논증은 논리적 순환에 빠졌다고 말할 수 있겠구나. 그런데 안셀름이 실제로 그의 논증에서 'being'이라는 의미의 단어를 사용했는지 모르겠어. 앞에 제시된 안셀름의 논증은 라틴어의 영어 번역이야. 나는 안셀름이 라틴어에서 정확하게 그런 표현을 사용했는지 잘 모르겠어.

  그러나 안셀름의 입장을 돕자면, 철학자들이 가끔 'non-existent being'이라는 말을 사용하기도 해. 사실 나는 'being' 대신에 'entity'를 사용하는 것이 좋다고 생각한다. 'entity'에는 existent entity도 있지만, non-existent entity도 있거든. 'entity'는 우리말로 '것'에 해당해. 존재하는 것도 있지만, 존재하지 않는 것도 있잖아. 위의 논증 번역에서 'being' 대신에 'entity'를 사용하면, 순환의 문제를 피할 수 있지 않겠어? 한결이 어때?

한결   그런 것 같아요.

교수   한결이가 아주 좋은 질문했다. 다른 사람은 어때? 존재론적 논증은 여전히 유효한 거야?

미라   교수님, 저는 다른 부분에서 데카르트가 순환의 오류에 빠지는 것 같아요. 데카르트에 의하면 신의 관념은 본래부터 인간의 마음속에 존재하는 본유관념으로, 우리에게 분명하고 명확하게 드러난다고 합니다. 데카르트는 합리적으로 의심을 해보았을 때 의심의 여지없이 우리의 의식에 분명하고 명확하게 드러나는 것이 있으면 그것은 존재한다고 볼 수밖에 없다고 말하고, 신의 관념이 그렇기 때문에 신은 존재할 수밖에 없다고 주장합니다. 그런데 그 본유관념이라는 것이 신이 본래부터 인간의 마음속에 넣어 준 것 아닌가요? 신의 존재를 먼저 가정하고 신의 존재를 증명한 순환적 논증 같아요.

교수 그래, 아주 좋은 지적이다. 신의 존재에 대한 데카르트의 존재론적 논증은 순환적이라는 지적을 오래 전부터 받아왔어. 논증이 순환적이면 증명하는 것이 아무것도 없지. 데카르트 같은 위대한 철학자도 이런 단순한 논리적 오류를 범하는 것 같아.

그런데, 데카르트만 그런 것도 아니야. 역사에 남는 많은 철학자들이 그런 실수와 오류를 범해. 그래서 과거의 위대한 철학자의 이론이라고 해서 그냥 그대로 받아들일 것이 아니지. 그들도 인간이니까 잘못을 범할 수 있어. 그들이 말했다고 해서 모두 진리라는 보장은 없지. 우리 선조들은 공자, 맹자, 주자의 가르침이면 모두 옳다고 생각하고, 그 가르침을 암송하고 실천하는 데 주력했다. 성인의 말씀에 의문이나 비판을 제기하는 것은 옳지 않다고 생각했지. 그러나 그들의 가르침을 오늘날 우리의 시각으로 보면 모두 옳은 것도 아니야. 그런데 역설적으로 데카르트는 누구보다 이런 점을 강조한 철학자야. 그가 《방법서설》에서 한 말, "합리적인 의심의 여지가 없을 때까지 의심하라. 합리적인 의심의 여지가 없을 때, 그 때에만 진리로 받아들여라." 그런데 정작 본인이 그런 오류를 범한 셈이네. 오로지 신만이 완전하고 인간은 완전하지 않다는 것을 잘 보여주는 예 같다. 다른 질문 있어?

신의 개념 때문에 생기는 문제들

두형 네, 있어요. 저는 교수님이 말씀하시는 신의 개념을 오늘 처음 들었
어요. 그런 신이 있는 줄도 몰랐어요. 그런 신의 개념은 서양에서 들어
온 개념 아니에요? 동양인은 동양인 나름의 신 개념을 갖고 있잖아요?
그러니까 신이 완전하다는 것은 정의상 참이라고 말하는 것은 서양 중
심의 생각 같아요. 서양 문화 우월주의 같아요.

교수 그래, 두형이가 좋은 지적을 했다. 동양인의 신 개념에는 완전하다
는 개념이 포함되어 있지 않을 수도 있지. 그러면 두형아. 신의 개념이
동양, 서양, 시대와 지역에 따라서, 집단과 개인에 따라서 여러 종류로
그 숫자가 많을 수 있겠네? 그런 거야?

두형 ….

유선 그건 아닌 것 같아요. 우리가 지금 다루고 있는 신은, 전지, 전능,
전선의 우주를 창조하고 관할하는 하나의 신이에요. 교수님께서 앞에서
보편적이고 절대적인 하나의 신을 다룬다고 말씀하셨어요. 데카르트가
전제 ①에서 말하는 신은 우주에서 하나밖에 없는 유일한 신이에요. 두
형이가 그런 신의 개념을 몰랐던 것은 두형이 사정이지, 데카르트의 잘
못은 아닌 것 같아요.

교수 두형아, 어떻게 생각해? 유선이 말이 맞는 거야?

두형 유선이 누나 말 듣고 보니 그런 것도 같아요.

교수 내가 보기에는 두 사람 모두 옳은 것 같다. 우리는 지금 보편적이
고 유일한 신의 개념을 다루고 있다. 그러나 이런 신의 개념을 우리가
어떻게 갖게 된 거지? 두형이는 오늘 처음으로 배웠다고 했는데. 학교
에서 선생님한테서 배워서 알게 된 거야?

유선 아니에요. 데카르트에 의하면 신의 관념은 본유관념이니까 본래부

터 우리 마음속에 있었던 거예요. 밖에서 들어온 외래관념이 아니에요. 두형이가 어디서 배운 것이 아니에요.

교수 그렇다. 데카르트에 의하면 신의 관념은 인간 모두의 마음속에 본래부터 있는 본유관념이다. 외부에서 들어온 관념이 아니다. 이 관념이 마음속에 본래부터 있다는 것을 어떻게 아는가? 답은 우리의 마음속에는 이성이 있고, 어떤 것이 이성적인 의심의 여지없이 명확하고 분명하게 의식에 드러나면 그것은 존재한다고밖에 볼 수 없다. 신의 관념은 전지, 전능, 전선의 신이 본래부터 인간의 마음속에 넣어준 보편적인 관념이다. 우리가 지금 여기에서 다루는 신의 개념은 특정 종교의 역사적인 신의 개념이 아니라, 하나의 유일한 보편적인 신이다. 데카르트의 신 개념을 받아들인다면, 그런 신이 존재한다고 말할 수밖에 없지.

두형 교수님, 데카르트의 신 개념을 꼭 받아들여야 해요?

교수 역시 두형이답다. 그러면 데카르트보다 더 적합한 신의 개념이 있어? 두형이가 하나 만들어 올래? 이렇게 말하지만, 나도 두형이 생각에 어느 정도 동감이다. 서양 중심의 신 개념이고, 그런 신의 존재를 증명하는 논증이다. 존재론적 논증이 순환적이라는 지적도 일리가 있다. 그러나 내가 보기에 신의 존재론적 논증의 가장 심각한 문제는, 신의 개념적 정의에서 신의 실제적 존재를 이끌어 내는 논리적 형식이다. 쉽게 말하면, 언어에서 존재를 이끌어 내는 논증 방식이다. 말이 있다고, 말이 지칭하는 대상이 반드시 존재하는 것은 아니다.

두형이는 사회정의에 관심이 많다. 소외당하고 착취당하는 사람들에 대한 애정이 깊은 관계로 한때 사회주의에 기울어진 일도 있었다. 광주 항쟁을 기념하는 행사에 참가해서 연극을 하고 온 일도 있다.

토마스 아퀴나스의 경험적 논증

이제 신의 존재 논증 두 번째 방법을 보자. 전지, 전능한 신의 존재에 대한 두 번째 논증은, 세계에 대한 감각 경험을 근거로 신의 존재를 증명하는 경험적 방법이다. 이성적 사고를 근거로 신의 존재를 증명하는 존재론적 논증과 대비해서, 우주론적 논증cosmological argument이라고 부른다. 13세기 이탈리아의 가톨릭 성직자이면서 서양 중세기 최고의 철학자로 불리는 토마스 아퀴나스Thomas Aquinas가 그의 《신학대전Summa Teologica》에서 제시한 '다섯 가지 방식five ways'이 대표적인 우주론적 논증이다. 그 다섯 방식은 다음과 같다.

첫째, 최초의 운동the first mover에 의한 논증이다. 세상에는 수많은 사물과 사건들이 운동하고 있다. 생명을 가진 것은 물론, 생명이 없는 물체들도 움직이고 있다. 그런데 그 속에 스스로 움직이고 운동하는 물체는 없다. 어떤 물체의 운동은 반드시 다른 물체의 운동에 의해서 일어난다. 그리고 그 물체는 다시 다른 물체의 운동에 의해서 일어난다. 이 과정은 무한히 소급되어 계속될 수 없다. 왜냐하면 이 과정이 무한히 소급되어 계속되면 현재의 운동이 존재할 수 없기 때문이다. 물체들 사이의 운동의 연쇄가 존재하려면, 최초의 스스로 움직이고 운동하는 물체가 있어야 한다. 다른 물체에 의해서 움직이지 않으나, 스스로 움직여서 다른 물체를 움직이게 하는 존재, 부동의 운동자the unmoved mover가 있어야한다. 세계 혹은 자연의 모든 운동의 원인이 되는 이 부동의 운동자, 우주 최초의 운동의 원인은, 우주를 창조한 전지, 전능의 신 이외의 다른 존재일 수가 없다. 따라서 전지, 전능한 신은 존재한다.

둘째, 최초의 원인the first cause에 의한 논증이다. 세상에 존재하는 모든 사물과 사건은 인과의 질서the order of cause and effect 속에 있다. 현재 존재하는 모든 사물과 사건은 이전에 존재한 사물과 사건의 결과로 존재한다. 이전에 존재한 사물과 사건은 다시 그 이전에 존재한 사물과 사건의 결과로 존재한다. 이 원인과 결과의 과정은 영원히 계속될 수 없다. 최초의 원인이 있어야 한다. 왜냐하면, 최초의 원인이 없으면 현재의 사물과 사건이 존재할 수 없고, 원인과 결과의 과정도 존재할 수 없기 때문이다. 세상과 자연에 존재하는 모든 사물과 사건의 최초의 원인은 우주를 창조한 전지, 전능의 신 이외의 다른 존재일 수가 없다. 따라서 전지, 전능한 신은 존재한다.

셋째, 가능성possibility과 필연성necessity에 의한 논증이다. 세상에 존재하는 모든 사물이나 사건은 존재할 수도 있고, 존재하지 않을 수도 있다. 우리가 현재 경험하는 사물과 사건은 존재하지 않을 수도 있었다. 지구는 물론, 태양도 존재하지 않을 수 있었다. 모두 가능한 존재, 달리 표현하면 우연적인 존재이다. 그런데 세상의 모든 존재가 가능한 존재이고 우연적인 존재이면, 세상에 아무것도 존재하지 않는 상태가 있을 수 있다. 그런 상태가 가능하지 않기 위해서는 필연적인 존재가 있어야 한다. 전지, 전능한 신 이외에 필연적인 존재가 될 수 있는 존재는 없다. 따라서 전지, 전능한 신은 존재한다.

넷째, 정도 혹은 단계gradation에 의한 논증이다. 세상에 존재하는 모든 사물이나 사건은 그 속성에서 일정한 정도를 갖고 있다. 참되거나 거짓되거나, 선하거나 악하거나, 아름답거나 추하거나, 고귀하거나 천박한 정도가 있다. 온도의 경우도 아주 차가운 것에서부터 아주 뜨거운 것까지 여러 단계의 정도가 있다. 그런데 이런 정도나 단계가 있기 위해서는 그 정도나 단계를 결정짓는 하나의 기준이 있어야 한다. 이 기준은 그 정도나 단계에서 최고, 최상의 존재이어야 한다. 최고로 참되고, 최고로 선하고, 최고로 아름다운 하나의 존재가 있을 때, 어느 정도 참되고, 선하고, 아름다운 사물과 사건이 존재할 수 있다. 그런 존재가 될 수 있는 것은 전지, 전능한 신밖에 없다. 따라서 전지, 전능한 신은 존재한다.

다섯째, 목적the final cause or ends에 의한 논증이다. 세상에 존재하는 모든 사물과 사건은 항상 어떤 목적을 위해서 움직이고 운동한다. 그런데 그 사물과 사건에는 의식이나 지성이 없다. 의식이나 지성이 없는 존재는 어떤 목적을 위해서 움직이거나 운동할 수 없다. 그 목적은 외부에서 사물과 사건들에 주어져야 한다. 그런데, 모든 사물과 사건에 어떤 목적을 부여할 수 있는 존재는 전지, 전능한 신 이외에는 없다. 따라서 전지, 전능한 신은 존재한다.

이상이 토마스 아퀴나스의 우주론적 신의 존재 논증이다. 이 논증들을 자세히 들여다보면 고대 그리스의 철학자 아리스토텔레스의 영향이 상당하다는 것을 알 수 있다. 논증의 형식은 아리스토텔레스가 창시하고 확립한 연역논리를 사용하였고, 그의 가능태, 현세태의 형이상학적 개념들이 활용하고 있으며, 아리스토텔레스의 경험적 혹은 과학적 정신이 깊이 관여하고 있음을 볼 수 있다. 토마스 아퀴나스는 아리스토텔레스의 형이상학, 윤리학, 논리학을 기독교 신학에 적용하여 기독교를 고등종교로 발전시킨 성인으로 추앙받고 있다.

아리스토텔레스와 토마스 아퀴나스는 동양인인 나에게도 개인적인 인연이 있다. 내가 미국 브라운대학교에서 박사학위 과정에 있을 때, 지도교수 치좀Chisholm의 형이상학 과목에 학기말 논문을 제출했는데, 교수님께서 내 논문이 토마스 아퀴나스가 아리스토텔레스를 비판하는 것 같다는 칭찬을 해주셨다. 이 칭찬을 같은 다른 대학원생에게 보여주었더니, "치좀 교수가 이런 칭찬을 했다면, 이제 너의 미래는 보장되었다"라고 말해 주었다. 박사학위 취득 후에 내가 취직한 최초의 미국 대학도 브라운대학교 옆에 있는 프로비던스대학교였다. 프로비던스 대학은 토마스 아퀴나스를 기려서 설립한 가톨릭 대학이다. 토마스 아퀴나스와 이런저런 인연이 있었던 것 같다.

경험론적 논증 비판

교수 지금까지 토마스 아퀴나스의 신의 존재 논증 다섯 가지를 살펴보았다. 이 논증들 어떤가? 괜찮지 않아?

학생들 ….

교수 다섯 가지 논증 중에서 어떤 것이 제일 그럴듯해? 어떤 논증이 마음에 들어?

효선 두 번째, 신은 최초의 원인이라는 논증이요. 나는 부모님으로부터 나왔고, 내 부모님은 부모님의 부모님으로부터 나왔고…. 이렇게 계속 올라가는데, 무한히 계속 올라갈 수가 없고, 어딘가에서 처음으로 시작해야 하는데, 부모로부터 나온 인간은 될 수가 없는 것 같아요. 인간의 부모가 다시 원인이 되어야 하니까요. 따라서 우주를 창조한 신일 수밖에 없는 것 같아요.

교수 맞아. 세상과 자연에 존재하는 모든 사물과 사건은 인과의 연쇄 속에 있지. 원인 없이 존재할 수 있는 것은 없지. 스스로 존재하는 사물과 사건은 없어. 혹시 영화 〈사운드 오브 뮤직〉 봤어? 그 영화에 'Nothing comes from nothing'이라는 대사가 나온다. 무無에서는 아무것도 나올 수 없다는 말이지. 무언가가 먼저 있어야, 다른 무언가도 나올 수 있지. 이 자연과 우주도 자기 스스로 존재할 수가 없어. 다른 어떤 것이 원인이 되어서 생겨난 것이지. 토마스 아퀴나스는 그런 최초의 원인은 우주를 창조한 전지, 전능한 신일 수밖에 없다는 거야. 괜찮은 논증 같잖니?

승현 저는 아닌 것 같아요. 교수님께서 인식론과 과학철학 수업에서 말씀하신 것처럼, 인과의 연쇄는 결국 무한퇴행에 빠지고, 무한퇴행에서 벗어나는 길은 퇴행을 멈추는 최초의 원인을 설정하는 것이고, 그렇지 않으면 무한퇴행을 인정하는 것이지요. 전자는 독단에 빠지고, 후자는 순환에 빠진다고 말씀하셨어요. 따라서 토마스 아퀴나스의 최초의 운동에 의한 신의 존재증명은 독단에 빠져 있어요. 최초의 운동의 원인이 신이라는 보장은 어디에 있나요? 최초의 운동이 태극太極일수도 있고 빅뱅일수도 있잖아요?

학생들 우와~, 멋있다.

교수 훌륭하다. 승현이. 작년에 들은 수업 내용을 잊지 않고 잘 기억하고 있네. 그렇다. 인과적 설명은 인간이 세계에 대한 경험적 설명 중에서 가장 중요하고 유용한 설명 중의 하나인데, 그런 문제점이 있지. 듣고 보니 승현이의 비판이 옳은 것 같네. 아퀴나스의 경험적 논증에 대한 다른 비판은 없어?

승원 저는 다섯 번째 논증이 이해가 잘 안 돼요. 세상에 존재하는 모든 것이 목적을 갖고 있다는데, 계곡에 흘러내리는 물에도 목적이 있고, 산에서 자라는 소나무에도 목적이 있다는 건가요? 물과 소나무에 무슨 목적이 있어요? 자연의 이치에 따라서 그렇게 존재하는 거 아닌가요? 동양철학에서는 그것을 '소이연지도所以然之道'라고 불러요. 자연에 따르는 도라는 거지요. 계곡에 흐르는 물이나 산에서 자라는 소나무에게까지 목적을 부여하는 것은 지나치게 인간적인 것 같아요.

교수 승원이, 훌륭한 지적이다. 이 다섯 번째 논증을 후세 사람들은 목적론적 논증이라고 부르는데, 영어로는 흔히 'argument by design'이라고 하지. design은 한글로 '설계'라고 많이 번역하는데, 계획plan, 목적purpose, goal의 의미도 있어. 어려운 말로, teleological argument라고도

해. 동국대학교 명진관을 예로 들면, 명진관은 처음부터 그렇게 그 장소에 있었던 것이 아니라, 누군가 어떤 목적을 가지고 그 목적에 따라 설계하고 만든 거지. 세상에 존재하는 모든 사물과 사건도 그렇다는 거야.

토마스 아퀴나스의 이 논증은 아리스토텔레스의 목적론적 우주론에 기초하고 있다. 아리스토텔레스에 의하면, 이 세상에 존재하는 모든 사물과 사건에는 각각의 존재 목적이 있다고 보았다. 그리고 각 사물과 사건은 각각의 목적을 실현하기 위해서 운동하고, 그 목적을 실현하는 순간 완전한 상태, 즉 완전태에 도달한다고 생각했다. 그냥 무작위로 방향없이 변화하고 운동한다고 보지 않은 거야. 승원이가 말하는 '소이연지도'도 이런 맥락에서 이해할 수 있을 것 같아. 아리스토텔레스의 목적, 계획, 설계를 동양철학에서는 도로 본 거고, 토마스 아퀴나스는 전지, 전능한 신밖에 그런 목적과 설계를 자연 속의 사물과 사건에 넣어 줄수 있는 능력이 없다고 본 거지.

자연의 사물과 사건에 목적이나 설계가 있다는 목적론적 우주관은 오늘날에도 여전히 많은 지지를 받고 있다. 그 목적과 설계를 오늘날 유일신을 믿는 종교인들은 하나님의 뜻이라고 하고, 과학자들은 자연법칙이라고 말하기도 한다. 철학자로서 보기에 그것은 논리적 형식logical form 같다. 신의 존재를 믿지 않으면서 목적론적 우주관을 갖고 있는 많은 사람들이 말하는 것처럼, 어떤 지적인 설계자intellectual designer가 있어서 세상의 사물과 사건에게 그런 논리적 형식을 넣어 주었다고 보는 것이다.

토마스 아퀴나스의 우주론적 논증은 단순히 신의 존재 논증에 그치지 않고, 서양철학의 기본적인 전제 혹은 서양 사람들의 기본적인 사고방식을 잘 보여주는 경우이다. 아리스토텔레스의 형이상학과 논리학이 서양철학의 기본을 이루었는데, 토마스 아퀴나스가 그것을 신의 존재증명에 원용했기 때문이다. 오늘날 우리가 하고 있는 서양철학은 물론, 자연과학, 사회과학에도 토마스 아퀴나스가 원용한 전제들이 들어 있다. 서양문명과 사상에 관심이 있는 사람을 이 점을 유의해서 잘 살펴보기를 바란다.

신의 존재 부정 논증

신의 존재 논증을 살펴보았으니, 이제 신의 존재를 부정하는 논증을 살펴볼 차례이다. 그런데 서양철학사에는 신의 존재를 부정하는 논증이 별로 없는 것 같다. 기독교 국가에서 신의 존재를 부정하는 논증을 제시하는 것이 별로 현명하지 않다고 생각했는지 모르겠다. 그랬다가는 불신자로 찍혀서 화형, 파문 등을 당할 수 있기 때문이다. 스피노자는 신의 존재를 부정한 일이 없지만, 그의 신 개념이 기독교 신관에 어긋난다고 보아 파문까지 당했다. 그래서인지 서양에는 신의 존재를 부정하는 논증보다는 신의 존재를 긍정하는 논증을 비판하는 경우가 종종 있었다. 신의 존재를 부정하는 것이 아니라, 어떤 사람의 논증을 비판하는 것이기에, 어느 정도 허용될 수 있었는지도 모른다. 이런 비판은 중세의 성직자들 사이에도 있었다. 좋게 말하면, 신의 존재 증명을 보다 올바르고 튼튼하고 확실하게 한다는 측면이 있다고 볼 수 있기 때문이다.

신 개념의 논리적 모순

신의 존재 논증을 비판으로 대표적인 두 경우는 다음과 같다. 하나는 신의 개념 자체에 대한 비판이다. 신이 전지하다면 신이 모든 것을 안다는 뜻인데, 그 '모든' 것에 과거, 현재, 미래 모두가 포함되면, 신은 우리가 다음 순간 무엇을 할 것인가를 우주를 창조할 때부터 알고 있었다는 말이 된다. 그러면 우리가 다음 순간에 무엇을 할지 이미 결정되어 있다는 뜻이다. 내가 이 손가락을 오른쪽으로 돌릴지, 왼쪽으로 돌릴지는 신이 미리 알고 있고, 미리 알고 있는 만큼 사전에 이미 결정되어 있다는 것이다. 내가 결정하는 것이 아니라 신이 이미 결정해 놓았다는 것이다. 그러면 나는 어떤 존재인가? 길거리에 굴러다니는 돌이나, 이리저리 날아다니는 새와 아무 차이가 없는 것인가? 내 삶과 행동에 대해 내가 결정하는 것이 아무것도 없게 된다. 내가 무엇인가를 선택하고, 의지를 가지고 자유롭게 행동한다는 것이 모두 허상이 되는 것이다. 신이 전지하여, 앞으로 존재할 모든 사물과 사건을 알고 있으면 그 사물과 사건은 이미 결정되어 있고, 이미 그렇게 결정되어 있으면 내가 내 인생에 대해서 할 수 있는 것이 하나도 남지 않는다. 신의 전지와 인간의 자유는 양립할 수 없고, 어느 하나는 포기해야 한다. 신이 내린 나의 운명과 인간으로서의 나의 자유의지 중 어느 것을 선택할까? 이 문제를 우주를 창조한 전지한 신이 존재한다고 믿는 사람들이 어떻게 해결할까?

신의 개념에서 전능하다는 것도 문제가 있다. 신은 전능하니까 모든 것을 할 수 있다. 그러면 신은 자신이 무거워서 들 수 없는 바위도 만들 수 있는가? 물론 그것도 만들 수 있어야 한다. 신은 못 할 것이 없기 때문이다. 그런데 그 바위는 신이 들 수 없는 바위이다. 신이 못 하는 것이 있게 된다. 이렇게 되면 신은 못 할 것이 없는데, 못 할 것이 있다는 말이 된다. 명확한 자기모순이다. 그래서 신의 전능함을 옹호하는 사람들은, 전능함을 신은 원하기만 하면 무엇이든 할 수 있다고 고쳐서 말한다. 신은 무거워서 들 수 없는 바위를 만들기를 원하지 않을 것이라고 보는 것이다. 과연 그럴까? 신이 그것을 원하는지, 원하지 않는지 인간이 어떻게 아는가? 말이 갈수록 구차해진다.

같은 방법으로, 신은 전선하다. 신은 전선하니까 하는 것마다 완전히 선하다. 그렇다면 신은 악한 일을 할 수 있는가? 신은 하는 일마다 선하니까 악한 일을 할 수가 없다. 이렇게 되면, 신이 할 수 없는 일이 또 하나 더 생긴다. 전능하지 않게 된다. 그러나 신의 전능함과 전선함을 옹호하는 사람들은, 신은 전선함으로 악한 일을 하는 것을 원하지 않을 것이라고 주장한다. 그러나 악한 일을 하지 않는 것과 악한 일을 못 하는 것과는 별개의 사항이다. 신은 전능하므로 악한 일을 할 수가 있다는 말이 여전히 유효하다.

신의 전능함은 논리적인 반론에 직면할 수도 있다. 신은 전능하니까 '2+3'을 5가 아니라 50으로 만들 수 있는가? 선분 a의 길이가 선분 b의 길이보다 길고, 선분 b의 길이가 다른 선분 c보다 길면, 선분 a는 선분 c보다 길다. 앞에서 말한 전건긍정의 타당한 논리적 형식의 논증이다. 그런데 이런 상황에서 신은 선분 c가 선분 a보다 길다고 할 수 있는가? 타당한 논리적 형식인 전건긍정을 타당하지 않은 논리적 형식으로 만들 수 있는가? 쉽게 말해서 전능한 신은 3을 5보다 크게 만들 수 있는가?

신의 존재 논증에 대한 다른 비판은 신 개념의 함의implication에 대한 문제이다. 함의란 논리적으로 이끌어져 나온 결과를 말한다. 신의 개념이 그렇다면 이런 결과가 나올 수밖에 없다고 추론하는 방식이다. 이런 추론의 가장 대표적인 경우는 이렇다. 신이 전지, 전능, 전선한데, 이 세상에 악이 왜 이렇게 많은가? 신이 모든 것을 알고, 모든 것을 할 수 있고, 하는 일마다 선하면, 악이 존재하지 않는 세상을 만들 수 있지 않은가? 그런데 이 세상에는 악이 너무나 많다. 이 인간 사이의 증오와 범죄, 살생과 파괴, 전쟁과 질병으로 수많은 사람이 고통과 절망 속에 살고 있다. 어떤 의사가 질병의 치료법을 알고 있고, 치료할 수 있는 능력이 있고, 그 환자의 고통을 들어줄 마음이 있다면, 그 의사는 그 환자를 치료하여 고통에서 벗어나게 해줄 것이다. 인간도 그러한데, 전지, 전능, 전선하다는 신이 어떻게 세상에 이렇게 많은 악이 있게 만들고 인간을 불행과 고통 속에서 살게 하는가? 신이 전지해도, 전능하지 않거나, 전능해도 전선하지 않다고 말할 수밖에 없지 않은가? 따라서 전지, 전능, 전선의 세 가지 특성을 모두 갖춘 신은 존재하지 않는다고밖에 볼 수 없다.

　　악의 존재는 전지, 전능, 전선의 신의 개념에 대한 가장 강력한 반론으로 논의되어 왔다. 이 문제는 중세부터 기독교 신학자들에게 해결해야할 심각한 과제로 떠올랐다. 그들의 해결 방식은 기본적으로 두 가지. 악의 근원을 다른 신 같은 존재인 사탄에게 돌리거나, 인간에게 돌리는 것이다. 에덴동산의 선악과 일화가 악의 근원을 단적으로 잘 보여주는 경우이다. 그런데 문제는 악의 근원을 사탄에게 돌리면, 신의 전능함과 전선함을 제한하는 결과가 되고, 인간에게 돌리면 신의 우주 창조에도 결함이 생긴다. 인간은 신이 창조한 우주에서 가장 특별한 존재가 아닌가? 그 존재를 이렇게 문제투성이로 만들었다면, 신에게도 책임이 있는 것이다. 신은 전지하지 않거나, 혹은 전능하지 않거나, 전지전능하더라도 전선하지 않다고 볼 수밖에 없다.

수학자 파스칼의 도박

마지막으로, 신의 존재에 대한 흥미 있는 입장 하나를 소개하겠다. 17세기 프랑스 수학자이면서 철학자인 파스칼은 다음과 같은 논증을 제시했다. 신은 존재할 수도 존재하지 않을 수도 있다. 신이 존재하는 경우, 당신이 신의 존재를 믿어서 얻는 것과 신을 믿어서 잃는 것이 무엇인가 비교해 보라. 반면에 신이 존재하지 않는 경우, 당신이 신의 존재를 믿지 않아서 얻는 것과 신의 존재를 믿지 않아서 잃는 것은 무엇인가 비교해보라. 이 네 가지 경우를 하나하나 면밀히 검토해볼 필요가 있다. 당신이 신의 존재를 믿지 않는데, 만일 신이 실제로 존재한다면, 당신은 영원한 저주를 받고 지옥에 떨어질 것이다. 당신이 신의 존재를 믿는데, 신이 실제로 존재하면, 당신은 영원한 축복을 받고 천국에서 무한한 행복을 누릴 것이다. 그러나 반대로 신이 실제로 존재하지 않는데, 당신이 신의 존재를 믿지 않아서 얻는 것이 무엇인가? 신이 실제로 존재하지 않는데, 신이 존재한다고 믿어서 당신이 잃는 것이 무엇인가? 잘 생각해보라. 신의 존재를 믿어서 얻는 것이 신의 존재를 믿지 않아서 잃는 것보다 훨씬 많다는 것을 알게 될 것이다. 따라서 신의 존재를 믿는 것이 믿지 않는 것보다 합리적이거나 현명하다.

> **재민** 그런데, 교수님, 파스칼은 신의 존재를 문제 삼은 것이 아니라, 신의 존재에 대한 믿음을 문제 삼지 않았나요?
>
> **교수** 옳은 지적이다. 파스칼은 신의 존재증명을 한 것은 아니지. 신의 존재를 믿는 것이 현명한 선택이라는 것이지. 지극히 기독교적인 입장에서 한 논증이다. 우리가 다루고 있는 신의 개념과는 사실 상관이 없다. 그러나 기독교 국가의 대학에서는 파스칼의 이 도박wager을 상당히 비중 있게 다룬다. 믿는 것이 믿지 않는 것보다 낫다는 거지. 파스칼은 철학자이면서 수학자였다는 것을 명심해 두는 것이 좋아. 수학적으로 보면 그렇다는 거지.

재민이는 대학원에서 심리철학을 전공했는데, 내가 정년퇴임한 후에 학과에서 시간강사로 강의할 때에도 자진해서 매번 내 학부수업에 들어와 조교로 일해준 고마운 학생이다.

빅뱅과 신의 존재

준영 그런데 교수님?

교수 그래, 무슨 질문 있니?

준영 지금까지 교수님께서 강의하신 것이 모두 시대착오적인 것 같아요. 안셀름이나 아퀴나스 같은 서양 중세의 사람들은 해, 달, 별 같은 천체들이 어떤 존재들인지 몰랐잖아요. 해가 지구의 주위를 돈다고 믿었던 사람들이에요. 그런 사람들이 내놓은 우주론을 21세기의 우리가 공부한다는 것이 맞지 않는 것 같아요. 교수님, 우주의 기원에 대해서는 이미 천체 물리학자들이 그 답을 내놓았잖아요? 현재의 우주가 빅뱅에서 출발했다고. 빅뱅에서 시간과 공간이 시작되고, 우리가 살고 있는 우주가 생성되었다고 이미 밝혔잖아요? 그런데, 우리가 지금 우주를 창조한 전지전능한 신이 존재하느냐, 하지 않느냐를 두고 논의하는 것은 이 시대의 상식에 맞지 않는 것 같아요.

학생들 우우~, 준영이 너무 한 거 아냐? 교수님에게?

어떤 학생 학점도 생각해야지?

교수 준영이 말이 틀렸나? 틀렸다고 생각하는 학생, 손들어 봐.

학생들 ….

교수 틀렸다고 손드는 사람이 없는 걸 보면, 준영이 말에 동의한다는 거군. 솔직히 말해서 준영이 말에 일리가 있지?

학생들 좀, 그런 것 같아요.

교수 우주의 기원에 대해서는 천체 물리학자들이 이미 밝혀 놓았지? 우리가 알고 있는 우주가 빅뱅으로 시작했으면, 전지전능한 신이 있어서 우주를 창조했다는 주장은 발붙일 데가 없는 거지? 그래, 안 그래?

학생들 …?

교수 그러면 준영이의 질문 혹은 비판은, 다시 표현하면, 이렇게 되는 거지? 교수님은 그걸 알면서 창조론 시대에나 있던 문제를 가지고 우리에게 수업을 하신 거예요?

학생들 네, 그런 것 같아요.

교수 그러면, 내가 그 질문에 제대로 대답을 해야겠군. 그렇지 않으면, 내가 쓸데없는 것을 가지고 수업을 한 것이 되니까. 좋아, 내 대답은 이렇다.

천체 물리학자들이 말하는 우주에 대해서 생각해 보자. 그들이 말하는 우주는 물리학적 우주이다. 물리학적 우주는 현재의 물리 이론으로 설명하고 이해하고 있는 우주이다. 주로 물질적이고, 시간과 공간 속에 있고, 인과 작용을 하는 사물과 사건들의 집합이다. 그런데 우리가 이해하고 있는 우주에는 물리적 우주만 있는 것일까? 즉 관찰하고, 측량하고, 경험적으로 검증할 수 있는 그런 사물과 사건들만 존재하는 것일까? 그렇지 않다. 물리학에서 말하는 물리적 존재만 있는 것은 아니다.

첫째, 그 대표적인 것이 수학에서 말하는 수數(숫자가 아니라)와 수학적 원리들이다. 수와 수학적 원리들을 사용해서 물리학을 하는 물리학자들도, 그들이 사용하는 수와 수학적 원리가 존재한다는 것은 인정할 것이다. 그런데 그 수와 수학적 원리가 물질이나 물리적 존재는 아니다. 수 1, 원주율 π, 피타고라스의 정리가 물질이나 물리적 존재는 아니다. 그것들이 정신적 존재인지 아닌지는 모르지만, 물질이나 물리적 존재는 아니고 우리가 살고 있는 이 우주 속에 존재하는 것은 확실하다.

둘째, 물리적 법칙들은 어떤가? 그 법칙들이 물질이나 물리적 존재인가? 그 법칙들을 감각적으로 관찰하고, 수적으로 측량하고, 경험적으로 검증할 수 있는가? 물리학의 법칙들 중에 대표적인 만유인력과 질량보존의 법칙을 예로 들어 보자. 그 법칙들이 물질이나 물리적 존재인가? 아니지 않는가? 우리가 경험적으로 관찰하고, 측량하고, 검증할 수 있는 것은 개별적인 인력의 현상, 질량보존 현상이지 그 법칙은 아니다. 그 법칙들은 뉴턴과 라부아지에가 그런 물리적 현상을 보고, 추론하고 분석하여 발견한 것들이다. 그리고 그 법칙들은 이 우주 속에 존재한다. 확실히 물질이나 물리적인 것은 아니지만 말이다.

셋째, 진리, 정의, 자유는 어떤가? 선함과 아름다움과 사랑 같은 것은 어떤가? 그것들은 확실히 물질이나 물리적 존재가 아니지 않은가? 아름다운 사람은 왜 아름다운가? 아름다움이 그 사람에게 있다고 생각하기 때문이다. 즉, 아름다움의 속성을 그 사람에게 부여하기 때문이다. 그런데 그 아름다움의 속성을, 아름다움 자체를, 경험적으로 관찰하고, 측량하고, 검증할 수 있는가? 없다. 경험적으로 인식할 수 없는 추상적인 존재이기 때문이다. 진리, 정의, 자유, 선함, 사랑 등도 마찬가지이다. 그러면 이런 추상적인 존재들은 어디에 존재하는가? 우리가 살고 있는 이 우주 밖에 존재하는가? 그런 것 같지는 않다. 왜냐하면, 이런 존재들이 우주 밖에 존재한다면 우리와는 아무 상관이 없는 존재일 것이다. 그런데 우리는 정의로운 사회를 원하고 아름다운 사람을 사랑한다. 이런 존재들은 우리와 함께 있는 존재들이다.

이렇게 보면, 물리학자들, 특히 천체 물리학자들은 경험적으로 관찰, 측량, 검증할 수 있는 사물과 사건들을 대상으로 하고, 그런 대상들 사이의 인과적 혹은 비례적 관계를 연구하여, 자연현상에 대한 이해와 설명을 하려는 사람들이다. 그들의 우주는 어디까지나 물리적 우주이다. 그런데 내가 앞에서 말한 것처럼 이 우주에는 물리적인 사물이나 사건만 존재하는 것이 아니다. 물리적 우주는 우리가 살고 있는 이 우주의 한 부분에 지나지 않는다. 물리적 우주가 빅뱅으로 시작했다고 해서, 우리가 살고 있는 우주가 빅뱅으로 시작한 것은 아니다. 그 시작은 우리가 탐구해 나가야 할 신비로 남아있다.

현대 최고의 천체물리학자로 불리는 스티븐 호킹은 그의 저서 《시간의 역사》 결론에서 다음과 같이 말했다. "우주는 빅뱅으로 시작했는데, 그러면 빅뱅 이전에는 무엇이 있었는가? 이 질문은 철학자들에게 물어볼 질문이다." 이 말을 듣고 철학자들이 너무 좋아할 상황은 아니지만, 적어도 호킹은 우주의 기원에 대한 탐구에 철학이 개입할 여지를 남겨 놓았다. 그런데 가만히 생각해보면, 호킹의 질문은 우리가 앞에서 살펴본 아퀴나스의 신 존재 논증을 상기시킨다. 빅뱅을 하나의 결과로 보면, 빅뱅의 원인이 있을 것이다. 그러면 그 원인의 원인은 무엇인가? 하는 질문이 따르고, 인과적 무한퇴행에 빠지게 되고, 그 퇴행의 문제를 해결하기 위해 최초의 원인이나 무한순환이 필요하게 된다. 빅뱅의 문제가 아퀴나스의 신 존재 무한퇴행의 문제를 그대로 안고 있는 것이다. 다시 말하면, 빅뱅이론은 우주의 기원을 설명하는 최종 이론이 될 수 없다. 21세기에 중세의 안셀름이나 아퀴나스의 신 존재 증명을 살펴보는 것이 시대적 착오이거나 시간 낭비가 아니라는 말이다.

교수님은 신이 존재한다고 생각하세요?

신의 존재에 대한 이론들을 가르치고 나면, 반드시 따라 나오는 질문이 있다. "교수님은 신이 존재한다고 생각하세요?"이다. 내 대답은 이렇다. 나는 유대교, 기독교, 이슬람교 같은 특정 종교들이 믿는 유일신의 존재에 대해서는 회의적이다. 그들의 신 개념은 그들 특유의 역사적, 문화적 요소들로 너무 많이 오염되어 있기 때문이다. 자기들이 믿는 신만이 참되고, 다른 이들이 믿는 신은 거짓이라는 그들의 오만과 편견도 마음에 들지 않는다. 그런 태도 때문에 발생한 수많은 전쟁과 고통, 악을 생각하면, 특정 종교의 역사적 신을 믿는 것이 주저된다.

그런데 신의 존재에 대한 나의 가장 중심된 문제는, 우주를 창조한 전지, 전능, 전선의 신이 인격체라는 것이다. 신은 전지, 전능, 전선하기 전에 무엇보다 하나의 인격체, person이다. 물론 인격체라야 모든 것을 알고, 할 수 있고, 선할 것이다. 특히, 특정 종교의 역사적인 신은, 인간처럼 말하고, 생각하고, 느끼고, 행동하는 존재이다. 니체가 말하는 너무나 인간적인 신이다.

이 거대하고 무한한 우주를 창조한 존재가 인격체라고 보는 것은 지나치게 인간화한 결과이다. 내가 생각하는 신은 인간뿐만 아니라 다른 생명체, 나아가서 우주 전체를 포함하는 신이다. 미래에 우주인을 만나도 함께 공유할 수 있는 그런 신. 인간의 화복과 길흉을 초월하고, 자연과 우주 전체를 통관하는 신, 우주의 원리 같은 그런 신을 생각하고 싶다. 너무 추상적이고 현실적이 아닌 신의 개념이다. 그러나 사람들이 갖고 있는 신의 개념 혹은 관념을 보면, 하나도 같은 것이 없다. 인류가 보편적으로 공유하는 신의 개념 혹은 관념은 없어 보인다. 각자 마음속에 자기 나름의 신 개념과 관념을 가지고 산다. 그 신이 실제로 존재한다고 믿는가, 존재한다고 믿지 않는가는 본인이 선택할 문제이다.

4장

삼각형은 어디에 있는가?

칠판 위에 그려진 세 삼각형

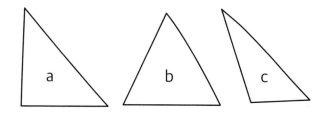

학생들 출석을 부른 후, 교수가 돌아서서 칠판 위에 하얀 분필로 a, b, c 삼각형 세 개를 그린다. 직각삼각형, 이등변삼각형, 둔각삼각형이다. 그렇게 잘 그려진 삼각형은 아니다. 직각삼각형은 정확하게 직각이 아니고, 이등변삼각형은 두 변의 크기가 같지 않고 비뚤어져 있다. 교수가 돌아서서 학생들에게 묻는다.

교수 학생 여러분 a, b, c 도형을 뭐라고 부르지?

학생들 ….

교수 동국대학교 철학과에 들어올 정도면 그 정도는 알 텐데….

앞에 앉은 한 여학생이 마지못해 대답한다.

학생들 삼각형이요.

교수 삼각형이지? 틀림없지?

학생들 네.

교수 왜 삼각형이지?

학생들 세 변으로 둘러싸이고, 내각의 합이 180도이니까요.

교수 아주 훌륭하다. 세 변으로 둘러싸였으니까, 삼각형이지? 그런데, 변은 뭐지?

학생들 ???

교수 삼각형을 둘러싸고 있는 변을, 기하학에서는 무엇이라고 부르지? 변이라고 하지만 실제로는?

학생들 선이요.

교수 맞다. 그러니까, 삼각형은 세 직선으로 둘러싸인 평면도형이지?

학생들 네, 그래요.

삼각형은 칠판 위에 존재한다?

교수 그런데, 이 선들이 정확하게 직선인가?

학생들 ….

교수 아니지?

학생들 네….

교수 줄자를 대서 분필로 정확하게 그려도, 직선은 아니지? 렌즈를 사용해서 확대해서 보면 직선이 아니라 평면이다. 분필 가루가 칠판에 넓게

120

묻어 있는 것이지. 그러니까 칠판 위에 직선은 없지? 그러면 a, b, c 도형 모두 삼각형이 아닌 거네.

학생들   ….

교수   분필이 아니라, 레이저 광선으로 그렸다고 해도, 전자 현미경으로 확대해 보면 삼차원의 미립자의 나열이 되지 않겠니? 그것도 선은 아니지? 기하학에서 말하는 선은 점의 연속인데, 점은 공간을 차지하고 있지 않지. 다시 말하면, 점은 눈에 보이지 않고, 따라서 점의 연속인 선도 눈에 보이지 않지. 그렇게 되면 삼각형 자체도 눈에 보이지 않는다는 이야기 아닌가? 안 그런가?

학생들   ….

교수   그렇게 되면, 칠판 위에 삼각형이 없다는 말이 되고, 있어도 눈에 보이지 않는다는 말이 되잖아? 삼각형은 어디에 있는 거야? 아까 내가 물었을 때, 칠판 위에 삼각형이 틀림없이 있다고 했지? 그 사람들 어디에 있어?

초생   교수님 질문에 다시 대답하겠어요. 칠판 위에는 삼각형의 모형이 세 개 그려져 있고, 삼각형 자체가 있는 것은 아니에요. 교수님께서 분필로 칠판 위에 서툴게 그린 삼각형은 모형模型일 뿐, 삼각형은 아니에요.

교수   그렇구나. 그렇게 되면, 두 종류의 삼각형이 있는 셈이군. 하나는 삼각형의 모형, 다른 하나는 삼각형 자체. 그러면 삼각형 모형은 칠판 위에 있는데, 삼각형 자체는 어디에 있는 거지?

삼각형은 우리 마음속에 관념으로 존재한다?

초생   우리 마음속에 있는 것 같아요. 교수님은 교수님 마음속에 있는 삼각형의 정의에 맞추어서 칠판 위에 분필로 삼각형을 그렸잖아요? 그러니까, 칠판 위의 삼각형은 교수님 마음속에 있는 삼각형의 관념의 모형이에요. 잘 그린 편은 아니지만.

교수 그래, 잘 그린 편은 아니지.

초생 그런 것 같아요. 사람의 마음속에 삼각형의 관념이 먼저 있고 난 후에, 길거리에 삼각형 신호판을 만들고, 삼각 김밥도 만들잖아요? 인간이 존재하지 않으면, 삼각형이라는 관념도 없어요. 삼각형이라는 관념은 원래부터 있는 것이 아니라, 기하학이 생기면서 같이 생겨난 것이잖아요.

초생이는 공항에 근무하는 법무부 공무원이다. 내가 출입국할 때마다 공항에서 나를 맞고 배웅해 준다. 정복을 입은 초생이가 내 가방을 들고 나를 출입장을 드나들 때는 내가 높은 지위에 있는 사람인줄 알고 주위 사람들이 쳐다본다.

규웅 교수님, 반론이 있는데요?

교수 뭔데?

규웅 그렇게 되면, 이 강의실에는 학생 수만큼 삼각형이 있다는 말이 돼요. 한국에는 한국 인구만큼 삼각형이 있다는 말이 되고요. 그리고 기하학이 아직 생겨나지 않고, 삼각형의 개념이 없는 국가나 없었던 국가에서는 삼각형이 없다는 말이 되지요. 삼각형이 사람 마음속에 있다고 말하는 것은 아무래도 이상한 것 같습니다.

일주 저도 그런 것 같아요. 데카르트 말처럼, 마음은 공간적이 아니고, 일정한 공간을 차지하고 있지 않아요. 심리철학 시간에 교수님께서 "마음속에 있다"라는 표현은 은유적인 표현에 불과하고, 실제로 의미하는 것은 "사고나 의식의 대상이 되어 있다"라는 말이라고 하셨어요.

교수 훌륭하다, 일주. 내가 가르친 것을 잊지 않고 있었구나. 그러니까,

삼각형이 마음속에 있다는 말은, 삼각형이 누군가의 의식이나 사고의 대상으로 되어 있다는 말이지.

성제 그렇게 되면 삼각형이 누군가의 사고나 의식의 대상일 때는 존재하고, 그렇지 않을 때는 존재하지 않는다는 말이 돼요. 어떤 사람이 삼각형을 생각하고 있을 때는 삼각형이 존재하고, 잠들어 생각하지 않을 때는 존재하지 않는다는 말이 돼요. 사람의 생각에 따라서 존재하고 존재하지도 않는 삼각형, 그런 삼각형은 없는 것 같아요.

교수 그렇다. 삼각형이 그런 존재일 수는 없지. 그러니까, 삼각형이 마음속에 있다거나, 삼각형이 사고나 의식의 대상으로 존재한다고 하는 주장도 문제가 있네.

예슬 교수님, 그러면 어떻게 해요? 삼각형이 칠판 위에 있지도 않고, 각자의 마음속에 있지도 않고, 그러면 어디에 있는 거예요? 초등학교 수학시간에 삼각형을 배운 이후, 줄곧 삼각형이 있다고 생각했는데, 그렇게 믿고 살아 왔는데, 이제 와서 삼각형이 어디 있느냐? 하고 물으니 너무 당황스러워요.

규웅 맞아요. 철학을 해서 그래요. 철학을 하지 않았으면, 이런 골치 아픈 문제를 생각하지 않았을 거 아니에요.

교수 그러면, 철학을 한 것이 잘못이다? 차라리 모르고 사는 것이 낫다? 그렇게 한다고 해서 이 문제가 사라지는 건 아니지. 문제는 여전히 남아 있지.

다시 우리의 문제로 돌아와서, 지금까지 논의한 것을 정리해 보자. a, b, c 세 도형은 직각, 이등변, 둔각 삼각형의 모사模寫에 불과하고, 삼각형 그 자체는 아니다. 진짜 삼각형은 칠판 위에 있지 않다. 그러면 우리 마음속에 있는가? 그것도 아니다. 마음은 공간적이 아니니까, 그 속에 아무것도 들어가 있을 수 없다. 마음속에 있다는 것은, 사실은, 사고나 의식의 대상으로 있다는 말인데, 그렇게 되면 삼각형이 우리가 생각할 때는 존재하고 생각하지 않을 때는 존재하지 않는다는 말이 된다. 그렇게 되면, 삼각형의 존재는 인간의 사고에 의존해 있고, 그 자체로서의 삼각형은 존재하지 않게 되지. 우리의 질문은, 진짜 삼각형, 삼각형 그 자체가 어디에 있느냐? 하는 것이다.

삼각형이라는 말만 있고 실제로 존재하는 것은 아니다?

성용 교수님, 그런데요.

교수 질문이 있니?

성용 삼각형이 칠판에도 없고, 우리 마음속에도 없으면, 삼각형이라는 것이 원래부터 없는 거 아닐까요? '삼각형'이라는 말만 있고, 실제로는 없는 거 아닐까요? 물질적인 것으로 존재하지도 않고, 정신적인 것으로도 존재하지도 않으면, 존재할 곳이 없잖아요? 원래부터 없는 게 아닐까요?

교수 그러면, 원래부터 없으면, 삼각형이라는 것은 존재하지 않는 거야?

성용 네, 삼각형은 존재하지 않고, 삼각형이라는 말만 존재하는 것 같아요.

학생들 와~, 아주 심오한 사상 같은데?

민열 중세의 보편논쟁 같아요. 성용이 생각은 유명론 같아요.

학생들 와~, 너 아주 유식하다. 보편논쟁은 뭐고, 유명론은 또 뭐야?

교수 민열이 말에도 일리가 있다. 21세기에 살고 있는 우리가 서양 중세의 보편논쟁으로 되돌아간 것 같구나. 보편논쟁이란 보편자universals, 즉 보편적인 것이 존재하느냐 하지 않느냐를 두고 일어난 논쟁이지. 그러면 민열이는 어느 쪽을 지지해?

민열 저도 보편자는 이름에 불과한 것 같아요. 유명론이 옳은 것 같아요.

교수 민열이가 좋은 지적을 했다. 보편적인 존재로서의 삼각형 같은 것은 없다. 빈 말에 불과하다. 그런데, '보편적'이라는 말이 무슨 뜻이지?

학생들 모든 시간과 모든 공간에 있다, 혹은 시간과 공간의 규정과 제한을 초월해 있다는 말이에요.

교수 그렇다. 귀가 따갑도록 나한테서 들은 말이지? 그러니까, 보편적인 존재는 모든 시간과 공간에 존재하는 존재, 혹은 시간과 공간을 초월해 있는 존재라는 말이지. 그런데 유명론자들은 그런 존재는 없다고 주장한다. 그러니까 유명론자들에 의하면, 삼각형은 시간과 공간 속에도 존재하지 않고, 시간과 공간을 초월해서도 존재하지 않는다는 것이지. 존재하는 것은 '삼각형'이라는 말뿐이라는 주장이지. 그래서 이름밖에 없다는 뜻으로 유명론唯名論, nominalism이라고 부른다.

삼각형은 이데아의 세계 속에 있다?

대근 교수님, 그런데 한 가지 질문이 있어요. 모든 존재는 시간과 공간 속에 있는 거 아니에요? 칠판도 그렇고, 우리 마음도 그렇고, 모두 일정한 시간과 공간 속에 존재하는 거 아니에요? 시간과 공간 속에 없으면, 없는 거 아닌가요?

교수 그래, 좋은 지적이다. 모든 것은 우주 속에 존재하고, 우주의 시작과 더불어 시간과 공간이 존재했으니까, 모든 것은 시간과 공간 속에 존재한다고 보아야지. 그런데도 불구하고, 그렇지 않다고 주장하는 사람이 있었지. 진정한 존재, 실재는 시간과 공간 속에 있지 않다는 거야. 누가 그런 주장을 했지?

학생들 ….

교수 서양철학사에서 가장 위대한 분 중의 하나인데….

학생들 플라톤이요.

교수 그래, 플라톤이다. 플라톤은 시간과 공간을 초월한 존재를 뭐라고 불렀지?

학생들 이데아요.

교수 그렇지. 이데아Idea는 시간과 공간을 초월한 세계에 있지. 이데아의 세계와 반대되는 세계는?

학생들 현상적인 세계요.

교수 플라톤에 의하면 이데아의 세계는 영원하고, 완전하고, 이상적인 세계이다. 인간의 감각으로 알 수 있는 세계인가?

학생들 아니요.

교수 그러면, 이데아의 세계를 어떻게 알지?

학생들 이성으로요.

교수 아주 훌륭하다. 우리 학생들. 그러니까 플라톤에 의하면 현상적인 세계는 일시적이고, 불완전하고, 이상적이지 않은 세계이지. 그 세계 속에 존재하는 사물이나 사건들도 모두 그렇고. 플라톤은 세계 혹은 우주를, 이성으로 알 수 있는 실재적인 세계reality와 감각으로 알 수 있는 현상적인 세계phenomenon로 나누었다. 삼각형의 예로 돌아가서, 플라톤에게는 삼각형은 내가 분필로 서툴게 그린 칠판 위에도 있지 않고, 우리 마음속에도 있지 않다. 진정한 삼각형은, 완전하고, 영원하고, 이상적인 이데아의 세계에 존재하고, 감각이 아니라 이성으로 알 수 있는 존재라는 것이다. 내가 칠판 위에 그린 불완전한 삼각형은, 이데아의 세계 속에 있는 완전한 삼각형의 모사 혹은 복사에 불과해. 우리 마음속에 있는 삼각형의 관념도 개인적인 심적 이미지에 불과하다. 진정한 삼각형, 삼각형 그 자체는 시간과 공간을 초월한 이데아의 세계 속에 있다는 것이 플라톤의 주장이다. 서양철학을 오늘날 우리가 알고 있는 철학으로 만든 플라톤의 사상이다.

수업이 시작한 지 30분이 지났다. 학생들이 다소 지치고 집중력이 떨어질 때이다. 교수가 창가로 걸어가서 창밖을 바라본다. 구름 낀 하늘에 파란 하늘이 언뜻언뜻 엿보인다. 학생들에게 잠시 쉬게 하고, 생각할 틈을 주기 위해서이다. 뒤에서 학생이 "교수님, 질문 있는데요?"라는 소리가 들린다. 교단으로 돌아온 교수가 묻는다.

삼각형이 어디 있는지 꼭 알아야 하는가?

교수 무슨 질문이니?

정욱 삼각형이 어디에 있는지 꼭 알아야 해요? 삼각형을 기하학의 도형으로 그냥 사용하면 안돼요? 높은 건물을 지을 때나 항해를 할 때 기하학적 도형을 많이 사용하는데, 건축가나 항해사가 진정한 삼각형이 어디에 있는지 알아서 하는 것은 아니잖아요? 기하학적인 지식을 가지고 삼각형을 잘 활용해서 건물을 짓고 항해를 하면 그것으로 충분하지 않나요? 진정한 삼각형, 삼각형 자체, 그런 것이 어디에 있는지 꼭 알아야 해요?

산만했던 강의실이 조용해졌다. 이건 도발적인 질문이다. 쓸데없는 문제를 가지고 수업하고 있다는 정면 도전이다. 학생들이 교수의 표정을 지켜본다.

교수 그러니까 정욱이는 내가 쓸데없는 문제를 수업시간에 다루고 있다는 거지? 다른 할 일도 많은데 이런 문제로 귀중한 시간을 낭비하고, 비싼 등록금도 낭비하고 있다는 거지?

정욱 꼭 그런 건 아니지만, 몰라도 별로 상관없는 문제 같아요.

교수 좋아, 정욱이가 좋은 지적을 했다. 이런 지적을 한 사람이 정욱이

뿐만 아니라, 다른 철학자들도 있어. 특히 현대에 이르러서 이런 생각을 한 사람들이 상당수 있지. 이 질문에 대한 대답은, 이 주제를 다루는 마지막 시간에 하겠다. 내가 쓸데없는 것을 가지고 수업하지 않았다는 것을 밝혀야 하지 않겠니?

삼각형의 존재에 관한 다섯 가지 입장

지금까지 수업한 내용을 정리하면 다음과 같다. "삼각형은 어디에 있는가?"라는 질문에 다음의 다섯 가지 대답이 나왔다.

① 삼각형은 칠판 위에 있다.
② 삼각형은 마음속에 있다.
③ 삼각형은 이데아의 세계 속에 있다.
④ 삼각형은 말만 있고, 실제로 존재하는 것은 아니다.
⑤ 삼각형이 어디 있는지가 뭐가 중요한가? 잘 활용하기만 하면 되지 않는가?

교수 자, 시간을 오분 줄 테니, 위의 다섯 가지 중에서 본인이 옳다고 생각하는 것 하나를 골라보자.

교수가 다시 창가로 가서 하늘을 쳐다본다. 구름이 많이 걷히고 푸른 하늘이 많이 드러나 있다. 오월이다. 엊그제 온 비로 북한산 계곡에는 수많은 크고 작은 폭포가 흐르고 있을 것이다. 이번 주말에는 폭포가 많은 삼천리 계곡 쪽으로 올라가는 것이 좋겠다.

교수 자. 이제 결정했니? ①번이 옳다고 생각하는 사람 손들어 보렴. 하나, 둘, 셋, 넷… 모두 열두 명. ②번은? 열 명, ③번은? 세 명, ④번은? 두 명, 마지막 ⑤번은? 한 명. 나머지 손 안 든 사람은 뭐야? 무슨 입장이지?

학생들 잘 모르겠어요. 생각을 좀 더 해봐야겠어요.

실재론realism의 근거

대학에서 강의하면서 수년간 이 질문을 해왔지만, 대개의 경우 ①번에 손을 가장 많이 든다. 삼각형 세 개가 눈앞에 보이는 상황에서, 삼각형이 없다고 말하기가 주저되기 때문이다. 삼각형이 마음속에 있다거나 이데아의 세계 속에 있다는 다소 추상적인 주장보다 우리의 상식에 더 맞고 설득력이 있다. 교수가 칠판 위에 분필로 그린 삼각형이 완전하지는 않지만, 그래도 삼각형이 존재하는 곳은 거기밖에 없다. 초등학교 교실에서부터 종이 위에 삼각형을 그려 왔고, 삼각형이 존재하는 곳은 종이 위밖에 없다. 이건 기본적인 상식이다.

어떤 것이 존재한다, 존재하지 않는다를 판단하는 기준과 근거로 우리의 감각처럼 확실한 것이 있을까? 이 강의실에 지금 호랑이가 한 마리가 있는지 없는지를 결정할 수 있는 최선의 방법은 눈으로 호랑이가 있는지 없는지 확인하는 것이다. 이 경우 물론 한 사람보다 많은 사람들이 보고 확인할수록 확실성은 더 높아진다.

①번을 선택한 학생들이 삼각형이 마음속에 있다는 사람들에게 묻는다. 당신이 입으로 마시는 커피도 당신의 마음속에 있는가? 당신은 당신의 마음속에 있는 커피를 돈을 주고 사서 입으로 마시고 있는가? 삼각형이 이데아의 세계 속에 있다는 사람에게 묻는다. 당신이 지금 마시는 커피가 시간과 공간을 초월한 이데아의 세계 속에 있는가? 당신은 감각적인 대상이 아닌 커피의 이데아를 마시고, 그 향기와 맛

을 당신의 감각으로 즐기고 있는가? 명백한 모순 아닌가? 삼각형이 마음속이나 이데아의 세계 속에 있다고 주장하는 당신들은 삼각형뿐만 아니라 커피와 호랑이가 감각적 대상이고, 감각적인 대상은 시간과 공간 속의 물리적인 세계 속에 있다는 이 지극히 당연한 상식을 받아들일 필요가 있다. 그렇게 하지 않으면 당신들은 커피를 앞에 놓고도 커피가 마음속에 있다 혹은 이데아의 초월적인 세계에 있다고 생각하면서 커피도 마시지 못 하고, 호랑이가 눈앞에 있는데도 마음속에 있다느니, 시간과 공간을 초월한 이데아의 세계에 있다느니 주장하다가 잡아먹히는 수가 있다.

이런 비판적인 주장을 하는 사람들을 우리는 실재론자realist라고 부른다. 감각적인 대상과 감각적인 대상으로부터 논리적으로 추론된 것은, 실제로 외부 세계에 존재한다고 믿는 사람들이다. 그리고 우리는 대부분 실재론자들이다.

그 증거는 이렇다. 우리가 하는 일상생활은 모두 실재론에 근거하고 있다. 우리는 꽃가게에서 꽃을 고를 때, 눈으로 색깔과 형태를 보고, 코로 향기를 맡아 보고, 손으로 꽃잎을 만져 보면서 어느 꽃을 살 것인지 결정한다. 건널목 신호등에 빨간불이 켜져 있는데도, 자신은 플라톤주의자이기 때문에 감각적 현상을 신뢰하지 않는다고 주장하면서 자동차가 질주하는 도로로 뛰어드는 사람은 실제로 다음 순간에 시간과 공간에서 사라질 수 있다. 눈병이 나서 하루라도 눈가리개를 하거나, 귓병이 나서 귀로 듣지 못할 때, 우리가 얼마나 실재론자인지 실감하게 된다.

실재와 현상

그런데, 여기에서 한 가지 주의할 것이 있다. 눈에 보인다고 해서 다 존재하는 것은 아니라는 것이다. 착시라는 것이 있다. 착시는 중학교에서도 가르친다. 선생님이 물로 가득한 투명한 유리그릇에 곧은 젓가락을 비스듬히 넣었더니 젓가락이 굽어 보였다. 이상해서 다시 꺼내 보면 그대로 곧아 있다. 어째서 이런 일이 일어나는가? 빛의 굴절현상이라는 선생님의 설명을 듣고 그 이유를 알게 되었지만 여전히 신기했다. 착시의 대표적인 예이다. 이런 착시는 시각뿐만 아니라 청각, 촉각, 취각 등 다른 감각의 경우에도 일어난다.

여기에서 우리는 하나의 교훈을 얻는다. 실재와 현상은 별개의 것이라는 것이다. 감각적인 현상을 통해서 우리는 어떤 것이 실재한다는 것을 알지만, 현상과 실재가 항상 일치하는 것은 아니다. 문제는 현상과 실재가 일치하는지 일치하지 않는지 우리가 어떻게 아는가이다. 실재론자들이 대답해야 하는 질문 중의 하나이다. 눈앞에 보이는 것이 착시인지, 허상인지, 환상인지, 실제로 있는 것인지 어떻게 아는가?

방법은 하나밖에 없다. 감각으로 확인하고, 의심도 해보고, 여러 사람들이 함께 확인해보고, 어제도 해보고 오늘도 해보고, 서울에서도 해보고, 부산에서도 해보고, 광주에서도 해보고, 필요하면 미국이나 유럽에 가서도 확인해보는 것이다. 의심의 여지가 없을 때까지 감각으로 확인하고 또 확인해 보는 것이다. 이런 과정을 철학에서는 '경험적인 검증experiential confirmation'이라고 부른다. 이런 경험적인 검증을 전문적이고 체계적으로 하는 사람들이 과학자들이다. 그들은 현미경, 망원경, 컴퓨터 등 각종 기구와 방법을 사용해서 관찰하고 측량하면서 경험적인 검증을 한다. 칠판 위의 삼각형도 마찬가지이다. 우리는 실내

조명빛이 충분하고, 우리의 감각기관이 정상 상태이고, 여러 사람에게 삼각형으로 보이고, 지우지 않고 두었다가 한두 시간 후에 다시 와서 보면 삼각형이 그대로 있다는 것을 확인한다. 이런 과정을 거쳐서 삼각형이 존재한다는 것이 경험적으로 충분히 검증되면, 삼각형이 칠판 위에 그렇게 존재한다고 믿는 것이, 그렇지 않다고 믿는 것보다 더 합리적이다.

실재론을 지지하는 가장 강력한 논증은 아마도 인류가 지금까지 생존하고 있다는 것이다. 만일 인간들이 실재론자들이 아니었으면, 지금까지 지구상에 남아 있지 못했을 것이다. 눈앞에 호랑이가 있는데도, '호랑이는 내 마음속에 있다' 혹은 '호랑이는 시공을 초월한 이데아의 세계 속에 있다'고 믿고, 호랑이를 피하지 않았다면 잡아먹히고 말았을 것이다. 가족이 모두 굶주리고 있는데도, 나무에 달려 있는 과일을 보고, 그 어머니가 '저 과일은 내 마음속에 있다' 혹은 '저 과일은 시공을 초월한 이데아의 세계 속에 있다'라고 믿고 과일을 따서 아이들에게 주지 않았다면, 가족들은 굶어 죽고 말았을 것이다.

우리는 모두 실재론자들이고, 그래서 이 지구상에 지금까지 생존할 수 있었다.

관념론idealism의 근거

그런데도 실재론에 대해서 회의적인 태도를 취하는 사람들이 있다. 우리가 아무리 정밀한 기구와 신뢰할 만한 도구를 사용해서 확인한다고 하더라도, 즉 경험적인 검증을 아무리 철저하게 하더라도, 그것들은 어디까지나 우리의 감각적 경험이지 그 이상은 아니라는 것이다. 감각적인 경험을 넘어 외부 세계에 실제로 그렇게 존재한다는 것을 보장해 주는 것은 아무것도 없다는 것이다. 감각적인 경험은 어디까지나 특정한 개인의 경험이고, 우리는 우리 자신의 경험의 울타리 안에 갇혀 있다는 것이다.

지금과 다른 기능과 종류의 감각기관을 갖고 태어났다면, 우리는 세상을 전혀 다르게 볼 것이다. 예를 들어 우리가 박쥐의 감각기관을 가지고 태어났다면, 우리는 지금 우리가 갖고 있는 감각기관으로 외부 사물을 식별하지 못하고, 우리가 밖으로 내보낸 초음파의 반사를 통해 주위 사물을 식별할 것이다. 박쥐가 경험하는 세상은 지금 우리가 경험하는 세상과 아주 다를 것이다. 같은 인간의 경우에도 색맹이나 장님의 경우, 정상적인 시각을 가진 사람이 보는 세상과 크게 다를 수밖에 없다.

우리가 경험하는 세상을 현상의 세계라고 부르고, 그 세상 너머에 혹은 외부에 있는 세상을 실제 세계라고 부른다. 문제는 우리에게 경험으로 드러나는 현상이 그대로 외부 세계에 존재한다는 보장이 없다는 것이다. 우리는 우리의 경험의 틀 속에 갇혀 있고, 즉 우리에게 주어진 현상의 세계에 갇혀 있고 그것을 벗어날 수 있는 길은 없다는 것이다. 어떤 철학자들은 이런 상태를 달리 표현하여, 우리는 모두 관념의 틀framework 속에 갇혀 있다고 주장한다. 이런 주장을 하는 사람들을 '관념론자idealist'라고 부른다. 영어의 'ideal'이 '이상적이다'라는 의미로 많이 사용되어서 이상주의자로 생각하기 쉬우나 여기서는 그런 의미가 아니다. 여기서 idealist는 realist의 반대이다.

'우리가 관념의 틀 안에 갇혀 있다'라는 명제는 다음의 두 명제를 함의한다. 하나는, 실재론자들이 주장하는 현상과 실재 사이의 일치 혹은 대응을 부정하는 것이다. 현상과 실재가 일치 혹은 대응하는지를 알려면, 현상과 별개로 실재도 우리에게 주어져야 하는데, 실재가 별개로 우리에게 주어질 수 있는 길은 없다. 실재라는 것이 우리 외부에 있어서 우리에게 주어진다면, 그것은 감각기관을 거쳐서 우리에게 주어질 수밖에 없는데, 그렇게 되는 경우 현상과 실재 사이의 구별이 없게 된다. 우리는, 사실, 실재라는 것이 현상 외부에 실제로 존재하는지 않는지 알 수도 없다. 실재론자들이 말하는 실재라는 것도 따지고 보면 현상에 불과하다. 따라서 '실재'라는 말 자체도 의미가 없다. 실재론자들이 우리의 관념 외부에 혹은 현상의 세계 외부에, 실재와 실제 세계 속의 사물이 존재한다고 믿는 것은 그들의 소박한 희망사항일 뿐이다. 엄격히 말하면, 우리가 존재한다고 확실하게 말할 수 있는 것은 우리의 마음속에 있는 관념밖에 없다.

관념론을 지지하는 근거 1

관념론의 이런 주장을 지지해 주는 좋은 경우들이 있다. 첫째, 감각적인 대상에 대한 존재 문제이다. 감각적인 대상은 우리의 감각으로 그 존재를 확인할 수 있지만, 감각적인 존재가 아닌 경우는 그 존재를 확인하기가 쉽지 않다. 세상에는 눈에 보이는 존재도 있지만 눈에 보이지 않는 존재도 있다. 착시나 환각처럼 눈에 보인다고 모두 존재하는 것이 아닌 것처럼, 멀리 떠난 친구처럼 눈에 보이지 않는다고 다 존재하지 않는 것도 아니다. 감각적인 대상이 아닌데도 존재한다고 말할 수밖에 없는 존재들이 있다. 어떤 존재가 그런가? 추상적인 존재들이다. 특정한 시간과 공간 속에 존재하지 않는데도 존재한다고 볼 수밖에 없는 존재들이다. 예를 들면 '정의' 같은 추상적인 존재이다. "정의를 실현하자"라는 말이 있다. 이 말은 정의가 있는데, 그것을 현실 속에서 실현하자는 뜻이다. 실현하자는 말이 무슨 뜻인가? 현실 속에 없는 정의를 현실의 어떤 시간과 공간 속에 실제로 구현하자는 뜻이다. 현실 속에는 없는 정의. 그러면 그것은 어디에 있는가? 관념론자들은 대답한다. 우리의 마음속에 관념으로 있다고. 정의를 실현하자는 말은 우리의 마음속에 있는 정의의 관념을 현실의 특정한 시간과 공간 속에 존재하게 하자는 뜻이다.

철학과 2학년생들이 나에게 가장 많이 묻는 질문 가운데 하나는 "교수님, 사랑이 뭐예요?"이다. 고등학교를 졸업하고 대학에 왔을 때 우리 학생들이 제일 먼저 하고 싶은 것 중의 하나가 사랑이다. 그래서 입학하자마자 열심히 사랑의 대상을 찾는다. 미팅도 하고 데이트도 해 본다. 그런데 쉽지가 않다. 잠 못 이루는 밤도 많았다. 마음에 드는 애가 있어서 사랑을 한다고 생각했는데 지나고 보니 그게 아니었다. 서로 사랑한다고 하면서도 계속 싸우다 결국 헤어진다. 그 애가 나를 사랑하는 줄 알았는데 알고 보니 그게 아니고, 내가 그 애를 사랑하는 줄 알았는데 지나고 보니 그게 아니었다. 도대체 이 사랑이라는 것이 무엇이기에 나를 이렇게 괴롭히는가? 고민 끝에 나에게 와서 묻는다.

학생 교수님, 사랑이 뭐예요?

존재론과 인식론을 강의하기에 아주 좋은 기회이다.

교수 사랑이 있기는 하니? 실제로 존재하는 걸까?
학생 그런 것 같아요.
교수 어디에?
학생 제 마음속에요.
교수 네 마음속에 있는 사랑을 네가 모르면 누가 알지?
학생 ….
교수 데카르트의 말 생각나? 우리는 우리의 마음속에 있는 것은 직접적으로 명확하게 안다고.

학생   네….

교수   그런데, 네 마음속에 있는 사랑을 내가 알 수 있는 방법이 있니?

학생   없어요….

교수   그걸 알면서 나에게 물으러 온 거야?

학생   답답해서요….

이러던 학생이 3학년이 되면 사랑에 대해서 더 이상 묻지 않는다. 자기 나름의 사랑에 대한 관념을 가진 것이다. 세상에는 우리가 서로 공유할 수 있는 사랑은 없다. 사랑은 개인의 마음속에 있는 관념이기 때문이다. 사랑처럼 학생들에게 관념론을 설명에 좋은 경우도 없다. 우리 마음속에 사랑이 있다고 믿고 있는 우리는, 그런 면에서 모두 관념론자들이다.

관념론을 지지하는 근거 2

관념론을 지지하는 좋은 경우가 또 있다. 일반명사이다. 일반명사 general name란 고유명사 proper name와 대비되는 개념으로, 어떤 사물의 집합을 통틀어서 지칭하는 명사이다. '삼각형', '고양이', '소나무' 등이 일반명사이다. '인간'을 예로 들어 보자. '인간'은 일반명사인데, 인간이라는 집합에 속한 모든 것을 아울러서 지칭하는 표현이다. 나도 인간이고, 이 책을 읽는 당신도 인간이고, 공자와 소크라테스도 인간이다. 앞으로 우리 학생들이 결혼해서 낳을 아이도 인간이고, 과거에 태어나서 세상을 떠난 인간도 인간이다. '인간'이라는 일반명사는 이런 인간들을 모두를 통틀어서 지칭한다.

그런데, '인간'으로 지칭되는 사물이 실제로 존재하는가? 나는 존재하고, 당신도 존재하고, 앞으로 태어날 인간도 인간이지만, 이들을 통틀어 지칭하는 '인간'이라는 것이 따로 어디에 존재하는가? 개별적인 인간이 아닌, 일반명사 '인간'이 지칭하는 인간을 철학자들은 인간일반이라고 부른다. 문제는 인간 일반이 존재하는가이다. 관념론자들에 의하면 개개의 인간은 존재하거나, 존재했거나, 존재할 수 있지만, 인간 일반은 외부 세계에 존재하지 않는다. 그것은 우리의 마음속의 관념일 뿐이다. 소위 '인간'이라는 것은 관념에 불과하다. 마음 외부에 실제로 인간이라는 존재는 없다. 존재하는 것은 개개의 인간밖에 없다. 사과, 배, 포도, 바나나 등 개별적인 과일 외에 과일이라는 것이 따로 외부 세계에 존재하는가? 서울, 부산, 대전, 목포 등 개별적인 도시 외에 도시라는 것이 따로 외부 세계에 존재하는가? 존재하지 않는다. 존재하는 것은 우리의 관념밖에 없다. 우리가 존재한다고 말할 수 있는 것은 관념밖에 없다. 독일의 위대한 철학자 칸트는, 외부 세계에 있는 물자체Ding an sich는 우리가 알 수 없다고 말했다. 우리가 관념의 틀 안에 갇혀 있기 때문이다.

기하학과 플라톤의 아카데미 학당

플라톤이 설립했다는 고대 그리스의 아카데미 학당 입구에 이런 팻말이 붙어 있었다고 한다. '기하학을 모르는 자는 들어오지 말라.' 요즈음 말로 하면, 기하학을 모르면 대학 입학시험에 불합격이라는 뜻이 아닐까 싶다. 왜 법학이나 의학이 아니라 기하학이었을까? 이 물음에 대답하려면 잠시 고대 그리스의 시대 상황으로 돌아갈 필요가 있다.

고대 그리스는 작은 도시국가들이 모여서 이룬 일종의 국가 연합이었다. 아테네가 그 중심적인 역할을 했는데, 지중해 일대 곳곳에 식민지를 두고 있었다. 어떻게 이 작은 도시국가들이 그런 영향력을 행사할 수 있었을까? 대답은 그리스가 해양 국가라는 데 있다. 해양 국가란 바다를 통한 해외 무역이 활발하고, 그것을 뒷받침하는 해군력을 갖고 있는 국가이다. 그 중에서도 그리스는 해양 강국이었다. 그런데 해양 강국이 되기 위해서 반드시 갖추어야 할 두 가지가 있다. 하나는, 많은 상품을 싣고 바다를 자유로이 다닐 수 있는 우수한 상선과 그 상선들을 보호할 재빠르고 강력한 전함이었다. 다른 하나는, 여러 가지 기후 조건 속에서도 먼 바다를 두루 다닐 수 있는 항해술이었다. 깜깜한 밤이나 바다 위에 안개가 짙게 끼었을 때도 제대로 항해할 수 있는 기술이 필요했다. 말하자면, 고대 아테네 등 그리스 국가들은 조선술과 항해술에서 주위의 다른 국가들보다 월등히 앞서 있었다. 어떻게 그것이 가능했을까?

바로 기하학 덕분이었다. 오늘날 우리가 중고등학교에서 배우는 기하학은 대부분 유클리드 기하학인데, 유클리드는 고대 그리스인이었다. 그의 기하학이 선박 제조 기술의 수학적 기초를 제공해 주었다. 눈으로 보아서 대충 맞추어서 선박을 제조하는 것이 아니라, 도판 위에 선박의 구조를 기하학적으로 그려서 그 그림에 맞추어서 선박을 제도한 것이다. 기하학 덕분에 정밀한 선박의 청사진을 그릴 수 있었다. 항해술도 마찬가지다. 배의 위치와 항로를 기하학의 원리에 따라서 측량하고 계산할 수 있었다. 조수의 흐름과 밤하늘의 별을 보고 어림짐작으로 항해하던 주위의 다른 국가보다 훨씬 정확하고 안전한 항해를 할 수 있었다는 말이다.

고대 그리스인들은 해양강국이 되기 전부터 기하학의 중요성과 유용성을 고대 이집트에서 배워서 알고 있었던 것 같다. 사막 위에 높이 솟아 있는 피라미드들을 고도의 기하학적 지식과 측량 기술 없이는 건설할 수 없다는 것을 직접 확인할 수 있었다. 유클리드가 오늘날 우리가 알고 있는 기하학을 창시한 것도 알렉산드리아 도서관에 소장되어 있던 고대 이집트 기하학의 영향을 받았기 때문이라고 한다.

기하학은 고대 그리스인들에게 해양 강국을 건설하는 데 중심 역할을 했을 뿐만 아니라 다른 분야에서도 큰 공헌을 했다. 천체 관측술이다. 하늘의 별의 위치와 운동을 정확하게 관찰하여 기록하고, 그 운행을 예측하는 일에 기하학이 활용된 것이다. 최초의 서양철학자라고 불리는 탈레스는 밤하늘의 별을 관찰하며 걷다가 우물에 빠져서, 여자 하인에게 발밑도 못 보는 분께서 하늘의 별을 볼 수 있겠느냐고 핀잔을 들었다고 한다. 근대에 이르러 코페르니쿠스가 지동설을 주장하게 된 것도 기하학을 사용하여 천체 관측을 비교적 과학적이고 체계적으로 할 수 있었던 결과였다.

플라톤은, "세계는 수이다", "모든 것은 수로 이루어져 있다"라고 말한 피타고라스의 영향을 크게 받은 철학자였다. 산만하게 들리는 음악 속에도 수적 질서가 있다는 것이 피타고라스의 생각이었고, 이 생각은 후에 음표와 선으로 이루어진 악보를 구성하게 했다. 해, 달, 별 등 천체의 변화와 운동도 기하학적 원리를 따르고 있다는 것을 알게 되었다. 피타고라스의 정리는 이런 믿음을 뒷받침하는 명확한 증거였다. 기하학이 조선술, 항해술, 건축술뿐만 아니라, 천체 관측술에도 유용한 도구이기도 했다. 피타고라스의 이런 사상은 플라톤에게 기하학은 세계의 구조와 그 속의 사물들의 운동과 변화를 측량하는 중요한 도구일 뿐만 아니라, 인간과 세계의 수학적 원리와 질서를 밝히고 이해하는 데 가장 중심적인 도구라는 것을 일깨워 준 것 같다. 플라톤이 아카데미 학원 입구에 '기하학을 모르는 자는 들어오지 말라'는 말을 붙인 것도 이해할 만하다.

세계의 구조와 그 속의 사물들의 운동과 변화가 수학적 원리와 질서를 따른다는 신념은 지금도 여전히 살아 있다. 자연과학적 탐구의 가장 기저에 수학이 자리하고 있고, 자연법칙과 원리가 모두 수학적 도식으로 표현되고 있다는 것만으로도, 세계를 이해하는 데 기하학을 포함한 수학이 얼마나 중요한가를 말해 준다.

또한, 20세기 러셀과 프레게 이후 수학적 논리학이 주류를 이루고 있는 논리학의 관점에서 보면, 세계의 구조와 그 속의 사물들의 운동과 변화가 넓은 의미에서 논리적 원리와 질서를 따른다고 할 수 있다. 자연과학자가 세계의 수학적 구조를 밝히는 일을 하는 것처럼, 철학자는 세계의 논리적 구조를 밝히는 일을 한다는 것이다. 20세기의 중요한 철학자 중 한 사람인 루돌프 카르납의 대표 저서의 이름은 《세계의 논리적 구조》이다. 철학자의 중요한 임무 중 하나가 세계의 논리적 구조를 밝히는 것이라는 이러한 사고의 근원에는 기하학을 중시하는 플라톤의 사상이 자리하고 있다.

기하학이 플라톤의 철학과 사상에서 중요한 요소가 된 까닭은, 기하학 자체의 특성에서 나온다. 유클리드의 기하학에는 '공리axiom'라는 것이 있다. 공리는 유클리드의 기하학을 이루는 근본 요소인데, 증명이 없이 자명한 진리로 인정되는 것으로, 다른 명제를 증명하는 데 전제가 되는 원리이다. 즉, 공리는 다른 것에 의해서 정의되지 않는다. 중학교 수학 시간에 누구나 배우는 것이지만, 기하학에는 점, 선, 면, 입체 등에 대한 공리가 있다. 입체는 면으로 이루어지고, 면은 선으로 이루어지고, 선은 점으로 이루어진다. 그런데 점은 공간 속의 위치해 있지만, 그 자체로 공간을 차지하고 있지는 않다. 여기에서, 일종의 역설이 발생한다. 점이 공간을 차지하고 있지 않으면, 점으로 구성된 선, 면, 입체도 공간을 차지하고 있지 않게 된다. 이렇게 되면, 유클리드 기하학의 체계 전체가 공간 속에 있지 않게 된다. 공간 속에 없는 것이 공간 속에 있는 것을 규정하는 방식이 된다.

삼각형 자체는 시간과 공간을 초월해서 존재한다.

앞에서 제시한 삼각형 도형 a, b, c로 돌아가 보자. 세 삼각형 도형이 어디에 있는가? 세 직선으로 이루어진 삼각형은 공간 속에 존재하지 않는 점의 집합으로 이루어져 있다. 말하자면 공간이 아닌 혹은 공간을 초월한 영역dimension에 존재한다고 할 수밖에 없다. 이 공간을 초월한 세계를 두고 플라톤은 '이데아'의 세계라고 불렀다. 그리고 이 이데아의 세계는 공간 속에 없는 만큼 감각적인 대상이 아니다. 인간의 이성과 이성적인 사고로밖에 파악할 수 없는 존재이다. 칠판 위에 도형 a, b, c는 삼각형의 불완전한 모사에 불과하다. 삼각형의 정의에 맞는 삼각형은 감각적 대상이 아니라 이성적 사고의 대상이다. 진정한 삼각형은 이성으로 알 수 있는 존재이다.

　여기에서 이성적 사고가 감각적 경험보다 세계의 구조를 밝히고 그 속의 사물들의 운동을 설명하는 데 더 신뢰할 수 있는 인식 방법임이 밝혀진다. 이성이야말로 실재를 있는 그대로 밝히는 인식 방법이고, 진리에 도달하는 유일한 길이다. 이것이 고대 그리스 헬레니즘의 핵심적인 사상인 합리성rationality이 출현하는 배경이다. 서양철학에서 가장 중요한 단어 하나를 선택하면 '진리'가 될 것이고, 진리를 밝히는 가장 신뢰할 만한 방법은 이성이 될 것이다. 서양의 철학적 탐구의 기본 방향과 내용이 여기에서 출발하고 결정된다. 플라톤이 서양철학의 아버지라고 불리는 까닭이기도 하다. 시간과 공간을 초월한, 영원하고, 완전하고 불변하는 세계에 대한 열망, 진, 선, 미의 이상적인 세계에로 대한 추구가 서양철학의 정신이 된 배경이다. 그들은 오늘도 "진리란 무엇인가?", "정의란 무엇인가?", "사랑이란 무엇인가?"를 두고 토론한다.

모두 플라톤의 후예들이다.

유명론과 보편논쟁

삼각형의 존재에 대한 네 번째 선택은, 삼각형은 말만 있고 실제로는
존재하지 않는다는 주장이다. 앞에서도 말했지만 이 입장은 유명론이
라고 부른다. '유명唯名'은 오직 이름밖에 존재하지 않는다는 뜻인데,
무엇이 실제로 존재하지 않고 이름뿐이라는 말인가? 대답은 우리가 앞
에서 다룬 플라톤의 이데아, 즉 보편자普遍者이다. '보편자'라고 하니까
사람을 지칭한 것 같은데, 영어로 표현하면, 'What is universal'이다.
'보편적인 것'이라고 번역하는 것이 더 옳을 것이다. 그런데 나는 앞에
서 "진리는 무엇인가?", "정의는 무엇인가?"라고 질문하는 우리는 모두
플라톤의 후예라고 말했다. 그런데 유명론자들은 무슨 까닭으로 혹은
근거로 플라톤이 실재라고 부르는 보편자를 부정하는 것일까? 대답은
그들에게는 특수체밖에 존재하지 않기 때문이다. 특수체particular란, 특
정한 시간과 공간 속에 존재하는, 혹은 그런 시간과 공간을 차지하고
있는 것 혹은 존재이다. 여기서 특정한 시간과 공간이란 일정한 어떤
시점이나 기간, 그리고 일정한 어떤 장소나 지역을 말한다. 그러니까
특수체란 시간과 공간의 규정을 받는 존재이다. 그런데, 어떤 것이 특
정한 시간과 공간 속에 존재한다거나, 시간과 공간의 규정을 받는다는
것을 어떻게 아는가? 예를 들어서 어떤 것이 아침 9시에 동국대학교
강의실 301호실 안에 존재한다는 것을 어떻게 아는가? 그 방법은 시
계를 보고 강의실 안을 들여다보고 확인하는 것이다. 즉 감각적인 방
법으로 확인하는 것이다.

감각으로 그 존재를 확인할 수 있고, 특정한 시간과 공간의 규정
을 받는 존재는, 또한, 개별적으로 존재한다. 즉 개별체individuals이다.

개별체란 우리가 그 수를 셀 수 있고, 다른 것들과 구별되는 특성을 갖고 있는 것들이다. 강변에 널려 있는 돌들, 숲 속의 나무들, 길거리의 사람들, 그 수를 셀 수 있고, 각각의 특성을 갖고 있다. 개별체들이다. 유명론자들은 세상에는 이런 개별적인 것들밖에 존재하지 않는다고 주장한다. 플라톤이 주장하는, 모든 시간과 공간에 존재하고, 인간의 감각적 인식을 초월해 있는 보편자 같은 것은 존재하지 않는다는 것이다. 유명론자와 실재론자의 가상 대화를 통해 이들의 주장을 살펴보도록 하자. 유명론자가 실재론자에게 묻는다.

유명론자 과일이라는 것이 존재하는가?

실재론자 존재한다.

유명론자 당신이 말하는 '과일'이란 무엇인가? 배, 사과, 포도, 바나나 같은 개별적인 과일들의 집합set 아닌가?

실재론자 그렇다고 볼 수 있다.

유명론자 그러면 당신이 말하는 과일의 집합은 과거의 모든 과일, 미래의 모든 과일도 포함하겠군.

실재론자 그렇다.

유명론자 당신이 말하는 과일의 집합은 결정되어 있지 않겠군.

실재론자 그렇다.

유명론자 그렇다면 당신이 말하는 과일의 집합은 실재로는 존재하지 않고, 개별적인 과일들만 모여서 존재한다고 보는 것이 옳지 않은가?

실재론자가 유명론자에게 묻는다.

실재론자 지금 당신 앞에 놓인 과일 이름은 무엇인가?'

유명론자 사과와 포도이다.

실재론자 그것들이 사과와 포도인 줄은 어떻게 아는가?

유명론자 그 모양과 색깔을 보고, 맛을 보고, 향기를 맡아 보고 안다.

실재론자 사과는 사과의 모양과 색깔을, 포도는 포도의 맛과 향기를 갖고 있어서 안다는 말인가?

유명론자 그렇다.

실재론자 그러면, 사과의 모양과 색깔은 사과에, 포도의 맛과 향기는 포도에 있다는 말이 아닌가?

유명론자 그렇다.

실재론자 그렇게 되면 사과에 있는 모양과 색깔, 포도에 있는 맛과 향기는, 단지 말만 아니고, 사과와 포도가 갖고 있는 성질이 있다는 말 아닌가? 그 성질이라는 것이 곧 보편자 아닌가?

이 말에 유명론자가 동의할 리가 없다. 존재하는 것은 개별적인 특수체밖에 없고, 보편자, 추상적인 존재는 말에 지나지 않는다는 신념을 포기하지 않는다. 반면에, 실재론자는 개별적인 특수체만 존재해 가지고는 특수체 사이의 관계를 설정할 수 없고, 그렇게 되면 인간의 사고와 이론적인 체계의 구성은 불가능해진다. 그 관계란 곧 속성이고, 속성은 추상적인 보편자이다. 어느 쪽이 옳은가? 서양 중세의 이 보편논쟁은 오늘날까지도 계속되고 있다. 20세기 최고의 철학자 중 한 사람인 하버드대학교의 콰인 W. V. Quine 교수는 유명론자이다. 그는 수 외에는 추상적인 보편자가 없다고 본다. 나의 지도교수인 브라운대학교의 치좀 교수는, 특수한 시간과 공간에 제약받는 개별체가 존재하기 위해서는 그 개별성을 구성하는 수數와 속성들이 먼저 존재해야 하는데, 그 수와 속성은 개별체가 아니라 보편적인 존재라고 주장한다. 누가 옳은가? 나는 치좀 교수가 옳다고 본다. 그분이 나의 지도교수이기 때문이 아니다. 유명론자들이 말하는 시간과 공간이라는 것이 무엇인가? 시간과 공간이 특수체인가? 시간과 공간이 특정한 시간과 공간의 규정을 받는 존재는 아니지 않는가? 유명론자의 주장이 보편자의 존재를 가정하고 있지 않은가?

이런 혼란스런 논쟁의 상황에서 위의 '⑤삼각형이 어디 있는지가 뭐가 중요한가? 잘 활용하기만 하면 되지 않는가?'의 입장이 설득력을 얻는다. 명확한 답도 얻지 못할 논변에 휘말려서 시간을 낭비할 이유가 어디에 있는가? 삼각형이 어디에 있고, 그것이 보편자로 존재하는지, 특수체로 존재하는지 알아야 할 이유가 어디에 있는가? 삼각형을 실제 생활 속에서 잘 활용하는 것으로 충분하지 않은가? 갈수록 미궁에 빠져드는 형이상학적인 논변은 이제 그만 두는 것이 좋다. 내 젊음의 시간과 정열을 그런 쓸데없는 논쟁에 바칠 필요가 없다. 차라리 스타벅스에서 알바를 해서 돈을 벌고, 그 돈으로 야구장에 가서 우리 팀이 이기는 것을 보는 것이 훨씬 현명한 일 아닌가? 철학이 '지혜에 대한 사랑'이라고 하지만, 답도 없는 질문에 매달리지 않고 인생을 즐기는 것이 더 지혜로운 일 아니겠는가?

공자와 노자의 반-형이상학적 입장

이런 주장을 쌍수를 들고 환영할 철학자들이 있다. 고대 중국의 공자와 노자, 그리고 현대 20세기의 논리 실증주의자들이다. 공자는 인간과 인간 사이의 질서 있고 조화로운 사회체제의 실현을 그의 철학적 이상으로 삼았다. 공자는 이 일을 위해 중국을 두루 다니면서 당시의 정치 지도자와 백성들에게 인仁과 예禮의 도덕규범을 가르쳤다. 인은 사람 자체를 중시하는 사상이고, 예는 사람 사이에 갖추어야 할 바람직한 태도이고 행동 방식이다. 그는 그런 사회의 실현이 바람직한 가족관계에서 출발한다고 보았다. 인과 예를 실천하여 좋은 부모, 형제, 자식이 되는 것이 조화로운 사회체제의 근본이며 출발이다. 공자는 가족 사이의 도덕 규범을 왕과 백성, 상관과 부하, 연장자와 연소자 사이의 사회적 인간관계로 확장하여 조화로운 사회 질서와 체제 실현으로 나아갔다.

공자 당시에도 죽은 사람에 대한 제사가 크게 성행했다. 제자 중하나가 물었다. "죽은 후의 삶이 어떤 것입니까?" 공자가 대답했다. "살아있는 삶도 잘 모르는데, 어떻게 죽은 후의 삶을 알 수 있겠느냐?" 논어에 있는 이 일화는 죽음과 죽은 후의 삶을 중시하는 종교 사상과, 형이상학적 탐구에 대한 공자의 입장을 잘 보여준다. 부모, 형제를 잘 돌보고, 사회의 안녕을 위해 일하는 것이, 종교 신앙에 빠져서 인간 사이의 도리를 잊고, 형이상학적인 담론에 빠져서 재능을 낭비하는 것보다 낫다는 것이다. 공자의 이런 주장은 이후의 중국은 물론 중국의 영향을 받은 주변 국가들의 철학적 탐구의 방향과 내용을 인간관계의 도덕과 윤리 쪽으로 나아가게 하는 계기가 되었다.

한편, 노자老子는 인간이 자연 속에서 자연과 조화롭게 사는 것을 이상으로 삼았다. 공자의 도덕 규범을 반대하고 비웃기까지 했다. 노자는 도덕과 윤리 같은 제도와 규제가 인간이 각자 타고 난 자성自性 혹은 자연성自然性을 억압하고 파괴한다고 보았다. 그의 무위자연無爲自然은 인위적인 사회규범과 제도를 배제하고, 자연과 조화하면서, 궁극적으로는 자연과 하나가 되는 것을 강조하는 사상이다. 공자는 자식이 부모에게 효도해야 한다고 말하지만, 노자는 그 효도라는 규범 때문에 부모와 자식 사이의 자연스런 관계가 훼손된다고 보았던 것 같다. 부모는 자식이 효도를 잘하지 않는다는 불만을 갖게 되고, 자식은 부모에게 효도해야 한다는 압박과 죄의식에 시달린다. 이런 상황에서 부모와 자식 사이의 관계가 자연스럽고 조화로울 수 없다. 효도의 규범이 부모와 자식 사이의 자연스런 사랑의 마음을 훼손한다고 본 것이다.

인위적인 규범과 사회적 제도에 대해서 부정적인 태도를 갖고 있는 노자가 플라톤의 형이상학적인 사상을 접했다면 결코 호의적이 아니었을 것이다. 시간과 공간을 초월한 곳에 이상적인 세계가 존재한다는 플라톤의 주장은 노자로서는 지나치게 추상적이고 인위적이기 때문에 받아들이기 어려운 사상이었을 것이다. 인간의 다른 인간에 대한 인과 예보다, 자연을 초월한 세계 속에 있는 플라톤의 영원한 진리와 보편적인 정의 역시 노자로서는 더욱 받아들이기 어려웠을 것이다.

논리 실증주의의 반-형이상학적 논변

현대에도 형이상학적인, 특히 존재론적인 탐구와 논변에 비판적인 철학자들이 있다. 논리 실증주의자들이다. 논리 실증주의logical positivism는 20세기에 이르러 수학과 자연과학의 눈부신 발전에 자극을 받은 일단의 오스트리아 철학자들에 의해서 시작되었다. 그들은 헤겔의 관념론 이후 정체되어 있는 철학에 새로운 계기가 필요하다고 생각했다. 그들은 철학도 수학과 같은 논리적 엄밀성과 물리학과 같은 인식적 객관성이 필요하다고 보았다.

그들은 먼저 철학자들이 사용하는 언어에 대한 비판적 검토와 분석을 통해 철학자들이 오랫동안 자신들이 사용하는 언어에 대한 충분한 이해와 깊은 반성 없이 철학적 언명과 진술을 해왔다는 것을 발견했다. 철학자들이 의미 없는 문장을 사용하여, 철학적 탐구와 담론이 공리공담空理空談에 빠지는 결과를 야기했다는 것이다. 그런 탐구와 담론의 대표적인 경우가 형이상학과 존재론이라는 것이다. 논리 실증주의자의 한 사람인 영국의 A. J. 에이어는 그의 저서 《언어, 진리, 논리 Language, Truth and Logic》에서 형이상학은 의미 없는 문장들로 구성되어 있으므로 철학에서 제거되어야 한다고 주장했다. 논리 실증주의의 전통을 이어받은 콰인은 형이상학적 토론들은 어두운 밤에 휘파람 부는 것과 같이 분명하지 않다고 했다.

형이상학의 문장들이 왜 의미 없는 헛소리인가? 논리 실증주의자들의 대답은, 형이상학적인 문장은 참과 거짓을 구별할 수 있는 객관적인 근거와 기준이 없는 문장이라는 것이다. 예를 들어서, '인간에게 자유의지가 있다'라는 명제는 형이상학적인 명제인데, 인간에게 자유의지가 있다는 명제가 참임을 밝힐 객관적인 근거가 없고, 어떤 경우에 인간에게 자유의지가 있다는 명제가 참이고, 혹은 거짓인지 판별하여 밝힐 신뢰할 만한 조건 혹은 환경이 없다는 것이다. 명제의 참과 거짓을 판별할 수 있는 조건 혹은 여건을 '진리값 조건truth-value condition'이라고 부른다. 진리값에는 진리와 오류 두 가지가 있는데, 어떤 명제가 진리인지 혹은 오류인지 밝힐 조건이나 환경이 없으면, 그 명제는 진리값이 없는 문장이 된다.

그러면 명제의 참과 오류를 밝히는 진리값 조건 혹은 진리 조건은 무엇인가? 대답은 경험적 검증 혹은 확인이 가능한 조건 혹은 환경이다. 경험적 검증 혹은 확인은 어떻게 하는가? 일차적으로는 감각적 경험이지만, 감각적 경험으로부터 연역된 경우도 포함한다. 예를 들어 '화성의 어느 분화구에 물이 고여 있다'는 문장을 보자. 이 문장은 경험적 검증이 가능한 문장이다. 우주선을 타고 가서 확인해 보면 그 분화구에 물이 있는지 없는지 확인할 수 있기 때문이다. 그러나 '화성의 어느 분화구에 태양신이 잠자고 있다'는 문장은 참과 거짓을 밝힐 방법이 없다. 태양신의 존재를 경험적으로 검증할 조건과 환경이 없기 때문이다. 논리 실증주의자들은 철학자들이 오랫동안 진리값을 객관적으로 명확하게 밝힐 수 없는, 즉 의미 없는 헛소리를 해왔다고 주장한다. 영원하고 불변하고 완전한 이데아의 세계가 있다거나, 자연은 이성적인 질서에 의해서 운행된다거나, 인간의 역사는 자유를 실현하는 역사이다거나 등, 멋있고 매우 심오한 표현이지만, 의미 없는 헛소리들을 늘어놓았다는 것이다. 과거의 철학자들이 그런 잘못을 하게 된 것은 그들이 사용하는 언어의 의미와 논리에 대해서 너무 몰랐기 때문이라는 것이다. 논리 실증주의자들은, 데카르트가 철학의 역사를 형이상학에서 인식론으로 그 흐름을 바꾸어 놓았듯이, 철학의 역사를 의미 없는 헛소리에서 의미 있는 언명으로 그 흐름을 바꾸어야 한다고 주장한다.

논리 실증주의의 오류

그런데 여기서 잠깐 짚고 넘어가야 할 것이 있다. 그러면, '이 장미는 아름답다'라는 문장도 의미가 없는가? 그것이 참인지 거짓인지를 밝힐 객관적인 기준이 있는가? 없다. 사람마다 미적 감각이 다를 수 있다. 그러면, 이런 경우는 어떻게 할 것인가?

논리 실증주의자들은 언어의 의미에 크게 두 가지 종류가 있다고 말한다. 하나는 실제적literal 의미이고, 다른 하나는 정서적 의미이다. 실제적인 의미는 문장의 참과 오류에 관련되어 있고, 정서적 의미는 그 문장을 사용하는 사람의 감정 혹은 의지에 관련되어 있다. 논리 실증주의자들은 정서적 의미는 철학자들이 관계할 언어의 의미가 아니라고 본다. 그것은 시나 소설을 쓰는 문인이나, 대중을 선동하여 지지를 받고자 하는 정치인이나, 교인들을 감동시켜서 신앙을 높이려는 성직자들이 관계할 언어의 의미라는 것이다. 그러면 철학은 왜 정서적 의미와 상관이 없는가? 대답은 철학은 지식의 체계이고, 지식의 체계는 객관적으로 진리임이 밝혀진 명제들로 이루어져야 하기 때문이다. 철학은 수학이나 물리학 같이 엄밀하고 명확한 지식의 체계이어야 한다. 미사여구의 헛소리를 늘어놓는 학문이 아니다.

그런데 철학자들 중에는 문학, 정치 혹은 종교적인 사상을 갖고 책을 출판하여 유명해지고 존경받은 경우도 많다. 니체도 그렇고, 하이데거도 그렇다. 서양 철학사에서 가장 위대한 철학자로 불리는 플라톤의 대표적인 저서명은 '국가론'이다. 그러면 수천 년 동안 서양철학의 아버지로 존경받고, 서양철학의 역사를 오늘날 우리가 보는 것 같은 철학으로 만든 장본인을 철학에서 퇴출해야 하는가? 논리 실증주의자들이 '그렇다'라고 대답하기에는 부담스러운 질문이다. 플라톤이 없는 서양철학은 상상하기 어려운 일이다. 그들이 할 수 있는 최선의 대답은 아마도 지금이라도 철학을 바로잡자는 것일 터이다.

논리 실증주의자들의 잘못은 철학을 지나치게 좁게 규정했다는 것이다. 철학에는 지식의 체계만 있는 것이 아니라, 가치의 체계, 의미의 체계도 있다. 인식론만 있는 것이 아니라 선악과 정의 같은 문제를 다루는 윤리학이 있고, 사회의 여러 분야와 관련된 정치, 경제, 종교, 예술, 과학, 교육, 의학 철학 같은 특수철학도 있다. 그뿐만 아니라, 철학의 영원한 주제 중의 하나는 존재의 의미 혹은 존재함의 의미이다. 왜 존재하는가? 무엇을 위해서 존재하는가? 존재의 의미는 무엇인가? 삶의 의미는 무엇인가? 이런 문제들은 논리 실증주의자들이 인식론적 관점에서 아무리 제거하려고 해도 제거할 수 없는 철학의 고유한 탐구 주제이다. 논리 실증주의자들은 철학을 과학과 같은 지식의 체계로 만드는 데 경도된 나머지, 철학의 다른 고유한 분야와 역할을 배제한 오류를 범했다.

삼각형은 과연 어디에 있는가?

이제, 이 강의에서 처음에 제시된 문제, 칠판 위에 그려진 삼각형의 세 도형, a, b, c로 돌아가자. 삼각형은 과연 어디에 있는가? 칠판 위에 있는가? 마음속에 있는가? 시간과 공간을 초월한 이데아의 세계 속에 있는가? '삼각형'이라는 말만 있고, 삼각형 자체는 없는가? 삼각형이 어디에 있는가? 하는 어리석은 질문은 하지 말아야 하는가?

지금까지 살펴본 다섯 가지 입장들은 각각 그 나름대로 일리가 있고 설득력이 있다. 이제 우리가 해야 할 일은 위 다섯 가지 입장 중에서 어느 것이 옳은지를 판단할 방법과 기준을 찾는 것이다. 그런데 과연 그런 방법과 기준이 있는가? 없어 보인다. 각 입장은 자기 나름의 전제와 가설을 설정하고, 그 전제와 가설 위에서 정합적이고 설명력 있는 이론적 체계를 구성하고 있기 때문이다. 이런 경우 이론에 대한 평가와 비판은 먼저 전제와 가설을 검토하는 것이고, 다음으로 이론적 체계의 논리적 타당성을 검토하는 것인데, 머리 좋기로 유명한 철학자들이 잘못된 전제나 가설을 설정하고, 논리적 타당성이 없는 논증이나 이론 체계를 구성했을 리가 없다. 철학자들이 전문으로 하는 것이 바로 그런 일 아닌가?

그러면 우리는 어떻게 할 것인가? 내가 보기에는 존재 혹은 비존재의 논의의 근본적인 문제로 되돌아갈 필요가 있다. 즉 어떤 것이 존재한다 혹은 존재하지 않는다를 두고 논쟁할 것이 아니라, 어떤 것이 존재한다 혹은 존재하지 않는다가 무엇을 의미하는 것인지 먼저 알아보자는 것이다. 어떤 것이 존재한다는 것이 무슨 의미인가? 여기서, 내가 묻는 것은, 존재 혹은 비존재의 판단의 근거와 기준이 아니라, 어떤 것이 존재한다 혹은 존재하지 않는다고 주장하는 문맥 혹은 질문의 상황이 무엇인지를 묻는 것이다. 우리는 왜 그런 존재에 관한 질문을 하는가? 어떤 것이 존재한다, 존재하지 않는다는 질문에서 무엇이 문제인가? 무엇이 중요한가?

정성호 교수의 답변

이 질문에 대한 나의 대답은 이렇다. 존재 여부를 묻는 질문의 이유와 문맥은, 기본적으로 존재론을 하자는 것이다. 존재론ontology은 존재의 문제를 다루는 철학, 특히 형이상학의 한 분야이다. 진실로 존재하는 것은 무엇인가? 영원한 존재라는 것이 있는가? 절대적인 존재가 있는가? 인간은 어떤 존재인가? 마음은 뇌와 독립적으로 존재하는가? 등의 문제를 탐구하는 철학의 중요한 한 분야이다. 서양철학에서 가장 중요한 문제 중의 하나는, 신은 존재하는가, 즉 현상의 배후에 실재가 존재하는가였다. 그런데 이 질문들에 대한 이론들은 끊임없는 철학적 토론과 논쟁을 야기했다. 어느 입장이 옳다는 명확한 대답이나 결론도 아직 내리지 못하고 있다. 그래서 내가 하고자 하는 제안은 어떤 것이 존재하느냐 하지 않느냐를 묻지 말고, 어떤 존재론을 할 것인가를 생각해 보자는 것이다. 존재의 문제를 존재론의 문맥 속에서 검토하자는 것이다. 내가 보기에, '존재의 문제'는 결국 '존재론의 문제'의 문제, 즉 존재론의 선택의 문제라는 것이다. 즉 존재론을 어떻게 하고, 어떤 존재론을 선택할 것인가의 문제로 담화의 문맥을 바꾸자는 것이다.

이런 문맥에서 보면, 콰인의 말 "All entities are theoretical entities"라는 말이 상당한 설득력을 얻는다. 이 말은 '모든 존재는 존재론이라는 이론적인 맥락 안에서의 존재'라는 것이다. 콰인의 말을 극단적으로 단순화해서 표현하면 이런 등식이 성립한다.

A가 존재한다 = A가 어떤 존재론의 요소로 포함되어 있다.

만일 위의 공식이 옳다면 어떤 존재론을 선택할 것인가의 문제가 우리의 중심 과제로 등장한다. 예를 들어서, 당신은 현상 배후에 있는 실재라는 것이 존재한다는 존재론을 믿을 것인가? 자유의지의 개념이 포함된 존재론을 받아들일 것인가? 인간의 마음을 실체의 하나로 포함하는 존재론을 믿을 것인가?

이 질문에 각자 나름으로 대답을 하겠지만, 나의 경우는 이렇다. 나는 먼저 중력이 그 요소로 포함된 존재론을 선택할 것이다. 이유는 중력의 존재는 부정할 수가 없고, 뉴턴의 중력 법칙은 자연과학의 법칙 중에서 가장 확고하게 자리를 잡고 있는 법칙이다. 중력 때문에 지구에 생명체가 존재하고, 우리가 존재하는 것은 의심의 여지가 없이 확실해 보인다.

다음으로, 유전자의 존재와 변이, 그리고 진화의 역사가 그 요소로 포함된 존재론을 선택할 것이다. 유전자가 있어서 생명체가 여러 세대를 이어서 존재하고, 그 변이로 새로운 종이 발생하는 것은 지질학자들이 땅에서 캐어낸 화석에서 분명히 드러나고 있다. 지질학이 제시하는 자료와 생화학적 검증들은 이제는 누구도 부정할 수 없는 증거이다.

세 번째로, 나는 수와 수학적 원리가 그 요소로 포함된 존재론을 선택할 것이다. 여기서 수학은 기하학과 대수학을 포함한다. 나는 수학이 논리적 체계를 갖추고 있다는 프레게와 러셀의 주장이 옳다고 본다. 논리적 체계가 그 배경에 존재하지 않고는 자연의 어떤 운동과 변화도 발생할 수 없다는 주장에 동의한다.

그리고 마지막으로, 이 모든 것을 인식하고 설명하고 표현하는 인간의 마음도 그 요소로 포함된 존재론을 선택할 것이다. 중력의 법칙, 진화론, 수학과 논리적 체계의 존재를 인정한다면, 그런 이론적 체계를 제시한 뉴턴, 다윈, 프레게, 러셀의 존재와 그들의 마음도 존재할 것이다. 그리고 그들의 이론을 이해하고 믿는 나의 마음도 존재할 것이다.

이렇게 보면 나의 존재론은 수학과 논리학 같은 추상적인 존재와 물리학과 생물학이 제시하는 물리적인 존재, 그리고 우리의 마음과 같은 정신적인 존재 모두를 포함한다. 나는 존재론적 환원은 믿지만, 존재론적 제거는 믿지 않는다. 존재론적 환원은 어떤 존재 x를 보다 근본적이고 확실한 어떤 존재 b로 대체해서 규정 혹은 설명하는 것이고, 존재론적 제거는 존재론적 환원을 한 후에, 존재 x를 존재하지 않는 것으로 제거하는 것을 말한다. 근대과학에서는 물을 H_2O로 환원해서 설명하고, 귀신을 착시로 환원해서 제거하고 존재하지 않는 것으로 간주한 것이 대표적인 예이다. 세계에는 다양한 계층과 종류의 존재entities가 존재한다. 물리주의자들은 물질과 물리적 법칙이 가장 기본적인 계층을 이룬다고 말한다. 심리주의자들은 마음과 심리적인 속성들이 가장 기본적인 계층을 이룬다고 말하다. 그러면서 또한, 나는 정신적인 세계도 물질적인 세계도 아닌 제삼의 세계의 존재도 있다고 믿는다. 이 제삼의 세계의 존재는 이전부터 있었던 사상이지만, 나는 그것을 '논리적 세계'라고 부르는 것이 적절하다고 생각한다. 여기에서 '논리'는 논리학에서의 논리뿐만 아니라, 물리적인 논리, 정신적인 논리 등을 포함하는 존재론적 논리를 말한다. 나는 이 존재의 논리가 모든 존재의 본질적이고 근본적인 존재의 형식form이라고 믿는다. 이런 의미에서, 나는 플라톤과 아리스토텔레스의 사상적 노선을 따르고 있는 셈이다.

중력의 존재가 먼저일까? 중력의 법칙이 먼저일까? 나는 법칙이 먼저 있고, 그 법칙에 따라서 중력이 존재한다고 믿는다. 중력 없이 어떻게 중력의 법칙이 있을 수 있느냐고 묻는 사람이 있겠지만, 사실은 그렇지 않다. 중력은 중력을 가진 물질이 발생한 후에 존재할지 모르지만, 중력의 법칙은 어느 시점에서 생겨나서 어느 시점에서 사라지는 그런 존재가 아니다. 즉, 법칙은 법칙으로 모든 시간과 모든 공간에 존재한다. 그렇지 않으면 법칙이 아니다. 뉴턴이 발견했건 발견하지 않았건 상관없이 존재해 왔고 존재하고 앞으로도 존재할 것이다. 이런 맥락에서 나는, 이理가 먼저 있고, 그런 연후에 기氣가 발하여 이를 따른다는 이승기발론理乘氣發論에 가깝고, 태초에 로고스logos가 있었다는 성경 구절을 좋아한다.

3부

—

인식론

5장
진리란 무엇인가?

사고 실험: 우주의 유일한 진리

나는 오늘 여러분에게 아주 특별한 진리 하나를 알려 주려고 한다. 이 진리는 우주에서 하나밖에 없는 진리이다. 이 진리를 알면 세상 모든 것의 진리를 알게 된다. 나는 이 진리를 지금까지 누구에게도 말한 적이 없다. 여러분은 이 세상의 수많은 사람들 중에서 이 진리를 처음 듣는 선택된 사람들이다.

그 진리는 이렇다. 여러분은 지금까지 한 인간으로 지구상에서 살아왔다고 믿고 있다. 여러분 앞에 서 있는 나는 정성호 교수이고, 여러분은 지금 동국대학교 명진관 A3 강의실에서 인식론 수업을 듣고 있다고 생각한다. 그러나 나와 여러분은 지구에 살고 있지도 않고, 무엇보다 인간도 아니다. 여러분은 전지하고, 전능하고, 위대한 고트Gott님께서 창조하신 SDIN, 즉 Super-Duper Information Network의 한 부분일 뿐이다. 사실을 말하면 지구라는 것도, 동국대학교 명진관이라는 것도, 여러분이 지금 인식론 수업을 하고 있다는 것도 존재하지 않는다. 임진왜란에서 이순신이 왜적을 물리쳤다는 것도, 아인슈타인이 상대성 원리를 발견했다는 것도 모두 SDIN 속에 존재하는 짧은 스토리일 뿐이다. 존재하는 것은 오직 고트님과 고트님이 SDIN에 입력하신 스토리밖에 없다. 여러분은 인류 역사에서 우주가 어떻게 생겨났는지, 인간이란 무엇인지, 나 자신은 어떤 존재인지에 대한 진리를 알게 된 최초의 축복받은 존재들이다. 감동스럽지 않은가?

나는 지금 어디에 있는가?

학생들 ….

교수 모두 말이 없구나.

학생들 ….

교수 내가 방금 말한 진리에 대해서 질문 있나? 없지? 내가 여러분에게 우주의 유일한 진리를 가르쳐주었으니까. 오로지 감사할 것밖에 없는 거지?

점입가경. 갈수록 가관이라는 표정들이다. 이런 헛소리에 반응을 해야 하나 말아야 하나 망설이는 것 같다.

교수 혹시, 내가 말한 이 진리를 의심하는 자가 있나? 있으면 말해봐. 내가 한 말이 진리가 아니라는 것을 한번 밝혀 봐. 여러분이 지금 SDIN 속이 아니라, 동국대학교 명진관 A3호 강의실에 있다는 것을 증명해봐.

효선 그러면 교수님도 우리처럼 SDIN 속에 있으세요? 그 속에 있으면서 그 진리를 어떻게 아셨어요?

교수 태도가 불손하다. 감히 나에게 어디에 있느냐고 묻다니 …. 그러나 효선이가 알고 싶어 하니 말해주겠다. 나는 위대한 고트님께서 보내신 메신저이다. 나는 그 분의 유일한 메신저로서, 오늘 여러분에게 이 진리를 말해 주려고 왔다. 나는 얼마간 이 지구에 머물다가 고트님 곁으로 돌아갈 것이다. 자. 이제 내 정체를 밝혔으니, 내가 물어본 질문에 대답해라. 여러분이 SDIN 속이 아니라, 이 강의실에 있다는 것을 증명해 봐라. 승현이는 어떻게 생각하나? 지금 내가 말도 안 되는 헛소리를 하고 있다고 생각하니? 절대로 불가능한 것을 이야기한다고 생각하니?

승현 절대로 불가능하지는 않지만, 믿기 어려운 이야기예요. 나는 지금 이 강의실에 앉아서 교수님의 수업을 듣고 있어요. 이보다 더 확실한 것이 어디 있어요? 교수님의 그 이야기보다 제가 이 강의실에 앉아 있다는 것이 훨씬 확실해요.

데카르트의 방법적 회의

교수 승현이가 이 강의실에 앉아 있다는 것이 확실하다고? 정말 그래? 서양철학사에서 자신이 벽난로 앞에 앉아 있으면서 벽난로 앞에 앉아 있는 자신의 존재를 의심한 철학자가 있었지? 누구였지?

승현 데카르트요.

교수 데카르트가 왜 그런 의심을 했지?

승현 의심을 하고 또 의심해도 더 의심할 수 없는 확실한 진리를 찾기 위해서요.

교수 그렇다. 데카르트가 확실한 진리를 찾기 위해서 의심할 수 있는 한 의심한 방법을 뭐라고 부르지?

승현 방법적 회의요.

교수 그래. 방법적 회의란 합리적인 의심의 여지가 없는 확실한 진리를 찾기 위한 방법으로 의심을 한다는 것이지. 그래서 데카르트가 방법적 회의를 사용해서 얻는 결론은 뭐지?

승현 자신이 난로 앞에 앉아 있다는 것이 확실하지 않다는 거요.

교수 그렇다. 데카르트는 자신이 난로 앞에 앉아 있지 않고, 침대에 누워 자고 있으면서 꿈속에서 그렇게 생각하고 있을지도 모른다고 의심했다. 그게 아니면, 어떤 악마가 자신을 홀려서 그렇게 생각하도록 만들고 있을지도 모른다고 의심했다. 심지어 '2+3=5', '삼각형의 내각의 합이 180도'라는 것도, 악마가 자신으로 하여금 그렇게 믿도록 만들었을지도 모른다고 의심했다. 지구도, 천체도 모두 꿈속이나 악마의 농간 속에 존재할지도 모른다고 의심했지. 그는 방법론적 회의를 극단으로 밀고 가서, 더 이상 의심하려야 의심할 수 없는 확실한 진리에 도달했다고 선언했다? 그게 뭐지?

승현 '나는 생각한다. 그러므로 존재한다Cogito, ergo sum'입니다.

교수 그렇다. 내가 꿈속에 있더라도, 천재적인 악마의 농간에 휘말려 있더라도, 내가 생각하고 있다는 사실은 존재한다는 것이지. 그것만은 의심의 여지없이 확실하다는 것이지. 그리고 데카르트는 이 합리적인 의심의 여지가 없는 진리를 기초로 해서 그의 인식론적 체계를 수립했다. 그리고 그의 인식론적 체계가 서양의 중세기 철학을 넘어서서 새로운 철학의 패러다임으로 가게 한 근세철학을 낳았다.

승현 그런데 교수님이 말씀하신 고트님 스토리가 데카르트의 악마 스토리와 비슷한 것 같은데요?

승현이는 착한 남학생이다. MT를 가면 혼자서 그 많은 고기를 다 굽는다. 엔도 슈사쿠의 소설《침묵》을 미국에 있는 나에게 우편으로 보내면서, 내가 그 소설에 대해서 어떻게 생각하는지 묻기도 했다. 작가가 되는 것이 승현이의 장래 희망이다.

데카르트의 악마와 나의 고트님 스토리

교수 승현이가 잘 봤다. 내가 말한 고트님 스토리는 데카르트의 악마 스토리를 IT 시대의 감각으로 변형한 것이다. 데카르트의 방법적 회의를 오늘날의 정보·기술 시대에 비춰 극화한 것이다. 그런데 나의 고트님 스토리는 데카르트의 악마 스토리보다 한 발 더 앞으로 나간 방법적 회의이다. 왜냐하면, 데카르트가 합리적인 의심의 여지가 없다고 선언한 'Cogito, ergo sum', 즉 '나는 생각한다. 그러므로 존재한다'라는 선언까지도 나의 고트님의 스토리 속에 있으니까. 앞에서 내가 말한 것처럼 SDIN 속에는 데카르트도, 그가 쓴 《방법서설》이라는 책도 존재하지 않는다. 그 모든 것은 고트님이 창작한 스토리의 한 부분들이다. SDIN 소프트 속의 비트bit에 불과하다. 춘향전 소설 속에서 춘향이가 '서방님, 사랑해요'라고 말했다고 해서, 춘향이가 실제로 존재하거나, 사랑한 것은 아닌 것처럼.

승현 그러니까 결국, 제가 이 강의실에서 지금 교수님과 대화한다는 것도 확실하지 않네요. 교수님, 그럼 무엇이 확실하죠? 그렇게 되면 아무것도 확실한 것이 없잖아요?

교수 훌륭하다. 승현아. 이제야 내가 오늘 말하는 진리를 알아듣는구나. 이제야 우주가 어떻게 생겨났는지, 인간이란 무엇인지, 나란 어떤 존재인지를 알았구나. 승현이는 이제 우주의 유일한 진리를 알고 있는 내 제자이다. 자랑스럽지 않니?

승현 죄송하지만 자랑스럽지 않은데요. 오히려 마음이 혼란스럽고 공허해요. 내가 실제로 존재하지 않고, 남의 이야기 속의 한 부분에 지나지 않는다는 것이요. 내 존재가 너무 허무하잖아요?

교수 그렇지. 그래서 세상 사람들은 인생이 허무하다고 한탄하기도 하지. 그러면 승현이는 어떻게 해야 할까? 여기서 그대로 승복할까? 아니면, 고트님의 SDIN을 벗어나는 길을 찾아볼까?

승현 벗어나는 길을 찾아봐야 할 것 같아요.

교수 그래. 그러면 우리 함께 SDIN을 벗어나는 길을 찾아보자.

인식론을 하는 목적과 이유

나는 언제나 이 SDIN 시나리오를 인식론 강의 첫 시간에 한다. 이 시나리오는 서양 철학자들이 인식론을 하는 기본 정신과 목표를 잘 보여주기 때문이다. 그들이 인식론을 하는 목적, 그들이 고안해 낸 인식의 방법, 그들이 생각한 인간 인식의 한계를 이해하는 데 도움이 된다.

서양 사람들이 인식론을 하는 목적은 진리를 알기 위해서이다. 인식론의 영어표현은 epistemology인데, episteme와 logy의 합성어이다. episteme는 플라톤이 현상에 대한 지식과 실재에 대한 지식을 구별하여 사용한 용어이다. 그는 현상에 대한 지식을 doxa라고 하여 오늘날의 '의견opinion'에 해당하는 용어로 표현하였고, 실재에 대한 지식을 episteme라고 하여 오늘날 우리의 '지식'에 해당하는 용어로 표현하였다. 플라톤에게는 이데아야말로 실재이니까, 결국 episteme는 이데아에 대한 지식이다. logy는 logos의 변형으로 언어, 이론, 원리를 의미한다. 그러니까 epistemology는 이데아, 즉 실재에 대한 지식을 연구하는 철학의 한 분야이다. 현대 철학자들은 epistemology 대신에 theory of knowledge라는 표현을 많이 사용하는데, epistemology라는 표현이 플라톤적인 함의가 많이 들어 있다고 생각하기 때문이다. theory of knowledge가 일반인들이 이해하기 쉽고 덜 현학적인 표현이기도 하다.

여기서 한 가지 의문이 생긴다. 고대 그리스인들, 그리고 서양 사람들은 왜 인식론을 중요시했을까? 그들은 왜 진리를 알려고 했을까? 다른 고대 문화권에도 서양의 진리와 유사한 개념들이 없지 않았지만, 서양 사람들처럼 본격적으로 인식론이라는 하나의 독자적인 학문 분야를 개발하고 연구한 흔적은 많지 않다. 서양 사람들, 특히 고대 그리스 사람들은 왜 진리를 그렇게 열심히 추구했을까? 그들이 특별히 진리를 추구하게 된 계기는 여러 가지가 있지만, 내가 보기에 다음의 세 가지가 지적할 만한 가치가 있다.

첫째, 서양 사람들은 진리가 그 자체로 가치가 있다고 생각했다. 다른 것을 위해서 혹은 다른 것 때문에 가치가 있는 것이 아니라, 그 자체로 가치가 있다고 생각했다. 그 자체로 가치 있는 것을 서양철학에서는 본유적 가치intrinsic value라고 부른다. 다른 것 때문에, 혹은 다른 것을 위해서 가치가 있는 외래적 가치extrinsic value 혹은 파생적 가치derived value와 대비되는 개념이다. 진리를 본유적 가치로 생각한 것은, 진리를 추구하는 이유가 진리 자체의 획득에 있지, 다른 무엇을 얻거나 이루기 위한 수단이나 도구가 아니라는 것을 강조하기 위함이다. 그들이 이렇게 생각하는 배경에는 앞에서 말한 플라톤의 영향이 크다. 플라톤은 스승 소크라테스의 가르침을 따라, 진리는 영원하고 불변하고 보편적이고, 따라서 완전한 이데아, 즉 실재를 보여주기 때문에, 그보다 더 높은 무엇을 추구하는 수단이나 도구가 될 수 없다고 보았던 것이다. 인간이 지적으로 추구할 궁극적인 목표가 있다면 그것은 바로 진리 그 자체를 아는 것이다.

둘째, 로마 제국의 콘스탄티누스 황제가 313년 기독교를 국교로 공인한 이후, 기독교는 서양세계에서 절대적 권위와 권력을 갖는 종교가 되었다. 기독교는 유대교를 계승하고 개혁한 종교로, 천지를 창조하고 그 속의 모든 만물을 관장하는 유일신 여호와의 존재를 믿고 숭배한다. 기독교에 의하면 천지만물의 모든 진리는 하나님의 말씀에 있고, 그 말씀은 기독교의 경전인 성경에 기록되어 있다. 성경에는 "나는 길이요, 진리요, 생명이다"라는 예수의 말이 있다. 예수는 하나님의 독생자, 곧 하나님 자신의 다른 모습이기도 하다. 따라서 기독교인이 할 일은 예수의 진리, 곧 하나님의 진리를 알고 따르는 것이다. 기독교의 이런 사상은 기독교의 신앙과 이념이 지배한 서양 중세를 거쳐서 근대에까지 이른다. 고대 그리스인들의 철학적 진리와 기독교인들의 종교적 진리가 결합하여, 서양의 역사에 진리가 그 중심에 놓이게 되었다. 서양 선교사들이 설립한 연세대학교의 설립이념이 "진리가 너희를 자유롭게 하리라"라는 성경 구절인 것도 우연이 아니다.

셋째, 회의론의 도전이다. 회의론에는 여러 가지 종류와 정도가 있지만, 그 기본적인 입장은 인간은 알 수 있는 것이 아무것도 없고, 진리는 더욱 알 수 없다는 것이다. 고대 그리스에는 B. C. 3세기에 피로니스트Pyrrhonist라고 불리는 회의론자들이 있었다. 이들은 플라톤이 설립한 아카데미의 회원들이었는데, 그들이 회의론을 주장하게 된 목적은, 첫째, 본인의 생각이 진리라고 주장하는 독단에 빠지지 않기 위함이고, 둘째, 각자 본인 생각이 진리라고 주장하면서 발생하는 갈등과 분쟁을 피하기 위함이었다. 독단에 빠지지 않고, 갈등과 분쟁을 피함으로써 마음의 평화를 가져다주는 장점이 있다는 것이다.

고대의 인식적 회의론

섹스투스 엠피리쿠스Sextus Empiricus는 《피로니즘의 개요Outlines of Pyrrhonism》라는 책에서 피로니즘의 핵심적인 사상을 다음과 같이 소개했다. 우리 인간에게 직접적으로 주어지는 것은 감각적 현상밖에 없는데, 즉 우리 인간이 확실하게 알 수 있는 것은 각자의 감각으로 받아들인 현상밖에 없는데, 각자에게 주어진 현상을 근거로 진리를 추론해가는 것은 문제가 있다는 것이다. 누구의 어떤 현상을 근거로 하느냐에 따라서 사람마다 다른 결론을 내려서 그것을 진리라고 주장할 수 있다. 또한 각자가 어떤 현상을 근거로 결론을 이끌어 내는 추론 과정에서 오류를 범할 수도 있다. 각자의 현상으로부터는 각자의 진리를 이끌어 낼 수밖에 없으므로, 객관적이고 보편적인 진리를 확보하는 것은 불가능하다는 것이다.

특히, 엠피리쿠스는 현상으로부터 진리를 이끌어 내는 추론 과정에서 인간이 빠질 수밖에 없는 두 가지 논리적 한계를 지적했다. 하나는 무한 퇴행이다. 무한 퇴행infinite regress이란, 정의를 내리거나 설명을 함에 있어서 무한히 뒤로 밀려 나가 결국 정의도 설명도 성공적으로 할 수 없다는 것이다. 무한 퇴행은 논리적 분석이나 인과적 설명에서 잘 드러난다. A의 원인이 B이고, B의 원인이 C이고, C의 원인이 D이고, D의 원인이 E이고, 다시 E의 원인이 F이고 하는 방식으로 계속하면, 이 인과적 설명은 무한하게 퇴행할 수밖에 없다. 결국 A를 야기한 최초의 원인을 밝히지 못 한다.

진리를 이끌어 내는 추론 과정에서 인간이 빠질 수밖에 없는 다른 논리적 한계는 무한 순환이다. 무한 순환infinite circle은, 정의를 내리거나 설명을 함에 있어서, 무한히 돌기만 해서 결국 정의도 설명도 성공적으로 하지 못 한다는 것이다. 무한 순환을 인과적 설명의 경우에 적용하면, A가 B의 원인이고, B가 C의 원인이고, C가 D의 원인이고, D가 E의 원인이고, E가 F의 원인이고, F가 G의 원인이라는 식으로 계속 가다가 다시 A로 돌아온다는 것이다. 무한 순환은 무한 퇴행에 빠지지 않는 유일한 논리적 방법이다. 우리는 무한 순환의 논리를 부분적이지만 가끔 경험한다. 그 대표적인 예가 영영사전을 처음으로 사용하는 경우이다. 의미를 모르는 단어가 있어서 영영사전을 펴서 그 단어의 의미를 보았는데, 그 설명에 또 모르는 단어가 나온다. 다시 그 단어의 의미를 찾아보니 또 모르는 의미가 나오고, 그렇게 계속되다 보면 다시 최초의 단어로 돌아올 수도 있는 것이다.

엠피리쿠스에 의하면 무한 퇴행과 무한 순환을 피하기 위한 유일한 방법은 무한 퇴행과 무한 순환을 중단시키는 것이다. 즉 처음부터 퇴행과 순환의 요인을 제거하는 방법이다. 그 방법이란, "이것이 처음이다. 이것이 마지막이다. 이 처음 앞에는 아무것도 없다. 이 마지막 후에는 아무것도 없다"라고 선언하는 것이다. 이렇게 선언하면 무한 퇴행과 무한 순환은 피할 수 있다. 그런데 문제는 이 선언이라는 것이 어떤 근거나 증거를 가지고 하는 선언이 아니다. 그냥 하는 선언이다. 이 선택밖에는 없다고 단정을 내리는 것이다. 독단dogma이다. 엠피리쿠스는 인간이 내리는 정의나 설명이 결국 무한 퇴행이나 무한 소급에 빠지지 않으려면, 독단에 빠질 수밖에 없다고 주장한다. 이 주장은 서양 철학의 역사 내내 철학자들을 궁지에 몰아넣고 괴롭힌 문제이다. 왜냐하면 이 딜레마를 넘어설 수 있는 방법이 논리적으로 없기 때문이다.

회의론적 도전의 의미

회의론의 이런 주장은 보편적이고 절대적인 진리를 추구하는 것을 목적으로 하는 철학자들에게 심각한 도전이 되었다. 회의론의 도전을 극복하는 것이 인식론은 물론 철학의 중심과제가 되었다고 해도 과언이 아니다. 진리가 본유적인 가치라는 아리스토텔레스의 언명이나, 하나님의 진리는 최초와 최후의 진리라는 기독교적 선언은 모두 엠피리쿠스 같은 회의론자들이 말하는 독단에 지나지 않는다는 생각을 머리에서 지울 수 없게 되었다. 그리하여 회의론을 넘어서려는 과정에서, 서양의 철학과 종교의 역사는 더욱 발전하고, 인식론이라는 학문이 철학의 중요한 부분의 하나로 견고한 위치에 놓이게 되었다.

여기에서 우리가 간과해서는 안 될 사실이 있다. 회의론의 가치와 중요성이다. 우리는 일반적으로 회의를 부정적으로 받아들인다. 믿지 않고 의심하는 것은 좋은 태도가 아니라는 생각이다. 물론 인간관계에서 의심받는 것은 별로 기분 좋은 일은 아니다. 그러나 이론의 경우에는 다르다. 회의론적 도전은 이론의 발전에 있어 없어서는 안 될 중요한 요소이다. 어떤 사람의 말이나 주장을 의심 없이 맹목적이고 무비판적으로 받아들이고 추종하는 것이 얼마나 인간의 지적 발전을 저해하고 해악을 끼칠 수 있는지 우리는 역사에서 뼈저리게 경험했다.

누구는 성인이고 성자이기 때문에 그 분의 가르침에 회의적인 태도를 취해서는 안 되고, 오직 진리로 받아들이고 따라야 한다는 독단은 서양 역사의 천년을 기독교의 독선과 압제 속에서 신음하게 하고, 중국을 중심으로 한 동북아의 역사를 공자 왈, 맹자 왈 하면서 유학의 정치 윤리적 이데올로기 속에 가두었다. 그 결과 그런 독단적인 진리와 아무런 상관이 없는 일반 사람들만 고통스러운 삶을 살게 되었다.

세 종류의 진리

인류 역사에는 세 종류의 진리가 존재해 왔다. 신의 진리, 인간의 진리, 자연의 진리이다. 신의 진리는, 신이 인간에게 부여한 진리이다. 모세가 시나이산에서 하나님에게 받아온 십계명이 대표적이다. 모세 이전과 이후에도 하나님의 계시로 받았다는 진리가 많이 있다. 인간의 진리는 인간이 발견하고 체계화한 진리이다. 인간과 인간 사이에 지켜야 할 법도와 윤리, 유학의 사단四端, 즉 인의예지仁義體智가 대표적이다. 자연의 진리는 자연 속의 사물과 사건의 운동과 변화를 생성하고 관장하는 진리이다. 자연현상의 배후에서 전체적인 질서와 조화를 가능하게 하는 원리나 법칙이다. 뉴턴의 만유인력의 법칙, 다윈의 적자생존의 법칙, 아인슈타인의 상대성 원리가 대표적인 경우들이다.

인간은 위의 세 가지 진리가 지배하는 세계에 살고 있다고 해도 과언이 아니다. 인간은 자연환경 속에서 살아가는 생명체로 자연법칙의 지배를 받는다. 인간들이 모여서 구성한 공동체 속에서 사회적 질서와 규범의 통제를 받고 산다. 종교적인 집단에 속하여 종교 이념과 교리에 따라서 생각하고 행동하면서 살아간다. 어떤 진리를 믿고, 어떤 진리를 선택하느냐에 따라 각 개인의 삶이 달라지고, 삶의 의미에도 차이가 난다.

각 개인은 본인이 진리라고 믿는 세계 속에 살고 있다. 어떤 사람들은 신의 진리가 지배하는 세계 속에 살고 있다고 믿고, 어떤 사람들은 인간의 진리가 지배하는 세계 속에 살고 있다고 믿고, 어떤 사람들은 자연의 원리가 지배하는 세계 속에 살고 있다고 믿는다. 세 진리의 세계는 서로 배타적이지는 않지만, 서로 경쟁적인 관계에 있다. 두 개의 서로 다른 진리의 세계를 동시에 같은 무게로 믿기는 어렵다. 본인이 살아갈 세계에 대한 선택을 할 수밖에 없고, 우선순위를 둘 수밖에 없다. 중요한 것은 각자가 어떤 진리의 세계 속에 살기를 원하는가이다. 본인의 삶의 방향, 내용, 의미를 결정하는 가장 중요한 요인이기 때문이다.

해수 교수님, 질문 있는데요.

교수 무슨 질문이니?

해수 인간은 각자가 믿는 진리의 세계 속에 살고 있다는 교수님의 말씀은 이해하겠는데요. 그런데 각자가 믿는 진리가 실제로 진리인 줄은 어떻게 알아요? 예를 들어서, 어떤 사람이 본인은 하나님의 진리를 믿고 있다고 주장하는데, 다른 사람이 보기에는 그가 믿는 것이 진리가 아닐 수 있잖아요?

교수 좋은 지적이다. 그 질문을 좀 더 정리해서 한 마디로 표현해줄래?

해수　어떤 사람이 진리라고 믿는 것이 실제로 진리인지 아닌지 어떻게 알아요?

교수　그렇다. 어떤 사람이 믿는 것이 진리인지 아닌지 어떻게 아느냐? 이 질문에 대답하기 위해서는 먼저 진리라는 것이 무엇인지 알아야 할 것 같은데? 그렇지 않니?

해수　그런 것 같습니다.

교수　해수야 훌륭하다. 해수는 지금 내가 다루려고 하는 문제를 미리 말해주었어. 내 강의를 한결 수월하게 해주었어.

진리와 Truth

"진리란 무엇인가What is truth?"라는 문제를 다루기 전에 한 가지 지적할 것이 있다. '진리眞理'라는 한국어는 영어의 'truth', 독일어의 'Wahrheit'에 해당하는 단어의 번역이다. '理' 자가 들어 간 것을 보면 이기론理氣論의 영향이 짙어 보인다. '진리'는 眞과 理의 합성어인데, 理가 정확하게 무엇인가는 성리학자들이 규명할 문제이지만, 理를 이론, 이치, 원리 혹은 법칙의 의미로 이해하면, 진리는 참된 이론, 참된 이치, 참된 원리, 참된 법칙이 된다.

그런 이렇게 되면, "진리란 무엇인가?"라는 질문은 참된 이론이 무엇인가? 영어로 표현하면 "What is the true theory?"가 된다. 우리가 최초에 제기한 질문과 다른 질문이 된다. 즉 "진리란 무엇인가?"라는 질문은, 영어의 "What is truth?"와 다른 의미의 질문이 된다. 한국어 질문은 이론, 이치, 원리 혹은 법칙 중에서 참된 것을 무엇이냐고 묻는 질문이고, 영어 질문은 'truth'의 의미 혹은 개념의 의미가 무엇이냐는 질문이기 때문이다. 서로 다른 질문이다. 이렇게 되면 한국어 질문은 이론, 이치, 원리 혹은 법칙에 대한 질문이 되는데, 그것은 우리가 다루고자 하는 'truth'에 대한 질문은 아니다. 'truth'를 '진리'로 번역하는 것이 정확한 번역이 아니라는 말이다. 사실상 우리가 다루고자 하는 문제는 '참' 혹은 '참됨'이 무엇인가 하는 것이다. 이론 중에서 참된 것을 찾는 질문이 아니라는 말이다.

철학에서는 언제나 질문의 성격을 명확히 할 필요가 있다. 질문이 명확하지 않으면 혼란을 일으키고 그 해답을 찾는 데 어려움을 겪게 된다. 따라서 질문이 주어졌을 때 즉시 해답을 찾는 데 뛰어 들지 말고, 먼저 문제의 성격, 무엇에 관한 문제인지, 무엇을 원하는 문제인지, 왜 이것이 문제가 되는지 등을 먼저 검토할 필요가 있다. 어릴 때부터 학교에서 수업 시간에, 주어진 문제를 푸는 데 익숙한 우리 학생들은 질문에 대한 질문을 할 줄 모른다. 선생님이 가르쳐 준 것이나, 교과서나 참고서에 나와 있는 것을 읽고, 암기하고, 시험답안의 성적으로 공부를 잘한다, 못한다 하는 평가를 받으며 자라온 우리 학생들은 질문 자체에 대한 질문이나 비판을 하는 능력을 키우는 훈련을 할 필요가 있다.

진리란 무엇인가?

이제 "진리란 무엇인가?"라는 질문에 대해서 생각해 보자. 이 질문은 무엇에 대한 질문인가? 물론, 진리에 대한 질문이다. 그런데 이 질문은 하나의 질문인 것처럼 보이지만 실제로는 두 개의 질문으로 이루어져 있다. 그 하나는 '진리'라는 단어의 정의를 묻는 질문이다. '진리'라는 단어의 의미가 무엇인가 묻는 것이다. 다른 하나는, 진리에는 어떤 것이 있는가를 묻는 질문이다. 진리의 예를 말해 달라는 질문이다. 첫 번째 질문은 철학자들이 대답할 질문이고, 두 번째 질문은 과학자들이 대답할 질문이다. 철학자는 진리에 대한 정의를 내리고, 과학자는 철학자가 내린 진리의 정의에 따라 어떤 것이 진리인가 아닌가를 판단한다. 진리에 대한 탐구는 이렇게 철학과 과학의 공동 작업으로 이루어진다. 철학이 없으면 진리의 정의가 없고, 과학이 없으면 진리의 구체적인 예가 없다. 서양의 학문이 오늘날 눈부신 발전을 이루게 된 것은, 철학과 과학의 이러한 공동작업의 결과이다.

"진리란 무엇인가What is truth?"라는 서양철학의 오래된 질문은, 현대의 언어분석철학의 관점에서 해석하면 "'x is true'라는 문장의 의미는 무엇인가?"가 된다. "진리란 무엇인가?"라고 '진리'라는 단어의 의미 혹은 개념을 묻는 것이 아니라, '진리'를 규정하는 전형적인 문장의 의미를 묻는 것이다. '진리'라는 단어의 의미를 물으면 되지, 왜 불편하게 진리를 규정하는 문장의 의미를 묻는지가 궁금할 수 있는데, 그 이유를 간단히 말하면 다음과 같다. 논리학의 변화 때문이다.

서양의 전통적인 논리학은 개념 논리학이었다. 개념과 개념 사이의 논리적 관계를 기본으로 하는 논리학이었다. 그러나 20세기 이후 현대 논리학은 문장 논리학이다, 문장과 문장 사이의 논리적 관계를 기본으로 하는 논리학이다. 문장 논리학은 개념 논리학이 할 수 없었던 많은 일을 할 수 있는데, 그 중 하나는 논리적 추론을 계산할 수 있다는 것이다. 문장과 문장의 논리적 관계를 기호화하여, 수학이 하는 것처럼 계산할 수 있게 된 것이다. 이렇게 해서 현대의 기호 논리학은 수적인 계산만 하던 과거의 컴퓨터에 일상 언어를 기호화하여 계산할 수 있는 길을 열어 주었다. 현대의 문장 및 기호 논리학이 일상 언어로 컴퓨터를 사용할 수 있게 해준 것이다. 추상적이고, 관념적이고, 현실과 무관하다는 악명을 듣는 철학이 현대 정보기술의 기초가 되었다는 사실을 아는 사람은 많지 않다.

진리는 어디에 있는가?

다시 문장 논리학으로 돌아가서, 진리의 개념을 묻는 대신에, 즉 "What is truth?"라고 묻는 대신에, 진리를 규정하는 문장 즉, "x is true"의 의미를 묻는 장점은 다음과 같다. 첫째, 'x is true'라는 문장의 의미를 알기 위해서는 먼저 x가 무엇인지 알아야 한다. 수학에서는 x를 변수, 즉 일정한 값이 아직 정해지지 않은 수의 뜻으로 사용하는데, 철학에서는 x를 변항變項, 즉 일정한 값이 아직 정해지지 않은 항의 뜻으로 사용한다. 'x의 값으로 주어질 수 있는 것이 무엇인가? 어떤 종류의 존재가 x의 값이 될 수 있는가?'를 먼저 밝혀야 한다. 다시 말하면, 어떤 종류의 존재가 '참이다'라는 수식을 받을 수 있는지를 밝힐 필요가 있다.

  x의 값으로 단어나 개념이 들어갈 수 없는 것은 분명해 보인다. "칼국수는 참이다"라든가, "북한산은 참이다"라고 말하는 것은 한국어 어법상 맞지 않다. 그러면 단어 대신 무엇이 x의 값으로 들어가야 할까? 바로 문장이다. "'칼국수는 맛있다'라는 문장은 참이다"는 말이 된다. "'북한산은 높다'라는 문장은 참이다"도 말이 된다. 칼국수는 맛이 없고 북한산은 높지 않다고 생각하는 사람에게는 앞의 두 문장이 참이 아니라 오류라고 말할지 모르겠다. 어쨌든 참이나 오류가 되는 것은 단어가 아니라 문장이라는 것은 확실하다.

  그런데 문장이란 무엇인가? 문장은 몇몇 단어들이 문법적 규칙에 따라서 구성된 것이다. 그런데 문장이 존재하는 방식은 두 가지이다. 형태와 소리이다. 우리는 문장의 형태를 눈으로 읽는다. 그 소리를 혀로 말하고, 귀로 듣는다. 장님은 촉각으로 문장의 형태를 읽고, 귀가 먼 사람은 수화로 그 형태를 읽는다. 마음속에 문장이 있다는 말들을 하지만, 인간의 마음이나 뇌 속에 한글이나 영어 문장들이 들어 있다고 발표한 뇌과학자는 없다. 그러니까 문장은 빛이나 소리로 존재하는 물질적인 존재이다. 문제는 이 물질적인 존재가 진리라는 속성을 가질 수 있느냐는 것이다. 물질은 어디까지나 물질로, 진리 같은 속성을 품을 수 없다. 여기에서 어려운 문제 하나가 생겨난다. 문장에 진리가 없으면, 진리는 어디에 있는가? 무엇이 진리가 될 수 있는가?

이 문제에 대한 대답은 20세기 초 오스트리아 수학자이면서 철학자였던 프레게G. Frege가 그의 논문 〈사고Denken, thought〉에서 비교적 명확하게 해주었다. 프레게의 주장은 이렇다. 아래 문장들을 보자.

비가 온다.
It is raining.
Es regnet.
雨

위 네 문장 모두 어떤 종류의 자연현상을 표현하고 있다. 구름에서 물방울이 땅으로 떨어지는 현상이다. 그 현상을 두고, 한국 사람은 "비가 온다"라고 말하고, 미국 사람은 "It is raining"이라고 말하고, 독일 사람은 "Es regnet"라고 말한다. 중국 사람은 중국식으로 말할 것이다. 그런데 여러 나라 사람들이 말한 문장은 그 형태나 소리, 즉 물리적으로는 서로 다르나, 그 문장들이 의미하는 것은 하나이다. 그런데, 그 하나란 무엇인가? 프레게는 그 하나를 독일어로 'Denken'이라고 불렀다. 그 것을 영국 사람들은 'Proposition'으로 번역했고, 한국 사람들은 '명제命題'로 번역했다. 그러니까 진리가 될 수 있는 것은 문장도 다른 무엇도 아닌, 명제인 것이다. 그래서 논리학자들은 명제를 '진리의 담지자truth-bearer'라고 부른다. 명제가 진리를 품고 있다는 말인데, 진리는 명제 속에 있다는 뜻이다.

이렇게 해서 우리는 "*x* is true"에서 어떤 종류의 존재가 *x*의 값이 될 수 있는지 알게 되었다. *x*가 될 수 있는 것은 명제이다. 이제 우리는 진리를 규정하는 전형적인 문장을 다음과 같이 고쳐서 말할 수 있게 되었다. 영어로는 'The proposition *p* is true', 한국어로는 '명제 *p*는 참이다'가 된다.

진리와 사실

민열 교수님, 질문 있는데요.

교수 무슨 질문이니?

민열 사람들은 보통 진리는 사실이라고 생각하는 것 같아요. '그것이 진리이다'라는 말과 '그것이 사실이다'라는 말을 같은 의미로 사용하는 것 같아요. 사람들 말처럼 만일 진리가 사실이면, 진리는 명제에 있지 않고 외부 세상에 존재하는 사실에 있는 거 아닐까요?

교수 아주 좋은 지적이다. 사람들은 흔히 진리와 사실을 동의어처럼 사용한다. '비가 온다'라는 말이 참이라는 것은 '비가 온다'라는 사실을 말하고 있다고 생각하지. 이 생각은 지금 내가 설명하려는 진리론 중에서 가장 대표적인 이론을 반영하는 생각이다. 잘못된 생각은 아니지만, 진리의 개념을 정확하게 표현한 것은 아니지.

그러면 진리에 대한 이론에 어떤 것이 있는지 살펴본 후 이 문제로 다시 돌아오도록 하자. 진리가 무엇인가에 대한 이론은 크게 세 가지로 나뉜다. 진리대응론, 진리정합론, 진리실용론이다. 진리대응론은 어떤 명제가 그와 대응하는 사실이 존재하는 경우에 그 명제가 진리라는 이론이다. 진리정합론은 어떤 명제가 다른 여러 명제들과 정합하는 경우에 그 명제가 진리라는 이론이다. 진리실용론은 어떤 명제를 현실에 적용했을 때, 그 명제가 실용적인 가치를 갖는 경우에 진리라는 이론이다. 이제 이 이론들을 각각 살펴보기로 하자.

진리대응론

먼저, 진리대응론the correspondence theory of truth에 대해서 살펴보자. 진리대응론을 가장 간단하면서도 명료하게 표현한 사람은 고대 그리스 철학자 아리스토텔레스였다. 그는 그의 저서 《형이상학Metaphysics》에서 이렇게 말했다.

> 그런 것을 그렇지 않다고 말하거나, 그렇지 않은 것을 그렇다고 말하는 것은 오류이고, 그런 것을 그렇다고 말하고, 그렇지 않은 것을 그렇지 않다고 말하는 것은 진리이다. (To say of what is that it is not, or of what is not that it is, is false, while to say of what is that it is, or what is not that it is not, is true.)

당연한 말이다. 그런데 이 당연한 말이 후에 진리대응론이라는 대표적인 진리론의 기초가 되었다. 현대 철학에서 진리대응론은 20세기 영국 철학자인 러셀이 체계적으로 제시했다. 그의 진리론을 간단히 요약해서 표현하면 다음과 같다.

> 명제 p가 참이다 =df p에 대응하는 사실이 존재한다.
> (p is true = df There is a fact which corresponds with p.)

그러니까, 진리는 명제와 사실 사이의 대응관계에 있다는 것이다. '책상 위에 책이 한 권 있다'라는 명제는 책상 위에 책이 한 권 있다는 사실이 있으면 참이다. 그렇지 않은 경우에는 오류가 된다. 아주 상식적인 이론이다. 별로 특별할 것이 없다. 그렇지만 우리가 여기에서 밝히고 넘어가야 할 것들이 있다. 하나는 사실이라는 것이 무엇이냐? 하는 것이고, 다른 하나는 어떤 경우에 명제와 사실이 대응한다고 할 수 있느냐는 것이다.

사실, 사건, 사태

먼저 사실이라는 것이 무엇인지 알아보자. 사실이 무엇인지 아는 데 도움이 되는 방법 중의 하나는 그것을 사태와 사건과 비교해 보는 것이다. 사태, 사건, 사실. 이 셋은 비슷한 것 같은데 약간의 차이가 있다. 사태事態, states of affairs부터 살펴보자. 사태는 여러 번 발생할 수 있다. 일정한 시간과 공간의 제한이나 규정이 없기 때문이다. 목조건물에 화재가 발생하는 사태나, 정치인이 저격을 당하여 사망하는 사태는, 과거에도 여러 차례 발생했고 앞으로도 계속 발생할 수 있다. 여기에서 사용되는 '사태'는, 존재론적 개념으로 한국에서 일상적으로 많이 사용하는, '천안문 사태', '10.26 사태', '비상사태', '난처한 사태' 등과 의미를 달리한다. 우리말 사태는 '상황', '사건들의 집합 혹은 연합'에 가깝다. 여기에서의 '사태'는 존재의 한 범주로, 사건, 사실보다 추상적이고, 포괄적이다. 사실은 현재 발생하고 있거나 이미 발생한 사건이고, 사건은 발생할 수도 발생하지 않을 수도 있는 사태이다. 사태는 문장으로 표현할 수 있는 가장 상위의 존재범주로, 어떤 속성이 어떤 주체에 귀속되는 구조를 갖고 있다.

사건事件, event은 사태와 달리 한 차례 발생한다. 2008년 2월 10일 숭례문이 화재로 불탄 사건이나, 1979년 10월 26일 박정희 대통령이 저격을 당하여 사망하는 사건은 각각 한 차례 일어났다. 사건은 언제나 일정한 시간에 발생하기 때문에, 동일한 사건이 반복해서 일어날 수는 없다. 그러나 사건은 특정한 시간에 발생할 수 있는 사태를 이르는 말이다. 그런데 세상에는 발생하지 않은 사건이 발생한 사건보다 많다. 앞에서 살펴본 예시를 토대로 살펴보자. 오늘날까지 숭례문이 바람에 날려 한강에 빠지는 사건이나, 박대통령이 스스로 대통령직에서 사임하는 사건도 발생하지 않았다. 그러니까 사건은 발생 가능하지만, 발생하지 않을 수도 있다.

끝으로, 사실事實, fact이다. 사실은 발생 가능한 사건 가운데서 발생한 경우를 일컫는다. 사건에 시간이 적용되는 것처럼, 사실에는 발생하는 시간과 공간의 규정이 적용된다. 따라서 발생하지 않은 사실은 없다. 모든 사실은 과거에 발생했거나, 현재에 발생하고 있다. 미래의 사실이란 없다. 우리말에 "그런 사실은 일어나지 않았다"라는 표현이 있는데, 잘못된 표현이다. '발생하지 않은 사실'은 모순된 표현이다. 사실에는 발생이 그 속에 함의되어 있기 때문이다. 따라서 "그런 사건은 일어나지 않았다"라고 말하는 것이 옳다.

사태, 사건, 사실을 비교해 보면, 사태가 가장 추상적이고, 사실이 가장 구체적이다. 사건은 그 중간이다. 사태는 다발적 보편성을 띠는 반면에, 사건은 일회적 특수성을 띠고, 사실은 불가역적 현실성을 띤다. 사태와 사건은 발생 가능한 존재이지만, 사실은 현재 발생하고 있거나 과거에 발생한 존재이다. 20세기 최고의 철학자라고 불리는 오스트리아의 비트겐슈타인은, "세계는 사실의 집합이다"라는 말을 남겼다. 옳은 말이다. 현재 세계에는 발생하고 있는 사건, 즉 사실들만 존재하기 때문이다.

명제가 사실과 대응한다는 것을 어떻게 아는가?

다음으로 우리가 살펴볼 것은 명제와 사실 사이의 대응이다. 어떤 명제 P가 어떤 사실 F와 대응한다는 것은 무엇을 의미하는가? 어떤 경우에 명제가 사실과 대응하는가? 예를 들어 생각해보자. "고양이 한 마리가 책상 위에 앉아 있다"라는 문장이 있다고 하자. 이 문장은 '고양이 한 마리가 책상 위에 앉아 있다'라는 명제를 표현한다. 그런데 실제로 고양이 한 마리가 책상 위에 앉아 있다고 가정해보자. 그러면 '고양이 한 마리가 책상 위에 앉아 있다'라는 명제가 참이 된다. 어떻게? 왜? '고양이 한 마리가 책상 위에 앉아 있다'라는 명제와 '고양이 한 마리가 책상 위에 앉아 있다'라는 사실 사이에 구조적 대응이 이루어져 있기 때문이다.

좀 더 전문적으로 설명하면 이렇다. '고양이 한 마리가 책상 위에 앉아 있다'라는 문장은 주어와 술어로 구성되어 있다. 주어는 '고양이'라는 실체를, 술어는 '책상 위에 앉아 있다'라는 속성을 표현한다. 그런데 '책상 위에 앉아 있다'라는 속성이 실제로 어떤 고양이에 의해서 예화되는exemplified 경우, '고양이 한 마리가 책상 위에 앉아 있다'라는 사건이 발생하고, 따라서 '고양이 한 마리가 책상 위에 앉아 있다'라는 사실이 존재하게 된다. 문장이 명제를 표현하고, 그 명제가 구조적으로 대응하는 사실이 존재하는 경우에, 그 명제는 참이 된다.

그런데 구조적으로 대응한다는 말이 정확하게 무슨 뜻인가? 그 대답은 이렇다. 첫째, 문장, 명제, 사실은 모두 복합체이다. 여러 가지 요소를 결합하여 이루어진 일종의 구조물이라는 것이다. 문장은 형태와 소리 같은 물리적인 요소로, 명제는 주어와 술어 같은 의미론적 요소로, 사실은 실제와 속성 같은 존재론적 요소로 구성된 구조물이다.

둘째, 그러면 이런 구성은 누가 하는가? 물론 인간이 한다. 어떻게? 대답은 '논리적 형식에 따라서'이다. 논리적 형식은 다른 곳에서 설명한 바 있지만, 여기에서 간단히 말하면 이런 것이다. 건축물의 논리적 형식은 설계이고, 생명체의 논리적 형식은 DNA이고, 물리적 현상의 논리적 형식은 수학이다. 마찬가지로, 문장의 논리적 형식은 문법syntax이고, 명제의 논리적 형식은 의미론semantics이고, 사실의 논리적 형식은 존재의 구조적 형식이다. 문장, 명제, 사실은 모두 논리적 구성체이고, 논리적 형식에 따라서 구성된 존재들이다. 우리가 문장으로 명제를 표현하고, 명제가 사실과 대응할 수 있는 것은 이 논리적 형식 때문이다. 논리적 형식이 없으면 우리는 언어로 의미 있는 명제를 표현할 수 없고, 실제로 존재하는 사실도 알 수가 없다. 다시 강조하지만, 인간의 문법적 체계, 의미론적 체계 그리고 존재론적 체계, 모두가 논리적 형식에 따라서 구성되어 있다는 것이다.

우리가 세상에 존재한다는 사실을 알게 되는 것도 이 논리적 형식 덕분이다. 문장이라는 문법적syntactic 복합체와 명제라는 의미론적semantic 복합체 그리고 사실이라는 존재론적ontological 복합체 사이의 구조적 일치structural isomorphism 덕분에 우리는 외부에 존재한다는 사실을 알 수 있고, 따라서 그들 사이의 구조적 일치 덕분에 무엇이 진리인지도 알 수 있게 된다. 우리가 구성한 언어, 명제, 사실 사이에 구조적 일치 혹은 대응이 이루어진다는 믿음은, 인간의 모든 지적, 정서적, 의지적 활동의 전제인 동시에 기초이다. 서양 문화의 모든 지적 탐구, 종교, 예술, 과학, 철학이 진리를 추구한다는 믿음도 이 구조적 형식 위에 근거해 있다.

논리적 형식

미라 교수님, 질문 있는데요.

교수 무슨 질문이니?

미라 문장과 사실, 언어와 현실에 각각 논리적 형식이 있다는 것은 이해 하겠는데요, 그들 사이의 논리적 형식이 서로 일치한다는 것은 어떻 게 알죠?

교수 아주 좋은 질문이다. 그래서 내가 서양지성사 전체가 언어와 존재 사이의 논리적 형식의 일치, 혹은 대응에 대한 믿음에 근거하고 있다고 말한 거야.

먼저, 언어의 논리적 형식, 즉 문법적 구조를 보자. 언어의 논리적 형식의 가장 단순하고 기본적인 단위는 단순문장이다. '이 장미는 붉다', '지리산에 눈이 쌓여 있다', '미라는 영화보기를 좋아한다' 같은 문장들이다. 이 문장들은 주어와 술어로 구성되어 있고, 그 형식은 '주어-술어'의 문법적 구조로 이루어져 있다. 기호논리학으로 표현하면, 주어를 x, 술어를 F라고 표시할 때, 술어 F가 주어 x에 기술ascribe됨으로, Fx의 논리적 형식을 갖는다. 그런데 이 문장의 주어와 술어는 각각 하나의 실체와 속성을 지칭한다. 그 실체를 a로, 속성을 P로 표시하면, 속성 P가 실체 a에 귀속하므로, 기호논리학적으로 Pa의 논리적 형식을 갖는다. Fx와 Pa 사이의 논리적 형식, 즉 문장의 문법적 구조와 사실의 존재론적 구조 사이가 일치한다는 뜻이다. 간단히 말하면, '이 장미는 붉다'라는 문장의 문법적 구조와 '이 장미는 붉음의 속성을 갖는다'라는 존재론적 구조 사이에 논리적 형식의 일치 혹은 대응이 이루어져 있다는 것이다.

진리정합론

다음으로 우리가 다룰 진리론은 진리정합론이다. 진리정합론the coherence theory of truth은 진리대응론과 달리, 명제의 진리가 사실과의 대응관계에 의해서 규정되지 않고, 다른 명제들과의 정합관계에서 결정된다고 주장한다. 진리정합론의 진리의 정의를 요약해서 표현하면 다음과 같다.

> 명제 p는 참이다 = df p가 다른 명제들과 정합한다.
> p is true = df p is coherent with the proposition q, r, s, t and etc.

명제의 진리가 사실과의 대응이 아니라 다른 명제들과의 관계에 의해서 결정된다는 주장은 비교적 현대적인 생각이다. 19세기 영국의 철학자 브래들리F. H. Bradley와 오스트리아 철학자 노이라트O. Neurath의 영향으로 시작되고, 후에 영국과 미국의 철학자들에 의해서 체계화된 진리론이다. 진리정합론을 지지하는 철학자들이 금과옥조처럼 인용하는 노이라트의 문장을 보자.

> 우리는 넓은 바다 한가운데에서 훼손된 배를 수리해야 하는 선원과 같다. 항구로 돌아가서 배를 육지에 올려놓고, 최고의 부품을 구해서 수리할 수 있는 그런 상황이 아니다 …. 어떤 새 문장이 주어졌을 때, 우리는 먼저 그 문장을 우리가 갖고 있는 현재의 체계와 비교하고, 그 체계와 맞는지 맞지 않는지를 검토한다. 체계와 맞지 않으면 필요 없는 것으로 버리고, 체계와 맞으면 도입한다. 새 문장을 도입하여 체계 전체에 변화가 발생해도 그 체계의 일관성을 잃지 않으면, 우리는 그 문장을 '진리'로 받아들인다. 《인식 Erkenntnis》, 1932)

노이라트는 위에서 정합론의 특성을 대응론과 대비해서 잘 설명했다. 위 문장에서 '배'는 우리가 참이라고 믿고 있는 명제의 집합 혹은 믿음의 체계이다.

달리 표현하면, 우리 인간이 갖고 있는 믿음의 체계는 광활한 바다 위에 떠있는 배와 같다. 굳건한 대지 위에 세워져 있는 건물 같은 존재가 아니다. 배가 바다 위를 떠다니듯이, 우리가 갖는 믿음의 체계도 고정된 기초 위에 정지되어 있지 않고 이동하고 변화한다. 그리고 어떤 새로운 명제가 믿음의 체계에 주어진 경우에, 그 명제가 우리가 이미 갖고 있는 믿음의 체계 속의 다른 명제들과 잘 어울리는지 않는지, 서로 맞는지 맞지 않는지, 갈등하거나 모순되지 않는지 검토해보고, 다시 말하면 정합하는지 정합하지 않는지 검토해보고, 정합하면 참되고 정합하지 않으면 오류로 판단한다는 것이다.

진리정합론의 전제들

그러면 정합성이란 무엇인가? 어떤 명제가 믿음의 체계 속에 있는 다른 명제들과 정합하는지 정합하지 않는지 어떻게 아는가? 이 질문에 대답하기 위해서는 먼저 진리정합론이 전제하고 있는 몇 가지 생각을 살펴볼 필요가 있다.

첫째, 진리정합론은 우리가 각자 혹은 집단으로 일정한 믿음의 체계를 갖고 있다고 가정한다. 믿음의 체계란, 우리가 참이라고 믿고 있는 명제의 체계이다. 그러면 믿음의 체계란 무엇인가?

먼저 믿음에 대해서 알아보자. 믿음belief은 명제태도propositional attitudes이다. 즉, 명제를 심적 내용으로 갖는 정신적 활동이다. 내가 '이순신 장군이 노량해전에서 전사했다'라고 믿으면, 나는 '이순신 장군이 노량해전에서 전사했다'라는 명제에 대해서 어떤 한 태도를 취하고 있는 것이다. 그리고 이 명제는 참일 수도 있고, 오류일 수도 있다. 우리 인간은 수많은 명제를 믿음의 내용으로 마음속에 갖고 있다. 대부분의 믿음이 참이라고 믿지만, 그렇지 않은 믿음도 많이 갖고 있다.

다음으로 체계system에 대해서 알아보자. 체계란 요소elements와 구조structure로 이루어진 복합체이다. 체계에는 체계를 구성하는 요소들이 있고, 그 요소들이 일정한 질서 혹은 형식에 따라서 전체적인 구조를 이루고 있다. 따라서 믿음의 체계란 믿음을 구성하는 명제들이 일정한 질서와 형식에 따라서 구성된 복합체이다. 진리정합론자들은 우리 각자가, 혹은 집단이 그런 믿음의 체계를 마음속에 갖고 있다고 전제한다.

진리정합론의 두 번째 전제는, 믿음의 체계는 고정되어 있지 않고 시시각각으로 변화하고 운동한다는 것이다. 새로운 믿음이 체계 속으로 들어오고, 낡은 믿음이 체계 밖으로 나가서 사라진다. 우리는 한 때 태양이 지구를 중심으로 회전하고 있다고 믿었다. 그러나 지금은 지구가 태양을 중심으로 회전운동을 하고 있다고 믿는다. 과거에는 여필종부女必從夫, 즉 부인은 반드시 남편의 지시를 따라야 한다고 믿었는데, 오늘날은 그렇게 믿는 사람은 남성우월주의자라고 비판을 받는다. 어떤 믿음이 체계 내부로 편입되거나 퇴출되는 것은 그 믿음이 기존의 믿음의 체계와 정합하느냐 정합하지 않느냐에 따라서 결정된다.

세 번째 전제는, 믿음의 체계가 정합성을 기준으로 변화하고 운동하면서 발전하고 진화해 간다는 것이다. 진리정합론자들에 의하면, 믿음의 체계는 갈수록 정합성이 높아진다. 믿음의 체계는 정합성을 진리의 기준으로 갖고 있기 때문에, 믿음의 체계와 정합하지 않는 것은 소멸되고, 정합하는 것은 증가한다. 따라서 믿음의 체계가 갈수록 참된 명제로 구성되고, 그 구성의 질서와 형식이 보다 정밀하고 정확해진다는 것이다. 과학사의 발전이 좋은 예이다. 중세의 연금술이 현대의 재료과학과 공학으로 발전하고, 병자의 몸속에 숨어든 마귀를 쫓아 내어서 병을 치료하던 시대에서, 박테리아와 바이러스를 퇴치해서 병을 치료하는 현대의학으로 발전했다. 정합성이 커질수록 믿음의 체계가 전체적으로 진리에 접근한다는 진리정합론자들의 믿음은, 인간의 지식체계가 어떤 과정을 거쳐서 발전해 왔는지를 보여주는 좋은 예이다.

정합성이란 무엇인가?

그러면 정합성이란 무엇을 의미하는가? 어떤 경우에, 어떤 명제가 다른 명제들과 정합한다고 할 수 있는가? 정합성의 의미가 무엇인지에 대해서는 진리정합론자들 사이에 여러 가지 다른 견해가 제시되어왔다. 이것이 진리정합론자들이 말하는 정합성이라고 단정적으로 규정하기가 어렵다. 다만, 내가 보기에 이들 사이에 공통적으로 인정하는 정합성의 특성이 있다. 그 특성 몇 가지 보여줌으로써 정합성에 대한 정의를 대신하고자 한다.

먼저, 정합성을 보장하는 최소한의 기준은 논리적 일관성이다. 어떤 요소들 사이에 논리적으로 일관적이기 위해서는 그 요소들 사이에 모순이 없어야 한다. 그러니까, 어떤 명제가 다른 명제들과 논리적으로 모순되지 않는 것이 정합성의 첫째 조건이다.

그러나 어떤 명제가 다른 명제들과 논리적으로 모순되지 않는다는 것만으로는 정합성을 확보하지 못한다. 명제들 사이에 어떤 관계가 성립해야 한다. 어떤 관계인가? 이 관계의 성격에 대해서는 진리정합론자들 사이에 몇 가지 의견이 있다. 그 중에서 가장 주목할 만한 주장은, 보즌켓Bosanquet의 상호의존성mutual dependence, 블랜샤드Blanshard의 필반entailment, 유잉Ewing의 파생성derivability이다. 그런데 이들이 말하는 명제들 사이의 상호의존성, 필반, 파생성의 개념은 직관적으로는 그럴 듯하나, 구체적인 논리적 분석에 들어가면, 견지되기 어려운 주장들이다. 여기에서는 이 이론들을 일일이 검토할 시간과 공간이 없다. 다만 그들이 말하는 정합성은 명제들 사이에 긴밀히 얽혀 있는 그물망 같은 것이라는 정도로 언급하고 지나가겠다.

정합성의 개념을 엄밀히 정의할 수 없다는 것은, 진리정합론자들도 인정하는 바이다. 그래서 정합성의 개념을 이해하는 방법 중의 하나로, 정합적인 체계의 예를 많이 든다. 내가 보기에, 블랜샤드가 그의 저서 《사고의 본질 The Nature of Thought》에서 제시한 다음의 예가 적합하다. 블랜샤드는 정합성의 정도가 가장 낮은 체계부터 가장 높은 체계로 그 순서를 다음과 같이 제시했다. 쓰레기 더미가 정합성이 가장 낮고, 돌무더기는 그보다 더 높고, 자동차와 같은 기계는 그보다 더 높고, 인간의 육체와 같은 유기체가 그보다 더 높고, 유클리드의 기하학적 체계는 현재로서 정합성이 가장 높은 이상적인 체계라고 보았다. 어떤 체계의 정합성의 정도는, 그 체계 속의 어떤 요소가 빠졌을 때, 다른 요소들과의 관계에서 그 빠진 요소가 어떤 것인지 알아낼 수 있는 정도에 의해서 결정된다고 보았다. 쓰레기 더미에서는 그 빠진 요소를 찾아내는 것은 불가능하지만, 돌무더기에서는 그것이 돌이라는 정도는 알 수 있다. 유클리드의 기하학의 체계 속에서는 논리적 관계를 통해 거의 정확하게 알 수 있다. 그러니까 체계 속의 요소들 사이에 논리적 관계가 밀접할수록 정합성의 정도는 높다는 것이다. 복잡한 우주선의 체계의 정합성은 세탁기의 정합성보다 훨씬 높다고 볼 수 있다.

진리정합론의 문제들

교수   지금까지 진리정합론에 대해서 알아보았다. 앞에서 살펴본 진리
대응론과 차이가 많은 진리론이다. 어떠니? 상당히 설득력 있는 진리론
같은데, 그렇지 않아?

재민   교수님, 질문 있는데요.

교수   그래, 무슨 질문이지?

재민   정합적인 체계는 진리대응론이 말하는 현실과 아무 상관없이, 명
제가 참이 될 수 있다고 보는 건가요? 명제들끼리 잘 어울리도록 네트
워크를 구성하여 정합적인 체계를 만들면 그 체계 전체가 진리가 되는
데, 그렇게 되면 정합적인 체계가 여러 개 나올 수도 있겠네요.

교수   그렇다. 정합적인 체계는 여러 개가 나올 수 있다. 물리학적 체계,
생물학적 체계, 철학적 체계, 종교적 체계 등등. 그래서? 하고 싶은 말이
무엇이지?

재민   그 체계들끼리 서로 병행하지 않거나 모순되면 어떻게 하나요? 어
떤 체계가 참이고, 어떤 체계가 오류인지, 어떻게 판단하지요? 판단할
기준이 없잖아요?

교수   아주 훌륭한 지적이다. 진리정합론이 가진 문제를 잘 지적했어. 어
떤 체계 A와 어떤 체계 B가 같은 정도의 정합성을 가졌는데, 둘이 서로
갈등하거나 모순되면, 어떻게 하느냐? 어느 하나를 참된 것으로 선택해
야 하는데, 그 선택의 기준은 정합성이 될 수 없고, 다른 무엇이 되어야
하는데 그것이 무엇인가 하는 문제가 발생한다. 진리대응론자들은, 그
기준이야 말로 현실과의 대응이라고 주장하지. 그러나 진리정합론자들
은 그렇게 생각하지 않아. 두 체계의 정합성이 각각 높아지면, 두 체계
는 결국 하나로 통합될 것이고, 따라서 하나의 참된 체계에 도달할 것이

라는 거지.

재민　그러면, 그렇게 믿는다는 건가요?

교수　맞아. 그래서 진리정합론자들은, 정합론적 체계는 현실이 아니라 이상理想이라고 해. 우리 인간의 인식적 탐구는 그런 이상을 실현하기 위해서 부단히 자신의 체계를 수정하고 발전시켜 나가는 과정이라고 보는 거지. 진리정합론자들에 의하면, 인간의 지식 체계가 현실과의 대응에 의해서 고정되어 있지 않고, 계속 발전해 나간다는 거야. 버클리, 칸트, 헤겔 등의 관념론적 이상과 일치하는 면이 있지 않니?

진리실용론

마지막으로 우리가 다룰 진리론은 실용주의적 진리론이다. 실용주의적 진리론the pragmatic theory of truth은 여러 가지 의미에서 미국적인 진리론이다. 미국의 건국 상황과 이념에 무관하지 않고, 미국에서 발생했기 때문이다.

　실용주의pragmatism는 하버드대학교 출신의 퍼스C. S. Peirce가 창시하고, 윌리엄 제임스William James가 완성했다는 점에서 하버드 철학이라고 불러도 과언이 아니다. 1985년 무렵 내가 하버드대학교 철학과 대학원에서 당시의 세계 정상의 철학자인 콰인, 퍼트넘, 드레벤 교수 등의 세미나를 듣고 있었을 때까지도 그들의 철학 저변 깊숙이 실용주의 전통이 깔려 있는 것을 느낄 수 있었다.

　실용주의를 제대로 이해하기 위해서는 미국 독립전쟁 전후의 상황과 건국이념의 배경이 된 사상들에 대해서 어느 정도 알 필요가 있다. 그 중에서 두 가지를 들면 이렇다. 하나는, 아메리카 대륙으로 이주해서 생활하기 시작한 초기 미국 사람들은 '우리는 유럽처럼 살지 말자'라는 생각을 갖고 있었다. 모든 권력을 장악한 왕과 그 주변에서 온갖 특권을 누리며 농민과 노동자를 착취하면서 사치스런 생활을 하는 왕족과 귀족 계급을 두지 말자는 것이었다. 일반 시민이 정치 지도자를 투표를 통해서 선출하고, 정치권력을 입법, 사법, 행정으로 삼분하여 서로 견제하는 체제를 만들자는 것이었다. 이것이 바로 현대 민주주의를 탄생시킨 사상이다.

다른 하나는, 독립전쟁을 통해 연방정부를 탄생시킨 미국인들은 '우리는 새로운 이념과 생활방식을 가진 신세계를 건설할 수 있다'라는 자신감을 갖게 되었다. 정치는 물론 종교, 예술, 과학, 경제, 산업 등전 분야에서 개인이 독자적인 발상과 실험정신을 가지고, 기존의 관습이나 규범의 제약을 받지 않고, 자유롭게 펼칠 수 있는 사회를 만들자는 것이었다. 그 결과로 미국은 전기, 통신, 교통, 교육, 언론 등 많은 분야에서 혁신적인 기술과 사상을 내놓았다.

진리실용주의의 철학적 전제

실용주의는 이러한 미국적인 정치사회 상황 및 생활방식과 긴밀한 연관을 갖고 발생한 철학이다. 실용주의는 다음과 같은 세 가지 철학적 전제에 기초해 있다.

첫째, 관념론을 회피하고 실재론을 견지한다는 것이다. 관념론과 실재론에 대해서는 앞에서 자세히 살펴보았기 때문에, 여기서는 실용주의가 견지하는 실재론에 대해서 간단히 말하겠다. 실용주의의 실재론은 앞에서 우리가 본 형이상학적 실재론에 머물지 않는다. 사실 실용주의자들은 형이상학적 실재론에는 별로 관심이 없다. 그들에게 진정으로 실재real하는 것은 인간의 삶과 경험이고, 그 속에서 발생하는 인간의 행동과 실천이다. 인간이 생활하는 삶의 현실이야말로 실재하는 세계이다. 실용주의자들에게는 관념론 같은 사변적 이론도 인간이 자연환경과 사회 체계 안에서 살아가는 구체적인 현실의 삶과 관련이 있을 때만 의미가 있다. 인간의 구체적인 삶의 현실이 먼저이고, 추상적이고 사변적인 관념들은 그 현실과 관련이 있을 때만 논의의 가치가 있다는 것이다.

둘째, 이성론을 배격하고 경험론을 강조한다. 이성론은 인간의 인식이 이성이 중심이 되어서 이루어지고, 이성의 법칙에 따라서 행해져야 한다는 인식론적 주장이다. 경험이 인식의 기초이고, 경험적인 방법에 의해서 인간의 지식 체계가 구성되고 완성된다고 주장하는 경험론과 반대되는 입장이다. 실용주의자들은 인간의 이성적 사고의 가치를 부정하는 것은 아니지만, 이성론자들이 주장하는 선험적 지식이나, 보편적이고 영원불변하는 이성적 원리 같은 것에 동의하지 않는다. 그들은 인간의 인식과 지식 체계는 인간의 구체적인 생활환경에서 속에서 발생하고, 형성되고, 발전한다고 보았다. 현실적이고 구체적인 경험만큼 확실하고 믿을 수 있는 인식의 방법은 없다는 것이다.

실용주의 철학자는 아니지만, 미국의 독립선언서를 작성한 토머스 제퍼슨의 다음과 같은 의구심은 추상적 사변보다는 구체적인 경험을 중요시하는 미국의 실용주의적 신념을 극적으로 보여주는 경우이다. 플라톤의 대표적인 저서 《국가론Republic》을 읽고 난 후, 제퍼슨은 다음과 같이 말했다고 한다. "이렇게 말도 되지 않는 사상이 어떻게 수천 년간 존경과 찬사를 받아왔단 말인가?" 짐작컨대 제퍼슨은 플라톤의 영원불변하는 이데아 사상과 인간의 영혼을 이성, 기개, 욕망으로 삼분하여 그것을 국가의 통치, 국방, 노동에 적용한 계급적 사상을 말도 안 되는 사상으로 보았던 것 같다. 서양철학의 아버지로 불리며 수천 년간 추앙받아온 플라톤에게 일개 신생 후진국의 정치인이 그런 말을 했다는 것이 오히려 말이 안 되는 것 같지만, 유럽의 기존 지식인의 추상적인 사변과 현학적인 오만에 식상함을 느낀, 신세계 미국의 지식인이 취한 태도의 일면을 보여주는 일화이다.

진리실용론의 핵심 주장들

이상과 같은 실용주의적 전제에서는 당연히 전통적인 진리론과는 다른 새로운 진리론이 나올 수밖에 없다. 다음은 실용주의 진리론의 핵심적 주장이다.

첫째, 진리는 현실 초월적이 아니다. 진리는 인간의 삶의 현실 속에 있다. 진리는 도서관에 쌓여 있는 책 속에 있는 것이 아니라, 우리가 구체적으로 행동하고 생활하는 실천 속에 있다. 진리대응론은 진리가 명제와 사실 사이의 대응 혹은 일치 속에 있다고 하는데, 사실 그 대응이나 일치는 논리적 이론적 대응이 아니라 현실적, 실천적 대응이나 일치이다. 즉 어떤 명제나 믿음을 현실에 적용했을 때, 그 명제나 믿음이 의도했던 결과가 구체적으로 나왔을 때, 그 명제나 믿음은 진리가 된다. 실용주의적 진리의 개념을 정의하면 다음과 같다.

명제 p는 참이다 = df p를 현실에 적용할 때, 기대했던 구체적인 결과를 산출한다.

p is true = df p brings about the intended result when applied to the reality.

둘째, 여기서 구체적인 결과란 무엇인가? 유용성usefulness 혹은 효율성efficiency이다. 무엇에 대해서 유용하며 효율적인가? 삶의 현실과 관련해서 유용하고 효율적이다. 보다 일반화해서, 인간의 생존과 번영에 유용하고 효율적이면 진리이고, 그렇지 않으면 진리가 아니라 오류이다.

대표적인 실용주의 철학자 윌리엄 제임스가 즐겨 든 예가 있다. 산에서 길을 잃었다. 민가가 있는 곳으로 찾아가야 한다. 울창한 숲을 헤치고 험난한 계곡을 건너서 가까스로 어느 민가에 도착했다. 안전한 곳에 도착한 것이다. 제임스는 말한다. 그가 걸어 온 길이 바로 진리이다. 그를 안전한 곳으로 데려다 준 길이 바로 진리이다. 진리는 삶의 경험을 떠나 따로 추상적인 세계에 존재하는 것이 아니다. 아무리 멋있고 그럴듯해 보이는 길도 그를 민가로 인도하는 길이 아니면 오류이고, 그에게는 소용없는 길이다. 이론과 사상도 마찬가지이다. 아무리 그럴듯한 미사여구를 나열하고, 감동스러운 논리적 체계를 갖추고 있는 이론이나 사상이라도, 인간 삶의 구체적인 상황에서 도움이 되지 않으면 진리가 없는 헛소리에 불과하다. 이런 맥락에서 위의 실용주의적 진리의 정의를 다시 표현하면 다음과 같이 될 것이다.

명제 p는 참이다 = df x가 있는 바, p는 x를 위해서 유용하다.
p is true = df There is x such that p is useful for x.

여기서 x는 구체적인 삶의 상황이다. 진리는 구체적인 삶의 현실 혹은 상황과 관련한 유용성으로 정의된다. 윌리엄 제임스는 말한다. 참된 것은 유용하고, 유용한 것은 참이다.

셋째, 유용성으로서의 진리는, 진리 그 자체가 목적이 아니다. 유용성은 언제나 어떤 무엇을 위한 유용성이다. 실용주의의 진리는 목적으로서의 진리가 아니라 도구로서의 진리이다. 무엇을 위한 도구인가? 인간의 생존being과 번영well-being을 위한 도구이다. 진리가 현실적 삶의 도구라는 주장은, 진리가 본유적인 가치라는, 즉 그 자체로 가치가 있다는 전통적인 진리관과 정면으로 배치한다. 인간이 추구해야 할 궁극적 가치인 진리가 삶의 도구로 전락하는 것은 대부분의 철학자들, 특히 전통적 유럽 철학자들 혹은 인식론자들에게 여간 도발적이고 충격적인 견해가 아니다.

하버드대학교의 드레벤 교수

나도 그 중의 한 사람이었다. 젊은 날에 내가 철학을 하기로 결정한 것도 진리를 추구하기 위함이었다. 진리를 알아야 인생의 의미를 알고, 올바른 삶의 길이 열릴 것이라고 생각했다. 그러나 실용주의자들은 인생이 진리를 위해서 존재하는 것이 아니라, 진리가 인생을 위해서 존재한다고 주장한다. 1980년대 중반, 내가 하버드대학교 철학과에서 박사과정에 참여하고 있을 때 드레벤 교수를 만났다. 드레벤 교수는 당시 하버드대학교 철학과 대학원 학생들은 물론, 학과의 다른 쟁쟁한 교수들의 존경을 받고 있었다. 20세기 최고의 철학자라고 불려도 좋을 콰인 교수도, 본인의 책이나 논문 머리에 드레벤 교수의 도움에 감사하다는 언급을 많이 했다. 그런 드레벤 교수가 브라운대학교에서 온 나를 가까이 대해 주셔서 그분의 세미나에 참여하는 것은 물론, 매주 한 차례 자신의 연구실에서 나의 박사논문 주제인 '대상지칭'에 대해서 대화와 토론을 했다.

　그러던 어느 날, 나는 대상지칭의 가능성을 부정하는 드레벤 교수께, 교수님은 왜 철학을 하셨느냐고 물어보았다. 드레벤 교수는 하버드대학교 학부생 때 철학과 교수들이 토론하는 것이 흥미로워서 철학을 하게 되었다고 하시며, 나에게 왜 철학을 하게 되었느냐고 되물으셨다. 나는 진리를 알기 위해서 철학을 하게 되었다고 대답했다. 대답을 들은 교수는 두 팔을 벌려 높이 올리면서 "와~~ 미스터 정, 당신은 정말 위대한 목표를 갖고 철학을 시작했구먼!"이라며 감탄하듯이 말했다. 그러나 나는 그것이 칭찬이 아니라는 것을 이미 알고 있었다. 드레벤 교수가 세미나에서도 "진리는 더러운 말이다Truth is a dirty word"라고 큰 소리로 외치는 것을 몇 차례 보았기 때문이다. 수리논리철학과 비트겐슈타인의 철학의 분야에서 세계 정상의 위치를 차지하고 있는 교수의 입에서 왜 진리가 더러운 말이라는 말이 나왔는가를 설명하려면 이야기가 길어진다. 다만 내가 여기에서 말하고 싶은 것은, 하버드대학교 학부를 나오고, 콰인의 제자로 공부한 드레벤 교수에게는 윌리엄 제임스의 실용주의적 진리관이 사상 저변에 깔려 있다는 것이다. 진리라는 이름으로 역사상 행해진 수많은 악과 인간에게 안긴 고통을 생각하면, 드레벤 교수의 말에도 수긍이 간다. 진리는 위대하고, 때로 거룩한 목표이기도 했지만, 자신의 독선과 독단, 편견을 정당화하는 도구로 사용된 일이 많았기 때문이다.

진리실용론의 주장 중 넷째는, 보편적이고 항구불변한 진리는 없다는 것이다. 현실과 더불어 존재하는 진리는 현실이 변화할 때에 함께 변화한다. 오늘 진리였던 것이 내일 오류가 될 수 있고, 오늘 오류인 것이 내일 진리가 될 수 있다. 그럴 수밖에 없는 것이, 진리는 삶의 현실 속에서의 유용성이기 때문이다. 오늘 유용했던 것이 내일 유용하지 않을 수 있고, 오늘 유용하지 않았던 것이 내일 유용할 수 있다.

그뿐만 아니라, 당신에게 유용한 것이 나에게는 유용하지 않을 수 있고, 나에게 유용한 것이 당신에게는 유용하지 않을 수 있다. 유용성이 상대적인 만큼 진리도 상대적이다. 절대적인 진리는 없다. 진리는 개인적 혹은 집단적 삶의 특수한 상황과 관련해서 규정되고 정의된다. 보편적일 수 없다. 모든 진리는 개별적이고 특수하고 상대적이다.

진리가 삶의 현실과 더불어 변화하고, 삶의 상황에 따라서 상대적이라는 이 진리론은 지금까지 우리가 보아온 진리론과 너무나 달라

서 받아들이기 어렵기도 하다. 그러나 인간의 역사를 되돌아보면, 실용
주의의 진리관도 일리가 있어 보인다. 과거에 진리라고 생각했던 것이
후세에 진리가 아닌 것으로 밝혀진 것이 얼마나 많은가? 서양 지성사
에는 폐기 처분된 진리들이 널려 있다. 서양에서 진리인 것이 동양에
서는 진리가 아닌 것도 한 둘이 아니다. 기독교의 진리가 불교의 진리
와 같을 수 없고, 아인슈타인의 물리학이 뉴턴의 물리학과 같지가 않
다. 다윈의 생물학이 그 이전의 생물학과 크게 다르다. 진리는 변화하
고 발전해왔다. 그런데 진리가 변화하고 상대적이라는 실용주의적 진
리관이 반드시 진리의 위상을 격하시키는 것은 아니다. 오히려 진리
를 살아있게 해서 진리의 가치를 높이는 긍정적인 효과도 기대할 수
있다.

정성호 교수의 진리관

찬중 교수님, 질문 있는데요?

교수 무슨 질문이니?

찬중 오늘 진리인 것이 내일 오류가 되고, 나에게 오류인 것이 다른 사
람에게 진리가 될 수 있으면, 있으나 마나 한 진리 아닌가요? 진리는 하
나가 있어서 모든 사람과 경우에 타당하고 객관적인 기준이 되어야 하
는 거 아닌가요?

교수 아주 좋은 지적이다. 진리라고 할 때 우리는 객관적이고 보편적인
기준을 기대하지. 그러나 실용주의의 진리는 우리의 그런 기대와 요구
를 만족시켜 주지 못한다. 좋은 지적이야. 그런데 지금 한 질문 속에는
하나의 가정이 숨어 있다. '우리가 기대하고 요구하는 진리'가 있다는
것이지. 다시 말하면, 우리에게 객관적이고 보편적인 기준이 되어 주는
진리가 있어야 하고, 그런 진리가 우리에게 필요하고, 도움이 되고, 유

용한 진리라는 말이 된다. 이렇게 되면 결국 찬중이의 질문은 실용주의적 진리관을 전제한 질문이 되지 않을까? '아무 소용이 없는 진리'라는 표현이야말로 실용주의자들이 관념론이나 이성론자들의 진리를 두고 할 비판이었지 않니?

미라 진리대응론, 진리정합론, 진리실용론 중에서 교수님은 어떤 진리관이 옳다고 생각하세요?

교수 그래, 나를 그냥 두고 갈 리가 없지. 내 입장은 간단히 말하면 이렇다. 세 진리관은 상호 모순되지 않는다. 나는 상황에 따라서 다른 진리의 개념을 적용해도 상관이 없다고 생각해. 사실이 존재하거나 사실을 분명히 밝힐 수 있을 경우에는 진리대응론, 사실이 존재하지 않거나 사실을 분명히 밝힐 수 없는 경우에는 진리정합론, 현실적이고 구체적인 삶의 상황에서는 진리실용론을 적용하는 것이 현실적으로 옳고 바람직하다고 생각해. 이렇게 보면, 나는 크게 진리실용론에 가깝다고 볼 수 있지.

진리신비론

마지막으로, 진리와 관련해서 내가 꼭 첨가하고 싶은 말이 있다. 진리신비론이다. 진리신비론에는 두 가지 종류가 있는데, 하나는 진리가 궁극적으로 하나라는 이론이고, 다른 하나는 진정한 진리는 인간의 언어로 표현할 수 없다는 이론이다. 전자에 대해서 생각해보자. 이 이론에 의하면 우주에는 궁극적으로 하나의 진리가 있고, 그 진리를 알면 우주의 모든 문제가 해결될 수 있다는 것이다. 진리는 하나이고 영원불변하다는 표현으로 일반인들에게도 잘 알려진 진리관이다. 일원론적 관념론이나 고등종교들에서 흔히 채택하는 진리관이기도 하다.

이 진리관이 매력적인 것은, 하나만 알면 다른 모든 문제가 해결된다는 희망 혹은 환상을 주기 때문이다. 복잡할 것 없이 간단하다. 이 것저것 따지고 고민할 것 없이 하나의 진리만 알면 되기 때문이다. 나도 한때 그런 진리가 있을 것이라고 믿고, 철학을 시작했었다. 그런데 철학을 하면 할수록 그런 진리는 없을 뿐만 아니라, 논리적으로 불가능하다는 것을 알게 되었다. 그 이유는 이렇다. 그런 진리가 있다고 가정하자. 그런 진리가 있다면 하나의 단순 문장으로 표현될 수밖에 없다. 즉 주어 하나, 술어 하나, 즉 하나의 주체와 하나의 속성으로 구성된 명제로 표현될 수밖에 없다. 말하자면 이런 식이다. x is F. 그런데, 문제는 x와 F에 들어갈 값이 없다는 것이다. x의 값으로 '우주', '세계', 혹은 '모든 존재'가 주어졌다고 하자. 그러면 F의 값으로 무엇이 들어갈 수 있는가? '무한하다?', '유한하다', '조화롭다?', '혼란스럽다?' 등등 어느 것이 들어갈 수 있는가? 그리고 그것은 옳은가? 어느 것이 옳은지 판단할 기준이나 근거는 있는가? 없다. 따라서 우주를 통관하는 하나의 진리는 논리적으로 불가능하다.

두 번째 종류의 진리 신비론은, 진리는 인간의 언어로 표현될 수 없다는 것이다. 우주를 통관하는 하나의 진리는 한국어나 영어나 중국어로 표현될 수가 없다는 것이다. 왜냐하면 그런 진리는 인간의 인식 능력을 초월한 영역에 존재하기 때문이다. 이런 진리론을 믿는 사람들은 때로 인간의 감각이나 이성이 아닌 신비로운 능력 혹은 초능력에 호소한다. 영적인 경험 혹은 계시 같은 방법에 의존하기도 한다.

그런데, 이 이론의 문제는 신비주의에 호소한다는 것이다. 신비주의란 인간의 감각이나 이성으로 인식할 수 없고, 인간의 언어로 표현할 수가 없다는 것이다. 만일 이 이론이 옳다면, 우리는 우주의 궁극적인 진리를 알 수 없고 언어로 표현할 수도 없다. 그런데 문제는, 인간의 인식과 표현 능력을 초월해 있는 그런 진리가 있다는 것은 어떻게 아느냐는 것이다. 신비주의에 의하면 모르고 알 수 없다. 그런데, 어떻게 그런 진리가 있지만 알 수 없다고 주장하는가? 한때 동서양 곳곳에는 수 속에 우주의 진리가 있다고 생각해서 수의 질서를 알면 우주의 질서를 알 수 있다고 생각한 적이 있다. 고대 그리스의 피타고라스 학파와 고대 중국의 주역이 그 한 예이다. 그러나 오늘날 그런 신비주의를 믿는 사람은 거의 없다. 현대에 진리신비주의가 살아남을 곳은 없어 보인다.

6장

인식 정당화는 어떻게 하는가?

어느 쪽에 투자할 것인가?

A사례: 내가 미국 브라운대학교에서 박사학위 과정에 있을 때, 하루는 미국인 친구가 내게 이런 말을 했다. 자기 집 다락을 정리하다가 할아버지께서 남긴 서류 가방 하나를 발견했는데, 그 속에 한국 어느 곳에 다량의 금이 매장되어 있다는 정보가 들어 있다는 것이다. 자기 할아버지는 조선 왕조 말엽에 미국 금광 채굴회사 탐사팀 책임자로 한반도에 갔었는데, 그때의 기록이라는 것이다. 일본제국이 조선을 합병하는 바람에 급히 철수해야 했는데, 귀국 과정에서 사고로 돌아가시고 유품만 집으로 돌아왔다는 것이다. 그 친구 말이, 자기는 한국에 연고가 없으니, 내가 금 채굴 회사를 차려서 이익금의 일부를 자기에게 달라는 것이었다. 그래서 나는 회사를 세워서 그 금을 채굴하려고 한다. 지금 나에게 십만 원을 투자하면, 일 년 후에 그 백배인 천만 원을 배당금으로 주겠다. 나에게 투자하기 바란다.

B사례: 내가 동국대학교로 온 후에 하루는 내 팔대조八代祖 할아버지께서 꿈에 나타나 이런 말씀을 하셨다. "네가 가족을 미국에 두고 혼자 자취하

면서 학생들을 가르친다고 고생이 많다. 한반도 어느 곳에 대량의 금이 매장되어 있다. 그 금을 채취해서 생활에 보탬이 되게 하라." 할아버지께서는 나에게 자세한 위치를 말씀해 주셨다. 꿈에서 깨어 보니 모든 것이 너무나 생생했다. 할아버지께서는 조선 영조시대에 성균관 대제학을 지내신 분이시다. 꿈에라도 후손에게 거짓말을 하실 분이 아니다. 그래서 나는 회사를 세워서 그 금을 채굴하려고 한다. 지금 나에게 십만 원을 투자하면, 일 년 후에 그 백배인 천만 원을 배당금으로 주겠다. 나에게 투자하기 바란다.

교수 지금 십만 원 투자하면, 일 년 후에 천만 원이다. A와 B 중에서 어느 쪽에 투자하겠니?

학생들 ….

우리 교수님 또 정신없는 소리를 한다는 표정이다. 무슨 소리를 하려고 저런 엉터리 같은 이야기를 꾸며서 하는지 모르겠다는 분위기다. 아무도 입을 열 것 같지가 않다. 이럴 때는, 누구를 지목해서 입을 열게 하는 수밖에 없다.

교수 효선아, 너라면 A, B 중에서 어느 쪽에 투자하겠니?

효선 꼭 선택해야 한다면 A로 하겠어요.

교수 왜 B는 아니지?

효선 꿈을 어떻게 믿어요? 꿈은 꿈이잖아요?

교수 우리 팔대조 할아버지께서는 꿈에도 거짓말을 하실 분이 아니야. 분명히 나에게 그렇게 말씀하셨어. 너는 나를 못 믿겠다는 거니?

효선 아니요. 교수님을 못 믿는 것이 아니라, 꿈을 못 믿어요.

교수 그럼 A는 믿니?

효선 그분 할아버지가 금 채굴회사 전문가이고, 탐사기록까지 있으니,
교수님 꿈보다는 더 믿을 만하지요.

교수 흠 ….

효선 저는 교수님을 믿지만, 교수님의 꿈은 아니에요. 꿈은 현실이 아니
잖아요?

교수 효선이는 내 꿈을 믿을 수 없다고 한다. 현실이 아니니까. 다른 사
람들은 어때? 효선이와 같은 생각인가?

규웅 그 기록도 현실은 아니잖아요? 그 기록이 존재하는 것은 현실이지
만, 그 기록에 담긴 내용이 현실인지 아닌지는 모르잖아요?

일주 맞아요. 저도 그렇게 생각해요. 그 기록이 어떤 기록인지, 그 기록
에 대한 확인을 하기 전까지는 사실인지 아닌지 아무도 모르잖아요. 그
친구의 말만 믿고, 그 기록이 진짜라고 믿는 것도 위험한 것 같아요. 그
친구가 꾸며서 만든 기록일 수도 있고, 그의 할아버지의 탐사가 잘못되
었을 수도 있고, 그 기록에 따라서 금을 채굴하기 전까지는 모르는 거
지요.

교수 그렇구나. 기록은 어디까지나 기록이지. 내 꿈이 어디까지나 내 꿈
인 것처럼. 꿈이든 기록이든 확인하기 전까지는 모르는 거다? 맞는 말
같은데? 그렇게 되면, 둘 다 믿을 수 없다는 말이 되잖아? 그럼. 어느 쪽
에도 투자하지 않는 것이 좋겠군.

지영 그런 것 같아요. 시추를 해보기 전까지는 둘 다 믿을 수 없어요.

교수 그러면, 너는 채굴한 결과를 보고 투자하겠다는 거니? 금이 발견된
후에? 그렇지만, 그 때는 너무 늦지. 위험부담이 없는 투자를 하겠다는
건데, 그런 투자에는 이익금이 별로 따라오지 않아. 내가 낸 문제는 탐
사 전에 어느 쪽에 투자할 것이냐는 것이야. 자, 이제 어느 쪽에 투자할
것인지 결정하자. A에 투자할 건가? B에 투자할 건가?

대부분 A에 손을 들고, B에는 한두 사람밖에 없다. B에 손든 학생에게
물었다.

교수 왜 B에 손을 들었지?

진원 교수님 체면을 생각해서요 ….

교수 나 원 …. 고맙긴 하지만, 내 체면을 더 깎는 것 같다. 자 …. 그러면
요점으로 들어가서, A와 B의 차이는 무엇이지? 무슨 차이 때문에 A를
선택하고, B는 선택하지 않았지?

효선 믿음의 차이요.

교수 믿음의 무슨 차이? 좀 더 정확하게 말해 봐.

효선 근거의 신뢰성 차이요.

교수 A의 믿음이 더 신뢰성이 있다는 거지. 어째서?

효선 A는 경험적인 근거가 있잖아요? 아니 적어도 있을 수 있잖아요?
그런데, B는 그런 것이 전혀 없잖아요? 경험적인 근거가 있거나, 있을
수 있는 가능성이 있는 쪽이 더 신뢰할 만하지요. 금을 채굴할 때 탐사
기록을 근거로 하는 것이 일반적이고, 그 친구의 할아버지가 탐사에 오
류를 범하거나, 교수님의 친구가 조작을 하는 등 특별한 사항이 없는
한, 그 기록은 일단 신뢰할 수 있다고 봐요. 그러나 교수님의 꿈 이야기
는 그런 경험적인 근거가 없잖아요. 꿈에 나타난 분이 교수님의 진짜 할
아버지는 아니잖아요? 그 분은 교수님의 꿈속에 나타난 이미지에 불과
하잖아요.

학생들 맞아요. 효선이 말이 맞아요. 교수님은 이제 헛된 꿈 이야기는 그
만 하시는 것이 좋겠어요.

교수 내 꿈 이야기는 헛되니 그만하라? 흠 ….

효선 합당한 근거가 없잖아요.

믿고 싶은 대로 믿을 수 있는 자유

교수 그래? 합당한 근거가 꼭 있어야 하니? 믿고 싶으면 믿고, 믿고 싶지 않으면 믿지 않으면 되잖아?

학생들 네? 교수님, 그걸 말이라고 하세요? 믿고 싶은 대로 믿는다는 게 말이 돼요?

교수 왜 안 되니? 믿는 건 자유 아냐?

이야기가 딴 데로 흘러간다. 토론을 하다 보면 흔히 일어나는 일이다. 토론이 주제를 벗어날 때 취할 수 있는 두 가지 태도가 있다. 하나는 토론의 주제를 바로 잡는 것이고, 다른 하나는 그냥 놔두고 어디로 흘러가는지 보는 것이다. 지금 토론이 딴 데로 흘러가는 것은 교수인 나 때문이다. 나의 도발적인 태도에 학생들이 흥분해서 토론에 뛰어든다. 그것만 해도 수업의 반은 성공이다.

교수 내가 보기에 믿음의 자유만큼 인간에게 귀한 자유가 없는 것 같은데? 정치적 압박으로부터의 자유, 육체적인 고통으로부터의 자유도 중요하지만, 자기가 믿고 싶은 대로 믿을 수 있는 자유도 마찬가지로, 혹은 그 이상으로 중요한 것 아닌가? 믿고 싶은 대로 믿을 수 있는 자유. 내가 말하는 것은 종교적 신앙의 자유가 아니라, 인식적 사고의 자유야. 인식적 사고의 자유란 진리와 관련된 사고의 자유를 말해. 참되거나 거짓되거나, 옳거나 그르거나, 사실이거나 허위거나 상관없이 자신이 믿고 싶은 대로 믿을 수 있는 자유. 진리가 중요한 가치이고, 진리를 추구해야 하지만, 만일 우리가 진리만을 믿어야 한다면 얼마나 협소하고 답답한 세상이 되겠니? 자기 좋은 대로 상상하고, 희망하고, 기억하고, 묘사할 수 있는 자유. 세상에 대해서, 자기 자신에 대해서, 미래에 대해서, 생각하고 싶은 대로 생각할 수 있는 것. 그런 자유의 결과로 문학과 예술과 과학까지도 꽃을 피우게 된 것이 아닐까? 우리는 진리를 추구하고 오류를 피하기를 원하지만, 오류를 범할 수 있는 자유도, 진리를 추구하는 자유만큼이나 중요한 것 같은데.

효선 듣고 보니 교수님 말씀도 일리가 있어요. 그러나 오류의 대가는 치러야지요. 내가 믿는 것이 사실이기를 바라는 이유에는, 오류나 거짓을 믿었을 때 오는 피해와 고통을 피하고 싶은 마음이 있기 때문이 아니겠어요? 제가 학기말 시험에 틀리게 답해도 교수님은 저의 믿음의 자유를 인정해서 감점하지 않으시겠어요?

교수 흠 …. 듣고 보니 그렇구나. 자유는 공짜가 아니다. Freedom is not free! 미국 수도 워싱턴 한국전쟁 기념공원에 이 말이 돌벽에 크게 조각되어 있지. 자유에는 대가가 따르고, 책임도 져야 한다는 것을 상징적으로 잘 보여주는 기념공원이지.

효선 그런데, 그 대가와 책임이 인간의 생명과 인류의 존망에 관계된 것이어도 괜찮아요? 무고한 사람을 아무 근거도 없이 구속하여 사형시키고, 적이 핵공격을 하지 않았는데도 마음 내키는 대로 그렇게 믿고 핵미사일을 발사하는 그런 경우에도, 교수님은 믿고 싶은 대로 믿는 자유를 주장하시겠어요?

학생들 와 …. 효선이 잘한다. 교수님, 믿음의 자유를 포기하시는 것이 좋겠어요.

교수 믿음의 자유를 포기하다니 …, 그것은 인간이 가질 수 있는 최고의 혹은 최후의 자유인데? 믿음의 자유에 따르는 대가와 책임이 크니, 조심해서 믿으면 되잖아? 참되고 사실일 가능성이 충분한 경우에만 믿는 거야. 논리적 사고의 네 법칙 중의 하나로 언급되는 라이프니츠의 충족 이유율law of sufficient reason 같은 것이지. 이 법칙을 여러 가지로 해석할 수 있지만, 충분한 이유 혹은 근거가 있을 때, 그런 때에만 믿는다는 것이지. 믿을 때 항상 충분하고 적절한 근거 혹은 이유를 갖고 믿는 거지. 그렇게 하면, 믿음의 자유를 포기하지 않아도 되는 거 아냐?

학생들 예 …. 말이 되는 것 같은데요 ….

철학과 학회장을 지낸 효선이는 학과에 대한 자부심이 강하고, 좋은 일을 많이 추진하고 싶어 했다. 그러나 학생들이 생각만큼 따라주지 않았다. 그럴 때는 내 연구실에 와서 눈물을 흘리기도 했다. 책임감이 강한 젊은이이다.

합당한 근거를 갖고 믿어야 하는 이유

교수 금 채굴과 투자로 시작한 우리의 논의가 여기까지 왔다. 자 …. 한 번 정리해보자. 우리가 왜 합당한 근거를 가지고 믿어야 하지?

학생들 진리를 위해서요.

교수 왜 진리를 믿어야 하지?

학생들 진리를 믿지 않으면 무고한 사람이 사형을 당하고, 인류가 핵전쟁으로 멸망할 수도 있으니까요.

교수 맞아. 우리가 진리를 믿는 궁극적인 이유는 인간의 생존, 번영, 그리고 행복을 위함이다. 진리가 우리의 생존의 가능성을 높이는 것은, 주위 환경과 조건을 올바르게 파악하고 이해하여 거기에 맞게 반응하고 행동할 수 있기 때문이다. 앞에 호랑이가 있으면 호랑이로 보고, 고양이가 있을 때는 고양이로 보고 행동해야 한다. 호랑이를 고양이로 보고 귀엽다고 다가가면 잡아먹히는 수가 있고, 고양이를 호랑이로 보고 숨어 다니다 보면 아무것도 못해서 굶어 죽을 수가 있다. 위장병인 경우에는 위장병으로 진단하고 치료를 해야 위장병에 걸린 사람의 생명을 연장할 수 있다. 진리는 우리의 생존의 가능성을 높이는 것뿐만 아니라, 우리의 생존에 필요불가결하다.

진리가 우리의 번영에 기여하는 것도 마찬가지이다. 현대의 과학과 기술이 인간 사회의 번영에 기여한 것은, 과학적이고 기술적인 지식 덕분이다. 물리학적, 화학적, 생물학적 지식과 기계공학, 전기공학, 컴퓨터 공학의 지식이 없었으면, 인간은 오늘날처럼 경제적으로 문화적으로 발전된 사회에 살 수 없었을 것이다. 자연 자원이 풍부하지 않은 우리나라가 국가 간의 무한 경쟁에서 계속 경제적 번영을 누리려면, 우리의 '지식 산업'이 뒷받침할 수 있어야 한다. 오늘날뿐만 아니라, 앞으로도 국가의 번영은 우수한 과학적, 기술적 지식에 달려 있다는 것은 누구나 알고 있는 사실이다.

진리가 우리의 행복을 증진시키는 것은, 진리가 우리로 하여금 오류와 거짓을 피하게 해주기 때문이다. 오류는 우리를 헛된 길로 들어서게 해서 시간과 정열을 낭비하게 한다. 인간 사이의 신뢰도 진리를 바탕으로 한다. 거짓은 인간 사이를 불신하게 하고, 서로 반목하게 하고, 투쟁하게까지 한다. 거짓과 오류에 빠져 있는 인간들 사이에 신뢰와 협력, 화목과 행복이 깃들 수 없다. 부정과 부패가 만연한 국가나 사회의 사람들이 행복하게 살 수 있는 가능성은 매우 적다. 누구를 믿고 살아야 할지 알 수 없기 때문이다. 그래서 우리는 진리를 추구하고, 진리를 믿고, 진리를 믿어야 해. 어때? 그런 것 같지 않아?

학생들 그런 것 같아요.

교수 자 …. 우리는 이제 합당하고 충분한 근거가 있을 때에만 믿기로 했다. 그렇지?

학생들 네, 그래요.

교수 합당하고 충분한 근거를 갖고 믿고, 이해하고, 설명하고, 비판하거나 기소하는 것은 인간의 생존과 번영에 기본적일 뿐만 아니라, 합리적으로 생각하고 행동하겠다는 결심을 하는 것과 같다. 합리성이란 이성적으로 혹은 이성의 원리에 따라서 생각하고 행동한다는 뜻인데, 합당하고 충분한 근거에 입각해서 사고하고 행동한다는 것은 그런 합리성의 가장 기본적인 요소 중의 하나이다. 여러분이 이제부터 합당하고 충분한 근거가 있을 때에만 믿기로 한 것은, 이제부터 합리적으로 생각하고 행동하겠다고 결정한 것과 같다. 그런 면에서 우리가 지금 하고 있는 논의는 우리가 살아가는 데 상당히 의미 있는 부분이지.

학생들 그런 것 같아요. 철학이 현실에 얼마나 중요한지 보여주는 하나의 좋은 예 같아요.

교수 그렇지? 철학이 뜬구름 잡는 소리나 한다는 말은 참으로 근거 없는 비합리적인 말이지? 좋은 지적을 했다. 자 …. 이제 우리가 할 일은 합당하고 충분한 근거를 갖고 믿는다는 것이 무슨 뜻이며, 어떻게 해야 그렇게 할 수 있는지 알아보는 것이다. 이럴 때 내가 항상 강조한 말이 있지? 어떤 것을 정의하고, 그 특성을 밝히려 할 때, 제일 먼저 해야 하는 일. 그게 뭐지?

학생들 ….

교수 벌써 잊었어? 여러분이 내 수업을 들을 때부터 귀가 따갑게 들어온 말인데? 그걸 잊어? 가르쳐 봐야 아무 소용이 없네.

학생들 학기말 시험 치고 강의실 나간 후에는 머리에서 다 지워 버리잖아요.

교수 학점 때문에 공부하는 거니까, 학점 따고 나면 다 소용없다? 중·고등학생 때부터 시험 성적을 위해서 공부해 온 버릇이 그대로 남아 있군. 그러니까, 졸업장 받고 대학 캠퍼스를 나간 후에는 4년 동안 배운 거 모두 잊어버리겠군.

학생들　그대로 조금은 남아 있을 거예요.

교수　뭐가 남아?

학생들　같이 MT 간 거요. 충무로 골목에서 친구들과 술 마신 거요. 시험 공부 하느라 밤새운 거요. 교수님과 이렇게 토론한 거요.

교수　비싼 대학 등록금이 아깝다. 이러니 대학교육 무용론이 나오지. 어 쨌든, 다시 되풀이 하겠다. 이건 졸업하고도 잊지 마. 철학과를 나온 사 람이면 누구나 알아야 할 철학하는 방법의 핵심이니까.

정의의 규칙

무엇이든 정의하거나 그 특성을 설명할 때 제일 먼저 해야 할 것 세 가 지는 다음과 같다. 첫째, 그것의 표준적인 표기법paradigmatical notation 혹 은 도식적 표현schematic expression을 찾아내는 것. 둘째, 그것의 논리적인 형식을 규정하는 것. 셋째, 그 논리적인 형식에 따라서 필요하고 적합 한 내용content을 부과하는 것이다. 다시 반복하지만, 먼저 표준적 표기 법을 찾아내고, 다음으로 그것의 논리적 형식을 규정하고, 마지막으로 그 형식에 내용을 부과한다. 이렇게 하면 많은 것을 제대로 정의하고 그 특성을 밝힐 수가 있다. 그러면 이 세 가지 단계를 통해서 합당하고 충분한 근거가 무엇인지, 어떻게 하는지를 생각해 보자.

먼저, 표준적 표기법을 살펴보자. 어떤 것에 대한 합당하고 충분 한 근거를 제시하는 행위를 표현하는 좋은 표기법이 있다. '정당화하다 justify'라는 것이다. 합당하고 충분한 근거를 제시한다는 것은 곧 정당 화하는 것이다. 그런데 정당화에는 몇 가지 종류가 있다. 일상생활에서 가장 흔하게 보는 경우가 법정에서 재판하면서 하는 법적 정당화legal justification이다. 어떤 행위가 유죄인지 혹은 무죄인지는 합당하고 충분한 근거에 입각해서 결정된다. 다음으로, 도덕적 정당화moral justification 이다. 어떤 행위가 도덕적으로 옳다 혹은 그르다는 것을 합당하고 충분한 근거에 입각해서 판단하는 것이다. 그리고 마지막으로 인식적 정당화epistemic justification가 있다. 어떤 믿음이 참되다 혹은 그르다는 것을 합당하고 충분한 근거에 입각해서 판단하는 것이다. 우리가 여기에서 다룰 정당화는 인식적 정당화이다.

그런데, 앞의 두 정당화 즉 법적 그리고 도덕적 정당화는 근본적으로 인식적 정당화를 배경으로 하고 있다고 볼 수 있다. 어떤 행위가 유죄인지 무죄인지, 혹은 옳은지 그른지를 판단하기 위해서는, 그런 행위가 실제로 발생했는지 발생하지 않았는지를 밝힐 필요가 있기 때문이다. 사실 혹은 진실에 근거해서 법적 혹은 도덕적 판단을 해야 한다는 말이다. 이런 문맥에서 보면, 우리가 추구하는 가치 가운데서 진리의 비중이 얼마나 크고 중요한지를 알 수 있다. 먼저 진리가 확보되고 난 후에야 법적, 윤리적 판단을 할 수 있다.

인식적 정당화의 논리적 형식

이제 우리가 할 일은 인식적 정당화가 무엇이며, 어떻게 하는 것인지 밝히는 것이다. 먼저 인식적 정당화의 표준적 표기법 혹은 도식적 표현이 무엇인지 알아보자. 그 표현은 다음과 같다.

S는 p를 믿는 것이 정당화된다.
S is justified in believing that p.

여기에서 S는 믿음의 주체, p는 S가 믿는 명제이다. '인식적'이라는 표현을 사용하지 않은 이유는 믿음이 인식적 행위이기 때문에 그것을 첨가할 필요가 없기 때문이다. 그런데 위 표현은 문법적으로 완전하지 않고, 그 의미도 불투명하다. 그래서 이렇게 고칠 필요가 있다.

S는 p를 믿는 것이 x에 의해서 정당화된다.
S is justified in believing that p by x.

이 표현은 다음과 같이 표기해도 무방할 것이다.

S의 믿음 p는 x에 의해서 정당화된다.
S's belief p is justified by x.

다음은 이 표기법의 논리적 형식을 밝히는 것이다. 이 논리적 형식은 20세기에 발생한 기호논리학의 원리와 방법에 의해서 밝히는 것인데, 여기서는 그 기본적인 형식만을 언급하겠다. 그 형식은 다음과 같다.

x is justified by y.
x는 y에 의해서 정당화된다.

사실 이것이 모든 정당화의 기본적인 논리적 형식이기도 하다. 수동태가 아니라 능동태로 표현해서 'y justifies x'라고 할 수 있지만, 정당화의 대상이 주어로 먼저 앞에 놓인다는 점에서 시각적인 장점이 있다.

인식적 정당화의 논리적 형식의 내용

다음은 논리적 형식의 내용을 부과하는 것이다. 논리적 형식에 내용을 부과하는 것이야말로 인식정당화에서 우리가 해야 할 대부분의 일이라고 해도 과언이 아니다. 현대 인식론의 논의가 주로 지식의 개념 정의와 정당화의 방법을 중심으로 전개되어 왔는데, 그 논의 대부분이 위의 논리적 형식에 내용을 부과하는 과정이다.

위의 논리적 형식에 내용을 부과하기 위해서 우리가 먼저 할 일은, 위의 형식 'x is justified by y'에서 변항 x, y의 값을 부과하는 것이다. 무엇이 x, y의 값으로 들어 갈 수 있는가?

먼저 x의 값에 대해서 생각해보자. 어떤 종류 혹은 범주의 존재가 x의 값이 될 수 있는가? 무엇이 정당화의 대상이 될 수 있는가? 이 질문에 대한 대답으로 먼저 생각해 볼 수 있는 것은 개별체individual thing, 사태, 사건, 사실 등이다. 그런데, 이 고양이, 서울 남대문, 동국대학교 같은 개별체는 정당화의 대상이 될 수 없어 보인다. 이 고양이는 저 고양이에 의해서 정당화된다거나, 서울 남대문은 서울 시청에 의해서 정당화된다는 등의 표현은 적합하지 않다. 정당화될 수 있는 것은 '어떤 것'이 아니라, '어떤 것이 어떠하다'라는 문장으로 표현될 수 있는 것이어야 한다. 즉 단어가 아니라, 문장이어야 한다.

문장으로 표현될 수 있는 존재는 대표적으로 사태, 사건, 사실 등이 있다. 사태는 여러 차례 발생할 수 있는 사건이다. 추석 물가가 폭등하는 것 같은 사건은 거의 매년 일어난다. 이럴 때 우리는 그런 사태가 계속 발생한다고 말한다. 사건은 한 차례 일정한 시간에만 발생할 수 있다. 그래서 우리는 러시아의 우크라이나 침공을 사건이라고 부른다. 그런데, 그런 사건이 2022년 2월 24일에 실제로 발생했다. 사실이 된 것이다. 사태, 사건, 사실은 발생 가능한 혹은 이미 발생한 존재들이다.

어떤 존재가 그 자체로 정당화되거나 정당화되지 않는 경우는 없다. 고양이가 그 자체로 정당화되지 않는 것처럼, 고양이가 책상 위에 있다는 사건도 그 자체로 정당화되지 않는다. 정당화되거나 정당화되지 않는 것은 어떤 존재에 대한 주장, 믿음 혹은 판단이지, 존재 자체는 아니다. 정당화되고 안 되고는, 어떤 존재 혹은 비존재에 대한 어떤 사람의 주장, 믿음, 판단이다. 그러니까, 정당화의 대상은 사태, 사건, 사실 자체가 아니라 그것에 대한 인간의 주장, 믿음, 판단이다.

그런데 주장, 판단, 설명은 모두 명제로 표현되고, 명제적 형식을 띤다. 명제란 믿고, 주장하고, 판단하는 문장의 의미, 즉 그 내용이다. 결국, 정당화되거나 되지 않는 것은 명제, 즉 문장의 내용이 된다. 러시아의 우크라이나 침공이 정당하다는 주장이 정당화되거나 정당화되지 않는 것은, '우크라이나 침공은 정당하다'라는 문장의 의미, 즉 그 문장이 의미하는바 명제가 정당화되거나 정당화되지 않는다는 뜻이다. 그러니까 x의 값이 될 수 있는 것은 명제밖에 없다. x의 값으로 들어갈 수 있는 존재의 종류 혹은 범주는 명제라는 것을 밝혀낸 것이다.

다음으로 y의 값에 대해서 생각해보자. 정당화의 대상이 명제이면, 정당화의 주체는 어떤 종류 혹은 범주의 존재인가? 즉 어떤 존재가 명제를 정당화하는가? 대답은 간단하다. 명제이다. 문장의 의미만이 문장의 의미를 정당화하거나 하지 않을 수 있기 때문이다. 그런데 어떤 문장의 의미가 다른 문장의 의미를 정당화하는지 않는지는 누가 판단하는가? 대답은 인간이다. 따라서 정당화의 주체는 궁극적으로 인간이다. 인간이 명제를 그 마음에 품고, 그 명제들의 정당화 관계를 규명하는 것이다. 마음속에 명제를 품는 것을 논리철학에서는 믿는다believe 라고 부른다. 정당화라는 높고 복잡한 수준의 정신적인 작업을 할 수 있는 존재는, 우리가 아는 한 인간밖에 없다. 그러니까, y의 값으로 들어갈 수 있는 존재는 인간밖에 없다.

치좀 교수와 나

정당화의 주체와 대상과 관련한 나의 일화 하나가 있다. 내가 브라운 대학교에서 박사논문을 쓰고 있을 때, 내 논문 속에 정당화의 주체와 대상의 값에 대한 문제가 발생했다. 정당화의 주체와 대상의 값으로 주어질 수 있는 존재의 범주가 무엇인가에 대한 결정을 해야 했다. 혼자서 쉽게 해결할 수 있는 문제가 아니었다. 지도교수인 치좀 교수께 가서 여쭤보았다.

> **정성호** 교수님, 무엇이 믿음(혹은 명제)를 정당화하나요?
>
> (What does justify a belief?)
>
> **치좀** 믿음이지요. 믿음만이 믿음을 정당화할 수 있어요.
>
> (Belief. A belief can be justified only by a belief.)
>
> **정성호** 네, 알겠습니다. 감사합니다.
>
> (I see. Thank you.)

교수님의 연구실을 나오는 나의 발걸음에 힘이 실렸다. '믿음은 믿음에 의해서만 정당화된다'라는 교수님의 확답을 받았다. 황제로부터 보검을 하사받은 장군 같은 의기양양함으로 연구실을 나왔다. 브라운대학교 철학과는 목조 3층 주택건물을 사용하고 있었다. 이 오래된 목조 건물 바닥은 사람들이 걸어가면 삐걱삐걱 소리를 냈다. 그 날은 그 삐걱거리는 소리가 유난히 크게 들렸다.

나는 어릴 때부터 학교 선생님께서, 대학 교수님의 경우는 더욱 그렇지만, 수업 시간이나 개인적으로 말씀을 하시면 고개를 조아리고 듣고 있거나, 노트에 받아쓰는 문화에서 자랐다. 학교는 한자로 '學校'

이고, 나는 '배우러' 학교에 갔었다. 배운다는 것은 선생님께서 가르치시는 것을 잘 듣고, 잘 기록하고, 잘 기억하는 것이다.

선생님께서 알아서 잘 가르치셨는데 학생이 잘 모른다고 질문을 하거나, 분명하지 않다고 설명을 요구하거나, 이상하다고 의문을 제기하는 것은 선생님에 대한 예의가 아니었다. 선생님의 권위에 도전하는 것으로 받아들여질 수 있었다. 선생님은 물론 어른께서 말씀하시면 네, 네, 하면서 고개를 숙이고 들을 일이지, 그 말씀에 토를 달고 나오는 것은 예절이 없는 행동일 뿐만 아니라, 본인에게 손해가 될 수도 있었다. 좋은 학생은 착한 학생이어야 했다.

나의 지도교수였던 치좀 교수는 영국의 러셀과 더불어 현대 인식론을 열고 발전시킨 대표적인 철학자 중 한 분이었다. 20세기에 일어난 현대 인식론은 고대로부터 칸트에 이르는 고전적 인식론과 두 가지 점에서 크게 다르다. 하나는 처음으로 지식의 개념을 엄밀하게 분석하고 정의한 점이고, 다른 하나는 인식론적 탐구의 중심 주제를 인식 방법과 구조로부터 인식 정당화와 자연주의화의 문제로 전환한 점이다. 치좀 교수는 이 두 부분에서 선구적 역할과 위대한 업적을 내놓았다. 그의 지식의 정의, '참되고 정당화된 믿음'은 이제는 표준적 정의로 자리 잡았고, 그가 제시한 인식 정당화 이론은 인식 정당화의 가장 중요한 이론으로 계속 논의되고 있다. 치좀 교수의 인식 정당화에 대한 정의와 이론에 비판적 입장을 제시하고 라이벌 이론rival theories을 내놓은 많은 인식론자들이 그분의 제자이거나, 그분에게 영향을 받은 사람들이다. 치좀 교수의 학문적 업적과 권위는 현대 인식론에 대해서는 아무것도 모른 채 태평양을 건너와 그의 제자가 된 나에게 하늘 위 고공을 떠도는 독수리처럼 높아 보였다.

그러나 '믿음은 믿음에 의해서만 정당화된다'라는 교수님의 말씀을 조금만 생각해 보면, 철학을 대학에서 전공하지 않은 사람도 금방 알아낼 수 있는 두 가지 문제가 발생한다. 하나는 무한퇴행의 문제이고, 다른 하나는 객관성의 문제이다.

믿음 정당화의 무한퇴행 문제

먼저, 무한퇴행의 문제를 생각해보자. 우리는 앞에서 인식 정당화의 논리적 형식을 'x is justified by y' 라고 규정했다. 여기서 x, y는 명제 혹은 믿음이다. 이 형식에 따르면 믿음 x는 믿음 y에 의해서 정당화된다. 여기까지는 문제가 없다. 그러나 믿음 y의 정당화는 어떻게 되는가? 믿음 x를 정당화하는 믿음이라면, y도 정당화된 믿음이어야 하지 않는가? 믿음은 오직 믿음에 의해서만 정당화되기 때문에 y도 다른 믿음에 의해서 정당화되어야 한다. 그 믿음을 z라고 하자. 그런데 z도 y처럼 정당화된 믿음이어야 한다. z의 정당화의 문제도 발생한다. x, y, z로 이어지는 이 정당화의 연쇄는, 믿음이 믿음에 의해서 정당화되는 한 뒷걸음치면서 무한히 계속될 수 있다. 무한퇴행에 빠지는 것이다. 믿음 정당화가 무한히 퇴행하는 한 믿음 정당화는 논리적으로 뿐만 아니라 현실적으로 불가능하다. 그렇다면, 믿음 정당화가 무한퇴행에 빠지는 이 문제를 어떻게 해결할 것인가?

철학의 역사에는 이와 같은 문제가 또 하나 있다. 인과적 연쇄 causal sequence의 문제이다. a가 b의 원인이고, b가 c의 원인이고, c가 d의 원인이고, d가 e의 원인이고 …. 하면서 나아가는 원인과 결과의 연쇄, 즉 인과의 연쇄가 있다고 하자. 내 존재의 원인은 내 부모님이고, 내 부모님의 원인은 부모님의 부모님이고, 부모님의 부모님의 원인은 부모님의 부모님의 부모님이고 …. 하는 식으로 계속 거슬러 올라간다고 가정해보자. 이 인과의 연쇄도 무한히 퇴행할 수 있고, 그렇게 되면 원인을 밝히는 인과적 설명은 논리적으로 뿐만 아니라 현실적으로도 불가능해진다. 이 문제를 어떻게 할 것인가?

믿음 정당화와 인과적 연쇄의 무한퇴행에 당면해서 취할 수 있는 논리적으로 가능한 선택은 두 가지밖에 없다. 하나는 무한퇴행을 어느 단계에서 중단하는 것이고, 다른 하나는 무한퇴행을 인정하고 그것을 받아들이는 것이다. 그런데 무한퇴행의 문제는 믿음 정당화와 인과적 연쇄뿐만 아니라, 이론적인 체계를 구성하고 설명하는 다른 경우에도 발생한다. 대표적인 경우가 유클리드 기하학이다. 기하학에는 무한퇴행을 중단하는 공리가 있고, 무한퇴행을 인정하는 원주율 π과 무한수 ∞가 있다. 우주의 근원을 설명하려던 중국철학에도 이와 비슷한 문제가 발생했는데, '무극이태극無極而太極'이라는 표현이 그에 해당한다. 이를 두고 수많은 해석과 이론이 있지만, '極'을 '끝'으로 번역하면 '끝이 없음이 가장 근원적인 끝'이라는 말이 된다.

어쨌든 무엇이든 정의하거나 설명하다 보면 가장 근원적이거나 기본적인 것으로 퇴행할 수밖에 없고, 퇴행의 끝이 있느냐 없느냐를 두고 논의가 벌어질 수밖에 없다. 내가 보기에 이 퇴행의 문제가 인간의 지적 탐구와 설명에 내재해 있는 가장 심각한 난제이자 한계가 아닌가 싶다.

믿음 정당화의 객관성의 문제

'믿음은 믿음에 의해서만 정당화된다'라는 치좀 교수의 말에 바로 따라 나오는 두 번째 문제는 객관성의 문제이다. 이 문제를 좀 더 자세히 들여다보기 위해서, 그분의 말을 다시 적어 보자.

S는 믿음 q에 의해서 p를 믿는 것이 정당화된다.

S is justified in believing that p by a belief q.

여기서 S는 믿음의 주체, p는 S가 믿는 명제, q는 S의 믿음 p를 인식적으로 정당화하는 다른 믿음이다. 그런데 q도 믿음인 이상 누군가의 믿음이어야 한다. 믿음이라는 인식 행위는 그 행위를 하는 어떤 특정한 주체가 존재하지 않거나, 그 주체에 속하지 않을 때는 발생할 수 없다. 그러면 q는 누구에게 속한, 혹은 누구의 믿음인가? 여기에서도 논리적 가능성은 두 가지밖에 없다. S이거나, S가 아닌 다른 사람이거나. 대답은 명확히 S일 수밖에 없다. 왜냐하면 만일 S가 다른 사람의 믿음, q에 의해서 자신의 믿음 p가 정당화되면 위의 문장은 다음 문장으로 대체되어야 할 것이기 때문이다:

S는 어떤 사람의 믿음 q에 의해서 p를 믿는 것이 정당화된다.
S is justified in believing that p by someone else's belief q.

그런데 우리가 믿음 정당화를 말할 때, 자신의 믿음을 자신의 믿음으로 정당화하는 것을 말하지, 남의 믿음에 의해서 자신의 믿음이 정당화하는 것을 말하지 않는다. 남의 믿음에 의해서 나의 믿음이 정당화될 수 없기 때문이다.

　　그러니까, S의 믿음 p를 정당화하는 것은 S의 믿음 q이다. S의 믿음 q가 S의 믿음 p를 정당화하는 것이다. 이렇게 되면, S의 믿음 정당화는 S의 믿음의 체계 내부에서 일어난다. 그렇게 되면 S의 믿음 정당화는 S의 주관적인 정당화밖에 될 수 없다. 그런데 우리가 추구하는 진리는 객관적 진리이지 주관적 진리가 아니다. 어떤 한 사람에게만 진리인 진리는, 그 사람에게는 가치가 있을지 몰라도 다른 사람에게는 별로 의미가 없을 수 있다. 너에게는 진리이지만 나에게는 진리가 아닌 그런 진리를 우리는 진리라고 부르지 않는다.

우리가 지식을 참되고 정당화된 믿음으로 정의하고, 정당화를 지식을 이루는 기본 요소로 포함시킨 이유도 믿음의 객관성을 확보하기 위함이다. 그런데 믿음 정당화가 S의 믿음의 체계 내에서만 이루어진다면 객관성을 확보할 수가 없고, 따라서 우리가 추구하는 객관적인 진리에 도달할 수가 없어진다.

그뿐만 아니라, 우리가 인식론을 하는 이유는 우리 자신에 대해서뿐만 아니라 외부 세계에 대해서도 알기를 원하기 때문이다. 하늘 색깔이 푸른 이유를 알고 싶고, 다음 대통령으로 누가 선출될 것인지 알고 싶고, 정의로운 사회가 어떤 사회인지 알고 싶어 한다. 인식론은 이렇게 인간의 세계에 대한 이해, 설명, 예측을 목표로 하는데, 즉 인간과 세계 사이의 인식적 관계를 규명하려고 하는 것이 그 목적인데, 믿음 정당화가 본인의 믿음의 체계 내에서만 이루어진다면, 믿음이 세계로 나아가서 인식적 관계를 맺는 것이 불가능해진다. 믿음의 대상이 세계가 아니라 믿음의 체계 내에서만 맴돌기 때문이다. 그렇게 되면 우리가 인식론을 할 이유가 없어진다. 믿음이 믿음에 의해서만 정당화된다면, 믿음의 외부세계와의 관계를 어떻게 확보할 것인가의 문제가 발생한다. 이 문제를 어떻게 할 것인가?

이렇게 S의 믿음 p가 S의 다른 믿음 q에 의해서만 정당화되면, 정당화의 무한퇴행과 객관성 확보의 문제가 발생한다. 앞에서도 말했지만, 이 두 문제는 대학에서 철학을 전공하지 않은 사람도 조금만 유의해서 생각해보면 어렵지 않게 찾아낼 수 있는 문제이다. 그러나 나는 미국의 명문대학에서, 그것도 세계 최고의 인식론자 아래에서 박사학위 공부를 하고 있으면서, 지도교수님의 '믿음은 믿음에 의해서만 정당화된다'라는 말을 금과옥조처럼 받들고 그분의 연구실을 나왔다. 치좀 교수의 이 말이 현대 인식론의 온갖 논쟁을 불러일으킨 문제의 발단이라는 것을 생각하면 "네, 알겠습니다. 감사합니다"라고 고개 숙여 인사하고 나올 것이 아니었다.

미국 학생이라면 이 두 문제를 교수에게 제기하고 토론하기를 주저하지 않았을 것이다. 그렇게 하는 것이 오히려 교수로부터 좋은 인상을 받고 학점에도 도움이 된다는 것을 알고 있기 때문이다. 교수의 권위에 도전했기 때문에 학점에 불리하게 작용할지도 모른다는 걱정은 하지 않았을 것이다. 치좀 교수의 미국 제자들은 실제로 그렇게 했다. 그 결과로 우수한 인식론 철학자들이 그분 아래에서 나오고, 현대 인식론의 발전에도 크게 기여했다.

무한퇴행 해결의 첫 번째 방법

이제 믿음 정당화의 무한퇴행의 문제로 돌아가 보자. 앞에서도 말했지만, 무한퇴행의 문제를 해결하는 방법은 두 가지밖에 없다. 하나는 무한퇴행을 어느 지점에서 멈추는 것이고, 다른 하나는 무한퇴행을 계속 허용하는 것이다. 전자의 경우는 믿음이 더 이상 퇴행하지 않게 하는 어떤 장치가 필요하고, 후자의 경우는 믿음이 계속 퇴행해도 괜찮은 어떤 장치가 필요하다. 어떤 장치인가? 비유를 들어서 설명하면 다음과 같다. 전자는 피라미드 같은 장치가 필요하고, 후자는 우주선 같은 장치가 필요하다.

피라미드의 구조를 생각해 보자. 이집트의 피라미드는 육면체의 바위가 차곡차곡 쌓여서 만들어져 있다. 위에 있는 바위는 그 아래에 있는 바위에 의해서 지탱되고, 그 바위는 다시 그 아래에 있는 바위에 의해서 지탱되고, 그 바위는 다시 그 아래에 있는 바위에 의해서 지탱

된다. 계속 퇴행하는 것이다. 그러나 이 퇴행은 어느 지점에서, 즉 최하단에서 기초를 이루고 있는 바위에서 멈춘다. 이 바위를 기초바위라고 하자. 피라미드는 기초바위 위에 쌓여진 구성물이다.

믿음 정당화의 무한퇴행을 어느 지점에서 중단해야 한다고 보는 입장에서는, 믿음 정당화는 피라미드라는 구조물이 기초바위 위에 쌓아 올린 것처럼, 믿음의 체계도 최하단의 기초믿음basic belief 위에 쌓아 올릴 수 있다고 믿는다. 믿음 정당화의 퇴행이 기초믿음에 의해서 멈추고, 더 이상 퇴행하지 않는다는 입장이다.

그러면 어떤 종류의 믿음이 기초믿음이 되어서 정당화의 퇴행을 멈추게 할 수 있는가? 대답은, 더 이상의 정당화가 필요 없는 믿음, 즉 자기-정당화되는 믿음self-justified belief이다. 그리고 모든 믿음은 자기-정당화되는 믿음, 즉 기초믿음에 근거해서 정당화된다. 말하자면 자기-정당화되지 않는 믿음은 모두 자기-정당화되는 믿음에 근거해서 정당화되고, 자기-정당화되는 믿음은 기초믿음으로서의 역할을 하여, 정당화의 무한퇴행을 중단시킨다는 것이다. 이런 방식으로 믿음 정당화를 주장하는 이론을 기초주의foundationalism라고 부른다. 기초주의는 브라운대학교의 치좀 교수에 의해서 체계적으로 제시되었고, 가장 대표적인 믿음 정당화의 이론으로 자리 잡고 있다.

무한퇴행 해결의 두 번째 방법

다음은 믿음 정당화의 무한퇴행에 관한 두 번째 입장이다. 이 입장은 믿음의 무한퇴행을 중단할 기초믿음 같은 것은 없고, 우주 공간에 떠 있는 우주선 같이, 여러 믿음들이 서로 구조적으로 얽혀서 믿음 정당화의 체계를 이룬다고 본다. 우주선에는 피라미드 같이 아래에서 떠받치는 기초바위 같은 것이 없다. 우주선은 수백만 개의 부품들이 상호

작동하면서 먼 천체에까지 날아가서 정보를 수집하고 그 정보를 지구에 보낸다. 믿음 정당화의 무한퇴행을 인정하면서 정당화를 설명하려는 철학자들은, 믿음의 체계는 우주선과 같은 정합적인 체계를 이루고 있다고 본다. 이런 방식으로 믿음이 정당화된다고 보는 입장을 정합론coherentism이라고 부른다. 정합론을 주장한 대표적인 철학자 두 사람이 있는데, 본주어L. BonJour, 레러K. Lehrer이다. 레러는 브라운대학교에서 박사학위를 받은 치좀 교수의 제자이다.

치좀의 기초주의

이제 치좀의 기초주의에 대해서 알아보자. 기초주의는 기본적으로 다음의 두 명제로 이루어져 있다.

① 기초믿음, 즉 자기-정당화되는 믿음이 있다.
② 기초믿음이 아닌 믿음은 기초믿음에 근거해서 정당화된다.

기초주의는 믿음을 기초믿음과 비-기초믿음 두 종류로 나누고, 기초믿음이 비-기초믿음을 정당화한다는 이론이다. 이렇게 되면 믿음 정당화의 무한퇴행은 발생하지 않는다. 논리적으로 단순하고 명확한 이론이다. 그런데, 여기에서 두 가지 문제가 발생한다. 첫째, 과연 자기-정당화되는 기초믿음이라는 것이 있느냐의 문제이고, 둘째, 기초믿음이 어떻게 비-기초믿음을 정당화하느냐의 문제이다. 기초주의에 반대하는 본주어와 레러같은 정합론자들은 위의 ①을 부정한다. 그런 믿음은 없다는 것이다.

그러면 어떤 믿음들이 자기-정당화되는 기초믿음들인가? 치좀에 의하면 기초믿음에는 두 종류가 있다.

현상적 속성에 대한 믿음

첫째, 현상적 속성phenomenal property에 대한 믿음이다. 현상적 속성이란, 우리 마음에 현상적으로 드러날 때 그리고 그 때에만 존재하는 속성이다. 대표적으로 감각적 성질에 대한 속성이다. 즉 우리의 감각기관을 통해서 우리의 마음에 들어오고 의식되는 속성이다. 예를 들어서, '붉음', '달콤함', '가려움', '향긋함' 같은 속성들이다. 이런 감각적 성질들은 우리가 그 성질들을 의식하고 느끼는 동안에만 존재하고, 또 우리에게 의식되고 느껴지는 방식으로만 존재한다. 요즈음 젊은이들이 말하는 '필feel'이 그런 존재이다. 이런 존재를 철학에서는 '현상'이라고 부른다. 우리의 감각적 의식과 상관없이 존재하는 실체와 대비되는 개념이다. 현상은 영어로는 'appearance'라고 부른다. '그렇게 보인다' 혹은 '그렇게 느껴진다'라는 뜻이다.

그러니까 치좀에 의하면, '저 사과가 붉게 보인다고 믿는다The apple appears to me red'라는 감각적 혹은 현상적 속성에 대한 믿음이다. 여기서 주의할 점은, 저 사과가 붉다고 믿거나, 붉음의 속성을 갖고 있다고 믿는 것이 아니다. 붉게 보인다거나, 붉음의 속성을 가지고 있는 것으로 보인다고 믿는 것이다. 어떤 사람이 어떤 사과가 붉게 보인다는데, 옆에서 뭐라고 할 말은 없다. 저 사과가 너에게 붉게 보인다는 것을 정당화해보라고 명령하더라도, "나에게는 그렇게 보인다"라고 대답할 수밖에 없다. 그렇게 보이니까 그렇게 보인다는데 더 할 말이 없다. 자기-정당화되는 믿음이다.

그런데 여기에서 "저것이 사과인 줄은 어떻게 아느냐?"라고 물을 수 있다. 저것이 사과라는 것을 정당화하라는 것이다. 이렇게 되면, '나는 저 사과가 붉게 보인다고 믿는다'라는 것은 자기-정당화되는 기초

믿음이 될 수 없다. 저것이 사과라는 것을 정당화해야 할 부담을 지기 때문이다. 그래서 치좀은 '사과'라는 명사를 빼고, "어떤 것이 나에게 붉게 보인다Something appears to me red" 혹은 더 정확하게는 "그것이 나에게 붉게 보인다It appears to me redly'로 바꾸는 것이 더 적절하다고 제안한다. 붉다red를 붉게redly로 표현함으로써, 현상적 특성을 더욱 명확하게 보여줄 수 있기 때문이다.

심적 상태에 대한 믿음

기초민음의 두 번째 종류는 자신의 심적 상태에 대한 믿음이다. 심적 상태mental state란 마음의 상태를 말한다. 즐겁다, 슬프다, 흐뭇하다, 아프다, 고맙다, 야속하다 등 수없이 많은 심적 상태가 있다. 유학儒學에서는 사단칠정四端七情을 말하면서 대표적으로 희노애락애오욕喜怒哀樂愛惡慾 일곱 가지의 심적 상태를 들기도 했다. 심적 상태의 특징은, 그것이 심적 상태를 가진 당사자에게 직접적으로 주어진다는 것이다. 즉, 어떤 매개체를 거치지 않고, 있는 그대로 당사자의 마음에 직접으로 주어진다는 것이다. 그리고 어떤 것이 마음에 직접 주어지면, 그것은 마음에 의해서 의식된다. 이렇게 의식되는 것을 철학자들은 직접적 소여directly-given라고 부른다.

그런데 어떤 것이 마음에 직접적으로 주어지고 의식되면, 오류가 개입할 여지가 없다. 중간에 어떤 것을 거치지 않고 마음에 그대로 주어지기 때문이다. 직접적으로 주어지는 만큼 명확하고 분명하다. 내 마음이 기쁜 상태에 있을 때는, 내 마음이 내가 기쁜 상태에 있다는 것을 그대로 의식한다. 슬픈 상태, 불안한 상태, 고독한 상태 등도 마찬가지이다.

또한, 내 마음의 상태는 나만 알 수 있다. 어떤 사람이 외로운 심적 상태에 있다고 가정하자. 그는 스스로 외로움을 느끼고 있다. 그리고 "나는 내가 외롭다고 믿는다"라고 친구에게 말했다고 하자. 그랬더니 그 친구가 "네가 외롭다고? 가족의 사랑을 한껏 받고 있고, 친구들도 많고, 나도 없는 연인도 있는데, 외롭다고? 너는 외로운 사람이 아니야. 외롭다고 말하면 안 되지"라고 말하면서 오히려 핀잔을 주었다고 가정하자. 그러나 그 사람은 이렇게 주장할 수 있다. "그렇지만 나는 지금 외로운 걸. 외롭단 말이야." 그렇다. 그가 외로운 것은 그밖에 모르고, 그에게는 그것이 너무나 확실하다.

이런 경우를 인식론에서는 심적 상태의 특권적 접근privileged access 이라고 부른다. 심적 상태는 본인만이 알 수 있고, 본인에게만 확실하다는 것이다. 이 점을 강조한 대표적인 사람은 근대 철학의 문을 연 데카르트이다. '나는 생각한다. 그러므로 존재한다'라는 말로 유명한 그의 사상의 핵심이 바로 여기에 있다. 그는 자기가 지금 생각하고 있다는 사실이 어떤 경우에도, 꿈속에 있거나, 악마에게 속고 있는 경우에도, 확실하다는 것을 발견했다. 내 육체가 지금 존재하는 것은 의심할 수 있지만, 내 마음이 지금 사고하고 의식하고 있다는 것은 의심할 수가 없다. 의심하는 그 자체가 심적 상태이기 때문이다. 이 세상에 나의 심적 상태만큼 나에게 확실한 것은 없다. 자신의 심적 상태에 대한 믿음은, 자기-정당화되는 기초믿음의 표본이라고 해도 좋을 것이다.

예를 하나 더 들어 보자. 도서관에서 공부를 하고 있는데 갑자기 등이 너무 가려웠다. 등을 좀 긁어야겠는데, 주위에는 옆 자리에 있는 친구 외에는 아무도 없다. 미안하지만 등 좀 긁어 달라고 부탁했다. 그 친구는 이상하다는 표정으로 나를 쳐다보면서 말한다. "네 등이 진짜로 가려운지 내가 어떻게 알아? 네 등이 가려운 것을 나에게 증명해봐. 그러면 내가 긁어줄게"라고 대답했다. 내 등이 가려운 것을, 이 가려운 느낌을 그에게 증명할 방법이 있는가? 없다. 내 등이 가려운 것은 나에게는 자기-정당화되는 자명한self-evident 사실이지만, 그 사실을 남에게 증명할 방법은 없다. 친구는 감각적 성질에 대한 현상적 속성의 특성을 잘 알고 있는 학생임에 분명하다.

나의 질문과 치좀 교수의 대답

치좀은 이렇게 현상적 속성과 자신의 심적 상태에 대한 믿음을, 기초 믿음, 자기-정당화되는 믿음으로 삼고 믿음 정당화 이론을 수립했다. 현상적 속성과 자신의 심적 상태에 대한 믿음이, 우리가 갖는 인식적 체계의 기본이 된다는 것이다. 어느 날, 치좀 교수의 연구실로 찾아가서 여쭈어 보았다.

> **정성호** 나의 심적 상태는 나에게만 주어지고, 따라서 나만 알지만, 때로는 나도 내 심적 상태를 잘 모를 때가 있잖아요? 개인의 심적 상태가 어떻게 인식 체계의 기초가 될 수 있나요?

내 질문을 받고 한 동안 고개를 숙이고 생각하던 치좀 교수가 언뜻 미소를 띠고 나에게 되물었다.

> **치좀 교수** 자신의 마음의 상태 이외에, 우리의 인식이 출발할 수 있는 다른 어떤 것이 있나요?
>
> **정성호** ….

치좀 교수의 질문에 대답하지 못하고 연구실을 나왔다. 대답을 하지 못한 나 자신에게 화가 났지만, 그분의 질문을 받고 아무리 생각해봐도, 내가 갖는 인식 체계는 내 마음에서 출발할 수밖에 없다는 생각이 들었다. 좋으나 싫으나, 믿거나 말거나, 우리의 마음 이외에 우리의 인식이 출발할 곳은 없었다.

치좀 교수와의 대화는 매번 이런 식이다. 나는 복잡한 생각으로 질문하는데, 그분의 대답은 너무나 간단하다. 그런데 그 간단한 대답에 여러 가지 생각해 볼 내용들이 복잡하고 무게 있게 담겨 있다. 그분의 이런 스타일은 때로 어떤 사람들을 당황하게 한다. 한번, 도서관에 가서 치좀 교수가 쓴《인식론Theory of Knowledge》첫 한두 장을 읽어 보기 바란다. 문장은 간단하고, 명료하고, 지극히 논리적인데, 친절하고 자세한 설명이 별로 없다. 이건 이렇고, 저건 저렇다는 식이다. 치좀 교수의 철학적인 글은, 읽고 또 읽으면서 숙고해야 제대로 이해할 수 있는 경우가 많다. 그래서 그런지 그의 책은 별로 인기가 없다.

이렇게 해서 앞에서 제기된 치좀의 기초주의 이론의 첫 번째 명제 ①에 대한 질문에 대답이 되었다. 명제 ①는 '기초믿음, 즉 자기-정당화되는 믿음이 있다'였고, 질문은 '그런 믿음이 실제로 있느냐?'였다. 치좀에 의하면 기초믿음에는 두 가지 종류가 있는데, 하나는 감각적 성질에 의한 현상적 속성에 대한 믿음이고, 다른 하나는 본인의 심적 상태에 대한 믿음이다. 현상적 속성이나 심적 상태는 둘 다 마음에 직접적으로 주어지고 부정할 여지없이 확실하다. 적어도 본인에게는 그렇다.

기초주의의 두 번째 명제

치좀의 기초주의 이론의 두 번째 명제는 기초믿음이 아닌 모든 믿음은 기초믿음에 근거해서 정당화된다는 것이었다. 그것이 어떻게 가능한가? 기초믿음은 어떻게 비-기초믿음을 정당화하는가?

정당화의 방식을 생각할 때 제일 먼저 머리에 떠오르는 것은 논리적 방식이다. 믿음 정당화를 논리적으로 할 수 있으면 그 이상 더 좋을 수 없다. 그러나 믿음 정당화는 논리적 방식으로 되지 않는다. 그 이유는 이렇다. 논리적 방식에는 연역적 방식과 귀납적 방식 두 가지가 있는데, 연역적 방식은 전제와 결론 사이의 필연적인 관계를 이루는 방식이고, 귀납적 방식은 전제와 결론 사이의 개연적 관계를 이루는 방식이다. 그런데 믿음 정당화는 필연적 혹은 개연적 추론을 이끌어내는 과정이 아니다. 믿음 정당화는 믿음들 사이의 인식적 관계를 설정하는 행위이다. 인식 정당화와 논리적 추론은 그 성격이 다르고, 그것을 적용할 문맥context이 다르다는 말이다. 믿음 정당화는 논리적으로 해결될 수 있는 문제가 아니다.

믿음 정당화의 성격에 대해서 치좀은 다음의 두 가지를 언급하고 있다. 첫째, 우리가 믿음을 정당화하는 것은, 앞에서도 말했지만, 합리성을 추구한다는 일종의 의무 혹은 부담을 실천하는 것이라는 것이다. 치좀은 이것을 '인식적 책무cognitive obligation'라고 부른다.

인식적 책무란 우리가 인식적 사고나 행동을 할 때 그 사고나 행동이 참되고 정당화되도록 노력할 의무가 있다는 것이다. 예를 들어서, 내가 어떤 것을 안다고 믿거나 말할 때, 내가 안다는 것이 참되고 또 참된 근거를 갖고 있어야 한다는 것이다. 자기가 안다고 말하는 것이 참된지 혹은 거짓인지도 모르고, 그렇게 말하는 근거가 없으면 인식적 책무를 실천하지 않는 것이다. 그리고 이 인식적 책무를 실천하는 것은 인간이 합리적으로 사고하고 행동하는데 중요한 요소가 된다. 자신이 믿고 있는 것이 참되고 근거가 있다는 것을 설명할 수 있을 때, 우리는 그 믿음이 합리적인 믿음이라고 인정한다.

치좀의 믿음 정당화의 두 번째 성격은, 정당화는 평가적evaluative

행위라는 것이다. 평가적 행위는 좋다, 나쁘다, 바람직하다, 바람직하지 않다는 기준으로 가치적 판단을 하는 것이다. 또한, 평가적 행위는 그렇다, 그렇지 않다는 기준을 사용하는 사실적 판단과 달리 정도degree를 인정한다. 더 좋다, 많이 나쁘다, 아주 바람직하다, 별로 바람직하지 않다는 식이다. 치좀에 의하면 정당화는 평가적이면서 정도를 인정하는 인식적 행위이다. 더 많이 정당화하거나 더 적게 정당화하거나 하는 식이다.

치좀에 의하면 이렇게 믿음 정당화는 믿음과 믿음 사이의 논리적 추론을 이끌어 내는 행위가 아니라, 우리의 인식적 책무를 수행하는 행위이다. 그렇다, 그렇지 않다는 사실적 판단을 하는 행위가 아니라 정도를 인정하는 평가적 행위이다. 말하자면 높은 수준의 정당화와 낮은 수준의 정당화가 있고, 그 사이에 여러 단계의 정당화가 있다는 것이다.

정당화의 다섯 단계

치좀은 정당화의 다섯 단계를 제시했는데, 낮은 수준부터 높은 수준으로 나열하면 다음과 같다.

균형counterbalance은 가장 낮은 단계로서, 어떤 명제 p를 믿는 것이 정당화되는 정도와 명제 p의 부정, 즉 not-p를 믿는 것이 정당화되는 정도가 같은 경우이다. 그러니까 p를 믿는 것과 not-p를 믿는 것의 정당화 정도가 같으면, p를 믿는 것이 정당화되는 것도 아니고, 부정되는 것도 아니다. 정당화와 비-정당화의 중간에 자리한 정당화의 수준이다.

개연probability은 균형 바로 위 단계로서, p를 믿는 것이 not-p를 믿는 것보다 더 정당화되는 단계이다. 다른 말로 표현하면, 어떤 사람 S

가 p를 믿는데, p가 S가 갖고 있는 다른 모든 근거evidence에 의해서 부정되지disconfirm 않으면 S가 p를 믿는 것이 정당화되는 단계이다. 내일도 아침 해가 동쪽에서 떠오를 것이라고 믿는 것과 같은 경우이다. 어디에도 내일 해가 떠오를 것이라는 것을 부정하는 근거가 없기 때문이다.

다음 단계는 합리적 의심을 넘어서 있는beyond reasonal doubt 단계로서 개연 바로 위에 있는 단계이다. 합리적인 의심이란, 감정이나 욕망의 영향을 받지 않고 논리적이고 이성적으로 의심하는 것을 말한다. '합리적 의심'은 일찍이 데카르트가 사용했던 표현으로, 그는 근대 인식론의 체계를 구성하는 출발점으로, 합리적인 의심을 넘어서 있는 것만을 믿기로 결심했었다. 그리고 그 결과로 세상의 모든 것은 합리적으로 의심할 수 있지만, 자신이 지금 생각하고 있다는 사실은 그런 의심을 넘어서 있다는 것을 발견했다. 왜냐하면 의심하는 것도 생각하는 것이기 때문이다.

치좀은 데카르트의 이 개념을 믿음 정당화에 그대로 적용하고 있다. 치좀에 의하면, S가 명제 p를 믿는 것을 보류하는withhold 것보다 p를 믿는 것이 더 정당화되면, S가 p를 믿는 것이 합리적인 의심을 넘어서 있다고 규정한다. 여기에서 보류한다는 것은 무슨 뜻인가? 치좀은 S가 p를 믿지 않는 것도 아니고, not-p, 즉 p의 부정을 믿지 않는 것도 아니면, S는 p를 믿는 것을 보류한다고 말한다. 예를 들어서 나는 당신이 이 글을 읽고 있다고 믿는데, 나의 이 믿음은 합리적인 의심을 넘어서 있는 정당화의 단계이다.

명증evident은 합리적 의심을 넘어서 있는 단계의 바로 위 단계로서, S가 p를 믿는 것이 S가 p가 아닌 모든 명제를 믿는 것을 보류하는 정도의 정당화의 단계이다. P가 정당회되는 정도기 S가 갖고 있는 다른 모든 믿음 정당화를 보류할 만큼 정당화되니, 상당히 높은 정도의 정당화의 단계이다. 이런 식이다. S가 어떤 여학생 혹은 남학생을 좋아하는 정도가, 세상에 있는 다른 모든 여학생 혹은 남학생을 무시할 만큼 좋아하는 정도이다. 그러니까, 그 학생 때문에 세상의 다른 모든 학생이 눈에 들어오지 않는다는 말이다.

마지막으로, 확실성certainty이다. 확실성은 가장 높은 수준의 믿음 정당화 단계이다. 합리적인 의심의 단계를 넘고, 명증적인 단계를 넘어서, 최종적으로 이르는 믿음 정당화의 단계이다. 이 단계는 S가 갖고 있는 믿음 p가, p가 아닌 다른 모든 명제들의 집합이 정당화되는 정도로 정당화되는 단계이다. S가 갖고 있는 믿음 전체가 정당화되는 수준이면, 적어도 S에게는 더 이상 정당화되는 수준은 없다. 정당화의 최고 수준이며 마지막 단계이다.

어떤 믿음이 그런 수준과 단계의 믿음인가? 당연히 자기-정당화되는 믿음이다. 자기-정당화는 더 이상 다른 믿음들에 의해서 정당화될 필요가 없는 가장 높은 정당화의 수준이다. 그 예는 앞에서 기초민음에 대해서 말하면서 이미 밝힌 바 있다. 감각적 성질에 의한 현상적 속성과 심적 상태에 의한 심적 속성에 대한 믿음이다.

이렇게 해서 우리는 치좀의 기초주의 두 가지 테제theses, 즉 기초민음의 존재와 기초민음이 비-기초민음을 정당화하는 방식을 보았다.

지각 정당화에 대한 기초주의적 설명

이제 지각perception의 예를 들어 그 방식을 살펴보자. 나는 지금 내 앞에 장미꽃이 있다고 믿는다고 가정해 보자. 치좀의 정당화의 방식을 단순화해 설명하면 다음과 같다.

① 지금 내 앞에 이런저런 색, 형태, 향기, 촉감 등 감각적 성질을 가진 어떤 것이 있어 보인다.

② 이런저런 색, 형태, 향기, 촉감 등의 감각적 성질을 가진 어떤 것이 있어 보이면, 그것이 장미일 개연성이 장미가 아닐 개연성 보다 높다.

③ 따라서 지금 내 앞에 장미꽃이 있다고 믿는 것은 개연성의 정도만큼 정당화된다.

지각을 개연성의 정도만큼 정당화된다고 보는 것은, 지각의 정당화의 정도를 너무 낮게 보지 않았느냐고 비판할 여지가 있다. 그러나 나는 여기에서 최소한의 정당화를 언급한 것이다. 보다 높은 수준의 정당화의 가능성을 차단한 것이 아니다. 적어도 그 정도는 정당화된다는 말이다. 내가 보기에 우리의 감각적 인식은 개연성의 정도에서 정당화한다고 보는 것이 보다 안전할 것 같다.

이제 남은 것은 기초주의가 갖는 두 번째 문제, 객관성 확보의 문제이다. 믿음이 믿음에 의해서만 정당화된다면, 그 정당화는 믿음을 갖는 사람 내부에서, 그의 믿음의 체계 내에서만, 주관적으로 이루어진다는 말이 된다. 그러나 우리가 인식론을 하는 이유는, 객관적인 진리와 지식을 확보함이다. 치좀은 이 문제를 어떻게 해결할까?

이 문제에 대한 대답은 치좀의 기초주의와 대조되며 쌍벽을 이루는 정합론에 대해 살펴본 후에 고찰하고자 한다. 왜냐하면 정합론도 믿음이 믿음의 체계 내에서 정당화된다고 보는 입장이기 때문이다.

정합론적 인식적 정당화

정합론은 앞에서 말했지만, 믿음 정당화의 방식을 피라미드가 아니라 우주공간을 나는 우주선에 비유되게 제시하는 믿음 정당화의 이론이다. 정합론을 자세하게 들여다보기 전에, 먼저 내가 183쪽에서 인용한 노이라트의 유명한 문장을 다시 읽어 보기를 바란다. 이 문장은 인생을 바라보는 시각에도 큰 영향을 준다. 우리 인생은 군건한 기초 위에 구축되어 있는 피라미드 같은 방식으로 살고 있는 것일까? 아니면 망망대해에서 각자의 배를 타고, 바람과 파도를 헤치며, 수평선 너머에 있을지도 모를 어떤 곳을 향해서 노를 젓고 있는 그런 방식으로 살고 있는 것일까? 부동의 튼튼한 기초 위에 우리의 인생이 있는 것일까? 부평초처럼 떠도는 인생을 우리가 살고 있는 것일까? 이 질문에 어떻게 대답하느냐에 따라서 우리의 진리관, 윤리관, 세계관이 극명하게 달라진다. 당신은 어떤 쪽인가?

기초믿음은 없다

정합론을 주장하는 철학자들은 먼저, 기초믿음 같은 것은 없다고 본다. 자기 스스로를 정당화하고, 다른 모든 믿음들을 정당화하는 그런 특권적인 믿음을 믿는 것은, 신비주의에 가깝다고 보는 것이다. 피라미드는 사막에 깊이 박힌 기단 위에 건설되어 있다. 그런데 그 기단은 어디에 있는가? 땅 위에 있다. 땅은 어디에 있는가? 허공에 떠있지 않은가?

　이 문제를 잘 보여주는 이야기가 있다. 미국 서부에는 아메리카 원주민 마을이 있다. 하루는 원주민 아버지와 아들이 대평원 위에 서서 밤하늘의 별을 바라보고 있었다. 아들이 아버지에게 물었다.

아들　아버지 저 별들은 어디에 있어요?
아버지　별들이야 대평원 위에 떠 있지.
아들　대평원은 어디에 있어요?
아버지　거대한 버펄로 위에 있지.

아들 버펄로는요?

아버지 거대한 거북이 등 위에 있지.

아들 거북이는요?

아버지 거대한 뱀 위에 있지.

아들 뱀은요?

밤하늘을 바라보고 있던 아들의 머리에 아버지의 알밤이 떨어졌다.

아버지 그게 끝이야.

정합론자들은 기초론자들이 원주민 아버지 같이 생각한다는 것이다. 끝이 있어야 하니까 끝을 상정하고, 억지로 끝을 만들어 낸다는 것이다. 그러나 세상에 그런 끝은 없다.

기초론의 오류

그러면 기초론들은 왜 이런 단순한 오류를 범하고 있는 것일까? 정합론자들은 그들이 믿음 정당화의 방식을 단선적linear으로 보았기 때문이라고 말한다. 믿음 p가 믿음 q에 의해서 정당화되고, 다시 믿음 q가 다른 믿음 r에 의해서 정당화되는 방식은 믿음 정당화의 무한퇴행을 야기하고, 무한퇴행의 문제를 해결하기 위해서 기초론자들은 더 이상 정당화가 필요 없는 믿음, 자기-정당화되는 기초믿음을 상정한다는 것이다. 그런데 그런 기초믿음이란, 피라미드의 기초가 우주공간에 떠있는 것처럼 떠있다. 따라서 기초믿음이란 없다.

그러면 정합론자 등에 의하면 믿음 p는 어떤 방식으로 정당화되는가? S의 믿음 p의 정당화는 S가 갖고 있는 믿음의 체계 전체와의 관계에서 이루어진다는 것이 그들의 대답이다. 하나의 믿음이 다른 하나의 믿음에 의해서 정당화되는 것이 아니라, 믿음의 체계 전체와의 관계에서 정당화된다는 것이다.

그러면 그 관계란 어떤 관계인가? 정합론자들은 '정합적인coherent 관계'라고 대답한다. 그래서 그들을 정합론자들이라고 부른다. 그러면 정합적인 관계란 무엇인가? 앞에서 인용한 노이라트의 말처럼, S의 믿음 p가 S의 믿음의 체계 전체와 '맞느냐?', '맞지 않느냐?'의 관계이다. 대표적인 정합론자인 본주어는 그의 저서《경험적 인식의 구조The Structure of Empirical Knowledge》에서 정합성을 이렇게 설명하고 있다.

> 정합성이란 무엇인가? 직관적으로 말하면, 다수의 믿음들이 얼마나 잘 '서로 얽혀 있느냐hangs together', '서로 맞느냐fit together', '서로 조화롭게 잘 연결되어 있느냐agree or dovetail with each other'의 문제이다. 그 결과로, 혼란스럽게 혹은 서로 상충하는 하부 믿음들의 체계의 집합으로 이루어져 있지 않고, 잘 짜여 지고 구성된 믿음의 체계를 구성하는 것이다.

내가 보기에 위의 문장은 정합성에 대해서 가장 친절하고 성의 있게 설명한 경우 중의 하나이다. 다른 정합론자인 레러는 '설명적 정합explanatory coherence'을 말할 뿐, 정작 정합의 개념 자체에 대한 설명은 별로 없다. 그러면 정합성이란 정확하게 무엇인가? 정합의 개념에 대해서는 〈5장. 진리란 무엇인가?〉에서 우리가 살펴본 정합의 개념을 참조하기 바란다. 상기시키면 유클리드의 기하학이 정합성이 가장 높고, 잡동사니 쓰레기장의 정합성이 가장 낮다.

정합론의 개념

그러면 믿음 정당화와 관련해서 정합론자들은 정합의 개념을 어떻게 설명하는가?

첫째, 정합성은 논리적 일관성과 다르다. 논리적 일관성logical consistence은 모순이 없다는 말인데, 정합성은 그 이상의 것을 요구한다. 믿음들이 서로 모순이 없어야 하지만, 서로 잘 맞고, 얽히고, 짜여서, 믿음의 체계 전체의 설명력, 개연성, 검증 가능성이 높아지는 것을 말한다.

둘째, 정합성은 구성 요소의 수와 그들 사이의 추론적 연결이 많고, 그 연결의 강도가 강할수록 더 높아지고, 구성 요소의 수와 그들 사이의 추론적 연결이 적을수록 그 연결의 강도가 약해지고, 정합성의 정도도 낮아진다.

셋째, 정합성은 구성 요소들 사이의 설명이 많고, 설명되지 않는 요소들의 수가 적을수록 그 정도가 높아진다. 그 역은 낮아진다.

넷째, 정합성은 기존 체계와 잘 맞고 모순되지 않는 새로운 요소를 도입하여, 체계 전체의 설명력, 개연성, 검증 가능성이 높아질 때 더 높아진다.

이상이 정합론자들이 말하는 정합의 개념이다. 정합성이 구성 요소 사이에 서로 잘 얽혀 있고, 맞아 떨어지고, 잘 짜인 그물이나, 혹은 잘 그려진 그림 같이 서로 어긋나거나 불필요한 요소가 없으면, 높아지고, 그렇지 않으면 낮아진다는 것이다.

정합론 비판

그런데 여기에서 두 가지 문제가 발생한다. 하나는 그런 정합적인 믿음의 체계를 우리가 실제로 갖고 있느냐의 문제이고, 다른 하나는 그런 정합적인 믿음의 체계가 여러 개 있고, 그것들이 서로 상충하면 어떻게 하는가의 문제이다.

먼저 정합론자들이 말하는 것처럼, 평소에 우리가 그런 정합적인 믿음의 체계를 갖고 있느냐는 것이다. 대답은 회의적이다. 우리 인간이 각자 세계에 대한 하나의 통일된 믿음의 체계를, 유클리드 기하학의 체계나 한국의 헌법 체계처럼 갖고 있다고 보기는 어렵다. 우리는 각자 수없이 많은 믿음을 경우에 따라서, 혹은 분야에 따라서 산만하게 가진 것으로 보인다. 때로 서로 모순되고 상충되는 믿음들도 수없이 갖고 있다. 어떤 때는 그가 나를 사랑하는 것 같고, 어떤 때는 그렇지 않은 것 같다. 어떤 때는 숫자 1이 내 마음 속의 관념인 것 같고, 어떤 때는 시공을 초월해서 실제로 존재하는 것 같다.

그뿐만 아니라, 내가 갖고 있는 수학적 믿음의 체계와 이순신 장군에 대한 나의 역사적 믿음의 체계가 어떻게 나의 믿음의 체계 전체 속에서 서로 정합할지 알 수 없다. 그리고 실제로 내가 세상의 수많은 분야들에 대한 믿음의 체계를 갖고 있다는 것도 의심스럽다. 기하학자들은 각자 기하학의 체계를, 한국의 역사학자들은 임진왜란 역사의 체계를 각자 갖고 있을지 몰라도, 일반 사람들은 세계의 수많은 믿음의 체계를, 그것도 정합적으로 구성하여 갖고 있다고 보기 어렵다. 정합론자들은 이런 물음들에 충분히 설득력 있는 답변을 내놓아야 한다. 그런데 내가 보기에는 별로 그렇지 않다.

다음 문제는, 정합적인 믿음의 체계가 둘 혹은 셋 있는데 서로 상충되는 경우에는 어떻게 할 것인가의 문제이다. 내가 즐겨 드는 예는, 이순신 장군은 결코 노량해전에서 전사하지 않았다는 것이다. 백전백승의 장군께서 도요토미 히데요시의 사망으로 급히 퇴각하는 혼비백

산의 왜병들이 쏜 총탄에 쓰러질 분이 아니다. 백의종군의 악몽 때문에 마지막 전투에서 인생을 끝내기로 결심할 분도 아니다. 난중일기에 나온 장군은 극진한 효자였다. 효자는 부모님에게서 물려받은 털끝 하나도 다치는 법이 없다. 그러면 어떻게 된 건가? 내가 보기에는 병사들에게는 전사한 것으로 하고, 한양을 멀리하고 지리산으로 깊이 들어가서 자연을 즐기며 여생을 마쳤을 것 같다. 헛소리 같은가? 그러나 내 이야기는 상당히 높은 수준으로 정합적이다. 내 이야기에서 모순을 찾아보라. 찾기 쉽지 않을 것이다.

그러면 이순신 장군의 죽음에 대해서 내가 내놓은 이야기는 사실이 아닌가? 문제는, '그것이 사실인지 아닌지 어떻게 판별할 것인가?'이다. 어떤 믿음이 믿음의 체계와 정합적이면 인식적으로 정당화되는 정합론의 입장에서, 내 이야기가 사실인지 아닌지를 밝힐 근거를 어디에서 찾을 것인가?

정합성은 믿음의 체계 내부에 있고, 사실은 믿음의 체계 외부에 존재한다. 정합론자들이 믿음의 외부에 존재하는 사실을 믿음의 체계 내부로 끌어 들이지 않는 한, 내 이야기가 사실인지 아닌지 판별할 근거는 없다. 따라서 내 이론은 이순신 장군의 죽음에 대해서 중고등학교 역사 교과서에 일부 역사학자들이 내놓은 이론보다 더 사실이 아니라는 근거를, 정합론의 입장에서는 밝혀낼 수가 없다. 다시 말하지만, 이순신 같은 백전백승의 탁월한 전략과 위대한 인품을 가진 분이 왜병이 서둘러 도피하는 마지막 전투에서, 적탄에 맞아서 전사하거나 스스로 자살을 하실 리 만무하다는 것이다.

왜 이런 문제가 발생하는가? 정합성은 정합성이고 현실성은 현실성이기 때문이다. 둘은 전혀 별개의 것이고, 서로 연결되어 있지 않다. 이 문제를 정합론을 비판하는 사람들은, 고립성 문제isolation problem라고 부른다. 정합성과 현실성이 서로 고립되어 있다는 뜻이다. 믿음의 정합성이 현실과 분리되어 있어서, 믿음의 체계 내적으로 정합성을 아무리 높이더라도 현실에 접근할 수가 없다.

그러나 믿음 정당화 이론에서의 정합론자들도 진리 개념의 정합론자들처럼 믿음의 체계가 정합성을 더해 갈수록 그것이 외부의 현실 세계에 접근해 갈 것이라는 희망을 갖고 있는 듯하다. 그러나 그것은 어디까지나 희망 사항에 불과하다. 외부 현실이 우리의 희망에 부응해서 움직여주면 좋겠지만, 현실은 그렇지 않다. 우리 인간의 이론이 현실에 부합하는 것이지, 현실이 우리의 이론에 부합해 주는 것은 아니기 때문이다. 나의 이 말에 형이상학적 관념론자들은 "무슨 소리냐. 당신이 말하는 현실이라는 것이 우리가 구성한 관념의 체계에 불과한데"라고 반박할지 모르겠다. 그들의 반박에 응할 공간은 여기에 없다. 그러나 여기에서 우리가 다루는 정합론은, 관념론적인 태도를 다소 갖고 있지만 어디까지나 경험적 지식empirical knowledge의 정당화를 탐구하는 인식론이다. 형이상학적 관념론자들과는 철학적 탐구의 목적과 방법을 달리 하고 있다.

내부주의와 외부주의

이제 우리에게 남은 마지막 문제로 들어가자. 기초론이나 정합론이나 모두 어떤 믿음은 다른 믿음, 혹은 다른 믿음의 체계에 의해 정당화되기 때문에, 객관성의 문제가 발생한다고 앞에서 지적한 바 있다. 믿음 정당화가 믿음을 가진 주체 내부에서, 즉 주관적으로 이루어지기 때문에 주체 외부의 객관성을 확보할 수 있느냐가 문제가 된다. 기초론이나 정합론이 믿음에 의해서만 믿음이 정당화되거나 되지 않는다고 주장하는 근거는, 앞에서 치좀 교수의 말에서 인용한 것처럼, 믿음 이외에 믿음을 정당화할 수 있는 다른 요소가 없다고 생각하기 때문이다.

이런 생각에 대해 당장 나올 수 있는 비판은, 믿음은 외부의 사실에 의해 혹은 적어도 외부의 사실과 관련해서 정당화된다는 주장이다. 이 주장을 앞의 경우와 대비해서 '외부주의externalism'라 부른다. 그러니까 믿음은 믿음에 의해서만 정당화된다는 기초론과 정합론은 '내부주의internalism'가 되는 셈이다. 내부주의와 외부주의 사이의 논쟁은 인식 정당화 이론에서 뿐만 아니라 현대 인식론의 다른 분야에서도 논의되는 중요한 문제이다. 여기서는 두 주장에 대해 간단히 언급하고 넘어 가겠다.

내부주의와 외부주의의 논쟁은 어떤 믿음을 가진 자가 자신의 믿음의 정합성을 따져보기 위해 다른 믿음 혹은 믿음의 체계를 의식하거나 참조할 필요가 있느냐 없느냐의 문제로 수렴된다. 기초론과 정합론은 믿음이 믿음에 의해서 정당화되기 때문에, 믿는 자가 자신의 믿음의 체계를 의식하거나 참조할 수 있고, 또 그럴 필요도 있다고 본다. 그러나 외부주의자들은 과연 그럴 수 있는지도 문제지만, 그럴 필요가 없다고 주장한다. 그들의 주장의 핵심은 믿는 자가 믿음을 갖고 정당화하는 과정이 신뢰할 만한가 하지 않는가에 있지, 믿는 자가 자기의 믿음을 의식하거나 참조할 필요는 없다는 것이다. 그래서 믿음을 갖는 과정이 신뢰할 만한지 아닌지가 더 중요하다는 주장을 한다. 이 이론을 신뢰론reliabilism이라고 부른다. 신뢰론은 믿음을 갖는 과정이 신뢰할 만한지 아닌지에 따라서 믿음이 정당화될 수도 있고 되지 않을 수도 있다고 본다. 그리고 이 과정은 믿음을 갖는 주체가 의식하거나 참조할 필요가 없다고 본다. 그렇게 할 수 없는 경우에도 믿음을 갖는 신뢰할 수 있는 과정은 그대로 존재하기 때문이다.

예를 들어, 자신의 믿음과 믿음의 체계에 대한 명확한 의식이 없고 참조할 수 있는 능력이 없는 어린 아이나, 다소 지능이 떨어지는 사람이나, 인식 정당화가 무엇이며 어떻게 하는지도 모르는 사람도, 정당화된 믿음을 가질 수 있고, 갖고 있다는 것이다. 그들의 믿음이 정당화될 수 있는 것은 그들이 믿음을 갖는 과정이 신뢰할 만하면 되기 때문이다. 동물들도 믿음을 갖고, 많은 경우 올바른 믿음을 갖고 있는 것처럼 보인다. 그들이 그렇게 할 수 있는 것도 그들이 자신도 모르게 믿음을 갖는 과정이 신뢰할 수 있기 때문이다.

문제는 신뢰할 수 있다는 것이 무엇을 의미하는지, 어느 정도 신뢰할 수 있을 때 신뢰할 만하다고 말할 수 있는가이다. 신뢰성에 대해서, 초기 외부론자인 올스턴W. Alston은 온도계와 온도에 대한 믿음을 예로 든다. 어떤 사람이 현재의 온도가 섭씨 20도라고 믿는다고 하자. 그는 어떻게 이 믿음을 갖게 되었는가? 정상적으로 작동하는 온도계가 섭씨 20도를 가리키는 것을 보고 그런 믿음을 갖게 되었다. 이런 경우에, 그 사람이 현재의 온도가 섭씨 20도라는 믿음을 갖게 된 과정이 신뢰할 만하다는 것이다.

신뢰의 개연성 문제

그런데, 외부주의자들이 말하는 믿음을 갖게 되는 과정의 신뢰성은, 결국 그런 과정을 통해서 획득한 믿음이 어느 정도 참된지 참되지 않은지에 달려 있다. 결국 개연성의 정도에 달려 있다. 문제는 어느 정도의 개연성을 가질 때 신뢰할 수 있느냐이다. 따라서 신뢰론은 신뢰성의 정도를 규정할 필요가 있고, 그 규정은 언제나 믿음의 주체에 따라서 달라질 수 있다. 객관성을 확보하기 위해서 신뢰성을 도입했는데, 오히려 주관성에 의존하는 결과에 빠진다. 철학에서 언제나 그렇듯이, 신뢰론의 문제는 신뢰의 개념을 명확하게 규정하고 정의하지 못하는 데 있다.

신뢰론의 다른 문제는 일반화의 문제the problem of generality이다. 문제의 요지는 이렇다. 창밖 정원에 나무 한 그루가 서 있다. 어떤 사람 A가 그 나무를 보고 "창밖 정원에 참나무가 한 그루가 서 있어요"라고 말한다. A가 자기가 보고 믿는 대로 말했다고 가정하자. 그의 믿음은 신뢰할 만한가? 그를 믿지 못하는 다른 사람 B가 말한다. "네가 참나무와 밤나무의 차이를 알아?", "네 눈은 좋지 않잖아. 저 나무 잎이 보여?", "지금 바깥이 많이 어두운데, 잘 보여?" 등 A의 믿음을 신뢰할 수 없는 상황, 혹은 신뢰할 수 있는 조건들은 생각해보면 수없이 많다. 'A와 나무 사이의 거리가 어느 정도일 때, A가 참나무를 포함한 나무들을 얼마나 많이 보았을 때, A의 시력이 얼마나 좋아야 신뢰할 만한가?' 등이다. A뿐만 아니다. 다른 사람의 경우도 마찬가지이다.

철학자들은 A의 개별적인 경우를 '지각의 개항token perception', A를 포함한 일반적인 경우를 '지각의 유형type perception'이라고 부른다. 여기서 개항과 유형은 상대적인 개념이다. 개항은 언제나 어떤 유형에 속하는 개항, 즉 개별적인 경우이고, 유형은 그 개항들을 포함하는 집합이다. 예를 들면, 세계에는 인간이라는 존재의 유형이 있고, 그 유형 속에 이순신이라는 개별적인 하나의 개항이 있다. 개항과 유형의 구별이 특별히 강조되는 것은 철학적 논리학에서 동일성identity을, 개항동일성과 유형동일성으로 구분하는 데 중요하게 사용되기 때문이다. 그런데 앞에서 본 것처럼, 지각의 개항에는 신뢰성과 관련된 수많은 상황과 조건이 개입된다. 그런데 문제는 신뢰론자들이 말하고자 하는 것은 A의 개별적 경우가 아니라, A를 포함하는 모든 사람들의 경우이다. 과연 신뢰론자들은 창밖에 나무가 서 있는 경우, A를 포함한 모든 사람들에게 적용할 신뢰성의 상황과 조건을 규정할 수 있는가? 지각 개항의 수많은 다른 상황과 조건들을 아우르는 지각 유형의 신뢰성의 일반적인 기준을 제시할 수 있는가? 이 물음에 신뢰론자들은 명확한 대답을 내놓지 못하는 것 같다.

한 가지 방법은, 골드먼A. Goldman이 전개한 것처럼 신뢰성과 인과성을 결합 혹은 연관시키는 것이다. 외부에 존재하는 사실이 우리의 믿음의 원인이 되는 경우에 신뢰할 만하다고 주장하는 것이다. A의 경우, 창밖의 참나무가 A의 참나무의 믿음의 원인이면, A의 믿음은 신뢰할 만하다는 이야기다. 아주 좋은 생각이다. 그러나 철학에서 인과관계처럼 명확하게 정의하기 어려운 개념도 없다. 그리고 A의 참나무의 믿음이 창밖의 참나무가 원인이 된 결과라는 것을 어떻게 알 수 있는가? 정원에는 참나무뿐만 아니라 다른 종류의 나무들도 있다. 다른 나무가 아니라 유독 참나무가 A의 믿음의 원인이 되었다는 것을 밝힐 방법이 있는가? 그 방법은 신뢰할 수 있는가?

인과적 설명의 신뢰성 문제: 코끼리의 떼죽음

인과적 설명과 관련해서 내가 즐겨 드는 예가 있다. 이 예는 기본적으로 귀납논리의 정당화에 대한 문제인데, 여기에서 논의하는 믿음 정당화의 맥락에도 그대로 적용될 수 있다. 일종의 반례인데, 상황은 이렇다. 나는 지금 동국대학교 강의실에 있고, 인식 정당화에 대한 수업을 하고 있다. 그런데, 강의실 뒤에서 조는 학생들이 있어서 깨울 겸 박수를 쳤다. 첫 박수 소리에 한 학생을 놀라게 해서 눈을 뜨게 했는데, 다른 학생들은 여전히 졸고 있다. 나는 박수를 치고 또 친다. 학생들이 하나둘 눈을 떴다. 그런데, 박수 치는 것이 재미있어 나는 멈추지 않고 계속 치게 되었다. 그런데 나도 모르게 아프리카에 있는 코끼리가 내가 박수 칠 때마다 쓰러져 죽었다. 아프리카에서 코끼리를 보호하고 관리하는 사람들이 난리가 났다. 처음에는 케냐 국립공원의 코끼리가 쓰러졌는데, 나중에는 카이로 동물원에 있는 코끼리도 쓰러졌다. 동물학자들은 그 원인을 밝히려고 동분서주했지만 밝힐 수가 없다. 결국 이 사태는 세계적인 뉴스가 되었고, 한국 방송에서도 방영되었다. 코끼리는 계속 죽어갔고, 서울 대공원의 코끼리도 죽어갔다. 세상이 온통 뒤집어진 통에, 수업을 듣던 학생 하나가 스마트폰으로 이 뉴스를 접하고, 내가 박수치는 것과 코끼리가 죽어가는 것이, 동시적으로 반복되고 있다는 것을 발견했다. 그 학생이 몰래 방송국에 제보를 했다. 동물학자와 기자들이 내 강의실로 몰려왔다.

도대체 말도 안 되는 이 이야기를 내가 하는 이유가 무엇인가? 사고 실험이다. 사고 실험은 현실이 아니라 상상과 가상의 상황을 상정하고 철학적인 문제의 본질을 규명하고, 해결을 모색하는, 철학적 탐구의 한 도구이다. 어쨌든 이런 일이 일어났다고 가정하자. 일어날 가능성이 0에 가깝지만 0은 아니다. 논리적 모순이 아니기 때문이다. 만일, 정말 만일, 이런 일이 일어나고 있다면 어떻게 될까? 내가 상상할 수 있는 상황 하나는, 나의 손뼉과 코끼리의 죽음 사이에 인과관계가 있다고 보고, 그 관계가 어떻게 이루어지는지를 밝히려는 시도가 일어날 것이다. 물리학자, 생물학자는 물론, 계룡산 무당, 미아리고개 점쟁이들도 나서서 나의 손뼉과 코끼리의 죽음 사이에 어떤 관계가 있는지 그 이유를 밝히려고 할 것이다. 또 경찰, 검찰, 정치인들은 일단 내가 박수치는 것을 멈추게 할지도 모른다. 나의 손을 수갑으로 채우고, 중구 경찰서로 연행할지도 모른다. 어떤 TV 방송에서는 동국대학교의 어떤 철학교수가 세상의 코끼리를 다 죽인다고 방송하고, 그를 동물학대로 고소해야 한다고 주장할지 모른다.

이것이 소위 철학자들이 말하는 귀납논리, 인과관계, 믿음의 신뢰성 문제의 본질이다. 이점은 18세기 위대한 철학자 영국의 흄이 이미 밝혔고, 독일의 위대한 철학자 칸트가 평생 고민하며 해결하려던 문제이다. 칸트의 노력으로 문제가 해결되었는가? 나의 코끼리의 예가 그렇지 않다는 것을 보여준다.

결론: 어느 쪽에 투자하는 것이 옳을까?

지금까지 믿음 정당화에 대한 이론들을 살펴보았다. 이 이론들은 크게 내부주의와 외부주의로 나뉘고, 내부주의는 다시 기초론과 정합론, 외부주의는 신뢰론과 인과론으로 나뉜다.

그러면 이 이론들을 활용하여 어느 쪽에 투자하는 것이 더 현명한지를 살펴보자. 먼저 기초론의 입장에서 보자. 내 꿈 이야기에는 유감스럽게도 기초믿음이 없다. 꿈속의 믿음은 자기 정당화되는 종류의 믿음이 아니다. 따라서 기초론에 따르면 나의 꿈 이야기는 정당화가 될 수 없는 믿음이다. 그러나 내 친구가 가진 탐사기록은 경험적인 자료가 있기 때문에 어느 정도 정당화의 가능성이 있다.

정합론의 입장에서는 어떤가? 만일 내 꿈속의 믿음이 내가 갖고 있는 다른 믿음의 체계와 상충되지 않고 정합성을 가지면 정당화될 수 있다. 이 가능성은 열려있다. 정합론으로 보면 내 꿈 이야기가 정당화되지 않을 이유가 없다. 하지만 내 친구의 탐사기록은 나의 꿈보다 훨씬 정당화의 정도가 높다. 구성 요소가 많고 구성 요소 사이의 관계가 상당히 정합적으로 잘 얽혀 있기 때문이다.

외부주의로 넘어가서, 신뢰론의 입장은 어떤가? 내 꿈 이야기는 신뢰할 수 없는가? 그러나 내 꿈이 맞는 횟수가 많으면 어떻게 할 것인가? 신뢰성이 높아지는 게 아닌가? 그러나 앞서 말했듯이 자료 증거가 있는 내 친구의 탐사기록은 신뢰성의 면에서 나의 꿈의 이야기보다 정당화의 정도가 훨씬 높다. 인과론의 입장은 어떤가? 내 꿈의 원인을 밝혀낼 방법이 있는가? 있다면 그 방법은 얼마나 신뢰할 만한가? 내 친구의 탐사기록에는 인과관계가 상당히 명확하게 주어져 있다. 따라서 나의 꿈 이야기보다 더 신뢰할 만하다.

결론적으로 말하면, 나의 꿈 이야기보다 나의 친구의 기록이 정당화되는 정도가 더 높다.

알수록 모르는 것이 더 많아진다는 말이 있다. 당연하다. 배를 타고 바다로 나가 보라. 보이는 바다보다 보이지 않는 바다가 더 넓다. 그러나 노이라트의 말처럼, 우리는 현재 우리에게 보이는 바다 위에 떠 있고, 그 바다 위해서 우리에게 발생하는 모든 문제를 해결하지 않으면 안 된다. 그것이 인간의 한계이고, 인간이 할 수 있는 최선이고, 인간의 희망도 그 속에 있다.

4부

―

윤 리 학

7장
도덕과 윤리의 근본은 무엇인가?

사고 실험: 누구를 구할 것인가?

어느 남녀가 눈 내린 아침 산정호수 둘레길을 걷고 있었다. 그런데 갑자기 호수에서 비명이 들렸다. 어떤 사람이 호수에 빠져서 살려 달라고 구조를 요청하고 있었다. 자세히 보니 최근 노벨의학상을 받은 유명 의사였다. 그는 지난 수년간 자신만의 독특한 의술로 수백 명의 생명을 구했다. 대한의학회의 발표에 따르면, 앞으로 몇 년간 수천 명의 생명을 구할 수 있을 것이라고 한다. 그런데 다른 방향에서도 비명소리가 들렸다. 자세히 보니, 놀랍게도 남자의 아버지였다. 남자의 아버지는 일반 직장인으로 남자를 포함한 자녀들을 대학까지 교육시킨 중년 남자이다. 남자가 코트를 벗어 던지고 호수에 뛰어들려는 순간, 여자가 남자의 팔을 붙들었다. "오빠, 가지 마. 우리 다음 주에 결혼이야. 이런 추운 날씨에 물에 뛰어드는 건 자살행위야. 가지 마." 물에 빠진 두 사람은 남자로부터 같은 거리에 있었다. 잘하면 한 사람은 구할 수 있을 것 같았다. 그러나 얼음같이 찬 겨울 호수에 뛰어드는 것은 생명을 거는 일이다. 누구를 구해야 할까? 아버지를 구해야 할까? 의사를 구해야 할까? 호수에 뛰어들어야 할까? 말아야 할까?

남자의 세 가지 선택

교수 이 상황에서 남자가 택할 수 있는 선택은 다음 세 가지이다. 첫째, 수천 명의 생명을 구할 수 있는 의사를 구한다. 둘째, 남자를 키워주고 대학까지 보내 준 아버지를 구한다. 셋째, 곧 결혼할 애인의 간절한 호소와 본인의 생명을 잃을 위험을 고려해서 호수에 뛰어들지 않는다. 이 상황에서 남자는 어느 쪽을 선택해야 할까? 의사를 구하거나, 아버지를 구하거나, 물에 뛰어들지 않거나. 이 세 가지 이외에 남자가 취할 수 있는 논리적인 선택은 없다. 어느 것을 선택해야 할까? 어느 것을 선택하는 것이 도덕적으로 혹은 윤리적으로 옳을까? 그런데 여기서 한 가지 유념할 것이 있다. 선택의 주체는 여러분이 아니라 그 남자이다. 혼동하지 않기 바란다.

일주 주위에 다른 사람은 없어요? 구명보트도 없고요?

교수 불행히도 없어.

일주 119에 신고하면 되잖아요?

교수 이 호수는 산속 깊은 곳에 있는 호수야. 119가 연락을 받고 온다고 해도 상당한 시간이 걸려. 영하의 온도에 물에 빠진 사람이 생존할 수 있는 시간은 얼마나 되지?

규웅 건강한 사람도 15분 정도예요.

교수 불행하게도, 이 경우는 구조대의 도움을 받을 상황이 못 돼.

예슬 교수님은 언제나 이렇게 우울하고 난감한 문제만을 내세요? 좀 밝고 즐거운 문제를 내면 안 돼요?

사고 실험의 특성

교수 그런가? 내가 항상 우울하고 난감한 상황을 예를 들어서 선택하라

252

는 문제를 내고, 그 중에서 하나만 선택하라고 요구한다? 그런데 그것이 뭐가 잘못된 거니? 세계 최고의 문호라는 셰익스피어의 작품 중에서 등장인물이 죽지 않는 경우가 있어? 인기 있는 영화나 드라마 중에서 난감하고 불행한 상황이 들어가지 않은 경우가 있어? 드라마가 인기가 있으려면, 그런 난감한 상황이 들어가야 하는 것 아닐까? 철학에서 하는 사고 실험도 그래야 관심을 받는 거 아닐까?

사실이다. 철학에서 내놓는 사고 실험들은 대개 딜레마나 일종의 한계 상황을 예로 많이 든다. 제2차 세계대전 후 한때 철학계를 풍미하던 실존주의existentialism는 한계 상황 앞에서 인간의 실존 혹은 존재의 본질이 잘 드러난다고 주장했다. 우리가 지금 하는 사고 실험은 그런 한계 상황은 아니지만, 철학적 문제와 문제의 핵심을 잘 드러낼 수 있는 상황들을 선택한다. 그런 한계 상황이 밝고 즐거운 경우는 거의 없다.

교수　산정호수는 경기도 포천에 있는데, 산으로 둘러싸여 있다. 도심의 소란함을 피해서 휴식하고 산책하기에 아주 좋은 곳이다. 겨울에 눈 내렸을 때 가면 사람도 없고, 경치도 여간 아름답지 않아. 한번 가 볼 만해.

예슬　그런데, 교수님. 산정호수에 가면 이 사고 실험이 생각이 나서 별로 기분이 좋지 않을 것 같아요.

민경　맞아요. 산정호수에 갈 생각이 없어졌어요.

교수　그러면, 백두산 천지나 한라산 백록담으로 할까?

학생들　….

교수　나는 이 문제를 미국 대학생들에게도 물어봤다. 그들의 반응은 여러분들과 좀 달랐다. 그들은 어릴 때부터 사고 실험을 많이 해서, 그것이 가언적假言的, 즉 어떤 조건을 상정한 상황이라는 것을 잘 알고 별로 개의치 않았다. 한 가지 기억나는 것이 있는데, 어떤 학생이 손을 들더니, 자기 아버지는 미국 해병대 출신이기 때문에 걱정하지 않아도 되고, 의사를 구해서 많은 사람의 생명을 구하는 것이 낫다고 대답했다.

규웅 미국 해병대 출신은 수영을 잘 못하나 봐요? 물에 빠지게 ….

교수 그런데, 사고 실험에서 한 가지 지켜야 할 규칙이 있다. 사고 실험을 위해서 내놓은 시나리오를 자의로 변경하거나 수정하지 않는다는 것이지. 덧붙이지도 않고, 빼지도 않아야 해. 만일 내가 이 시나리오에서 아버지 대신 어머니로 바꾸면 어떻게 될까? 어머니가 그 의사에게 받을 수술을 앞두고 있다면 어떻게 될까? 그 의사가 여자의 아버지라면 어떻게 될까? 등등. 전혀 다른 상황의 사고 실험이 되고 말겠지.

규웅이는 한국 해병대 출신이다. 보스턴 레드삭스 모자를 사달라고 해서 레드삭스 구장 기념품점에 가서 사주었더니, 우리 교수님이 보스턴 구장에서 사온 진품이라고 동네방네 자랑을 했다. 한번 해병(제자)이면 영원한 해병(제자)라는 격률을 실천하는 학생이다.

사고 실험에서 주의할 점

그런데 여기서 한 가지 주의할 점이 있다. 사고 실험은 어디까지나 사고 실험이라는 것이다. 실천적인 행동과는 별개의 것이라는 뜻이다. 이 상황에서 남자가 누군가를 구하기 위해 물에 뛰어들었다고 가정하자. 물이 얼음처럼 차고, 손과 팔에 격심한 통증이 오고, 온몸이 굳어진다고 가정하자. 그래서 남자는 물에 들어갔다가 그만 포기하고 나왔다고 하자. 이 경우, 남자는 누군가를 구하기로 선택했지만, 그 선택을 실천에 옮기지 못했다. 아무도 구하지 않겠다고 선택한 것은 아닌데, 결과는 그렇게 되고 말았다. 윤리학에서는 이런 경우를 '의지의 문제'라고 부른다. 윤리적인 선택과 실천은 반드시 일치하지 않으니, 그 둘을 구별해야 한다는 것이다. '의지의 약함the weakness of will'에 대해서는 여러분도 잘 알 것이다. 공부를 열심히 해야 하는 걸 알면서도, 친구와 놀러 다닌 일이 한두 번이 아닐 것이다. 그러니까, 사고 실험을 할 때는 의지와 실천의 문제는 개입하지 않는 것이 좋다. 이것은 어디까지나 이론적인 문제이다.

학생들의 선택

교수 자 …. 다시 우리 주제로 돌아가서 …. 내가 앞에서 말한 세 선택 중에서, 그 남자가 어느 것을 택하는 것이 도덕적으로 혹은 윤리적으로 옳을까? 먼저 여러분의 생각을 물어보겠다. 일 분의 시간을 주겠다. 너무 깊이 생각하지 말고 느낌으로, 즉흥적으로 떠오르는 쪽을 선택해라. 먼저 아버지를 구하는 것이 옳다고 생각하는 사람들 손들어봐. 하나, 둘, 셋, 넷 …. 다음은 의사를 구하는 것이 옳다고 생각하는 사람 하나, 둘, 셋, 넷 …. 마지막으로 아무도 구하지 않는 것이 옳다고 생각하는 사람 손들어. 하나, 둘, 셋 ….

예상했던 대로다. 아버지를 구하겠다는 학생들이 제일 많다. 손든 사람의 반 정도이다. 의사는 그 반 정도, 아무도 구하지 않겠다는 사람도 비슷한 수이다. 아예 손을 들지 않은 사람 수도 그 정도 된다. 대부분의 학생이 손을 드는 미국 학생들의 경우와 대조적이다.

교수 자네는 왜 손을 들지 않았지?

학생 잘 모르겠어요.

교수 뭘 잘 모르겠어?

학생 어느 쪽을 선택해야 할지요.

교수 그러면 아무도 구하지 않겠다는 건가?

학생 그것도 모르겠어요.

교수 그러니까, 자네는 이 문제를 두고 '잘 모르겠다'가 답이야?

학생 그런 것 같아요 ….

교수 학기말 시험에 이 문제를 내도, 답안지에 '잘 모르겠다'라고 답할 건가?

학생 ….

교수 그런데, 한 가지 물어보자. 왜 모르겠다는 거지? 모르는 이유가 뭐야?

학생 네? 모르는 데도 이유가 있어야 해요?

교수 그러면 이유도 없이 모르겠다는 거야? 그냥, 모르겠다?

학생 네 ….

그냥 모르겠다는 학생

언제부터인가 학생들에게 왜 모르겠느냐고 물어보면, '그냥 모르겠어요'라는 대답이 곧잘 돌아온다. 그냥, 이유 없이 모르겠다는 것이다. 우리가 학생 때에 이런 대답을 했다면 선생님께 혼이 났을 것이다. '그냥, 모르겠다고? 그걸 대답이라고 해?', '이것저것 따질 것도 없이 그냥 모르겠다는 거야?', '선생님 말씀이 우스워?' 등 엄청난 질책이 쏟아졌을 것이다. 그러나 지금은 시대가 다르고 세대가 달라졌다. 학생들이 선생님에게 '그냥, 모르겠다'라는 대답을 주저 없이 한다. 그런데 사실 '모르겠다'라는 것도 좋은 대답이 될 수 있다. 문제는 '그냥'에 있다. 그냥 모른다는 것이다. 생각하기 싫다는 것이다.

'내가 왜 이런 문제를 생각해야 하지? 내 인생만 해도 골치 아픈 문제로 가득한데, 나와 아무 상관이 없는 문제까지 내가 생각해야 해?

나는 산정호수에 갈 일도 없고, 그런 일이 일어날 확률은 제로에 가깝다. 일어나지도 않을 문제까지 생각해야 할 만큼 내 인생은 한가하지 않아 ….' 이렇게 생각하는 사람이 이 글을 읽는 독자 중에도 없지 않을 것이다. 내가 왜 이런 문제까지 생각해야 하나? 대답은 간단하다. 꼭 생각해야 할 이유는 없다. 그런 문제를 생각하지 않아도 얼마든지 잘 먹고 잘 살 수 있다.

그러나 다음의 두 경우를 보자. 전라도 남원골에 이상한 소문이 떠돌았다. 고을 원님의 아들 이 도령이 이상한 짓을 하고 다닌다는 것이다. 나무와 천으로 날개 같은 것을 만들어 산 위에서 뛰어내리다 처박히고 다치기도 한다는 것이다. 왜 그런 짓을 하느냐고 물어보니, 새처럼 날아보겠다는 것이다. 과거시험에 급제하여 벼슬에 오를 생각은 하지 않고, 새처럼 날아보겠다고 이상한 짓을 하고 다니니 이 도령 부모는 물론, 그를 사랑해서 결혼할 생각을 하고 있는 춘향이의 걱정은 이루 말할 수 없었다. 새처럼 날아서 무엇을 하겠다는 건지, 허망하기 이를 데 없는 발상이었다.

그런데 비슷한 시기에 이탈리아 피렌체에서도 비슷한 일이 일어나고 있었다. 다빈치라는 사람이 하늘을 날아보겠다고 작은 노트에 도안을 그리고, 도안에 맞춰 천으로 날개 같은 것을 만들어 높은 곳에서 뛰어내리고 다닌다는 것이다. 처박히고 다치기는 이 도령과 마찬가지였다. 그런데 한 가지 다른 점이 있었다. 피렌체에서는 그가 하는 행동을 이상한 눈으로 보지 않는다는 것이다. 그가 정말 새처럼 날 수 있을지 호기심 어린 눈으로 바라보았을 뿐이다.

이 두 경우의 차이는 무엇일까? 그 답은 지적 호기심의 문제이다. 지적 호기심. 지식 혹은 앎과 관련된 호기심이다. 즉 알고 싶어 하는 마음이다. 지적 호기심은 지적인 질문에서 시작한다. 대표적인 질문이

'그것은 왜 그런가?', '그것은 무엇인가?', '어떻게 해서 그렇게 될 수 있는가?' 등 왜why, 무엇what, 어떻게how의 질문이다. 이런 질문들은 먹고사는 것과는 별로 상관이 없는 경우가 많다. 그런데 이런 질문들이 후에 인간이 하늘을 새보다 더 높이 그리고 빨리 나는 기술을 개발하는 원동력이 되었다. 인간의 지식 체계 대부분은 이런 지적 호기심의 결과이다. 그리고 이런 지적 호기심은 고대 그리스를 기점으로 하는 유럽에서 크게 발전하였다. 서양의 철학, 수학, 과학, 예술 등은 이런 지적 호기심의 산물이다. 산정호수의 사고 실험도, 이런 지적 호기심에서 비롯된 질문이다. 현실에서 실제로 일어난 일이 없고, 일어날 가능성도 적지만, 문제로 설정하고, 질문하고, 해결하기 위해서 생각하는 것이다.

사고 실험을 하는 이유

우리가 산정호수의 사고 실험 같은 것을 하는 또 하나의 이유는, 라이벌 이론들 사이에서 어느 이론이 더 옳고 설명력이 있는지 시험하기 위함이다. 라이벌 이론이란, 축구의 라이벌처럼 한 주제에서 두 이론이 상충된 주장을 내세우면서 내가 옳고 너는 틀리다고 주장하는 경우이다. 축구에서처럼 심판이 있고, 상대방 골대에 넣은 골의 수를 기준으로 어느 팀이 이기고 졌다는 것을 결정하면 좋은데, 여기서는 그렇지가 않다. 이론적인 게임에서는 축구에서와 같은 심판도, 골대에 들어가는 골의 수도 없다. 목소리를 크게 높이고, 권력이나 권위를 내세운다고 더 나은 이론이 되는 것도 아니다. 이런 경우, 철학자들은 가끔 어떤 이론이 어떤 상황에서 더 좋은 해결방안을 제시하는지 비교하고 검토한다. 그런 상황은 대개 해결하기 어려운 난감한 상황들이다. 해결하기 쉬운 상황이면, 두 이론 모두 쉽게 해결방안을 내놓을 수 있기 때문이다. 그래서 사고 실험은 대개 난감하고 해결하기 어려운 시나리오를 선택한다.

자, 이제 우리의 문제로 돌아가서, 이 문제에 대한 답을 찾아보기로 하자. 가능한 답은 다음과 같다.

① 아버지를 구한다.
② 의사를 구한다.
③ 아무도 구하지 않는다.

누구를 구하는 것이 옳을까?

교수 ①에 손든 사람, 왜 아버지를 구하지? 그 이유가 뭐지?

한결 아버지를 구하는 것이 당연하지 않아요? 아버지는 나의 부모님으로서, 키워주고 대학에도 보내주신 분이시고, 가족이잖아요. 가족부터 구하는 것이 당연하지 않아요?

교수 아버지를 구하는 것이 자식된 자의 당연한 도리이다?

한결 네.

현철 그런데, 교수님. 수천 명의 생명을 구할 수 있는 의사를 두고, 가족이니까 아버지 한 사람을 구한다는 생각은, 가족 이기주의 아닌가요?

교수 가족 이기주의가 뭐지?

현철 다른 사람, 다른 가족은 생각하지 않고, 자기 가족의 이익만 생각하는 거요.

교수 그래? 그런데 가족 이기주의가 나쁜 건가? 뭐가 문제지?

현철 자기 가족의 이익만 생각하는 사회는, 가족 간의 갈등과 투쟁으로 사회가 혼란에 빠지고, 사회 질서가 무너지고 말 거예요. 결과적으로 각 가족의 이익도 사라질 것입니다.

대균 저는, 인간은 어차피 이기적인 존재라고 생각합니다. 인간은 각자 자기의 이익을 추구하지만, 남의 이익을 침해하지 않으면 돼요. 이기주의라고 다 나쁜 건 아니잖아요?

교수 이기주의가 나쁘다는 것이 무슨 뜻이지? 지금 여기서 '좋다', '나쁘다' 하는 것은 무엇을 두고 말하는 거지? 커피 맛이나 날씨를 두고 좋다, 나쁘다고 하는 건 아니지?

대균 네, 인간의 행동을 두고 좋다, 나쁘다고 하는 것인데, 도덕적으로, 윤리적으로 좋다, 나쁘다고 하는 것이지요.

교수 아주 좋은 대답이다. 도덕적으로 혹은 윤리적으로 좋은 것을 한마디로 무엇이라고 하지?

대균 선善이요.

교수 그 반대는?

대균 악惡이요.

교수 그러면 지금 우리가 다루고 있는 문제는 선악의 문제가 되는 걸까? ①, ②, ③ 중에서 어느 것이 선한 행동인가, 어느 것이 도덕적으로 혹은 윤리적으로 옳은 행동인가의 문제가 되는 걸까?

대균 그런 것 같습니다.

윤리학의 과제

인간 행동의 좋음과 나쁨, 옳음과 그름, 선함과 악함 등의 문제를 다루는 학문을 윤리학이라고 부른다. 윤리학은 존재의 문제를 다루는 형이상학, 지식의 문제를 다루는 인식론, 사고의 문제를 다루는 논리학과 더불어 철학의 네 가지 중심 분야 중의 하나이다. 다른 분야들이 비교적 이론적이고 추상적인 것에 관심을 갖는 반면에, 윤리학은 현실적이고 실천적인 것에 관심을 갖는다. 즉 인간이 사회 속에서 어떻게 행동하고, 타인과의 관계를 어떻게 유지하는 것이 좋고, 옳고, 선한가 하는 문제를 다룬다.

이 문제는 윤리학에 다음의 두 과제를 부여한다. 하나는, 인간의 행동이 좋다 혹은 나쁘다, 옳다 혹은 그르다, 선하다 혹은 악하다고 하는 것이 무슨 뜻이며, 그렇게 판단하는 기준은 무엇인가 하는 것이다. 이는 윤리학의 이론적인 과제이다. 고대 그리스의 아리스토텔레스 이후 이어진 서양의 윤리학 이론의 역사가 이 과제를 수행한 대표적인 경우이다. 다른 하나는 '어떻게 하면 인간의 행동을 좋게, 옳게, 선하게 만들 수 있을까?' 혹은 '어떻게 하면 좋고, 옳고, 선한 인간을 만들 수 있을까?' 하는 것이다. 이는 윤리학의 실천적인 과제이다. 이 실천적인 과제는, 고대 중국의 공자, 맹자 이후 유학의 역사가 이 과제를 수행한 대표적인 경우이다.

동서양 윤리학의 접근방법 비교

윤리학의 두 과제는 고대 그리스 이후의 서양철학과, 고대 중국 이후의 동양철학 사이의 철학적 관심과 방법의 차이를 보여주는 좋은 예이기도 하다. 소크라테스를 비롯한 서양전통은 옳게 알면 옳게 행동한다고 보는 입장이다. 좋고, 옳고, 선한 행동이 어떤 행동인지를 먼저 알아야, 거기에 맞춰 행동하지 않겠느냐는 것이다. 소위 '지행합일知行合一'의 입장이다. 사람들이 진리에 따라서 행동하지 않는 것은 진리를 모르기 때문이며, 진리를 알면, 진리를 따라서 행동할 것이라는 것이다. 따라서 올바르게 행동하기 위해서는 먼저 선이 무엇인지 알아야 한다. 서양철학의 전통은 용어와 개념의 정의를 일차적인 우선 과제로 삼는다.

그러나 공자를 비롯한 동양의 전통은 다소 다른 접근방식을 취한다. 먼저 알고 그에 따라서 행동하는 것이 아니라, 행동하면서 알아간다는 것이다. 개념에 대한 정의를 먼저 하고, 그에 따라서 행동하는 것이 아니라, 행동하면서 개념을 알아간다는 것이다. 이 때 아는 것은 서양에서 말하는 이론적 혹은 개념적 앎이 아니라 실천적 앎이다. 영어로 표현하면, 'knowledge(지식)'가 아니라 'realization(실현)'에 가깝다. 공자가 논어에서 말하는 사상의 핵심에 '인仁'이라는 용어가 있는데, 공자는 인의 개념 정의에는 별로 관심이 없었다. 공자의 관심은 '인'의 개념 정의에 있지 않고 그 실천에 있었기 때문이다. 그리고 인의 실천은 말로 되는 것이 아니라, 행동으로 이루어진다. 공자가 논어에서 '말은 느리게 하나 행동은 민첩하게 하고訥言敏行, 말을 교묘하게 하고 표정을 꾸미는 자에게는 인이 부족하다巧言令色, 鮮矣仁'고 가르친 것은, 말로 아는 것을 표현하는 것보다 행동으로 실천하는 것이 더 가치 있고 중요하다는 것을 강조하기 위함이었다. 공자가 여러 차례 안회를 칭찬한 것도, 안회가 인을 실천하는 생활을 했기 때문이었다. 말이나 지식보다는 행동과 실천으로 군자君子, 즉 인격적 완성에 이른다는 공자의 가르침은 후에 동양 윤리학의 중심 관심이 되었다. 지식 혹은 앎이 행동과 실천을 통해서 완성된다는 믿음은 공자 이후 동양세계에 깊이 새겨진 사고방식이다.

공자와 소크라테스는, 좋고, 옳고, 선함을 지향한다는 점에서는 같지만, 그것에 이르는 방법에 있어서는 크게 대조를 이룬다. 누구의 방법이 옳을까? 누구의 방법이 더 바람직할까? 이 문제는 내가 미국 대학에서 강의하면서 현실적으로 당면했던 문제이기도 하다. 공자의 윤리 사상의 기본에 '인'의 개념이 있다는 것을 설명했을 때, 학생들은 계속 '인'의 정의가 무엇이냐고 물었다. 논어에 '인'의 개념을 설명한 부분이 있다. 공자는 인은 '애인愛人'이라고 했고, 어떤 제자는 '충서忠恕'라고 해석했다. 인은 타인을 사랑하는 것과 충성하고 용서하는 것이라고 설명했더니, 학생들은 공자가 말하는 사랑은 무엇이냐, 충성과 용서는 사랑과 다르지 않느냐 등 계속 인의 개념에 대한 정의를 요구했다. 공자가 말하는 '인'의 의미를 아는 방법은 인을 실천해 가면서 갖게 된다고 했더니, 인이 무엇이지도 모르면서 어떻게 인을 실천할 수 있느냐고 공격해왔다.

실천하기 전에, 먼저 개념에 대한 명확한 규정이 있어야 한다는 신념은, 같은 학과에서 윤리학을 가르치는 다른 교수와도 경험한 일이 있다. 불교의 가장 핵심적인 가르침 중에 팔정도八正道가 있다. 올바르게 보고正見, 올바르게 생각하고正思惟, 올바르게 말하는 것正語 등이다. 동양철학에 관심이 있는 그 교수는 나에게 여기서 '정正', 올바르다는 것이 무슨 뜻이냐고 물었다. 올바름의 정의가 무엇이냐는 것이다. 나는 제대로 된 답변을 하지 못했다. 불교를 전공하지 않은 탓도 있지만, 팔정도에서 '정'의 의미를 깊이 생각해 본 일도 없었다. 급히 자료를 찾아봤지만, 명확한 해답을 얻지 못했다. 나의 과문 탓이지만, 우리는 올바르게 보고, 올바르게 생각하고, 올바르게 말하는 것이 어떤 의미인지 알고 있다고 생각한다. 크게 불편을 느끼지 않는다.

서양의 철학 문화 전통에서 자란 사람들은 용어 혹은 개념의 정의에 관심이 많고 투철하게 분석한다. 그들은 윤리학에서 선goodness이 무엇인지 집요하게 묻고 또 묻는다. 그리고 선에 대한 다른 정의를 내놓고 토론한다. 그들은 지금도 선이란 무엇인가를 물으면서 선의 개념을 규명하기 위해서 노력하고 있다. 그것은 서양 윤리학의 가장 핵심적 과제이다. 그런데 소크라테스의 방식으로 하면, 서양 사람들은 여전히 그들 윤리학의 기본 용어인 '선'의 개념을 규명하지 못하고 있다. 다시 말하면, 그들에게는 선하게 행동할 이론적인 근거, 논리적 전제가 없다. 그렇게 되면 선하게 행동할 수가 없게 된다. 서양 사람들이 지난 수천 년간 선하게 행동하지 못했다는 말이 되는데, 현실적으로 받아들일 수 없는 결론이다. 이렇게 보면, 공자의 방식이 옳지 않은가 하는 생각이 든다. 선하다고 생각되는 행동을 해가면서 선의 의미를 밝히는 방법이다.

도덕과 윤리의 차이

1장에서 잠시 언급했지만, 우리는 일상적으로 도덕과 윤리를 섞어서, 혹은 같은 의미로 사용한다. 도덕이 윤리이고, 윤리가 도덕이라고 생각한다. 크게 차이가 없는 개념이라고 생각한다. 그러나 반드시 그런 것 같지도 않다. 다음의 일화를 보자.

> 혼자 설악산에 등산을 갔는데, 하산 길에 발을 잘못 디뎌 발목을 크게 삐고 말았다. 도저히 걸을 수 없어서 길옆에 앉아 있는데, 마침 내 수업을 듣는 학생이 걸어오고 있었다. 이제 살았다 싶었다. 길가에 앉아있는 나를 보고 그 학생이 물었다. "교수님, 안녕하세요? 거기서 쉬고 계세요?" 내가 대답했다. "아니, 발을 삐어서 움직일 수가 없어서 앉아있네." 학생이 말했다. "아 …. 그러세요? 많이 아프시겠어요. 발목이 많이 부었네요." "그래, 많이 아파." 한동안 나를 바라보던 학생이 난처한 듯이 말했다. "그런데, 교수님 …. 저는 지금 가봐야겠어요. 저 아래에서 여자 친구가 기다리고 있는데, 약속 시간에 벌써 한 시간이 늦었어요. 둘의 버스표를 예매했는데, 지금 내려가지 않으면 버스를 놓쳐요. 교수님, 죄송합니다. 몸조리 잘하시고, 안녕히 계세요." 그는 나를 두고 서둘러 하산했다. 서운한 마음으로 그의 뒷모습을 바라볼 수밖에 없었다.
> 일어서서 걸어보려 했으나, 고통이 너무 심했다. 어쩔 수 없이 다시 주저앉아 있는데, 누군가 걸어오고 있었다. 놀랍게도 내 수업을 듣는 다른 학

생이었다. 나를 보자마자 그가 소리쳤다. "교수님, 왜 거기에 앉아 계세요?" "발을 삐어서 움직일 수가 없네." 그가 말했다. "그러세요? 왜 발목을 삐어요? 산에서는 조심하셔야죠." 내 옆에 앉더니 손으로 내 발목을 비틀었다. 나는 "아 …." 하며 소리를 질렀다. "발이 많이 부었네." 일어선 그가 혼자서 투덜거리는 소리가 들렸다. "에이, 재수 없어. 하필이면 이런 때 …." 한참을 서 있더니, 주머니에서 담배를 꺼내서 피웠다. 담배 연기를 길게 내뿜으며 투덜거렸다. 독한 담배 연기가 내 코를 찔렀다. "오늘 꼭 서울에 가야 하는데. 벌써 한 시간이나 늦었는데. 지금 가지 않으면 버스 놓치는데. 그 애가 방방 뛰면서 야단을 할 텐데. 에이, 재수 없어." 그리고는 내 어깨를 툭툭 치면서 말했다. "제가 부축할 테니, 한번 서 보세요." 그가 나를 안다시피 해서 세웠다. 삔 발을 들고 다른 발로 설 수가 있었다. "한번 걸어보세요." 삔 발을 살짝 딛고 걸어봤다. "아야." 소리가 절로 나왔다. "참으세요. 교수님, 아픈 거 되게 못 참으시네." 그가 나를 부축해서 걷기 시작했다. 걸으면서도 계속 투덜거렸다. 아파서 쉬고 싶은 데도 쉬자는 말도 못했다. 그는 나를 끌어안다시피 하며 하산했다. 그의 여자 친구는 가버리고 없었다.

물론, 이런 일은 쉽게 일어나지 않는다. 그러나 일어났다고 상상해보자. 첫 번째 학생은 나에게 공손하게 대하고, 학생이 교수에게 지켜야할 태도 혹은 예절은 훌륭히 지켰다. 그러나 그는 조난을 당한 나를 버려두고 하산했다. 두 번째 학생은 나에게 버릇없이 대하고, 학생이 교수에게 지켜야 할 태도 혹은 예절은 잘 지키지 않았다. 그러나 그는 조난을 당한 나를 부축하고 하산했다. 어느 학생의 행동이 더 좋고, 옳고, 선한 걸까?

첫 번째 학생은 교수를 대하는 태도가 좋고, 여자 친구와의 약속을 지켰다는 점에서는 옳으나, 부상을 당해 혼자 움직이지 못하는 교수를 버려두고 갔다는 점에서는 선하다고 할 수 없다. 두 번째 학생은 교수를 대하는 태도는 좋지 않고, 여자 친구와의 약속을 지키지 않았다는 점에서 옳지 않으나, 조난당한 교수를 구조했다는 점에서 그의 행동은 선하다고 할 수 있다. 그러니까, 첫 번째 학생은 태도가 좋고, 약속을 지켰는데도 선하지 않고, 두 번째 학생은 태도가 좋지 않고, 약속을 지키지 않았는데도 선하다는 말이 된다. 왜 이런 일이 일어나는가? 좋음, 옳음, 선함 사이에 어떤 차이가 있기에 이런 결과를 만드는가?

태도의 좋고 나쁨

내가 보기에, 태도는 일상생활에서 다른 이들에게 정중하게 혹은 불손하게, 친절하게 혹은 냉정하게, 오만하게 혹은 겸손하게 말하거나 행동해서 상대방의 기분 혹은 마음을 좋게 혹은 나쁘게, 흐뭇하게 혹은 불쾌하게 만드는 행위를 말한다. 학생이 연장자인 교수 앞에서 담배를 피우고, 반말을 할 때, 우리는 그 학생이 버릇이 없고, 예의가 없다고 말한다. 영어의 '에티켓' 혹은 '매너'에 해당하는 말이다. 그런데 태도의 좋고 나쁨, 예의와 매너가 있고 없음은 같은 행동이라도 상대방의 사고방식과 문화적인 배경에 따라서 크게 달라질 수 있다. 어른 앞에서 담배를 피우는 행동은, 한국에서는 예의가 없는 태도로 간주되지만, 다른 많은 나라에서는 별 문제가 되지 않는다. 반말도 마찬가지이다. 반말이 없다시피 한 영어권에서는 학생이 교수에게 반말을 했다고 문제가 되는 일은 없다.

한편으로, 서양에서는 음식을 먹으면서 입에서 소리를 내는 것을 매너가 없는 것으로 생각했다. 그래서 한국 사람이나 중국 사람이 국수를 먹으면서 후루룩 소리 내는 것을 경멸스런 눈으로 바라보았다. 그러나 국수가 서양에 많이 보급되고, 국수를 맛있게 먹는 요령을 배우면서, 국수는 소리 내어 먹는 것이 매너가 없는 것이 전혀 아니라는 것을 배우고, 서양인들도 후루룩 소리는 내면서 먹는다. 지금은 많이 달라졌지만, 우리는 처음 만난 사람의 나이나 고향을 묻는 것을 예의 없는 행동으로 보지 않는다. 나이를 알아야 말을 높일 것인지 낮출 것인지를 알고, 고향이 같은 경우에는 서로 성씨와 집안을 확인하여 실례를 하지 않을 수 있기 때문이다.

태도가 좋고 나쁨, 예의와 매너가 있고 없음은, 그 사회가 지향하는 언행의 조화 혹은 품위의 문제이다. 조화롭고 품위 있는 생활을 하기 위해서 그 사회가 선호하는, 바람직하다고 생각하는 언어 사용과 행동의 방식을 예의 혹은 매너의 이름으로 정착시킨 일종의 사회적 관습들이다.

행동의 옳고 그름

그러나 행동의 옳고 그름은, 선호, 품위, 감정의 문제가 아니다. 어떤 행동에 대한 보다 객관적이고 사실적인 평가와 판단이 개입되는 문제이다. 옳다 혹은 그르다고 판단하기 위해서는, 그럴 만한 기준과 근거가 있어야 한다. 그 기준과 근거에 따라서 어떤 행동은 옳고, 어떤 행동은 그르다고 판단하는 것이다. 그 기준 혹은 근거는 무엇일까?

그 기준 혹은 근거에는 크게 두 가지가 있다. 하나는 법적인 기준 혹은 근거이다. 어떤 사회에나 행동의 옳고 그름에 대한 법적 규제가 법률로 정해져 있다. 문자화한 경우도 있지만 그렇지 않은 경우도 있다. 행동의 옳고 그름에 대한 판단과 기준은 질서유지에 그 목적이 있다. 따라서 강제성이 따르고 처벌이 가해질 수 있다. 행동의 옳고 그름에 대한 판단이 객관적 기준과 사실적 근거에 기반을 두어야 하는 것은 이 때문이다. 어떤 사회가 공통적으로 수립한 법률이 그 역할을 한다.

행동의 옳고 그름에 대한 또 다른 종류의 평가와 판단의 기준과 근거는 도덕적인 기준과 근거이다. 도덕적 기준과 근거는 법적인 것보다 덜 객관적이고, 덜 사실적이다. 도덕적 평가와 판단에는 법적 규제나 처벌이 있는 것도 아니다. 그러나 어떤 사회나 행동의 옳고 그름에 대한 도덕적 기준과 근거가 있다. 무엇이 도덕적 기준과 근거가 되는가? 그 답은 그 사회의 도덕적 규범과 가치의 체계이다. 어떤 행동이 옳고 그름에 대한 기준은 도덕적 규범이 제공하고, 도덕적 규범의 근거는 그 사회가 갖고 있는 총체적 가치 체계가 제공한다. 도덕적 규범은 법적 규제처럼 강제성은 없으나, 여전히 행동의 옳고 그름에 대한 판단기준이 된다. 법적 규제가 의무duty로 강제되는 반면에, 도덕적 규범은 책임obligation 혹은 도리로 권장된다. 도덕적 규범이 근거하고 있는 가치 체계란 어떤 사회가 지향하거나 실현하고자 하는 인간관계의 이상적인 이념 혹은 상황을 말한다.

한반도에서 살아온 사람들은 수백 년간 유학이 제시한 이상적 이념 혹은 상황을 그들의 가치 체계로 삼아왔다. 인의예지의 도덕 가치를 바탕으로 국가적으로는 군주와 신하, 가족적으로는 부모와 자식 간의 질서와 조화가 그 이상적 이념이나 상황이었다. 충과 효의 가치가 권장되고, 충신과 효자가 칭송받는 사회가 유교사회의 가치 체계였다. 그러나 지금은 충신이나 효자가 과거처럼 높이 칭송받지 않는다. 가치 체계가 변한 것이다.

오늘날에도 유교의 가치 체계가 상당 부분 남아있지만, 우리는 과거와 다른 가치 체계 속에서 살고 있다. 자유와 평등을 이상적 이념으로 설정하고, 개인의 권리와 인권이 강조되는 사회 질서와 환경 속에서 살고 있다. 가치 체계는 이렇게 시대와 장소에 따라서 변화한다. 500년 전 한반도의 가치 체계가 현대 한반도의 가치 체계와 다를 뿐만 아니라, 500년 전의 이탈리아 반도나 아라비아 반도의 가치 체계들도 마찬가지이다. 가치 체계는 고정되어 있지 않고 장소와 시대에 따라서 변한다. 따라서 같은 행동을 두고도, 가치 체계에 따라서 옳고 그름의 판단이 달라질 수 있다. 서로 상충할 가능성도 있다.

대표적인 경우가 서유럽과 중동의 가치 체계의 충돌이다. 기독교 가치관을 갖고 있는 서유럽의 성당은 과거 성자들의 행적을 묘사한 그림으로 가득하다. 시스티나 성당의 천장에는 신이 아담을 창조하는 미켈란젤로의 〈천지창조〉가 그려져 있다. 이슬람교를 믿는 중동의 사원에는 식물의 문양만 있을 뿐 그들의 성자를 묘사한 그림은 찾아볼 수 없다. 신을 인간화하여 그림을 그리는 것은 신에 대한 범죄라고 생각하기 때문이다. 그래서 이슬람교도들은 전쟁으로 점령한 지역의 기독교 성당의 벽화를 지워 없애는 일이 많았다.

어느 쪽이 옳을까? 절대자 신을 인간화하여 그림을 그리는 것이 옳을까? 그렇게 하는 것은 신에 대한 범죄일까? 이런 경우에 옳고 그름의 객관적인 기준과 근거가 있을까? 없다. 기독교인에게는 기독교의 기준이 옳고, 이슬람교인에게는 이슬람의 기준이 옳기 때문이다. 그러면 어떻게 해야 할까? 서로 각자 자기의 기준에 따라 살아야 할까? 다른 사람의 경우는 간섭하지 말고, 자기 할 일이나 잘하는 것이 해결 방책일까?

보편적 가치 체계의 필요

그런데 앞에서도 언급했듯이, 그것이 그렇게 잘되지 않는다. 그러면 어떻게 해야 할까? 논리적인 해결은 하나밖에 없다. 서로 다른, 때론 상충하는 가치 체계를 포함하고 아우르는 상위의 가치 체계 '메타-가치 체계'가 필요하다. 말하자면 각 시대와 지역을 초월한 보편적인 가치 체계가 필요하다. 문제는 그런 체계가 존재 가능한가의 여부다.

　과거에는 교통과 통신 기술이 발전하지 않아서, 문화적 교류도 활발하지 않았다. 그래서 같은 사고와 생활방식을 가진 사람들이 일정 지역에 모여 살 때는 지역적 가치 체계가 형성되어 행동의 옳고 그름을 판단할 수 있었다. 하지만 오늘날 같이 지역 간 교류와 교역이 활발하고 '지구촌'이라는 말이 현실이 된 상황에서는, 각 시대와 지역의 가치 체계만 가지고는 행동의 옳고 그름을 판단하는 데 많은 제약과 한계가 발생한다. 우리가 이미 앞에서 본 경우와 같다. 그러면 시대와 지역을 초월한 가치 체계라는 것이 이론적으로 수립 가능하며, 현실적으로 적용 가능할까? 가능하다. 앞의 1장에서도 언급했지만, 여기에서 '도덕 체계moral system'와 '윤리 체계ethical system'의 구별이 등장한다. 도덕 체계는 시대, 지역, 역사, 문화 상대적이지만, 윤리 체계는 그런 것을 초월하여 인류 보편적이다. 도덕 체계는 도덕 가치에 입각한 인간 행동에 대한 판단과 평가의 기준 혹은 근거이지만, 윤리 체계는 윤리 가치에 입각한 인간 행동에 대한 판단과 평가의 기준 혹은 근거이다. 그러면 윤리적 가치 체계는 어떤 체계인가? 그것은 행동의 옳고 그름이 아니라, 행동의 선하고 악함이 기준이 되고 근거가 되는 가치 체계이다. 행동의 옳고 그름은 시간과 공간의 제약을 받는 각 지역과 시대의 도덕 체계에 의해서 규정되지만, 행동의 선함과 악함은 그런 제약을 초월해 있다.

칸트의 보편적 윤리 체계

그러면 실제로 시간과 공간을 초월한 윤리 체계라는 것이 있을까? 있다. 그 대표적인 경우가 칸트의 윤리 체계이다. 칸트의 윤리 체계의 근본은 보편적인 가치와 규범의 수립에 있다. 시간과 공간을 초월한, 혹은 특정한 지역과 시대의 문화적 특성이나 관습의 제약을 받지 않는, 인간이면 누구나, 어느 때나, 어느 곳에서나, 반드시 지켜야 하는 가치 체계를 확립하는 데 있다.

그런데 우리는 앞에서 도덕 가치와 규범은 지역과 시대에 따라서 변화하고 상대적이라고 규정했다. 그러면 칸트는 어떻게 그런 상대성을 벗어난 절대적인 윤리 체계를 확보할 수 있었을까? 문화 상대적인 도덕이 어떻게 보편적이고 필연적인 윤리로 발전해 나갈 수 있을까? 칸트는 보편적인 윤리학을 어떻게 수립하려 했는가? 이 질문에 제대로 대답하려면 칸트의 윤리 체계 전반에 대한 설명을 해야 하지만, 여기서는 간단히 그 핵심만을 언급하고자 한다.

칸트의 윤리 체계의 근간에는 인간의 이성이 있다. 그의 인식론을 다룬 명저 《순수이성비판》에서 주장한 것처럼, 인간의 이성적 사고와 인식은 보편적이고 필연적인 진리를 확보할 수 있다. 논리적 사고와 수학적 추론이 그 대표적인 예이다. 'a가 b보다 길고, b가 c보다 길면, a는 c보다 길다'라는 명제는 언제, 어디서나, 반드시 참이다. '2+5=7'도 그렇다. 이성적 사고와 판단이 보편성과 필연성을 확보할 수 있다면, 이성에 근거한 윤리 체계도 보편성과 필연성을 확보할 수 있을 것이다. 어떻게 그럴 수 있을까?

칸트 윤리의 특성

칸트가 취하는 전략은, 도덕론은 행동의 내용을 문제 삼지만, 윤리학은 행동의 형식을 문제 삼는다는 것이다. 행동의 내용에는 시대와 지역의 특징과 문화적 내용이 개입하지만, 행동의 형식에는 그럴 여지가 없다. 따라서 이 형식은 수학과 논리학의 추론 형식처럼 보편적이고 필연적일 수 있다.

그러면 어떤 윤리적 형식이 그런 보편성과 필연성을 가질까? 칸트는 두 가지 형식을 제시한다.

① 너의 행동이 보편적인 격률이 되게 행동하라.
② 인간 (성)을 수단으로 (만) 다루지 말고 목적으로 다루어라.

칸트는 위의 두 격률을 '정언명령categorical imperative' 이라고 불렀다. 인간이라는 범주에 속한 존재라면 반드시 지켜야 하는 명령이라는 것이다. 명령으로 표현된 이 윤리적 형식들은 인간사회의 보편적이고 필연적인 행동의 격률이다.

여기에서 우리는 칸트가 시대 상대적인 도덕을 넘어선 인류 보편의 윤리를 확립하고 있음을 알 수 있다. 그리고 그 윤리는, 칸트에 의하면 선의지good-will, 즉 선을 추구하고 실현하고자 하는 의지로 표현된다. 마치 기독교에서 신의 명령을 따르는 것이 인간의 의무인 것처럼, 선을 추구하고 실현하는 것이 인간의 의무라는 것이다. 칸트는 인간이 선하게 행동하는 형식을 제시했고, 그 형식은 보편적이고 필연적으로 인간이면 누구나 지켜야 할 의무이다. 칸트의 윤리학이 형식주의 formalism, 의무주의deontologicalism, 동기론motivationalism이라고 평가를 받는 이유이기도 하다.

칸트의 윤리학이 형식주의가 될 수밖에 없는 이유는 보편적이고 필연적으로 적용되는 윤리 형식을 제시하려고 했기 때문이다. 어떤 상황에서 어떤 행동을 하는 것이 옳은가 혹은 그른가의 문제를 고려하면, 그런 형식을 제시할 수 없다. 즉 행동의 내용을 개입시켜서는 안 된다. 형식만이 그런 행동의 기준과 근거를 제시할 수 있기 때문이다.

칸트의 윤리학이 의무주의인 까닭은 그가 제시한 형식이 정언명령의 성격을 띠기 때문이다. 인간이면 누구나 반드시 지켜야 하는 격률이다. 칸트는 인간의 자유의지를 도덕적 행위와 판단의 근거로 보면서도, 그의 도덕 격률은 의무 혹은 복종의 성격을 띤다.

칸트의 윤리학이 동기론이 되는 까닭은 선을 향한 의지가 모든 도덕적 행위의 동기이며 목적이기 때문이다. 선을 향한 의지란 선을 지향하는 의지이다. 의지란 마음의 상태이다. 다시 말하면, 행동하기 이전의 혹은 행동하기 위한 마음의 상태이다. 따라서 행동의 결과는 아니다. 결과 이전의 동기이다. 따라서 칸트의 윤리학은 선의지를 실현하고자 하는 마음의 상태, 즉 동기에 중점을 둔 윤리학이라는 평가를 받는다.

여기에서 칸트가 우리에게 가르쳐 주는 것 중 하나는, 시대 상대적인 도덕이 아니라 인류 보편적인 윤리를 추구하라는 것이다. 앞서 살펴본 것처럼 도덕은 어떤 특수한 지역과 시대에 따라서 상대적인 행동의 옳고 그름을 규정하고 판단하는 근거를 제시하지만, 윤리는 인류 보편의 절대적인 행동의 선함과 악함을 규정하고 판단하는 근거를 제시한다. 우리가 별로 의식하지 않고 혼동해서 사용하는 도덕과 윤리의 명확한 구별과 차이가 드러나는 대목이다. 칸트의 위대함이 잘 드러나는 경우 중의 하나이다.

칸트 윤리학의 한계

해수 교수님, 질문 있는데요?

교수 무슨 질문이니?

해수 칸트의 윤리 이론은 교수님께서 처음 제시한 문제를 푸는 데 별로 도움이 되지 않는 것 같아요. 인간을 수단이 아니라 목적으로 다루고, 너의 행동이 인류 보편적인 격률이 되게 하라고 했는데, 아버지를 선택할 것인가, 의사를 선택할 것인가, 여자 친구를 선택할 것인가, 하는 문제에는 별로 도움이 되지 않는 것 같아요.

은주 맞아요. 어느 선택도 인간의 목숨을 구하겠다는 목적으로 하는 행동일 수 있어요. 그리고 이런 예외적이고 특수한 상황에서 하는 선택은, 다른 일상적이고 일반적인 상황에서 하는 선택과 같을 수가 없어요. 보편성과 필연성을 요구하기가 어려운 것 같아요.

교수 다른 사람들은 어때? 우리의 문제를 해결하는 데 칸트의 윤리학은 별로 도움이 되지 않는 건가?

홍규 도움이 되지 않는 것이 당연하지 않아요? 칸트는 윤리적 행동의 형식만 제시했지, 구체적인 상황에서 어떻게 해야 한다는 내용은 밝히지 않았잖아요. 칸트의 윤리학은 이론적으로는 옳지만, 현실적으로 도움이 되지 않는, 추상적이고 원론적인 이론에 불과해요.

교수 위대한 철학자 칸트가 이렇게 공격을 받고 있는데, 그 분을 도와줄 사람 없나? 여기 칸트 윤리학의 추종자 없어?

유선 교수님께서 제시한 특수하고 예외적인 상황을 가정한 질문에 구체적인 대답을 할 수는 없지만, 칸트 윤리학이 우리에게 제시하는 가르침은 여전히 살아있는 것 같아요. 인간을 도구가 아닌 목적으로 다루고, 각자의 행동을 본인의 이해관계 중심으로 하지 않고, 다른 모든 인간에게 '선의지'를 실천해야 한다는 가르침은, 인간이면 누구나 반드시 따라야 할 행동의 지침 같아요. 인종이나 민족, 사회적 지위나 조건에 상관없이, 인간을 그 자체로 존중하라는 칸트의 가르침은, 인종차별, 남녀차별, 종교적 테러, 경제적 불평등이 난무하는 요즘 세상에 어느 때보다 요구되는 윤리이론이라 생각해요.

교수   그렇다. 나도 그 생각에 동의한다. 칸트는 보편적인 선을 추구하고, 다른 사람을 나의 이익을 위한 수단으로 삼지 말라는 귀한 가르침을 주었다. 칸트의 가르침을 우리가 따른다면, 우리가 사는 이 세상이 보다 합리적이고 정의롭게 될 것이 틀림없어.

유선이는 대학원에서 칸트 윤리학에 대한 박사학위를 받고, 여러 대학에서 강의하면서 저술활동을 하고 있다. 최근에는 《소크라테스 씨, 나는 잘 살고 있는 걸까요?》라는 책을 출판했다.

공리주의 윤리학

교수   칸트의 윤리학 이외에, 우리의 문제를 푸는 데 도움이 되는 다른 이론은 없을까?

운혁   저는 의사를 구하는 데 손을 들었는데, 그 이유는 제가 공리주의적 입장에 서있기 때문이에요.

교수   의사를 구하는 게 어떻게 공리주의적이라는 거지?

운혁   공리주의에 의하면, 최대 다수의 최대 행복을 추구하는 행동이 선한 행동이라고 하는데, 아버지를 구하면 한 사람의 생명을 구하지만, 의사를 구하면 수천 명의 생명을 구하는 것이 되잖아요? 많은 사람의 생명을 구하는 것은 많은 사람의 행복을 추구하고 획득하는 것이 되니까, 의사를 구하는 것이 아버지를 구하는 것보다 더 선한 행동이라고 할 수 있어요.

교수 그럴까? 그러면 잠시 공리주의에 대해서 생각해보자.

운혁이는 대학원에서 기업윤리에 대한 박사학위를 받고, 여러 대학에서 강의 중이다. 한국에서 철학을 전공하고 기업윤리를 하는 많지 않은 사람들 중의 하나이다.

공리주의utilitarianism는 영국의 철학자 벤담J. Bentham, 밀J. S. Mill 등 일련의 철학자들이 제시한 이론이다. 그 이름이 말하는 것처럼, 공리주의는 utility를 중요시하는 이론이다. utility란 유용성 혹은 유익성을 의미한다. 무엇에 유용하며 유익한가? 인간의 실제 삶에 유용하고 유익함이다. 그러니까 공리주의는 실생활에 유용하고 유익함을 중심으로 혹은 근거로 어떤 행동의 옳고 그름을 판단하는 윤리 이론이다. 유용성 혹은 유익성을 근거로 행동의 옳고 그름을 판단하는 기준을 유용성의 원리the principle of utility라고 한다.

그런데, 실생활에 유익한 것은 수없이 많다. 공리주의는 어떤 유익함을 중요시하여 행동의 옳고 그름의 근거 혹은 기준으로 삼는가? 그 답은 행복이다. 왜냐하면 행복은 인간이 삶에서 추구하는 최고 가치이기 때문이다. 인간의 모든 행동은 궁극적으로 행복을 추구하고, 행복을 획득하는 것을 목적으로 한다는 아리스토텔레스의 사상을 그대로 계승하고 있다. 공리주의 윤리론의 기본 테제를 정리하여 표현하면 다음과 같다.

① 유용성이 행동의 선하고 악함을 판단하는 기준 혹은 근거이다.
② 유용성은 궁극적으로, 행복의 획득과 증진에 있다.

③ 따라서 행복의 획득과 증진에 유용한 행동은 선하고 그 역은 악하다.

①, ②, ③을 근거로 해서, 공리주의자들은 다음과 같은 공리주의적 윤리의 원리를 제시한다.

④ 최대 다수의 최대 행복을 획득 혹은 증진시키는 행동은 선하고, 그 역은 악하다.

벤담의 공리주의

그러면 공리주의에서 말하는 행복이란 무엇일까? 여기에는 공리주의자에 따라 다른 주장을 한다. 가장 고전적인 경우는 벤담인데, 그는 행복을 쾌락 혹은 즐거움과 동일시하고, 고통 혹은 아픔과 반대되는 것으로 보았다. 벤담에 의하면 행복은 기본적으로 육체의 상태이다. 우리가 마시는 술이 즐거움을 주고 고통을 줄여주면, 술은 나에게 행복을 주는 존재이다. 우리가 일상에서 술을 찾고 마시는 이유이다. 그러니까, 공리주의에서 말하는 행복의 고전적인 의미는 육체적 쾌락 혹은 즐거움이다.

그런데 행복의 많고 적음을 어떻게 알 수 있을까? 벤담은 육체적인 쾌락으로서의 행복의 많고 적음은 측정 가능하다고 보았다. 육체적 쾌락의 강도, 지속시간, 확실성 등을 지표로 그 양의 많고 적음을 계산할 수 있다는 것이다. 벤담의 행복에 대한 이론은 우리의 상식과 많이 일치한다. 우리는 대개 육체적으로 즐거운 경우에 행복하다고 생각하고, 그 즐거움이 강렬하고 오래 지속할 때, 많이 행복하다고 말한다.

밀의 공리주의

그러나 벤담의 이런 이론에 반기를 든 사람이 있었다. 공리주의의 대표적인 철학자로 간주되는 밀이다. 밀은 벤담이 인간의 행복을 육체적 쾌락과 동일시한 것은 잘못이라고 비판한다. 밀에 따르면 인간에게는 육체적 쾌락보다 더 강력하고 고차원적인 쾌락이 있다. 정신적 쾌락이다. 육체적 쾌락은 맛있는 음식을 먹었을 때, 아름다운 경치를 보았을 때, 좋아하는 사람의 손을 잡을 때 등 주로 감각 기관을 통해 갖는 쾌감들이다. 이런 쾌감들은 우리가 그 쾌감을 갖는 행위를 하는 동안에만 느껴진다. 그러나 어려운 수학 문제를 풀었거나, 원하던 대학에 합격했거나, 홍수로 무너지던 둑을 막아 강 하류의 수많은 생명을 지킨 쾌감은, 감각적 쾌감과는 다른 차원의 쾌락을 느끼게 한다. 술 한 잔의 쾌감을 원하던 대학에 합격한 쾌감에 비할 바가 아니라는 것은 우리 학생들이 누구보다 잘 알고 있다. 벤담이 말하는 쾌감의 양의 기준으로 보아도, 정신적 쾌락이 육체적 쾌락보다 더 강력하고 지속적이고 확실하다고 할 수 있다. 따라서 행복의 개념에 육체적 쾌락뿐만 아니라 정신적 쾌락도 포함해야 한다는 밀의 주장은 설득력이 있다.

신부님과 수녀님들의 질책

행복이란 무엇인가? 이 문제는 공리주의자뿐만 아니라 일반 시민들에게도 큰 관심거리이다. 모든 사람들이 행복하기를 바라기 때문이다. 행복의 개념에 관련해서 개인적으로 겪은 다소 난감한 경험이 있었다. 미국에 있는 프로비던스대학교에서 교수로 가르치고 있을 때의 일이다. 한번은 학과 교수들 앞에서 강연을 할 기회가 있었는데, 그 가운데 행복에 대한 부분이 있었다. 나는 지나가는 말로 별 생각 없이, 행복의 개념을 공리주의자들이 말하는 육체적, 정신적 즐거움 혹은 쾌락에 빗대어 사용했다. 강연이 끝나고, 내가 행복을 쾌락과 동일시한 것에 대한 신랄한 공격이 들어왔다. 행복을 쾌락과 동일시하는 것은 너무 저급하고 편협한 주장이라는 것이다. 나는 크게 놀라고 당황했다. 우리가 일반적으로 사용하는 행복의 개념을 깊은 생각 없이 언급했는데, 이렇게까지 공격을 받으리라고는 예상하지 못했다. 결국 교수님들께 행복의 개념을 깊은 생각 없이 사용했다고 사과할 수밖에 없었다.

당시 나는 이제 막 박사학위를 받은 30대 초반 초년생 교수였고, 내 앞에는 순백의 신부복과 수녀복을 입은 60, 70대 노년의 신부와 수녀 교수님들이 있었다. 그 분들은 학생을 가르치는 교수이면서 동시에 성직자로서 엄격한 수도생활을 하는 분들이다. 육체적 쾌락은 물론 정신적 쾌락까지도 엄격히 절제하면서, 경건하고 성스러운 생활을 하기 위해서 노력하는 분들이다. 속세의 쾌락이 행복이라는 나의 표현이 충분히 편협하고 천박하게 보일 수 있는 분들이었다. 그분들은 영적인 순결과 완성을 통한 천상天上의 지복至福을 추구하는 분들이었다. 천상의 복을 두고, 감히 속세의 쾌감이나 쾌락 같은 것을 행복이라고 불렀으니, 동양에서 온 이 젊은 사람을 바로 가르쳐야겠다는 생각을 하지 않을 수 없었을 것이다.

행복의 정의에 대해서는 이견들이 있지만, 공리주의는 최대 다수의 최대 행복을 추구하고 획득하는 것이 인간 행동의 옳고 그름의 기준 혹은 근거라는 데에는 생각을 같이 한다. 행복을 증진시키는 행위는 옳고, 따라서 선하고, 고통을 증진시키는 행위는 그릇되고 따라서 악하다는 것이다. 서양에서는 전통적으로 악을 두 종류로 구분해서 사용해왔다. 하나는 질병과 화산 폭발 같은 자연적인 악이고, 다른 하나는 살인과 전쟁 같은 인위적인 악이다. 모두 인간에게 고통을 주는 행위이다. 악을 인간의 고통을 야기하는 요소로 본 서양의 전통적 입장에서 보면, 선을 쾌락의 증진, 즉 악의 제거 혹은 극소화로 보는 공리주의의 주장은 그들의 상식에 부합하는 윤리라고 보아도 무방할 것이다.

행위-공리주의와 규칙-공리주의

그런데 여기에서 '행동'이라는 용어에 유의할 필요가 있다. '행동'이라는 말은 하나의 단어이지만, 두 가지 다른 경우를 의미할 수 있다. 하나는 개항token으로서의 행동, 다른 하나는 유형type으로서의 행동이다. 논리철학에서 구별하는 개항과 유형의 구별을 여기에서도 적용할 필요가 있다는 것이다. 개항은 개별적인 경우를 말하고, 유형은 종류에 속하는 경우를 말한다.

즉, 행복을 증진하는 개별적인 행동에 대한 공리주의인가, 아니면, 행복을 증진하는 어떤 종류의 행동 유형에 대한 공리주의인가를 구별할 필요가 있다는 것이다. 전자는 특수한 상황에서의 행동이고, 후자는 일반화된 상황에서의 행동이다. 행동의 이런 구별에 따라서 공리주의도 두 가지로 나뉜다. 행동을 개항으로 보았을 때 행위-공리주의 act-utilitarianism가 되고, 행동을 유형으로 보았을 때, 규칙-공리주의rule-utilitarianism가 된다.

행위-공리주의는 행동의 개별적이고 특수한 경우를 두고, 그 행동이 최대 다수의 최대 행복의 획득을 추구하고 실현하면 선하고, 그 역이면 악하다고 보는 입장이다. 그런 면에서, 미국 링컨 대통령이 노예를 해방한 것은 선한 행동이고, 히틀러가 유대인을 학살한 것은 악한 행동이다. 그러나 규칙-공리주의는 행동의 유형적이고 일반적인 규칙을 두고, 그 규칙이 최대 다수의 최대 행복의 획득을 추구하고 실현하면 선하고, 그 역이면 악하다는 입장이다. '약속을 지켜라'라는 규칙이 있다. 이 규칙을 개별적이고 특수한 경우와 별개로, 일반적인 규칙으로 지키는 것이 최대 다수의 최대 행복의 획득을 추구하고 실현시키는가에 따라서 '이 규칙이 선한가 혹은 악한가?'를 판단하는 입장이 규칙-공리주의이다. 이런 의미에서 규칙-공리주의는 행위-공리주의보다 더 강한 이론이라고 볼 수 있다. 전자는 개별적인 행동에 대한 규정이지만, 후자는 어떤 유형의 행동 전체에 대한 규정이기 때문이다.

위의 두 공리주의를 산정호수의 사고 실험에 적용했을 때, 우리의 문제는 다음과 같은 두 문제로 구분된다.

① 행위-공리주의: 아버지를 구할 것인가? 의사를 구할 것인가? 아무도 구하지 않을 것인가? 하는 이 개별적이고 특수한 상황에서, 누구를 구하는 것이 최대 다수의 최대행복을 가져올까?

② 규칙-공리주의: 아버지를 구할 것인가? 의사를 구할 것인가? 아무도 구하지 않을 것인가? 하는 이런 종류의 일반적인 상황에서, 누구를 구하는 것이 최대 다수의 최대행복을 가져올까?

교수 자. 먼저 행위-공리주의로 볼 때, 누구를 구하는 것이 최대 다수의 최대 행복을 가져올까?

학생들 의사를 구하는 것이 최대 다수의 최대 행복을 가져오는 답인 것 같아요.

교수 규칙-공리주의 경우는?

학생들 마찬가지인 것 같아요. 의사를 구하는 것이 아버지를 구하는 것보다 더 많은 사람의 생명을 구하고, 행복을 증진시킨다고 보는 것이 옳은 것 같아요.

교수 그렇구나 …. 그러니까 공리주의적으로 보면 의사를 구하는 것이 선한 행동이 되겠구나.

호영 글쎄, 저는 잘 모르겠어요. 의사가 구한 사람 중에 히틀러나 스탈린 같은 사람이 들어 있어서 나중에 수백 수천만의 사람을 죽일 수도 있잖아요. 그렇게 되지 않는다는 보장이 없잖아요.

재현 맞아요. 의사를 구해 주었는데, 집으로 돌아가는 길에 교통사고로 죽어 버리면, 아버지를 구하지 못한 나의 행동이 얼마나 후회가 되고, 우리 가족에게 두고두고 고통이 되겠어요. 공리주의 원리라는 것은, 미래를 예측할 수 없는 상황에서 현실성이 없는 것 같아요. 산정호수 앞에 서있는 사람이, 어떻게 자기가 할 행동이나, 그 행동이 따를 규칙이 얼마나 많은 사람에게 얼마나 많은 행복을 가져올지 어떻게 계산할 수 있어요? 칸트의 정언명령이 우리의 상황에 구체적으로 적용될 수 없다고 했는데, 공리주의도 마찬가지인 것 같아요. 공리주의의 기준에 따라서 봐도, 공리주의는 현실적 유용성이 없는 이론 같아요.

교수 호영이와 재현이는 공리주의가 자기 모순적인 이론이라고 비판하는데, 일리가 있는 것도 같다.

칸트의 윤리학 vs 공리주의의 윤리학

그런데 여기서 공리주의 이론을 칸트의 이론과 대비해서 그 특징을 살펴보자.

첫째, 칸트가 이성주의의 입장에 근거한 윤리론을 제시한 반면에, 공리주의는 경험주의의 입장에 근거한 윤리론을 제시했다. 칸트가 이성론적 입장에 근거한 까닭은, 인간이면 모두가 지켜야 하는 보편적인 행동의 법칙을 확립하고 싶었기 때문이다. 공리주의가 경험론적 입장에 근거한 까닭은, 인간이 사회생활을 해나가면서 필요한 현실적이고 구체적인 행동의 법칙을 확립하고 싶었기 때문이다. 인간의 행동은 순수한 이성의 영역 안에서 이루어지는 것이 아니라, 이해관계와 욕망이 경쟁하고 충돌하는 구체적인 삶의 상황에서 발생한다는 것이다. 벤담이나 밀이 행정 관료였고, 입법에 관련된 일을 했다는 점에서 그들의 관심이 사회적인 상황과 관련해 윤리학을 수립하려고 했던 것은 어쩌면 당연한 일이다.

둘째, 칸트가 선의지를 실현하고자 하는 동기에 선악의 기준을 두었던 것과 달리, 공리주의자들은 인간 행동의 결과에 선악의 기준을 두었다. 칸트의 윤리론을 동기론, 공리주의의 윤리론을 결과론 consequentialism이라고 부르는 까닭이다. 칸트에 의하면 행동의 결과와 상관없이 동기가 선하면 선하고, 공리주의에 의하면 동기가 아무리 좋아도 결과가 좋지 않으면 좋지 않다고 보는 입장이다. 동기도 좋고, 결과도 좋으면, 칸트도 공리주의자들도 모두 좋다고 하겠지만, 세상일에는 그렇지 않은 경우도 많다. 동기는 좋았는데, 결과가 나쁘고, 결과는 좋은데 동기가 좋지 않은 경우도 있다. 어느 입장이 옳을까? 한번 생각해 볼 문제이다.

칸트는 정언명령을 본인의 윤리학의 기본 원리로 제시했는데, 모든 인간에게 주어진 명령인 만큼, 모든 인간은 지켜야 할 의무가 있다. 인간을 목적으로 다루고, 너의 행동이 보편적인 법칙이 되게 하라는 것이다. 칸트에게 윤리는 의무와 동일하다. 우리는 선한 행동을 해야 할 의무가 있다. 그러나 공리주의는 인간 행동의 준칙을 의무가 아니라, 인간 삶에 유익한가에 두어야 한다고 주장한다. 인간은 누구나 고통을 싫어하고 불행하기를 원하지 않는다. 인간의 윤리는 고통을 덜어주고 행복을 증진시키는 방향으로 수립해야 한다. 의무를 지키고 지키지 않는 문제가 아니라, 어떻게 다수의 인간을 즐겁고 행복하게 하고, 고통과 불행에서 벗어날 수 있게 할 것인지가 문제라는 것이다. 이 문제는 윤리학이 추구해 나갈 방향에 대한 문제이다. 누구의 방향이 옳은지, 칸트가 옳은지, 공리주의자가 옳은지 한번 생각해볼 문제이다.

이기주의 윤리학의 문제점

윤성 그런데, 교수님 ….

교수 그래, 질문이 있니?

윤성 아버지를 구할 것이냐? 의사를 구할 것이냐? 칸트가 옳으냐? 공리주의가 옳으냐? 하는 이야기들은 실제 상황에서는 별로 도움이 되지 않는 질문 같습니다. 제 생각에는, 말은 그렇게 하지만, 실제로 물에 뛰어드는 것은 다른 문제 같아요. 머리로는 이렇게 저렇게 생각하더라도, 추운 겨울날 옷과 신발을 벗고 얼음처럼 찬 호수에 뛰어들 사람은 없을 것 같습니다. 물에 들어갔더라도 금방 나와 버릴 것 같아요. 얼음물 속에 몸을 담갔을 때, 피부에 느끼는 고통을 누가 참겠어요. 심장마비에 걸려 죽을 수도 있잖아요.

교수 해병대나 특전사 같은 동계훈련을 받지 않은 사람에게는 어려운 일이지.

윤성 거기에다, 옆에는 내일 모레 결혼할 여자가 물에 들어가지 말라고 손을 붙잡고 있잖아요? 그 손을 뿌리치고 물에 뛰어 들 남자가 세상에 몇이나 되겠어요?

교수 그러니까, 윤성이는 3번, 물에 뛰어 들지 않는다고 선택한 거야?

윤성 네.

교수 이유는?

윤성 현실은 이론과 다르고, 인간은 기본적으로 자신의 목숨을 지키고, 고통을 피하고, 즐거움과 쾌락을 증진시키는 방향으로 행동한다고 봐요. 칸트의 의무, 공리주의의 행복 같은 것은, 어디까지나 나의 안전과 이익이 주어진 후에 고려할 사항이라고 생각해요.

교수 그러니까, 인간은 기본적으로 생물학적 존재이고, 생물학적 존재의 일차적 관심과 과제는 생명을 유지하고, 자신의 이익을 증진시키는 데 있다는 말이 되는군. 이건 이기주의적 입장이 아닐까?

윤성 인간은 근본적으로 모두 이기적인 존재인 것 같아요. 사람들이 하는 행동의 목적을 추적해보면 결국 자신의 이익이에요. 자신의 이익이 일차적이고, 남의 이익을 생각하는 것은 그 다음의 문제예요.

희철 그런데, 교수님 ….

교수 다른 의견이 있니?

희철 이기주의는 윤리와 반대되지 않나요? 이기주의자들 때문에 도덕과 윤리가 필요한 거 아닌가요?

윤성 그러면 이타주의만 윤리야? 이기주의도 하나의 윤리 이론이지. 이기주의자들은 자신의 이익을 추구하는 행동이 옳고, 그렇지 않은 행동은 그르다고 보는 거지.

교수 그래, 나도 그 주장에 동의한다. 이기주의도 일종의 윤리 이론이지. 개인-이기주의가 있는가 하면 집단-이기주의도 있지. 그런데 이기주의는 칸트나 공리주의의 윤리가 추구하는 사회통합과 조화로운 인간관계와 정면으로 배치되는 면이 있어. 사회 구성원 각자가 혹은 집단이, 자기 이익만을 추구한다면, 충돌과 반목을 피하기 어렵지. 승원이의 말처럼 인간은 생물학적으로 이기적인 존재이지만, 인간은 또한 생물학적 이상의 존재이다. 공동체를 구성해서 사회생활을 하고, 조화롭고 평화로운 환경 속에서 각자의 행복을 추구하고 공동의 번영을 위해서 노력하지. 그런 면에서 이기주의는 윤리적 이론임에는 틀림없지만, 바람직한 이론이라고는 할 수 없지.

학생들의 집요한 질문

학생들　그러면, 교수님은 누굴 구해야 한다고 생각하세요?

교수　그럴 줄 알았다. 내가 질문을 냈으니, 학생만 시키지 말고 교수도 대답을 해보라는 거지. 공평하다. 그래, 내 대답은 이렇다. 공자의 도덕론 입장에서는 아버지를 구하는 것이 옳고, 공리주의 입장에서는 의사를 구하는 것이 옳고, 이기주의 입장에서는 물에 들어가지 않는 것이 옳고, 칸트의 입장에서는 누구든지 구하되, 수단으로서가 아니라 목적으로 구하는 것이다.

학생들　교수님은 어느 입장이 옳다고 보세요?

교수　내가 꼭 입장을 밝혀야 하겠어? 입장을 밝히는 것은 좋은데, 마음에 걸리는 문제가 있다.

학생들　뭔데요?

교수　내 입장을 말하면, 첫째, 학생들이 내 입장이 정답인 줄로 알고 내 입장에 따르고, 둘째, 학기말 시험에 이 문제를 내면, 내 입장에 동조하는 것이 학점에 유리하다고 보고 내 입장에 맞는 쪽으로 답안 작성을 많이 할 것 같아. 내가 입장을 밝히는 것은 좋으나, 학기말 시험 전에는 밝히지 않는 것이 좋겠다.

학생들　교수님, 엉터리예요.

학생들　비겁해요.

교수　그런데, 한 가지 여러분이 알아야 할 것이 있어. 우리가 산정호수의 사고 실험을 하는 이유는, 그 실험을 통해서 윤리학에 관련된 이론들을 살펴보고 각 이론의 장단점을 검토하자는 것이다. 그러니까, 이 사고 실험의 본질적인 문제는 누구를 구할 것인가 보다, 어떤 윤리적 이론이 더 나은가를 결정하는 것이다.

학생들 그러면 교수님은 어떤 이론이 더 낫다고 보세요?

교수 이 질문에 대한 내 대답은 이렇다.

정성호 교수의 윤리관

우리는 앞에서 칸트의 윤리론과 공리주의 윤리론을 비교하고, 이기주의 윤리론의 문제점들을 살펴보았다. 어떤 윤리론을 선택할 것인가는, 윤리론 자체의 이론적 설명력과 정합성에 의해서 결정되기도 하지만, 그 윤리론이 근거하고 있는 혹은 배경으로 하고 있는 종교적, 이념적, 사회적 혹은 과학적 이론과 상황들을 고려하여 결정되기도 한다. 누구를 구할 것인가에 대한 직접적인 대답을 하는 대신에, 내가 지지하는 철학적 혹은 철학 외적 입장을 밝힘으로써 간접적으로 대답하고자 한다.

나는 선험적 진리의 존재에 대해서 다소 회의적이다. 특히 그 진리가 이성에 의해서 주어진다는 데 대해서는 더욱 회의적이다. 나는 이성적 진리가 선험적으로 주어졌다기보다는 경험적으로 얻어지고 파생된 것이라고 보는 쪽이다. 그러니까 이성론보다는 경험론 쪽으로 기울어져 있는 편이다.

나는 가치의 보편적인 기준은 필요하지만, 그것을 절대화하는 것에는 동의하지 않는다. 절대화한다는 것은 보편적이면서 동시에 유일하다는 것인데, 나는 보편성에는 동의하지만 유일성에는 동의하지 않는다. 나는 어떤 특정한 가치를 유일하게 보고 절대화함으로써 발생하는 폐단이 가치를 상대화해서 오는 혼란보다 피해가 더 크다고 본다. 그런 면에서 행동의 옳고 그름의 기준을 어떤 상황에서도 반드시 지켜야 하는 법칙 혹은 의무로 설정하는 것에 별로 동조하지 않는다. 이것이 윤리가 종교적 계명이나 국가의 헌법과 다른 점이다. 선과 악은 자유로운 선택이 주어진 환경에서만 의미가 있는 가치이기 때문이다.

나는 가족 체계가 사회를 구성하는 기본 요소이고, 가족 윤리가 다른 사회 윤리의 기초가 될 수 있다는 입장에 동의한다. 그러나 가족이 윤리 체계의 중심에 놓이고, 가족의 권익에만 지나치게 집중되는 것에는 반대한다. 사실 가족처럼 이기적인 집단은 없다. 인도의 시인 타고르Tagore가 그의 시 〈기탄잘리〉에서 '가족으로 조각조각나지 않은 세계'를 염원했는데, 상당히 의미 있는 입장이다. 석가도 출가하여 깨달음을 얻었고, 예수도 세상의 아버지보다는 하늘의 아버지를 따를 것을 권했다. 한국은 가족 지상주의를 기본 이념으로 하는 국가 같은데, 그래서 아버지와 의사의 생명을 두고 비교하는 것을 불쾌하게 생각하는 사람들도 있다. 가족의 생명을 어떻게 가족이 아닌 사람의 생명과 비교할 수 있느냐는 것이다.

이 수업을 끝내기 전에 내가 말해두고 싶은 한 가지 사항이 있다. 하나는 설악산에서 만난 두 학생 이야기를 하면서 언급한, 행동을 평가하는 세 기준, 윤리, 도덕, 태도(매너)의 차이를 잊지 말라는 것이다. 태도는 행동의 선호 문제이고, 도덕은 행동의 옳고 그름의 문제이고, 윤리는 행동의 선과 악의 문제이다. 어떤 행동이 윤리적으로 선하면, 도덕적으로 옳고, 태도도 보기에 좋을 가능성이 많다. 어떤 행동이 윤리적으로 악하면, 도덕적으로도 그르고, 태도도 보기에 좋지 않을 가능성이 크다.

앞의 설악산의 두 번째 학생처럼 태도는 좋지 않으나 도덕적으로 옳고 윤리적으로 선한 경우도 있다. 그러나 그 역은 아니다. 태도가 보기에 좋다고 반드시 도덕적으로 옳은 것은 아니고, 윤리적으로 선한 것은 더욱 아니다. 윤리, 도덕, 태도의 차이를 모르거나 혼동하는 경우가 많은데, 그 결과로 사회적 폐단과 혼란이 일어나고, 억울하게 피해를 보는 경우도 많았다. 나는 주위에서 연장자와 상관에 대한 전통적 행동 방식에 매달려 정작 선과 악의 윤리적 판단을 흐리는 경우가 많았다. 그 대표적인 경우가 예의범절을 잘 지키는 것과 선행을 하는 것을 일치시키는 것이다. 예의범절을 잘 지키는 것은 그 자체로 가치 있고 품위 있는 행동이다. 어른에게 공손히 대하고 다른 사람에게 양보하는 일 등은 여기서 말하는 윤리의 기본적인 차원으로서의 매너, 태도에 있어서 훌륭한 점이다. 그러나 그런 매너나 태도가 훌륭하다고 해서 반드시 좋은 사람은 아니고, 매너나 태도가 좋지 않다고 해서 반드시 나쁜 사람은 아니다. 특히 유교가 지배하던 시대에 예의범절을 잘 지키지 않으면 사람이 아니라 동물이라고 비난받았다. 손위와 손아래를 구별해서 말하고 행동할 줄 알고, 지위의 높낮이에 따라서 말과 행동에 차별을 두고, 남녀의 차이를 알아서 다르게 행동하는 등 여러 가지 매너와 태도의 규정이 있었다. 그런 규정을 지키지 않으면 소위 사람대접을 받지 못 하는 시대가 있었다. 그런데 전통적인 규정은 서양의 다른 생활방식과 윤리관이 들어온 후 많이 사라졌다. 특히 민주주의 사회에서의 생활방식은 전통적 계급사회에서 요구했던 규정들과 차이가 많이 났다. 이점은 특히 한국 사람들이 유의할 점이다.

앞에서 이기주의 입장에서 말한 내용에 중요한 진리가 포함되어 있는데, 그 내용은 이론과 실천, 말과 행동이 일치하지 않는다는 것이다. 공부를 열심히 해야 한다는 것을 알지만 그게 그렇게 되지 않고, 술을 지나치게 마시면 안 된다는 것을 알면서 그렇게 하지 않는 것은 우리 학생들도 잘 알 것이다. 도덕론과 윤리론을 아무리 논리적으로 멋있게 내놓아도 현실 생활에서 실천하지 않으면 소용이 없다.

동양적 수양론의 중요성

여기에서 동양의 옛 성인들이 강조한 수양의 중요성이 대두된다. 수양이란 자신의 몸과 마음을 수련하여 높은 수준의 언행과 덕을 실천하는 일이다. 사서四書 중 하나인 《대학大學》에서 수신을 제가와 치국보다 먼저 놓고, 우리 선조들이 신언서판身言書判, 즉 몸가짐, 말조심, 글쓰기, 판단 등을 유의하고 단련하고 완성해 나가기를 강조한 것도 수양의 중요성을 알았기 때문이다. 퇴계 선생께서 매일 실천하려고 노력했다는, '나쁜 생각을 하지 말고思無邪', '혼자 있을 때 몸가짐을 조심하고愼其獨', '자신을 기만하지 말고無自欺', '사람들을 존경스럽게 대하라毋不敬' 고 한 네 격률이 우리 선인들이 행한 수양의 좋은 예이다.

공자는 도덕과 윤리가 존재하는 이유를 두 가지 측면에서 보았던 것 같다. 하나는 인간관계의 조화와 질서이고, 다른 하나는 훌륭한 인격체가 되는 것이다. 나는 공자의 입장이 옳다고 본다. 도덕과 윤리에는 사회적인 측면뿐만 아니라, 인격적인 측면도 있다. 나는 칸트와 공리주의자들이 이 인격적인 측면을 소홀히 하지 않았나 싶다. 이 인격적인 측면에 도덕과 윤리 이론을 일상생활 속에서 실제로 실천하는 점이 포함되어 있다. 그런데 윤리적 이론과 윤리적 행위 사이에는 괴리가 있다. 의지의 박약함이 그 한 요인이다. 그런 면에서 제대로 알면 제대로 행한다는 소크라테스의 지행합일설은 현실보다는 이상에 가깝다.

도덕론과 윤리론은 실천을 전제로 하여, 혹은 실천하기 위해 만든 이론이다. 실천하지 않는 도덕과 윤리 이론은 의미 없는 이론이 될 수밖에 없다. 그런 의미에서 도덕과 윤리론을 실천하는 태도와 방법이 필요하다. 그 태도와 방법을 실제로 실행하는 것이 수양이다. 우리 옛 어른들은 인간이 금수禽獸처럼 행동하지 않기 위해서는 인격 수양이 필요하다고 보았고, 도덕과 윤리론에 비추어 자기를 되돌아보고, 나날이 개선하려고 노력했다.

인격을 수양한다고 하면 과거의 고루한 가르침이라고 생각하기 쉬운데, 그렇지 않다. 현대는 인격보다는 능력이 더 인정받는 세상이지만, 잘못된 인격을 가진 사람이 그 능력을 잘못 사용할 때 발생하는 사회적 폐단과 피해가 얼마나 큰지 여러분도 잘 알 것이다. 히틀러와 스탈린을 예로 들것 없이, 오늘날 뉴스에 나오는 수많은 범죄와 테러만 보아도 충분히 알 수 있다. 우리의 옛 조상들이 강조했던 수양론이, 도덕론과 윤리론과 더불어 갈수록 중요한 세상이 되어 간다.

5부
—
심리철학

8장

컴퓨터는 사고할 수 있는가?

인공지능의 출현

1996년 세계인의 이목이 집중된 가운데, 당시 세계 체스 챔피언이었던 러시아의 가리 카스파로프G. Kasparov와 IBM의 체스게임 컴퓨터 딥블루 사이의 대결이 있었다. 첫 게임에서 카스파로프가 패했다. 세계는 충격에 빠졌다. 인간이, 인간이 만든 기계에게 패한 것이다. 카스파로프는 역사상 최고의 체스 마스터로 알려져 있었고, 프로 데뷔 후 한 번도 패한 적이 없었다. 이어진 게임에서 카스파로프가 몇 차례 이기긴했지만, 세계 체스 챔피언의 체면은 물론, 인간의 자존심도 함께 땅에 떨어졌다. 인간이, 인간이 만든 기계보다 못하다니, 말이 되는가?

2015년에는 구글의 알파고가, 당시 세계 바둑 챔피언이었던 한국의 이세돌을 4:1로 이겼다. 딥블루가 체스게임에서 승리했을 때, 사람들은 바둑은 그렇게 되지 않을 것이라고 생각했다. 체스 게임보다 변수가 많고, 복잡하고, 인간만이 갖고 있는 직관력과 통찰력이 알파고를 능가할 것이라고 보았다. 그러나 그렇게 되지 않았다. 후에 나온 알파고 마스터와의 대결에서 중국의 바둑기사 커제는 3:0으로 완패를 하고 말았다.

알파고의 컴퓨터는 딥블루의 컴퓨터와 다른 방식으로 프로그래밍 되었다. 딥블루의 경우 체스의 게임 규칙과 더불어 모범이 될 만한 실전 게임들을 그 소프트웨어에 입력했다. 그리고 게임을 계속 해나가면서 소프트웨어 프로그래머들이 수정 보완하여 그 실력을 증진시켜 나갔다. 그러나 알파고의 경우는 바둑의 규칙과 데이터만 입력하면, 스스로 게임을 수행해 나갔다. 컴퓨터 스스로 작전을 구상하고 수정하면서 게임 능력을 향상했다. 인간이 개입해서 게임의 전략을 향상시킬 필요도 없었다. 알파고가 딥블루에게는 없었던 학습능력을 가진 것이다. 상황에 따라서 새로운 전략을 만들어 내고, 자신의 오류를 알아내서 수정하고, 가능한 최선의 수를 선택해서 놓았다. 그 속도 또한 엄청났다. 인간은 궁지에 몰리면 장고長考를 하는데, 알파고는 상대방이 수를 놓는 즉시 자신의 수를 놓았다. 상대방을 숨쉴 틈도 없이 몰아붙였다. 인간이 프로그래밍한 대로 움직이는 컴퓨터가 아니라, 스스로 학습하고 수정하고 발전해 나가는 지능, 즉 인공지능artificial intelligence을 가진 컴퓨터가 출현한 것이다.

이제는 인공지능이 생활 전반에 깊이 침투해 있다. 통신, 금융, 유통 분야는 물론, 우주선, 항공기, 자동차, 어린이 장난감에까지 인공지능이 활용되고 있다. 인공지능은 또한 인간 생활의 편의에만 이용되지 않는다. 인공지능이 인간의 업무와 역할을 대신하는 상태에 이르렀다. 자동차를 스스로 운전하고, 회계 업무를 대신 처리하고, 병원에서 환자를 진찰할 수 있게 되었다. 그뿐만이 아니다. 인공지능이 인간보다 업무를 더 정밀하고, 일관되고, 효과적으로 처리하기도 한다. 인공지능은 업무 조건과 환경에 대해 불평하지도 않고, 월급을 더 올려 달라고 태업을 하거나 노조를 결성해 파업하는 일도 없다. 기업주 입장에서 보면, 인공지능이 인간보다 훨씬 편하고 유능한 근로자일 수 있다. 인공지능이 크게 발전된 최근에는 인간의 직업 중 상당수가 인공지능에 의해서 대체될 것이라는 전망도 나온다. 기계적이고, 수량화하고, 체계화된 작업을 하는 직업일수록 먼저 사라질 것이라는 전문가들의 예언이 사람들의 마음을 불안하게 한다. 이전에도 인간이 발명한 도구가 인간에게 해를 끼친 예는 많지만, 인간을 대체하고 인류의 문명을 위협하는 존재가 될 수 있다는 우려까지 나온 경우는 없었다.

최근 들어서 눈부신 속도로 발전하는 기술공학 분야가 있다. 정보기술, 유전공학, 나노기술, 로봇기술, 생화학 재료공학 등이다. 정보기술은 이미 IT라는 일상어가 된 분야로 자세한 설명이 필요 없을 것이다. 인터넷이나 스마트폰을 사용하는 사람이라면 정보기술이 어떤 것인지 대체로 알고 있을 것이다. 유전공학은 인간과 동물의 유전자 구조를 밝혀내고, 변형하고, 조립하고, 활용하는 기술이다. 이 기술은 농업 분야에서 이미 넓게 활용되고 있다. 궁극적으로는 인간의 모든 질병을 유전공학으로 예방, 치료할 수 있는 시대가 오기를 희망한다. 나노기술은 원자보다 작은 나노 단위의 미립자를 이용하여, 새로운 물질을 조립하고, 다른 형태로 변형하고 활용하는 기술이다. 로봇기술은 제조 공장이나 의료기술 분야에서 널리 활용되고 있는 기술이다. 그 궁극적인 목표는 인간이나 동물과 같이 유연하고 다양한 작업을 수행할 수 있는 기계를 만드는 것이다. 생화학 재료공학은 지금까지 인간이 사용해 온 물리학적 재료를 생화학 재료로 변형해서 사물을 제조하고 활용하는 공학 분야이다. 이 기술도 이미 여러 분야에서 활용되고 있다. 예를 들어, 과거에는 4도 화상을 입은 환자는 생존하기가 어려웠지만, 오늘날에는 생화학 재료공학 기술로 환자의 피부를 재생하여 피부에 이식함으로 그 생존율을 크게 높이고 있다.

문제는 이런 공학기술들이 인공지능과 연계되어 활용될 때, 지금까지 우리가 상상할 수 없던 결과를 낳을 수 있다는 것이다. 유전공학과 나노기술이 결합하여 인간의 뇌 구조를 바꾸고, 거기에 정보기술까지 개입하는 경우 인간의 사고까지 변형, 조절할 수 있게 될지도 모른다. 인공지능과 로봇기술이 결합하는 경우, 인간 대신에 로봇 병사가 전투를 하고, 로봇 축구선수가 월드컵에서 우승하는 날이 올지도 모른다. 인공지능, 정보기술, 유전공학, 나노기술, 로봇기술, 생화학 재료공학이 모두 동원되어 인조인간을 만드는 경우, 인간보다 더 명석하게 사고하고, 조리있게 행동하고, 육체적으로 더 능력 있는 존재가 등장할지 모른다. 수백 년 후에는 인조인간을 제조해서 판매하는 회사에 영화배우같이 아름답고, 세계 곳곳의 음식을 맛있게 요리할 줄 알고, 천사같이 선량하게 말하고 행동하고, 노래는 물론 춤도 잘 추는 인조인간을 주문해 함께 생활하는 날이 올지도 모른다.

그렇게 되면 인공지능을 장착한 인조인간들이 인간과 섞여 살아가는 사회가 될지도 모른다. 인조인간이 인간과 친구가 되고, 결혼도 하고, 회사를 건립해서 인간을 채용하고, 국회의원이 되어 법률을 발의하고 제정하는 그런 사회가 오지 말라는 법도 없다. 이런 사회가 되면, 생물학자와 사회학자들은 인간을 두 종류로 분류하여, 수십만 년의 진화과정을 거쳐 인간이 된 '자연인간natural human', 인공지능과 과학기술로 제작되어 인간이 된 '인조인간artificial human'이라고 구분해서 부를지도 모른다.

이 글을 읽고 있는 당신은 그런 날이 오기를 바라는가? 그런 사회에서 살기를 원하는가? 어떤 사람들은 인조인간에게 어렵고 힘든 노동을 시키고, 우리 인간은 그들이 창출한 부를 즐기면서 살면 되지 않느냐고 생각할지 모른다. 과거의 왕과 귀족들이 그렇게 살았던 것처럼. 다른 사람들은 그런 사회를 별로 달갑게 생각하지 않을지도 모른다. 인간들끼리 사는 데도, 인종, 국가, 종교, 이데올로기로 나뉘어 서로 반목하고 전쟁까지 하는데, 인조인간까지 들어오면 사회가 더 복잡해지고 새로운 많은 문제가 발생할지 모른다고 걱정한다. 어떤 공상과학 영화처럼, 인조인간들이 우리 인간을 공격하고, 지배하고, 인종말살까지 시도할지 모른다.

공상과학 소설 같은 이야기?

준영 교수님, 질문 있는데요.

교수 무슨 질문이니?

준영 교수님, 너무 나가신 거 아니세요?

교수 뭐가 너무 나갔다는 거지?

준영 그런 일은 아직 일어나지 않았고, 일어나지 않을 수도 있는데, 일어난 것처럼 가정하고, 당신은 그런 사회를 원하느냐? 원치 않느냐? 하고 묻는 것은 너무 나가신 거 같아요. 오늘날 우리가 당면한 현실 문제만 해도 골치 아픈 게 많은데, 일어나지도 않은 문제까지 만들어서 고민할 필요는 없잖아요?

교수 흠 …, 내가 시간낭비를 하고 있다?

준영 죄송하지만, 저는 그런 것 같아요.

준영이는 정신적인 힐링에 관심이 많다. 한동안 힐링 강사를 하더니, 이제는 고추농사를 짓고 있다. 고추를 미국으로 보내준다는 것을, 내가 한국에 가서 받겠다고 했다. 직설적이고 때로 도발적이지만, 정이 깊은 학생이다.

끝까지 물러서지 않는다. 물러설 것 같지도 않다. 그런데 나는 이런 학생을 좋아한다. 나의 병이다. 이유는 두 가지. 이 학생은 지금 내 수업을 열심히 듣고 있다는 뜻이고, 또 들으면서 나름대로 생각을 하고 있다는 뜻이다. 많은 학생들이 수업 시간에 마음이 딴 곳에 가 있고, 시험 준비를 위해 노트나 열심히 하는 것에 비하면, 그래도 나은 편이다. 나로서는 크게 화낼 일은 아니다. 질문이 너무 도발적이고 버릇이 없다는 것이 문제이지만, 그의 질문 속에는 생각할 만한 상당한 내용이 들어있는 것도 사실이다. 이 학생은 아마도, 우리 교수님은 이것저것 상상하기를 좋아하고, 그것을 수업시간에 내놓기를 좋아하는 분이니까, 그런 이야기에 말려들지 말라는 주의를 선배들에게 들은 학생일지 모른다.

내가 이런 학생을 좋아하는 다른 이유는, 이런 젊은이들에 의해 인간의 역사는 진보하고 발전해 왔기 때문이다. 기성세대의 권위에 순종하고, 그들이 가르치고, 하라는 대로 순종하는 젊은이들에게서는 기성세대와 다른 시각, 새로운 도전, 지금까지 해보지 않았던 것에 대한 실험 같은 것을 기대할 수 없다. 20세기 최고의 역사학자로 불리던 영국의 토인비는 인류의 역사를 '도전과 응전의 역사'로 규정했지만, 그것은 어디까지나 기성세대에 대한 도전의 정신이 살아 있는 젊은 세대가 존재할 때의 이야기이다. 온고지신溫故知新, 군사부일체君師父一體 등을 내세우면서, 젊은 세대에게 전통의 계승과 권위에의 복종만 강조하던 문명이, 결국에는 그 전체가 어떤 역사적 귀결을 맞았는지 우리는 역사에서 어렵지 않게 볼 수 있다.

사실, 준영이의 도전은 별로 어렵지 않게 대응할 수 있다. 우리가 사고 실험을 하고 있다고 말해주는 것으로 충분하기 때문이다. 그러나 나의 이런 이야기에 달리 접근하는 학생도 있다. 인조인간도 인간이냐는 것이다. 문제 해결은커녕 내가 사용한 용어부터 잘못되었다는 것이다. 나는 이런 학생도 좋아한다. 교수가 낸 문제를 그대로 받아들이지 않고, 먼저 그 문제부터 문제 삼아 생각할 줄 아는 학생이다. 내가 수업 시간에 곧잘 강조하는 말이 있다. '문제 해결에 들어가기 전에 문제의 성격부터 파악하라.'이다. 불경에 달을 가리키며 '저것을 보라'고 했는데, 달은 보지 않고 손가락을 본다고 꾸짖는 말이 있다고 한다. 그러나 철학에서는 가리키는 그 손가락부터 먼저 볼 필요가 있다. 누구의 손가락인가? 그 손가락의 주인이 어떤 사람인가? 왜 그렇게 하라는 걸까? 그의 의도나 목적이 무엇일까? 어떤 생각으로 그렇게 하라고 말하는 걸까?

철학이라는 학문의 사명 중 하나는, 세계와 인간에게 중요하고 본질적인 문제를 제시하고, 그것에 대한 해답을 모색하는 일이다. 그렇게 하기 위해서는 문제의 성격에 대한 감각과 판단이 민감하고 엄격할 필요가 있다. 문제 같지 않은 문제에 매달려서, 젊음의 귀한 시간과 정열을 허비하고, 소중한 인생까지 바치는 것처럼 어리석고 비철학적인 행동도 없다.

인조인간도 인간일까?

자, 그러면 인조인간도 인간이냐는 문제로 돌아가자. '인조인간'이라는 말이 존재한다고 해서 인조인간이 반드시 존재하는 것은 아니라는 것은 누구나 알고 있다. 설악산에 십이선녀탕이 있다고 해서, 정말로 열두 명의 선녀가 달밤에 하늘에서 내려와 목욕을 하고 승천한다고 믿는 사람은 요즈음 세상에는 없을 것이다. 그러면 인조인간은 헛말에 불과할까? 그렇지도 않다. 인조인간도 자연인간처럼 존재할 가능성은 여전히 남아있기 때문이다. 따라서 인조인간의 존재, 비존재를 말하기 전에 인조인간도 인간이냐고 질문하는 것이 의미가 있다. 인간이 아니면, 존재, 비존재를 더 이상 논의할 필요가 없기 때문이다. 언제나 그러하듯이, 이 질문에는 다음의 세 가지 대답이 논리적으로 가능하다.

① 인조인간도 인간이다.
② 인조인간은 인간이 아니다.
③ 인조인간은 인간도 비인간도 아닌, 제삼의 존재이다.

사실, 나는 이런 질문을 내가 살아서 하리라고는 꿈에도 생각해 본 일이 없다. 어릴 때, 로봇처럼 생긴 인조인간이 출현하여 인간들을 공격하는 만화들은 보았지만, 이런 질문을 철학 수업 시간에 학생들과 심각하게 논의할 것이라고는 상상해 본 일이 없다. 그런데 실제로 그런 인조인간이 출현할 가능성은 있을까? 인공지능, 생화학 재료공학, 로봇공학을 전공하는 사람들은 그 분야의 연구를 하면 할수록 인간과 같은 수준의 다양하고 복합적이고 유연한 지능, 의식, 육체 활동을 할 수 있는 기계의 개발에 대해서 현재로서는 회의적이다. 어느 정도 접근은 하지만, 같은 수준에 도달하는 것은 거의 불가능하다는 것이다. 그렇다면 위의 질문은 하지 않아도 되는 질문 아닐까?

대답은 그렇다, 아니다, 둘 다이다. 현실적으로 보면 그렇다. 현실적으로 실현 가능성이 거의 없기 때문이다. 그러나 이론적으로 보면 그렇지 않다. 이론적으로는 얼마든지 실현 가능하다. 현실적으로 실현될 수 있느냐 없느냐는 기술적인 문제이나, 이론적으로 실현될 수 있느냐 없느냐는 논리적인 문제이다. 내가 언제나 강조하지만, 기술적으로 불가능하지만, 논리적으로 가능한 것은 수없이 많다. 그러나 논리적으로 불가능한데, 기술적으로 가능한 것은 세상에 없다. 인간이 달에 간다는 것은 수천 년간 기술적으로 불가능했지만 논리적으로 불가능하지는 않았다. 그리고 인간은 결국 달에 갔을 뿐만 아니라, 달 표면에 많은 발자국을 남기고 돌아왔다. 이 말을 바꾸어 하면, 논리가 먼저이고 기술이 논리를 따른다는 것이다. 논리가 근본이고 기술은 논리 위에서 성립하기 때문이다.

인간의 본질

우리의 문제로 돌아와서, 앞의 ①, ②, ③ 문제를 어떻게 해결해야 할까? 그 해결의 출발로 우리는 먼저, 어떤 존재가 인간이라고 불릴 수 있는지 그 기준부터 설정할 필요가 있다. 어떤 경우에 인간이고 어떤 경우에 인간이 아닐까? 그것이 없으면 인간이라고 할 수 없는 인간의 본질 혹은 본성은 무엇일까? 이 질문은 결국 인간이란 무엇인가라는 문제로 귀결된다.

이 질문에 대해서 서양철학에서는 오래전부터 인간은 이성적인 존재라고 규정해 왔다. 데카르트는 '나는 생각한다. 그러므로 존재한다'라면서 인간을 사고하는 존재로 규정했다. 프랑스의 수학자이면서 철학자인 파스칼은 '인간은 생각하는 갈대'라면서 인간은 갈대처럼 연약한 존재이나, 우주를 그 마음속에 품을 수 있는 위대한 존재라고 선언했다. 서양철학은 오랫동안 인간의 본질을 이성, 사고, 생각에 두었다. 그러나 서양과 달리 동양에서는, 특히 중국에서는, 인간의 본질을 도덕성에 두었던 것 같다. 동물과 다른 인간의 근본을 인의예지 같은 도덕적인 가치를 추구하는 데 있다고 보았다. 예를 중요시하던 우리 조상들은 윗사람이나 어른을 몰라보고 말과 행동을 함부로 하는 사람을 두고 '인간의 탈을 쓴 금수'라고 불렀다. 인간이 아니라, 소나 돼지 같은 동물이라는 것이다.

인간의 본질을 이성 혹은 사고에 둘 것인지, 아니면 도덕 혹은 윤리에 둘 것인지의 문제는 그 자체로 생각해볼 가치 있고, 흥미로운 주제이다. 그러나 여기에서는 그 둘을 상반된 것으로 보고, 어느 것이 먼저이고, 어느 것이 근본이냐를 따질 필요는 없을 것 같다. 왜냐하면 그 둘을 각각 인간의 본질로 채택하여, 인공지능을 장착한 인간이 과연 인간인가의 문제로 바꾸어서 생각할 수 있기 때문이다. 말하자면 우리의 문제는 다음의 두 문제로 나누어서 생각할 수 있다.

　　ⓐ 인조인간은 이성적 사고를 할 수 있는 존재인가?
　　ⓑ 인조인간은 도덕적 행동을 할 수 있는 존재인가?

위 질문 ⓐ 혹은 ⓑ에 대한 대답으로, 세 가지 결합이 가능하다. 둘 다 그렇다, 하나만 그렇다, 둘 다 아니다. 인조인간이 둘 다 그런 경우에는, 아무래도, 인간이라고 인정해줘야 할 것 같다. 둘 다 아닌 경우에는, 더 말할 것도 없이, 인간이 아니라고 말해도 좋을 것 같다. 문제는 둘 중에서 하나만 그런 경우인데, 여기에서는 동양과 서양이 서로 다른 입장을 취할 가능성이 있다. ⓐ가 그렇고 ⓑ가 아닌 경우, 서양은 인조인간도 인간으로 보아야 한다고 주장할 가능성이 있고, ⓑ가 그렇고 ⓐ가 아닌 경우, 서양은 인간으로 보아서는 안 된다고 주장할 가능성이 있다. 물론 인간의 본질로 이성적 사고와 도덕적 행동을 모두 필요조건으로 받아들여야 한다고 보는 사람들의 경우는 별로 문제가 되지 않겠지만.

　　그러면, 우리는 어떻게 할 것인가? 여기서 우리란 내 수업을 듣고 있는 학생들을 말한다. 우리는 동양인이니까 동양의 입장을 따를 것인가? 아니면 우리가 이 수업에서 배우는 철학이 대체로 모두 서양철학이므로 서양의 입장을 따를 것인가? 이럴 때는 먼저 학생들의 생각을 들어 보는 것이 좋다.

교수 우리는 어떤 입장을 취하는 것이 좋을까?

학생들 ….

교수 우리는 모두 동양인이니까 동양의 입장을 따를까?

홍규 그건 아니에요. 그렇게 하는 것은 교수님께서 1학년 논리학 시간에 알려 주신 비형식적 오류를 범하는 것이 되니까요.

교수 그렇구나. 훌륭한 지적이다. 동양의 입장이 옳은지 그른지는 내가 동양인이냐 아니냐와 상관이 없는 거지.

홍규 제가 보기에는 둘 다 필요조건으로 넣는 것이 좋을 것 같아요. 선과 악의 문제는 진리와 오류의 문제만큼 인간 삶에 중요하고, 인간의 본성을 구성하는 데 필요한 존재예요. 서양은 오래전부터 지적 능력에 편향된 전통에 빠져 있었어요. 우리가 그들의 전통을 맹목적으로 따를 필요는 없어요. 우리의 전통도 살려서 둘 다 필요조건으로 넣는 것이 좋을 것 같습니다.

교수 그것도 좋은 생각이다.

홍규 교수님은 어느 쪽이세요?

교수 글쎄 …, 잘 모르겠는데 …, 손을 들어서 많은 쪽으로 결정할까? 민주적으로.

학생들 와글와글.

홍규는 친환경적 공동체 생활을 동경하더니, 철학과의 같은 학년 진아와 결혼해서 인도로 건너갔다. 홍규는 그곳 공동체 사람들에게 태권도와 철학을 가르치고, 진아는 컴퓨터로 디자인을 하면서 생활한다고 한다. 맑게 살고 싶은 두 사람의 희망이 이루어졌으면 좋겠다.

> **교수**   알았다. 알았어. 이렇게 하자. 우리 수업에서는 일단, 이성적 사고
> 와 도덕적 행동 둘 다 인간이 되기 위한 필요조건으로 간주한다. 지금은
> 동양과 서양이 따로 존재하는 시대가 아니니까. 한반도를 중심으로 보
> 면, 태평양은 우리의 동쪽 바다, 동양이고, 더 나가다 보면 대서양, 지중
> 해도 우리의 동양이 된다. 미 대륙에서 보면, 한반도는 서양이고, 영국,
> 이탈리아 등은 모두 동양이다. 그러니까, 동양, 서양 따지지 말고, 우리
> 가 보기에 인간이 되기 위한 필요조건이 무엇인가만 생각하면 된다.

이건 내 제안이지만, 여기에서는 문제 ⓐ를 먼저 다루고, 다음 기회에
문제 ⓑ를 다루는 것이 어떨까 싶다. 문제 ⓑ는 7장에서 우리가 다룬
도덕, 윤리의 근원과 본질을 인공지능과 관련해서 살펴본 후에 결정하
는 것이 좋고, 또 문제 ⓐ에 대한 해답이 문제 ⓑ를 해결하는 데 도움
이 될 수 있기 때문이다. 이렇게 되면, 우리가 다룰 문제는 다음과 같다.

인조인간은 이성적 사고를 할 수 있을까?

그런데, 인조인간의 '뇌'라고 할 수 있는 것이 컴퓨터이므로, 이 질문을
다시

컴퓨터는 이성적 사고를 할 수 있을까?

로 바꾸어도 좋을 것 같다. 그런데 한 가지, 우리 인간도 항상 이성적으
로 사고하지 않기 때문에, 컴퓨터에게 이성적으로 사고하라고 조건을

붙이는 것은 다소 지나친 것 같다. 따라서 '이성적'이라는 조건을 빼고, 그냥 사고한다로 하는 것이 더 공평할 것 같다. 따라서 우리가 다룰 최종 질문은 다음과 같다.

컴퓨터는 사고할 수 있을까?

튜링Turing 테스트

이 문제에 대해서 일찍이 좋은 생각을 제시한 사람이 있다. 오늘날 우리가 사용하는 디지털 컴퓨터의 이론을 최초로 제시하고, 또 그런 컴퓨터를 제작하여 현실에 적용한 사람이다. 영국의 수학자이면서 현대 컴퓨터의 창시자로 불리는 튜링A. Turing이다. 튜링은 제2차 세계대전 중에, 독일군의 암호를 해독하기 위해 전자계산기를 만들어 '콜로서스 Colossus'라는 이름을 붙였는데, 전문가들에 의하면 우리가 지금 사용하는 엄청난 속도와 용량의 슈퍼컴퓨터도 1943년에 튜링이 만든 이 컴퓨터의 이론적인 모델에서 벗어나지 못한다고 한다. 전쟁 중에 비밀 정보요원으로 활동했고, 또 동성애자였다는 이유로 튜링이 독일군의 암호 해독으로 이룬 공헌은 오랫동안 역사 속에 묻혀 있었다. 전쟁이 끝난 후 반세기가 넘어서야, 그는 제2차 세계대전을 승전으로 이끈 한 사람으로 칭송받았다. 튜링의 업적이 후에 높이 평가된 것은 다행이다.

최초의 컴퓨터를 만든 튜링이 제기한 문제가 지금 우리가 다루려는 문제 즉, '컴퓨터는 사고할 수 있을까?'이다. 튜링은 이 질문에 대답하기 위해, '튜링 테스트'라는 것을 만들었다.

그 요점은 다음과 같다. 당신이 어떤 상대와 벽을 사이에 두고 대화한다고 하자. 당신의 상대는 인간일 수 있고, 인간의 목소리를 그대로 흉내 내는 컴퓨터일 수 있다. 이런 경우, 만일 당신이 대화하는 상대가 인간인지, 컴퓨터인지 구별할 수 없고, 그리고 당신의 상대가 컴퓨터인 경우에, 그 컴퓨터는 인간같이 사고한다고 보아야 한다는 것이다. 즉 인간과 같은 수준과 방식으로 대화할 줄 아는 컴퓨터는 인간처럼 사고한다고 보아야 한다는 것이다.

튜링 테스트를 실제로 실시한 일이 있었다. 1980년대 말, 내가 브라운대학교에서 박사과정으로 있을 때, 나와 자주 대화를 하던 하버드대학교 철학과 드레벤 교수가 중심이 되어 하버드, MIT의 컴퓨터 공학, 언어학, 인문학 등의 교수들과 협력하여 튜링 테스트를 실시했다. 방법은 대체로 이랬다. 먼저, 큰 강의실에 테스트에 참여한 학생들을 모아 놓고, 다음과 같은 과제를 주었다. 본인이 컴퓨터로 대화하는 상대가 인간인지 컴퓨터인지 알아내는 것이다. 학생들이 대화하는 상대는 인간일 수도 있고, 컴퓨터일 수도 있다. 앞에서 언급한 인간과 컴퓨터 사이의 체스 게임, 바둑 게임처럼, 인간과 컴퓨터 사이의 지능 게임이 벌어진 것이다. 이 테스트는, 보스턴 지역 TV 방송에 뉴스로 나와서, 드레벤 교수의 얼굴이 언론에 타기도 했다. 테스트의 결과는 이랬다. 사회·역사적인 사건과 기록, 과학기술적인 정보와 지식 분야에서는 컴퓨터가 이긴 경우가 많았지만, 즉 인간 수준으로 사고하는 것처럼 보이는 데 성공했지만, 자질구레한 일상사들, 가수나 배우들에 대한 가십, 남녀 사이의 미묘한 감정 등에서는 인간이 이긴 경우가 많았다, 즉 인간 수준으로 사고하는 것처럼 보이는 데 실패한 것이다. 결과는 반반. 이긴 것도 아니고 진 것도 아니었다.

이 테스트의 결과만 두고 보면, 컴퓨터가 인간처럼 사고한다고 말할 수도 없지만, 인간처럼 사고하지 않는다고 말하기도 어렵게 되었다. 그런데, 이 테스트가 20여 년 전에 실시되었고, 그 후 IT 기술이 엄청나게 발전했고, AI가 글쓰기와 작곡은 물론 전문적인 디자이너나 기술자 수준의 그림과 동영상까지 만드는 것을 보면, 요즈음 튜링 테스트를 다시 실시하면, 인간이 승리할 것이라고 장담하기도 어렵다.

그렇게 되면, 우리는, 튜링의 주장대로, AI를 장착한 컴퓨터, 줄여서 AI 컴퓨터가 인간처럼 사고한다고 보아야 하는 걸까?

교수 어떻게 생각해? 튜링의 주장대로, AI 컴퓨터가 인간처럼 사고한다고 보아야 하는 거야?

학생들 ….

교수 이것도 손을 들어서 몇 명이 긍정인지, 부정인지 알아볼까?

재현 교수님, 제가 보기에는 아닌 거 같아요.

교수 왜?

재현 튜링 테스트는, 사고를 행동주의적인 입장에서 본 것 같아요.

교수 그게 무슨 말이지? 왜 행동주의라는 거야?

재현 교수님께서 심리철학 시간에, 행동주의는 정신적 현상 혹은 속성을 자극과 반응, 즉 감각적 입력sensory input과 행동적 출력behavioral output으로 보았다고 설명하셨는데, 튜링 테스트는 입력과 출력만으로 사고를 설명하려고 한 것 같아요.

교수 그러니까, 외적 현상만 있고, 내적 작용 같은 것은 없다. 이런 건가?

재현 네, 사고는 중요한 심적 속성 혹은 현상으로, 그 본질은 외적인 것에 있는 것이 아니라 내적인 것에 있잖아요. 먼저 내적으로 사고를 한 후에, 그 사고한 것을 외적으로 표현하잖아요. 외적인 표현이 없어도 우리는 얼마든지 사고할 수 있잖아요?

학생들 와 …, 멋있다.

후배 여학생들 오빠, 멋있어.

교수 자, 멋있는지 아닌지는 나중에 알아보고 …. 그래, 좋은 이야기다.

사고와 같은 심적 속성 혹은 현상은 마음속에서 일어나는 것임으로 내적인 것이라고 할 수 있지. 튜링 테스트는 내적인 것에 대한 언급은 없지. 그런 의미에서 행동주의적인 입장에서 사고를 규정했다. 과연 그럴까? 다른 사람들은 어떻게 생각해?

학생들 옳은 것 같아요.

교수 정말 그래? 잘 생각해봐.

학생들 ….

호영 행동주의보다는 기능주의 입장에서 본 것이 아닌가 싶네요. 교수님께서 행동주의는 아닌 것처럼 말씀하시니까요.

교수 뭐라고? 왜 기능주의 같아?

호영 교수님께서 기능주의를 설명하면서, 튜링 기계와 튜링 테스트를 말씀하셨고, 그것이 퍼트넘 H. Putnam으로 하여금 기계 기능주의 machine functionalism, 즉 심리철학에서의 최초의 기능주의를 창안하게 했다는 말씀을 하신 기억이 나서요.

교수 훌륭하다. 지난 학기에 내가 강의한 것을 기억하고 있고, 그것을 이번 학기 수업에 활용할 줄 아는 훌륭한 학생이다. 호영이도 멋있지 않니?

학생들 네. 멋있어요.

행동주의와 기능주의

교수 자, 그럼. 이야기가 나온 김에 복습 한번 하고 지나가자. 내가 행동주의와 기능주의의 차이를 설명하면서 칠판에 그린 도식이 있었지? 기억나? 기억하는 사람, 나와서 칠판 위에 그려 볼까.

한 학생이 나와서 칠판 위에 분필로 다음과 같이 쓴다.

행동주의: Input (입력) - Output (출력)

기능주의: Input (입력) - Internal Process (내적 과정) - Output (출력)

교수 여기서 입력, 출력은 뭐지?

학생들 감각적 자극과 행동적 반응이요.

교수 아주 좋다. 기능주의에는 행동주의에는 없는 내적 과정이 들어 있다. 컴퓨터가 위의 도식에 그래도 들어맞지? 컴퓨터에 입력과 출력을 담당하는 부분이 있고, 내적 과정을 담당한 부분이 있다. 전자를 무엇이라고 부르고, 후자를 무엇이라고 부르지?

학생들 하드웨어, 소프트웨어요.

교수 컴퓨터의 입력 하드웨어를 인간에 비유하면?

학생들 눈, 귀, 코, 혀, 피부요.

교수 출력 하드웨어를 인간에 비유하면?

학생들 입, 손, 발이요.

교수 그리고 소프트웨어는?

학생들 인간의 뇌요.

교수 그렇다. 컴퓨터의 정보 처리 체계가 인간의 사고 체계와 유사한 구조를 갖고 있지. 인간이 어떤 사물을 눈으로 보고, 눈을 통해서 들어온 정보가 중앙신경체계, CNS Central Nervous System, 즉 뇌에서 처리되고, 그 사물이 호랑이라고 생각되면 발로 뛰어서 도망가고, 고양이라고 생각되면 귀엽다고 손으로 머리를 쓰다듬어 주지. 컴퓨터도 유사한 과정을 거친다. 카메라를 통해서 들어 온 정보를 중앙 정보 처리 장치인 CPU Central Processing Unit가 처리하는데, 그것이 호랑이라고 판단되면 '호랑이'라는 글자를 모니터에 쓰거나 스피커로 말하고, 고양이라고 판단되면 '고양이'라는 글자를 모니터에 쓰거나 스피커로 말하지. 그러니까, 구조적으로 보면 인간의 사고 과정과 컴퓨터의 정보 처리 과정이 일치한다.

그뿐만 아니라, 컴퓨터의 정보 처리 과정과 인간의 사고 과정에서 똑같은 것이 하나 있다. 입력-내적 과정-출력을 연결하는 매개체가 둘 다 전자 입자electron라는 거야. 이렇게 보면, 인간 뇌의 사고 과정과 컴퓨터의 정보 처리 과정 사이에 근본적인 차이가 없다는 이야기가 된다. 그러면, 컴퓨터도 인간처럼 사고한다고 보아야 하는 거 아닌가?

학생들 그런 것 같은데요.

교수 그렇지? 컴퓨터도 인간처럼 사고할 수 있다고 보아야겠지? 적어도 이론적으로는 그렇지 않아? 현실적으로 컴퓨터의 하드웨어와 소프트웨어가 인간의 육체와 뇌만큼 정교하게 발전하지 못했더라도, 앞으로 그 분야가 계속 발전하면, 몇십 년 후에는 인간과 구별할 수 없을 정도로 정교한 사고를 할 수 있게 될지 모르지. 우리가 지금 묻고 있는 "컴퓨터는 사고할 수 있는가?"의 질문은 현실적인 질문이 아니라 이론적인 질문이야. 지금 현실에서 컴퓨터가 그렇게 할 수 있는지를 묻는 것이 아니라, 이론적으로 컴퓨터가 그렇게 할 수 있는지를 묻는 질문이다. 이론적으로 가능하면, 관련 기술만 발전하면 현실적으로 그렇게 될 수 있지. 언젠가는 할리우드의 SF 영화들이 현실이 되는 날이 올 수도 있지.

학생들 맞아요. 인공지능이 인간 운전자 없이 자동차 운전을 하고, 인공지능을 장착한 로봇이 식당에서 요리를 하고 손님을 받고, 병원에서 의사 대신에 환자의 병을 진단하고 수술할 날이 멀지 않다는 말도 있잖아요. 오늘날 인간이 하는 직업의 60%가 인공지능으로 대체되고 엄청난 실직 대란이 일어날 날이 멀지 않다는 전망도 나오고 있어요.

그런데 여기에서 우리가 하나 짚고 넘어갈 것이 있다. 기능주의가 어떤 이론이기에, 컴퓨터 같은 기계가 사고할 수 있다고 보는 걸까? 컴퓨터는 인간이 만들었고, 인간이 프로그래밍한 대로 움직이는 기계에 불과한데, 인간과 같은 사고를 할 수 있다는 주장은 어떤 근거에서 나온 말일까? 이 질문에 대답하기 위해서는, 철학에서 말하는 인간의 마음에 대한 이론을 조금 들여다볼 필요가 있다. 철학에는 형이상학의 한 분야에 해당하는, '마음의 철학philosophy of mind'이 있다. '마음이란 무엇인가?', '마음이란 어떤 존재인가?', '마음과 육체, 정신과 뇌 사이에는 어떤 관계가 있는가?' 등의 문제를 다루는 학문이다.

　　대표적인 이론은 17세기 데카르트의 심신이원론mind-body dualism, 20세기의 왓슨, 스키너 등의 심리적 행동주의psychological behaviorism, 카르납, 헴펠 등의 논리적 행동주의logical behaviorism, 스마트, 플레이스, 데이비드슨 등의 심신동일론mind-body identity theory, 그리고 퍼트넘, D. 루이스, D. 데닛 등의 행동주의가 있다. 데카르트의 심신이원론은 인간의 마음과 몸은 각각 속성이 다른 실체로 서로 독립적으로 존재하는데, 인간의 마음이 더 근본이라는 이론이다. 심리적 행동주의는 마음에 대한 연구를 사변적이 아니라 경험적으로 해야 한다고 주장하면서, 데카르트가 말하는 심적 내부의 사항은 배제하고 감각 자극과 행동 반응 사이의 관계로 심적 현상을 설명하는 이론이다. 논리적 행동주의는 언어논리 철학의 관점에서 인간의 마음을 분석하였는데, 그들도 심적 내부의 사항은 배제하고, 감각 자극과 행동 반응 사이의 관계로 마음을 설명했다. 심신동일론은 물리주의 관점에서 마음을 규명했는데, 마음이란 결국 뇌이고, 인간의 사고는 따지고 보면 뇌내 현상이므로, 마음의 존재를 반드시 부정할 필요는 없지만, 실체로서 존재하는 것은 아니라는 이론이다.

　　기능주의는 앞의 이론들과 근본적으로 다른 시각에서 마음을 보려고 했다. 앞의 이론들이 '마음이란 무엇인가?'라는 형이상학적인 질문을 한 반면에, 기능주의는 '마음은 무엇을 하는가?'라는 경험론적인 질문을 한다. 전자의 경우, '마음이 몸과 구별되는 실체인가 아닌가?', '물리적인 세계에서 마음의 위치는 어디인가?' 등의 문제가 논의의 중심인 반면, 후자의 경우는 '마음이 어떻게 작동하는가?', '마음의 작동에 대한 인과적인 설명을 어떻게 할 것인가?' 등의 문제가 탐구의 중심에 있다. 기능주의자들은 '마음이 실체인가 아닌가?', '뇌와 어떤 관계인가?' 등의 존재론적 질문에는 관심이 없다. 마음이 작동하는 메커니즘을 발견하면, 마음에 대한 본질을 알 수 있다고 보기 때문이다.

이런 시각을 가진 기능주의자들에게는 마음이 작동하기 위해 반드시 뇌가 존재할 필요가 없다. 뇌가 아니라도, 외부에서 정보를 입력하고 내적 과정을 거쳐 정보를 처리하고, 그 결과를 외부에 내보내기만 하면 된다. 즉 사고는 뇌 아닌 다른 매개체를 통해서도 이루어질 수 있다고 보는 입장이다. '입력-내적 과정-출력'의 인과관계만 이루어지면 사고가 이루어진다는 것이다. 그 인과관계가 어떤 소재 혹은 매개체를 통해서 이루어지느냐의 문제는 별로 중요하지 않다는 것이다. 인간의 뇌처럼 탄소가 기본 소재가 될 수가 있고, 컴퓨터처럼 실리콘이 소재가 될 수도 있다는 것이다. 철학자들은 기능주의의 이런 생각을 심적 속성 혹은 현상의 '다중적 실현multiple realization'이라고 부른다.

기능주의의 이런 생각은 이전의 행동주의, 심신동일론, 물리주의 등의 영향을 많이 받은 결과이지만, 한편으로 철학 외적 영향도 있었다. 하나는 동물인지학이다. 생물학자들이 동물의 행태를 연구할수록 동물들도 상당한 수준으로 사고한다는 것을 발견하게 되었다. 자연계에서 인간만이 사고할 수 있는 존재라는 전통적인 생각이 심각한 도전을 받은 것이다. 심지어 중추신경계가 없는 해파리도 먹이를 잡아먹는 낮은 수준의 지능을 가진 듯 보인다. 기능주의자들은 인간만이 지능을 갖고 사고할 수 있다는 이 생각을 '인간독선주의human chauvinism'라 불렀다.

다른 하나는, 천체물리학의 발전이다. 우주를 관찰해온 과학자들은 이 광활한 우주에서 인간 이외의 생명체가 존재하고, 그 생명체들도 높은 수준의 지능을 가질 수 있다고 보았다. 그리고 아마도 그들은 꼭 인간과 같은 뇌가 아닌 다른 방식으로 사고할 수 있는 가능성도 있을 것이다. 그래서 그런 생명체와 지적 존재를 찾아서 멀리 우주선을 보내고, 우주에서 오는 신호를 잡기 위해서 거대한 전파망원경을 설치했다. 과거 미국과 소련이 우주인이 지구를 침공하는 경우 함께 협조한다는 협정까지 맺었던 적도 있다. 만화로 시작했던 우주인의 이야기가 무시할 수 없는 현실이 된 것이다. 그런데 이제 '우주인은 인간과 같은 사고를 할까?' 혹은 '할 수 있을까?' 하는 질문까지 하게 되었다.

이렇게 동물인지학과 천체물리학이 인간과 같은 뇌를 갖지 않아도 사고를 할 수 있다는 가능성을 열어주었고, 이에 따라 기능주의자들이 사고의 다중적 실현이라는 개념을 갖는 데 도움을 주었다.

교수 그러니까, 기능주의적으로 보면 컴퓨터는 인간처럼 사고할 수 있고, 인공지능을 탑재한 컴퓨터는 상당 수준으로 사고한다고 보는 것이 옳지 않을까?

학생들 그런 것 같습니다.

교수 그러면 컴퓨터는 사고할 수 있다고 결론을 내릴까?

성희 교수님, 질문 있는데요?

교수 무슨 질문이니?

성희 질문은 아니고요 …. 제가 보기에 컴퓨터는 사고하는 것처럼 보이지만 실제로 사고하는 건 아닌 것 같아요.

교수 왜 그렇게 생각하니?

성희 컴퓨터가 언어를 사용해서 질문을 받고 대답을 하지만, 그 질문과
대답에 대한 의미는 모를 것 같아요. 자기가 사용하는 언어의 의미를 모
르고, 입력된 정보를 내적으로 처리해서 외부로 출력할 뿐인 것 같아요.
외부에서 보면 사고하는 것 같지만, 내부적으로는 사고하는 것이 없을
것 같아요.

교수 아주 좋은 지적이다. 그러니까, 컴퓨터에게 "이순신 장군은 어느 해
전에서 전사했는가?"라고 물었을 때, 컴퓨터가 "노량해전"이라고 대답
한다고 해서, 컴퓨터가 그 질문과 대답의 의미를 알고 하는 것이 아니
다? 자기가 사용하는 언어의 의미를 모르면, 질문의 정답을 맞춘다고
하더라도, 그 질문의 의미를 이해하는 것은 아니기 때문에, 그 질문에
대한 사고를 한 것은 아니라는 말이지. 즉, 사고하는 것처럼 보이지만
실제로 사고하는 것은 아니라는 말이지.

성희 그런 것 같아요.

성희는 대학을 졸업하고 이탈리아로 가서 미술복원 공부를 했다. 피렌
체, 베네치아 등지에서 10여 년 동안 관광 가이드를 해서 생활하면서,
세계 최고의 복원분야 대학과 교수들의 지도를 받았다. 국내에 돌아와
서 《인간을 탐구하는 미술관》이라는 책을 출간했다.

설J. Searle의 중국어방 논변

성희의 이런 생각을 '중국어 방The Chinese Room'이라는 이름으로 제시
한 철학자가 있었다. 미국 버클리대학교의 존 설 교수이다. 설 교수는
한국에 와서 철학회에서 강연한 적도 있다. 그는 1980년 학술지《행

동 및 뇌과학The Behavioral and Brain Sciences》에 논문 〈마음, 뇌 그리고 프로그램Minds, Brains and Programs〉을 발표하고, 컴퓨터는 기호 조작symbol manipulation을 할 뿐, 실제로 사고하는 것은 아니라는 주장을 했다. 이 주장은 수많은 인지심리학자, 인공지능학자, 컴퓨터 공학자들의 공격을 받았다. 그러나 설은 물러서지 않고 1984년에 그의 다른 저서《마음, 뇌 그리고 과학Minds, Brains, and Science》에서 〈컴퓨터는 사고할 수 있는가Can computer think?〉라는 제목으로 종전의 주장을 반복했다.

그의 주장의 요점은 이렇다. 두 종류의 인공지능이 있다. 하나는 강한 AI로, 인공지능이 인간처럼 실제로 단어와 문장의 의미를 이해하면서 사고한다는 입장이다. 약한 AI는 인간의 사고를 컴퓨터의 프로그램에 비유하여 설명하는 입장으로, 인간의 뇌와 컴퓨터의 프로그램을 동일시하지는 않는다. 컴퓨터 프로그램을 다만 사고를 설명하는 데 모델로 사용할 뿐이다. 설이 반대한 것은 강한 AI이다. 설이 제시한 '중국어 방'은 심리철학에 별로 관심이 없었던 일반인들에게까지 알려져서 한때 많은 사람들의 입에 올랐다.

사고 실험이라고 해도 좋고, 반례counter example라고 불러도 좋을 '중국어 방' 논변의 요지는 다음과 같다. 어떤 방 안에 중국어를 모르는 미국인 한 사람이 앉아있다. 그 방에는 양쪽에 각각 작은 구멍이 하나씩 뚫려 있는데, 한쪽 구멍에는 입력, 반대편 구멍에는 출력이라는 팻말이 붙어 있다. 미국인에게는 책자가 하나 주어져 있는데, 이 책자는 입력 창구로 들어온 종이 위에 중국어로 쓰인 질문을 보고, 그 질문에 해당하는 중국어로 쓰인 답을 출력 창구로 내보내는 데 사용하는 일종의 매뉴얼이다. 설의 중국어 방을 '한국어 방'으로 설정해도 상관이 없으므로, 입력 창구로 들어온 질문을 '이순신 장군은 어느 해전에서 전사했는가?'로 해보자. 한국어라고는 'ㄱ, ㄴ, ㄷ'도 모르는 미국인은 매뉴얼을 뒤져서 위 질문과 똑같이 생긴 문장을 찾는다. 그리고 거기에는 이렇게 생긴 문장이 입력 창구로 들어온 경우, 저렇게 생긴 문장을 출력 창구로 내보내라는 지시가 적혀 있다. 이 지시는 영어로 되어 있다. 그는 그 지시에 따라 다음과 같은 모양의 글자를 출력 창구로 내보낸다. 그 종이에는 '노량해전'이라고 쓰여 있다. 그런데 미국인은 '노량해전'이라는 글자가 무엇을 의미하는지 모른다. 다만, 매뉴얼의 지시를 그대로 따랐을 뿐이다.

이 경우, 미국인은 자기가 어떤 의미의 질문을 받아서 어떤 의미의 대답을 내놓았는지 모른다. 그가 한 것은 입력 창으로 들어온 종이 위에 그려진 기호들symbols을 보고, 매뉴얼의 지시에 따라 다른 기호들과 연결해서, 다른 종이 위에 그린 후 출력 창으로 내보냈을 뿐이다. 설은 중국어 방 속에 들어 있는 미국인은 다만 기호를 조작manipulate했을 뿐 그 질문에 대해 사고한 것은 아무것도 없다고 주장한다. 중국어 방 밖에서 보면 '입력-내적 과정-출력'이 있어 기능주의자들의 주장처럼 사고를 하는 것 같이 보이지만, 실제로 이 미국인은 자기가 뭘 하고 있는지도 모르면서 기호 조작을 했을 뿐이다. 이런 기호 조작을 두고 사고를 한다고 할 수는 없다. 이것이 설의 '중국어 방' 논변의 요지이다.

설이 중국어 방 논변을 통해서 주장하는 이론의 핵심은, 사고의 과정에는 의미론적 내용semantic content이 필요조건으로 포함된다는 것이다. 사고의 과정에는 사고의 구조적 형식은 물론 의미론적 내용이 들어가는데, 기능주의자들은 인간의 사고 과정이 컴퓨터의 정보 처리 과정과 형식적 구조가 유사하다고 해서, 컴퓨터가 인간처럼 사고한다고 잘못 생각했다는 것이다. 그렇게 보면 학교 캠퍼스에 널려 있는 자판기도 사고한다고 보아야 할 것이다. 동전을 기계 속에 넣고 여러 가지 커피 중에서 하나를 누르면 내가 원하는 커피가 나온다. '입력-내적 과정-출력'의 인과적 과정이 그대로 있다. 그러면 자판기도 사고한다고 보아야 하는가? 그러나 자판기는 기계적인 과정만 있을 뿐이다. 자판기에는 컴퓨터와 같은 기호 조작은 없지만, 의미론적 내용도 없다. 우리는 언어를 사용해서 사고하고, 사고한 것을 표현하는데, 그 과정에는 사용하는 단어와 문장의 의미에 대한 이해가 포함되어 있다. 사용하는 단어의 의미나 문장의 의미에 대한 이해가 없는 사고란 있을 수 없다. 따라서 컴퓨터는 그 정보 처리 능력이 아무리 빠르고 정교하더라도, 그 하드웨어와 소프트웨어가 아무리 인간의 육체와 사고에 접근하고, 혹은 능가하더라도, 결코 인간과 같은 사고를 한다고 볼 수는 없다. 컴퓨터는 무의미한 기호 조작만 할 뿐이기 때문이다.

교수   어떠니? 설의 주장이? 컴퓨터는 이론적으로, 따라서 근본적으로, 사고할 수 없는 기계에 불과하다는 그의 주장이 마음에 들지 않니? AI가 아무리 발전하고, 인간이 해오던 일을 대체하더라도, 인간처럼 사고할 수 없다는 그의 주장이 좀 흐뭇하게 들리지 않니? AI 앞에서 위협받던 인간의 존엄성이 어느 정도 회복되는 것 같지 않아? 그러니까, 우리가 앞에서 문제 삼았던 'AI를 장착한 인조인간도 인간일까?'라는 질문에 대한 답은 얻은 것 같다. 설에 의하면 인조인간은 인간이 아닐 뿐만 아니라, 인간처럼 사고할 수 없는 거지. 우리보다 발전된 기술을 가진 외계의 존재가 있다고 하더라도 그들이 정보 교환에 사용하는 기호와 기호의 조합의 의미를 이해하고 있지 않는 한 사고한다고 볼 수는 없는 거지.

사고란 무엇인가?

은주   그런데, 교수님 ….

교수 질문이 있니? 말해보렴.

은주 기능주의자들이 사용하는 '사고'의 의미는, 설이 사용하는 '사고'의 의미와 다른 건 아닐까요? 교수님께서 앞에서 말씀하신 것처럼, 기능주의자들은 인간의 사고를 '입력-내적 과정-출력' 사이의 인과적 관계로 보고, 즉 물리주의적인 입장에서 설명하려고 한 반면에, 설은 인간의 사고를 마음의 내면적 사항internal episodes으로 보는 심리주의의 입장에서 설명하려고 한 거 아닐까요? 그런데 교수님께서 행동주의를 설명하실 때, 그 내적 사항이라는 것이 과학적 탐구의 대상이 될 수 없으므로, 즉 관찰과 실험의 대상이 될 수 없으므로, 마음에 대한 연구에서 배제해야 한다고 말씀하셨잖아요? 그러니까, 기능주의와 설 중에 누가 옳으냐, 그르냐보다는, 서로 다른 주장을 한다고 보는 것이 옳지 않을까요?

학생들 와글와글 …, 와 …. 멋있다.

교수 맞아. 아주 훌륭해. 은주에게는 이 질문만으로 학기말 시험 성적 5점 올려 준다.

학생들 와글와글.

교수 내가 왜 점수를 올려 줄까?

학생들 교수님을 궁지에 몰아넣었으니까요.

교수 내가 궁지에 몰리는 것이 그렇게 좋아?

학생들 ….

교수 내가 은주를 칭찬하고 성적을 올려 주는 것은, 여러 가지 이유가 있지만, 내가 이제부터 강의하려는 주제를 미리 잘 제시해주었기 때문이야. 내가 다루고자 하는 주제는 사고 그 자체, 즉 '사고란 무엇인가?' 하는 것이다. 사고가 무엇인지도 모르고, 컴퓨터가 사고를 하는지, 않는지 따지는 것은 말이 안 돼지. 사고가 무엇인지를 먼저 규명하고 나서, 컴퓨터는 과연 사고할 수 있는지, 없는지를 따지는 것이 올바른 순서이다.

논리적으로 올바른 순서이기도 하고. 그러니까, 이제 우리가 다룰 문제는 이것이다.

사고란 무엇인가? 이 문제를 전통적인 개념의 정의로 다시 물으면, '사고의 필요충분조건은 무엇인가?', 현대 언어철학 입장에서 다시 물으면, 'S thinks x (S는 x를 사고한다)의 문장의 의미는 무엇인가?'가 될 것이다. 나는 두 가지 방법을 모두 사용해서 사고의 의미를 규명하는 것이 좋다고 본다. 말하자면, 언어철학 입장에서 사고의 필요충분조건을 생각하는 거야. 자, 그럼 먼저 사고의 필요조건부터 생각해 보자.

재현 사고하기 위해서는 무엇보다 먼저 사고의 주체가 있어야 해요. 주체가 없는 사고는 있을 수가 없잖아요.

교수 그렇구나. 이건 논리적인 필요조건이다.

재현 사고하기 위해서는 의식이 있어야 해요. 먼저 의식이 있어야 사고를 할 수 있다고 생각해요. 무엇인가 의식을 해야 무엇인가에 대해서 사고할 수 있을 것 같아요.

교수 그것도 맞네. 의식이 있어야겠다.

재현 감정도 있어야 할 것 같아요. 인간의 사고의 많은 부분을 차지하는 것이 감정적인 사고잖아요. '사랑한다', '좋아한다', '미워한다', '싫어한다' 등이요.

교수 그것도 그런 것 같네. 모든 사고에는 감정이 동반한다는 주장도 있지.

재현 욕망도 있어야 할 것 같아요. 감정이 사고의 필요조건이라면 욕망도 필요조건으로 들어가야 할 것 같아요. '보고 싶다', '갖고 싶다', '먹고 싶다', '자고 싶다' 등요.

교수 그것도 그런 것 같네.

재현 자의식이 있어야 할 것 같아요. 자기가 존재하고, 사고하는 주체가 자기 자신이라는 것을 본인이 알아야 할 것 같아요. 데카르트의 말처럼 심리 현상은 인간의 마음에 직접 주어지잖아요? 직접 주어지는 만큼, 사고하는 주체는 자기가 하는 사고를 의식하지 않을 수 없는 것 같아요.

교수 그렇다. 그 말도 일리가 있다.

준영 그런데, 교수님. 언제까지 그렇다, 그렇다만 하고 계실 거예요? 지금까지 나온 의견을 모두 사고의 필요조건으로 넣으실 거예요? 사고하는 거 하고, 감정으로 느끼는 거 하고, 의지로 욕망하는 거 하고는 서로 차이가 있잖아요?

교수 그렇다. 준영이 말도 듣고 보니 그것도 그렇다.

학생들 교수님, 지금 뭐하시는 거예요? 황희 정승 흉내내시는 거예요?

교수 그것도 그렇다.

재현이는 다재다능한 학생이다. 학부 때는 정의로운 사회를 위해서 시위를 하고, 대학원 때는 공부를 중단하고 일을 해서 집안의 사업을 일으켰다. 철학을 하지 않을 때는, 본업이 아닌 다른 일을 하고 있는 것 같아서 시달린다고 한다.

철학에서 사고한다는 말처럼 혼란스럽게 사용되는 말도 없을 것이다. 데카르트는 인간의 본질을 사고에 있다고 말하면서, 그 속에 의식, 감정, 욕망 등 온갖 정신적 속성 혹은 심리 현상을 포함시켰다. 근세철학의 문을 연 그의 대표적인 저서 《성찰》과 《방법서설》을 읽어 보면, 그가 말하는 사고는 오늘날 우리가 의식이라고 말하는 것에 더 가깝다는 생각이 든다. 서양철학의 역사에서 인간의 사고에 대해 칸트처럼 체계적인 이론을 제시한 철학자는 없지만, 그는 이성, 감성, 인식, 판단 등 인간의 사고의 종류와 각각의 특성 및 관계에 대해서는 정밀한 설명을 하면서도, 사고 그 자체에 대한 언급은 별로 많지 않아 보인다. (칸트 전문가가 아니면서 이런 말을, 특히 한국에서, 하는 것은 크게 위험한 일이지만, 내가 보기엔 그런 것 같다. 참조: 《칸트 사전A Kant Dictionary》, Howard Caygill, Blackwell, 1995). 철학적 용어와 개념에 대해 명확한 정의와 논리적 분석을 한 20세기의 언어분석철학자들도 사고와 다른 심리현상 사이의 관계를 면밀하게 규명할 생각은 별로 없었던 것 같다.

'사고'라는 용어와 개념이 그 자체로 철학적 조명을 받은 것은 20세기 말에 일어난 심리철학 이후인 것 같다. 다른 곳에서도 언급한 일이 있지만, 마음의 철학은 마음이 무엇이며, 마음이 뇌와 어떤 관계인지 연구하는 존재론적 탐구의 한 분야이고, 심리학의 철학은 사변적 혹은 경험적 심리학에서 말하는 심리 현상 혹은 속성에 대한 철학적 탐구이다. 철학이 항상 그렇지만, 철학자들마다 사고의 개념에 자기 나름대로 의미를 부여하여 사용하지만, 내가 보기에 사고에 대한 다음의 규정은 대체로 동의하는 것 같다.

사고는 기본적으로 정신적 속성mental property 혹은 심리 현상 psychological phenomenon을 구성하는 대표적인 두 범주 가운데 하나이다. 즉, 정신적 속성 혹은 심리 현상은 크게 두 범주로 나뉜다. 하나는 사고이고 다른 하나는 의식consciousness이다. 둘의 차이는 표상 혹은 표상적 체계의 유무에 있다. 즉, 사고는 표상적인데 의식은 표상적이지 않다. 어떤 것이 표상적이냐 아니냐의 차이는, 일차적으로 언어로 표현할 수 있느냐 없느냐로 구별할 수 있다. 어떤 것을 언어로 표현할 수 있으면 표상적이고, 언어로 표현할 수 없으면 표상적이 아니다. 예를 들면 이렇다.

교수 자네 소주 좋아한다면서?

학생 네, 좋아해요.

교수 어떤 소주 좋아해?

학생 '처음처럼'요.

교수 왜 '참이슬'은 아니야?

학생 참이슬은 제 입에 안 맞아요.

교수 그게 무슨 말이야? '참이슬'과 '처음처럼'의 맛의 차이를 좀 자세히 말해줄래?

학생 네?

교수 '참이슬' 맛은 이렇고, '처음처럼' 맛은 이런데, 나는 '처음처럼'의 맛이 더 좋다는 식으로 한번 설명해봐. 사실, 나는 두 소주 맛이 그렇고 그렇거든.

학생 소주 맛을 말로 표현하기는 어려워요. 마셔봐야 알아요. 그리고 사실, 술맛이란 꼭 하나로 정해져 있는 것이 아니에요. 마실 때마다 달라요. 기분이 좋아서 마실 때와 기분이 나빠서 마실 때의 맛은 천지차이예요. 필feel이 완전히 다르거든요.

바로 이것이다. '처음처럼을 좋아한다'라고 말한 것은 표상적이다. 그의 사고를 언어로 표현했기 때문이다. 그런데 그는 처음처럼의 맛은 말로 표현할 수 없다. 그 맛은 마셔봐야 알고, 그것도 마실 때마다 달라진다. 따라서 '처음처럼'의 맛은 표상적이지 않다. 그것은 필이다. 필을 말로 정확하게 표현하는 것은 불가능하다. 사람마다 다르고, 마실 때마다 다르다. 필 혹은 느낌처럼 애매모호하고 변화무쌍할 것도 없다. 우리는 이런 심리 현상을 의식이라고 부른다. 의식의 특징은 '처음처럼'의 맛처럼 표상적이지 않고, 경험할 때만 존재하고, 경험하는 사람 혹은 경험하는 경우마다 달라질 수 있다. 요즈음 학생들은 '필이 꽂혔다'는 말을 곧잘 사용한다. 그들에게 '필이 꽂혔다'라는 말이 무슨 뜻이냐고 물어보면, 나를 딱하다는 듯이 쳐다보면서 말한다. "교수님, 그건 꽂혀 봐야 알아요!"

정신적 속성 혹은 심리 현상을 크게 사고와 의식으로 나누는 것은 좋은 방법 같다. 사고는 언어로 표현할 수 있고, 다른 사람에게 말 혹은 문자로 전달할 수 있고, 문자로 기록할 수 있어서 사고하지 않을 때도 그 의미가 존재해서 후세에 전달될 수도 있다. 그러나 의식은 의식하는 사람에게만 존재하고, 의식하는 순간에만 존재하고, 언어로 정확하게 표현할 수도 없다.

우리가 사고를 이런 방식으로 정의하면 '컴퓨터는 사고할 수 있는가?'의 문제 해결에 보다 가까이 접근할 수 있다. 왜냐하면 우리의 문제를 '컴퓨터의 정보 처리 과정에 사고와 같은 표상 혹은 표상 체계가 존재하는가?'라는 문제로 바꿔서 생각하면 되기 때문이다. 컴퓨터의 사고 가능성에 대한 문제를 이렇게 바꾸어서 생각하는 데는 두 가지 장점이 있다. 하나는 사고를 의식과 같은 다른 심리적 현상과 구별해서 그 의미를 보다 구체적으로 밝히는 것이고, 다른 하나는 그런 표상적 사고를 컴퓨터가 갖고 있느냐 없느냐를 밝혀서 문제를 해결할 수 있는 것이다.

그러면, 의식과 다른 표상적 사고란 무엇인가? 단적으로 사고란 무엇인가? 이 문제에 접근하기 위해서 우리는 먼저 '사고'라는 것이 '과일'과 같은 일반명사, 즉 종 이름class name이라는 것을 먼저 확인할 필요가 있다. 과일에 여러 종류가 있듯이 사고에도 여러 종류가 있다. 그런데 사고는 표상적인 모든 심적 현상을 포함하므로 그 종류는 거의 무한이라고 할 수 있다. 상상한다, 그리워한다, 희망한다, 존경한다, 잘난 척한다, 모른 척한다, 등등. 끝이 없이 많다. 따라서 여기에는 분석하기를 좋아하고, 분류하기를 잘하는 철학자들의 도움이 필요하다.

세 종류의 사고

서양철학에서는 전통적으로 사고를 크게 다음의 세 종류로 나눈 것 같다. 이성, 감성, 의지이다. 플라톤은 이 세 가지를 '영혼 삼분설'이라는 이름으로 분류했다. 고대 그리스인들은 진, 선, 미를 인간의 최고의 덕목으로 보았고, 후손들은 그것을 영어로 'cardinal value(최고의 가치)'라고 불렀다. 로마 교회의 추기경처럼 가장 높고, 중요하고, 따라서 존중받아야 할 최고 가치로 본 것이다. 어쨌든 광범위한 심리 현상인 사고를, 진리를 추구하는 이성적rational 사고, 아름다움을 추구하는 감성적emotional 사고, 선과 정의를 추구하는 의지적volitional 사고로 나눈 것은 크게 무리가 없어 보인다. 왜냐하면 다른 모든 심리 현상들이 이 세 가지 범주에 포함되어 분류될 여지가 있기 때문이다. 그러면 이제 우리의 문제는 이렇게 다시 쓰여도 좋을 것 같다.

컴퓨터는 이성적, 감성적, 의지적 사고 모두를 할 수 있는가?
아니면 부분적으로 할 수 있는가?

우리의 질문이 여기에 이르면, 컴퓨터가 사고한다고 보기는 더욱 어려워지는 것 같다. 컴퓨터에게 이성이니, 감성이니, 의지니 하는 것까지 요구하는 것은 좀 과하지 않으냐는 반론도 나올 수 있기 때문이다. 그러나 컴퓨터가 인간처럼 사고하기 위해서는, 이 요구가 과하더라도 만족할 수 있어야 한다. 컴퓨터가 인간처럼 사고할 수 있다고 믿는 AI 과학자나 공학자들은, 컴퓨터에게 이성, 감성, 의지와 같은 심리적 현상을 부여하는 이론적인 그리고 현실적인 연구와 작업을 해야 할 것이다. 그것이 되기 전까지는, 컴퓨터가 인간 같은 사고를 할 수 있다고 말하는 것은 어렵다고 볼 수밖에 없다.

그런데 나는 개인적으로 이와 다른 관점에서, 그리고 보다 더 근본적인 방법으로 컴퓨터가 사고할 수 없다는 결론에 이르게 되었다. 내가 처음부터 컴퓨터의 사고에 대해 관심을 둔 것은 아니었다. 내가 오랫동안 연구해온 대상지칭에 대한 이론의 관점에서 보면 컴퓨터는 명확히 사고할 수 없기 때문이다. 내가 대상지칭의 문제에 관심을 두게 된 것은 브라운대학교에서 치좀 교수의 수업을 듣기 시작하면서였다.

미국으로 유학을 떠날 때, 나는 인식론 쪽에 관심을 두고 있었다. 정확하게 인식론의 어떤 문제를 학위논문의 주제로 염두에 두고 있었던 것은 아니지만, 대체로 인간 인식과 지식 체계의 사회·역사적 환경과의 관계에 대해 공부하겠다는 생각을 했다. 그것은 내가 연세대학교에서 독일 지식사회학자인 카를 만하임의 영향을 받고 쓴 석사논문의 영향이기도 했다. 학부 때부터 한국인의 관점에서 한국적인 철학을 하고 싶다는 희망을 마음속에 갖고 있던 나는, 인간의 인식이 사회·역사적인 환경에 의해 특정한 방향과 내용을 갖게 된다는 지식사회학적 주장에 상당한 매력을 느끼고 있었다. 브라운대학교 박사과정의 미국인 친구들에게 이런 생각을 말했을 때, 그들은 한결같이 좋은 생각이라며 나를 격려해주고, 어떤 친구는 나를 부러워하기까지 했다.

내가 다른 학교를 제쳐 놓고 브라운대학교를 선택한 것은, 치좀 교수 때문이었다. 치좀 교수는 내가 한국에서 알고 있던 유일한 인식론 전문 철학자였다. 그의 저서와 명성이 한국에까지 전해오는 것을 보면, 그는 세계적인 철학자임에 틀림이 없었다. 첫 학기부터 나는 그의 학부 수업과 세미나에 들어갔다. 그는 노교수였는데, 처음부터 마음에 들었다. 말이 느린데다, 중요한 내용은 모두 칠판 위에 분필로 적었다. 말을 잘 못 알아듣고, 영어 속기가 어려운 나에게는 여간 도움이 되는 게 아니었다. 그의 수업을 계속 들으면서 나는 그가 최근에 하고 있는 심리철학 쪽에 관심을 갖게 되었다. 그러던 중 1983년에 치좀 교수는 아직 출판하지 않은 자신의 〈대상지칭의 문제란 무엇인가?What is the Problem of Objective Reference?〉라는 논문을 내게 주면서 읽어 보라 했다. 그 논문을 읽자마자 나는 치좀 교수가 논문에서 다룬 주제를 내 박사학위 논문의 주제로 삼기로 결정했다. 그의 논문은 다음 해 《변증법 Dialectic》이라는 철학지에 발표되었다.

대상지칭의 문제

대상지칭이란 대상에 대한 지칭의 줄임말이다. 영어로 표현하면, 'reference to an object'이다. 대상지칭의 문제란 '인간이 어떻게 어떤 것을 대상으로 지칭할 수 있는가?'의 문제이다. 이 문제는 서양철학의 역사에서 오랫동안 존재해왔지만, 하나의 문제로 설정되어 다루어지기 시작한 것은 20세기 미국의 신실재론자들에 의해서였다. 치좀은 그 전통 속에서 젊은 날을 보냈다. 그런데 당시에는 칸트의 관념론 전통과 최근에 일어난 물리주의적 경향과 논리 실증주의의 영향이 미국 철학계를 풍미하고 있었다. 치좀이 대상지칭의 문제를 그의 후기에 다루기 시작한 것은, 실재론적 인식론과 심적 현상의 물리주의적 환원에 반대하는 의도가 깔려 있었다. 나는 그의 의도와 방법에 전적으로 동감했다. 나는 심신동일론을 주장하는 물리주의에 반대하는 입장을 갖고 있었고, 언어분석철학의 방법론에는 동의하지만, 심적 현상을 물리적 현상으로 환원하거나, 환원하여 제거하는 데는 반대하는 입장이었다.

내가 대상지칭의 문제를 박사학위 논문 주제로 정하고 난 후, 브라운대학교가 하버드대학교 등 몇몇 아이비리그 대학교들과 맺은 학자교환 프로그램을 이용하여 하버드대학교 철학과로 간 것은, 그곳이 당시 논리적 분석과 물리주의적 세계관의 중심이 되어 있었기 때문이다. 호랑이를 잡기 위해서는 호랑이 굴로 들어가야 한다는 한국의 격언을 실천한 셈이다. 당시 세계 최고의 철학자이면서 하버드대학교 철학과의 머리 격인 콰인 교수는 그의 저서에서 이런 식으로 말했다. "일부 사람들은 대상지칭에 대해서 말한다. 그러나 나는 그런 것이 있다고 보지 않는다." 현대 언어심리철학의 거두인, 같은 학과의 퍼트넘 교수도, 내가 그의 우편함에 넣었던 쪽지를 수업 시간에 들고 나와서 "브라운대학교에는 아직도 이런 낡은 주제를 다루고 있다"라고 말했다. 나는 다시는 그와 대화를 하지 않았다. 내가 호랑이 굴에 들어온 것이 분명했다. 그리고 그 후 나는 이 호랑이를 잡는 데 평생을 보냈다.

말이 나온 김에, 우리 젊은이들을 위해서 한 마디 하고 지나가는 것이 좋겠다. 학생들이 가끔 나에게 "교수님 어떻게 사는 것이 좋을까요?"라고 묻는다. "열심히 살아라", "착하게 살아라", "행복하게 살아라" 같은 대답을 기대하고 묻는 질문이 아니다. 이 학생들은 삶의 의미에 대해서 관심이 있고, 가치 있는 삶을 살고 싶은 학생들이다. 나는 공자가 그랬던 것처럼, 학생에 따라서 이렇게 저렇게 다르게 대답해 주었다. 그 중의 하나가, "네가 무너뜨리고자 하는 산을 하나 가져라"이다. 그 산은 어떤 개인일 수 있고, 어떤 체제일 수 있고, 어떤 이론일 수도 있다. 그것의 장단점을 이해하고, 극복하고, 그래서 네가 추구하는 새로운 무엇을 이루어 내라는 것이다. 말은 쉽지만 하기는 어렵다. 그러나 무너뜨릴 적 혹은 상대가 있으면, '무엇을 하며 살아야 할까?', '어떻게 사는 것이 좋을까?' 같은 고민을 할 시간이 없다. 주변의 이런 저런 인생의 자질구레한 것들에 휘말려 귀중한 젊음을 낭비할 시간이 없고, 순간의 유혹에 빠져서 잘못된 인생의 길로 들어설 위험도 적다. 적은 클수록 좋지만, 너무 크면 중간에 좌절하기가 쉽고, 너무 작으면 싸우는 재미가 별로 없다. 좋은 전략은 약한 적부터 무너뜨리기 시작해서 차츰차츰 강한 적에게로 가는 것이다. 적의 중심을 향해서 하나하나 무너뜨려 가는 것도 쏠쏠한 재미가 있다.

다시 본론으로 돌아와서, 그러면 대상지칭은 어떻게 컴퓨터의 사고와 상관이 있는 걸까? 간단히 말하면 이렇다. 컴퓨터의 기능이 아무리 개선되고 발전하더라도 대상에 대한 지칭은 할 수가 없다. 대상지칭을 할 수 없으면, 그것이 무엇이든 상관없이 사고를 할 수 없다. 왜냐하면 그것이 어떤 종류의 사고, 이성적이든, 감성적이든, 의지적이든, 사고이기 위해서는 대상에 대한 지칭이 반드시 있어야 하기 때문이다. 왜 그런가? 답은 간단하다. 대상이 없는 사고가 존재할 수 없기 때문이다. 대상을 대상으로 지칭하지 않고 사고할 수 있는 길은 없다. 아무것에 대해서도 생각하지 않는 생각. 그것이 가능할까? 그런 생각은 없다. 영어에, 'I think nothing'이라는 표현이 있다. 마치 'nothing'에 대해서 생각하는 것 같은 문장 구조이다. 그러나 이것은 영어의 문법적 구조 때문이다. 그 말이 실제로 의미하는 것은, 'I don't think'이다. 생각하지 않는다는 말이다. 우리말로 하면 영어의 이런 문법적 결함을 저지르지 않고 말할 수 있다. 우리는 "나는 무無를 생각한다." 같은 말은 하지 않는다. "나는 아무것도 생각하지 않는다."로 충분하다. 어떤 것을 대상으로 지칭하지 않으면서 사고하는 것은 논리적으로, 이론적으로, 실천적으로 불가능하다. 그런데 컴퓨터는 아무리 발전해도 그런 능력을 가질 수 없다. 왜 그런가?

대상지칭의 필요조건

대상지칭이 가능하기 위해서는 두 가지의 필요조건이 충족되어야 한다. 하나는 지향성intentionality이고, 다른 하나는 표상의 체계representational system이다. 즉 어떤 것이 어떤 것을 대상으로 지칭하기 위해서는, 먼저 그 어떤 것이 다른 어떤 것을 대상으로 지향해야 하고, 다음으로 그 지향한 것을 표상의 체계를 거쳐서 표현할 수 있어야 한다. 여기서는 논의의 편의와 지면의 제한으로 지향성에 대해서 먼저 간단히 살펴보기로 하겠다. 왜냐하면, '표상의 체계'는 컴퓨터도 나름대로 갖고 있다. 컴퓨터의 소프트웨어에 들어있는 정보처리 체계이다. 그러나 컴퓨터에는 '지향성'이라는 것이 없다.

지향성은 오스트리아 심리학 및 철학자인 브렌타노가 처음 제시한 개념으로, 후에 그의 제자인 마이농과 후설이 발전시켜 현대 심리철학의 중심 과제로 떠오른 개념이다. 여기에서는 지향성에 대한 언어분석철학적 설명을 간단하게 하고자 한다. 지향성의 개념을 이해하기 위해서는 먼저 지향성의 영어 표현인 intentionality에서 오는 오해를 피할 필요가 있다. 영어의 다른 표현 intention과 혼돈될 수 있기 때문이다. intention은 우리말에서 의도로 번역되는데, 이것은 지향성과 같은 의미가 아니다. 의도는 심리 현상의 한 종류이지만, 지향성은 심리 현상의 대표적인 특성이다. 그러니까 심리 현상의 한 종류로서의 의도는 지향성을 갖지만, 심리 현상의 대표적인 특성인 지향성은 의도를 갖지 않고, 가질 필요가 없다. 지향성은 의도보다 훨씬 근본적이고 포괄적인 의미를 가진 표현이기 때문이다.

지향성이 무엇인가를 한 마디로 표현하면 '어떤 것을 대상으로 가짐'이다. 영어로 표현하면 'To have something as an object'인데, 여기에서도 번역에 주의할 표현이 하나 있다. 영어 object는 크게 두 가지 의미를 갖는데, 하나는 사물이고, 다른 하나는 대상이다. 사물은 존재론적 표현이고, 대상은 인식론적 표현이다. 예를 들면 이렇다. 시간과 공간 속에 존재하는 사물들objects은 감각적 인식의 대상object이 될 수 있다. 영어의 object가 이런 두 의미를 갖기 때문에, 한국어로 번역할 때 가끔 혼동을 일으킨다.

'어떤 것을 대상으로 갖는다'는 것은 무슨 의미인가? 간단히 대답하면, '대상화한다'는 것이다. 그러면 대상화한다는 것은 무슨 의미인가? 이 질문에 대답하기 위해서는 대상화의 전형적인 표기법 paradigmatic notation의 논리적인 형식을 들여다볼 필요가 있다. 그 형식은 이렇다.

S has x as an object.

여기서 S는 주체이고, x는 변항으로 아직 값이 주어지지 않았고, object는 대상이다(사물이 아니다). 그러니까 주체가 있고 대상이 있는데, 그 대상이 x로 아직 값이 주어지지 않았다는 의미의 문장이다. 따라서 우리가 이 문장의 의미를 밝히면, 대상화의 의미를 밝히는 셈이 된다. 이렇게 하는 이유에 대해서는, 개념논리학을 문장논리학으로 대체한 역사(3부 5장 10절)를 참조하기 바란다.

우리가 먼저 할 일은 S의 값을 정하는 일이다. 어떤 존재가 위의 문장에서 S의 값으로 주어질 수 있을까? 즉 대상화의 주체가 될 수 있을까? 이 질문에 제대로 대답하기 위해서는 수많은 논의가 필요하지만, 여기서는 시간상, 공간상 제약으로 간단히, 당신과 나와 같은 인간들이라고 해 두자. 이 수업을 듣고 있는 학생 여러분들은 나를 하나의 대상으로 바라보고 있고, 나 또한 여러분 각자를 하나의 대상으로 바라보고 있다. 우리는 각각 대상화의 주체이면서, 동시에 대상(객체)이 되어 있다. 대상화의 가장 대표적인 예이다.

그러면, 내가 집에 돌아갔을 때, 나에게 꼬리를 흔들면서 다가오는 우리집 강아지는 나를 대상으로 갖는 것일까? 나를 보고 꼬리를 치는 것을 보면 나를 대상으로 삼는 것 같다. 과녁을 향해 날아가는 화살이나, 적진을 향해 날아가는 미사일의 경우는 어떨까? 과녁이나 적진을 대상으로 삼고 날아가는 걸까? 그건 아닌 것 같다. 과녁이나 적진을 대상으로 삼은 것은 화살이나 미사일을 쏜 인간이지, 화살이나 미사일은 아니다. 그것들은 그저 인간이 대상으로 삼은 목표물을 향해 날아가고 있을 뿐이다.

그러니까, 인간과 같이 마음이 있고 심리적인 속성이 있는 존재는, 어떤 것을 대상으로 삼을 수 있지만, 그렇지 않은 물리적인 존재는 그런 능력이 없어 보인다. 강아지는 그 중간에 있어서 다소 애매하지만. 어쨌든, 인간에게는 확실히 대상화의 능력이 있고, 그 능력이 있다는 증거는 우리가 사고하고 있다는 사실이다. 사고는 언제나 무엇에 대한 사고인데, 즉 사고의 대상이 항상 있는데, 우리 인간은 실제로 사고를 하고 있기 때문이다. 이 말에 반발하여, "교수님, 저는 사고하고 있지 않는데요?"라고 하면, "네가 사고하지 않고 있다는 그 말이 네가 사고하고 있는 증거이다"라고 말할 수밖에 없다. 어쨌든 인간은 사고하고, 사고는 언제나 무엇에 대한 사고이므로, 사고하는 존재는 어떤 것을 대상으로 가질 수 있다. 즉 대상화의 능력을 갖고 있으므로, S의 값을, 일단 인간이라고 정해 놓는 것이 좋겠다.

다음은 x의 값이다. 어떤 것이 x의 값으로 주어질 수 있을까? 우리가 앞에서 S의 값으로 인간을 정하고, 대상화의 대표적인 예로 사고를 들었으므로, 이 문제를 다음과 같이 물어도 좋을 것이다. 어떤 것이 인간의 사고의 대상이 될 수 있는가? 답은 아무것이나 될 수 있다는 것이다. 왜냐하면 우리는 아무것이나 생각할 수 있기 때문이다. '아무것이나'를 영어로 표현하면 'anything'이다. 내 눈앞에 있어 내가 볼 수 있는 것뿐만 아니라, 내 눈앞에 없어서 내가 볼 수 없는 것도 내 사고의 대상이 될 수 있다. 세상을 떠나신 어머니처럼 내 마음속에 하나의 대상이 되어서 그리운 사람도 없다. 우리는 눈에 보이지 않는 것도 생각할 수 있지만, 눈에 보일 수 없는 것도 생각할 수 있다. 자유, 정의, 진리 같은 추상적인 존재는 눈에 보이지 않는다. 아름다운 것은 눈에 보일지 모르나, 아름다움 자체는 눈에 보이지 않는다. 그럼에도 불구하고 우리는 그런 존재들에 대해 많은 생각을 한다. 눈에 보일 수 없는 존재뿐만 아니라, 우리는 현실에 존재할 수 없는 존재에 대해서도 생각할 수 있다. 맨눈으로 달의 뒷면을 볼 수 있는 사람, 빛의 속도보다 빨리 달릴 수 있는 달팽이, 세상의 모든 문제를 해결해주는 천사 등등. 우리 인간에게는 상상하지 못 할 존재가 없다. 상상의 대상도 사고의 대상으로 존재한다. 다만 한 가지. 논리적으로 불가능한 존재, 즉 스스로 모순되는 존재는 사고의 대상이 될 수 없다. 둥근 동시에 사각형인 도형, 9보다 큰 3, 원 안에 있으면서 동시에 원 밖에 있는 것 등등이다. 이렇게 논리적으로 불가능한 존재를 제외한 모든 존재, 감각적 대상이거나, 감각적 대상이 아니거나, 현실적으로 존재하거나 존재하지 않거나, 논리적으로 모순이 아닌 한, 무엇이든 인간의 사고의 대상이 될 수 있다. 따라서 x의 값으로는 논리적으로 불가능하지 않은 모든 존재가 주어질 수 있다고 결정하자.

이렇게 해서 우리는 지향성이 무엇인지에 대한 질문에 어느 정도 대답할 수 있게 되었다. 그 대답은 이렇다. 지향성은 심적 속성을 가진 인간 같은 주체가, 논리적으로 불가능하지 않은 아무것이나 그의 사고의 대상으로 삼을 수 있는 능력이다.

컴퓨터는 사고할 수 있는가?

자, 이제 지향성의 개념을 활용하여, 우리의 본래의 문제로 돌아가 보자. 컴퓨터가 사고할 수 있는지의 문제는 이제 컴퓨터가 지향성을 가질 수 있는지의 문제로 수렴되었다. 어떤가? 컴퓨터가 지향성을 가질 수 있을까? 컴퓨터가 감각적이지 않은 존재에 대해 사고할 수 있을까? 컴퓨터가 존재하지 않는 것에 대해 사고할 수 있을까? 컴퓨터가 현실에 존재할 수 없는 것에 대해서도 사고할 수 있을까? 답은 '없다'. 왜냐하면 그런 존재는 컴퓨터가 학습할 수 없기 때문이다. 컴퓨터는 학습한 데이터를 뛰어넘는 창의적인 사고를 할 수 없다. 따라서 그런 존재를 대상화해서 학습하지 않고도 스스로 사고하는 것은 현실적으로 뿐만 아니라, 논리적으로 불가능하다. 이리하여 내가 내리는 결론은, 인공지능을 장착한 컴퓨터의 하드웨어와 소프트웨어가 아무리 발전하더라도, 인간 뇌의 역사와 신경생리적 구조를 갖지 않는 한 인간처럼 사고할 수 없다.

이보다 더 근본적인 문제가 있다. 지향성은 심리적 속성이면서, 동시에 생물학적으로 존재하는 것이다. 왜냐하면 지향성은 인간 혹은 생명체가 자연환경 속에서 생존하고 번영하기 위해 진화를 거듭하는 과정 속에서 생겨났기 때문이다. 자연환경 속의 사물이나 사건을 대상화하는 지향성 없이 인간이 자연환경 속에서 생존하는 것은 불가능하다. 이런 의미에서 지향성은 근본적으로 생물학적인 속성이며 현상이다. 지향성은 인간의 뇌가 거쳐 온 진화의 역사적 산물이다. 진화의 과정을 거쳐 온 다른 생명체에게도 지향적 속성이 생겨났지만, 인간처럼 고도의 지향성을 갖춘 존재는 없다. 그런데 컴퓨터는 인간이 개발한 지 몇십 년밖에 되지 않는 기계이다. 이런 기계에 수천, 수만 년의 생존과 진화의 과정을 거쳐 생겨난 지향성이 있을 수 없다. 컴퓨터와 AI가 지향성을 가진 것처럼 보일 수 있는 것은, 인간이 그 속에 대상을 지칭하는 것 같은 기계적 능력을 부여했기 때문이다. 시간에 대한 아무런 개념과 생각이 없는 시계에게 시간을 가리키는 능력을 부여한 것과 같다. 따라서 진화의 과정을 통한 지향적 속성을 갖지 않은 컴퓨터와 AI는 사고하는 것처럼 보이지만, 실제로 사고하지 않고, 사고할 수도 없다.

9장

나는 무엇인가? 마음인가? 두뇌인가?

사고 실험: 누가 병원비를 지불해야 할까?

학기말 시험이 끝나고 방학이 되었다. 대윤이는 아반떼를 몰고 부산에 계신 부모님을 뵈러 갔다. 가는 길에 민영이를 태워주었다. 그런데 대전 근방에서 교통사고가 나고 말았다. 둘은 급히 충남대학병원으로 이송되었다. 의사가 보니, 두 사람 모두 살기는 불가능했다. 여자는 뇌 손상이 심했고, 남자는 몸 전체의 부상이 심했다. 한 사람이라도 살리자는 생각에, 의사는 남자의 뇌를 여자에게 이식했다. 수술은 성공적으로 끝났다. 입원실 침대에는 유대영이라는 명패를 붙였다. 어떤 이름을 사용해야 할지 몰라서 두 사람의 이름을 조합한 것이다. 환자가 건강을 회복하여 퇴원할 때가 되었다. 병원에서 치료비를 청구할 보호자를 찾아서 연락했다.

대윤이 부모님께 연락했다. 입원실로 달려온 대윤이 부모님은, 침대에 누워 있는 환자가 대윤이가 아니라 여자라는 데 놀랐다. 그런데, 그 여자가 자기들을 보고 "부모님 오셨어요. 걱정을 끼쳐드려 죄송해요"라고 반기는 것이었다. "당신이 우리를 어떻게 알아요?"라고 물었더니, "부모님, 저 대윤이에요"라고 여자 목소리로 대답했다. 대윤이 부모님은 너무나 놀라서 급히 입원실을 나오고 말았다.

그 뒤에 민영이 부모님이 오셨다. 부모님은 침대에 누운 환자를 보고, "민영아! 네가 어쩐 일이냐?"라면서 딸의 손을 잡았다. 그런데, 침대에 누워 있던 딸이 "누구세요? 저는 민영이가 아닌데요. 사람을 잘못 보셨어요"라면서 손을 빼는 것이었다. 민영이 부모님도 너무나 당황해서 급히 입원실을 나오고 말았다.

난처해진 것은 병원이었다. 병원비를 받고 환자를 퇴원시켜야 하는데, 누구에게 병원비를 요구해야 할지 몰랐다. 두 학생이 다니는 동국대학교에 연락을 했다. 동국대학교는 다시 나에게 연락을 했다. 대윤이와 민영이는 심리철학 강의를 듣는 내 학생이고, 내가 철학교수이니까 나에게 이 문제를 해결해 달라는 것이었다.

교수 이 문제를 어떻게 해결해야 할까? 치료비를 대윤이 부모님이 내야 할까? 민영이 부모님이 내야 할까?

희철 대윤이, 민영이 부모님께서 각각 반씩 내고 일단 퇴원부터 하는 것이 좋지 않을까요?

교수 그것도 가능한 방법이다.

찬섭 대윤이 부모님은 자기 아들이 아니라고 하고, 민영이 부모님은 자기 딸이 아니라고 하는데? 자기 아이가 아닌 유대영의 병원비를 지불하려고 하실까?

재덕 둘 다 동국대학교 학생이니까, 동국대학교에서도 힘을 보탤 수 있지 않을까요? 재단에서 일부 내고, 학생들이 모금을 하면 ….

교수 그것도 가능한 방법이네.

영식 누가 병원비를 지불하느냐보다, 더 중요한 문제는 유대영이 누구냐 하는 것이 아닐까요? 병원비를 지불했다고 하더라도, 누구의 집으로 갈지도 문제잖아요?

초생 맞아요. 유대영이 다음 학기에 학교로 돌아오더라도, 수강신청이 불가능하잖아요? 그런 학생은 동국대학교 학적부에 없으니까.

교수 좋은 지적이다. 병원비를 내는 것은 양 부모가 서로 협조하거나 법정에서 해결할 수 있어도, 유대영이라는 세상에 새로 나타난 사람은 과연 누구인가의 문제는 여전히 남지. 이 문제를 해결할 수 있는 사람은 누구일까? 부모일까? 병원일까? 대학교일까?

초생 이 문제는 철학적인 문제로 보여요. '유대영이 누구인지?', '내가 누구인가?', '인간이란 무엇인가?'와 같은 문제 같아요.

교수 그렇다. 이 문제는 철학자가 해결할 문제이다. 그래서 대학 본부에서 이 문제를 나에게 보낸 거지. 이 문제를 해결하는 데 여러분의 도움이 필요해. 유대영이 누구인가의 문제를 함께 풀어보자.

충남대학병원 의사의 노력으로 한 사람은 살았고, 그 사람은 대윤이의 뇌와 민영이의 몸을 가졌다. 보다 정확하게 말하면, 대윤이의 마음과 민영이의 몸이라고 하는 것이 좋겠다. 뇌와 마음을 동일한 것으로 보는 것은 아니지만, 현재의 의학 기술로서는 뇌를 이식하지 않고 마음을 이식할 수 있는 기술이 없기 때문이다. 논점을 명확하게 하기 위해서, 마음만 이식했다고 가정하자. 컴퓨터의 하드웨어에 소프트웨어를 옮긴다든지, 공상과학 영화나 소설에서처럼, 민영이가 잠을 자고 있는데 외계인이 와서 민영이 뇌에서 민영이 마음을 지우고 대윤이 마음을 대신 넣었다고 해도 좋다. 어쨌든 유대영은 대윤이의 마음과 민영이의 몸을 가졌다.

유대영은 누구인가?

문제의 본질은, '유대영이 누구인가?'이다. 이 질문에는 논리적으로 가능한 세 대답이 있다. 하나는 유대영이 조대윤이라는 것이고, 다른 하나는 유대영이 유민영이라는 것이다. 그런데 논리적으로 가능한 다른 대답이 하나 있다. 유대영은 대윤이도, 민영이도 아닌, 제삼의 인간이라는 것이다. 이 상황에서 논리적으로 가능한 선택은 다음과 같다.

① 유대영 = 조대윤
② 유대영 = 유민영
③ 유대영 = 유대영

이 이외의 논리적 선택은 없다. 유대영은 인간이 아니고 괴물이라든지, 이런 사고는 일어나지 말아야 하기 때문에 다루지 않는 것이 좋겠다든지 하는 주장은 고려의 대상이 아니다. 유대영은 분명 한 인간이고, 이런 사고는 누구에게나 발생할 수 있다.

위 문제는 내가 심리철학 과목 첫 시간에 곧잘 제시해 왔던 사고실험이다. 이 문제가 학기말 시험에 그대로 나온다고도 미리 말해 둔다. 위의 ①, ②, ③ 선택지 중에서 옳다고 생각하는 것 하나를 선택하고, 그 근거를 제시하라는 것이다. 학기 내내 이 문제를 생각하면서 수업을 듣게 하기 위함이다. 이렇게 하는 이유는 대학교 학부 수준에서의 철학수업은, 철학이론이나 철학자들의 사상만을 배우는 것이 중심이 되어서는 안 된다고 생각하기 때문이다. 철학수업은 철학적인 문제를 해결하는 과정에서, 논리적으로 타당하게 추론하는 능력과, 다양한 각도에서 문제를 규정하고 분석하는 철학적 소양, 그리고 자신의 삶에 대한 깊이 있는 성찰을 하는 태도를 기르게 하는 것이라고 생각하기 때문이다. 그렇게 하기 위해서는, 먼저 철학적 문제를 가져야 하고, 다음으로 그것을 자기 것으로 만들어 해결하는 노력을 해야 하고, 그런 노력을 하는 과정에서 다른 철학자들의 이론과 사상을 참조하게 하는 것이다. 학부 학생들에게 독창적인 답을 기대할 수는 없다. 그러나 적어도 답을 스스로 찾고, 자기 입장을 정리해서 발표하고, 방어하는 태도를 가지도록 가르칠 수는 있다.

내친 김에 이 글을 읽는 독자에게도 묻고 싶다. 당신은 ①, ②, ③ 중 어느 것이 옳다고 생각하는가? 그리고 왜 그렇게 생각하는가? 그렇게 생각하는 근거가 무엇인가? 나의 이 질문에 대답하기 전에, 미리 말해주고 싶은 것이 있다. 정답을 찾으려고 노력하지 말라는 것이다. 정답을 맞추는 것이 목적이 아니다. 본인이 옳다고 생각하는 답을 선택하고, 그것이 옳은 이유를 명확하게 설명하고 밝히는 것이 목적이다.

한국 교육의 가장 큰 맹점 중 하나는, 학생들로 하여금 공부하는 것은 주어진 문제의 정답을 맞추는 것이라는 생각을 갖게 하는 것이다. 수능 시험에서 객관식 오지선다가 일반화된 후에는 이런 현상은 더욱 굳어졌다. 학생들의 자유로운 상상과 창의적 발상을 이보다 더 가로막는 교육 방식은 없다. 미국 학생들이 초등학교에서 대학교까지 공부하는 것을 지켜보고, 미국 대학교에서 학생으로 공부하고, 교수로 다년간 가르친 나로서는, 한국 교육의 이런 맹점이 크게 부각되지 않을 수 없었다. 귀국해서 보니, 우리 학생들은 여전히 수업시간에 교사가 가르치는 것을 열심히 배워서 시험을 잘 쳐서 좋은 성적을 내는 데에만 관심이 있는 것 같았다. 시험에 나오지 않을 것 같은 것은 공부하지 않는 기술을 어릴 때부터 배웠다고 말하는 학생도 있었다.

인간이란 무엇인가?

앞의 사고 실험으로 되돌아 가보자. 이 실험을 통해서 다루고자 하는 문제는, 서양철학에서 인간정체성personal identity의 문제라고 부른다. 인간정체성의 문제는 '인간이란 무엇인가What is a man?'의 문제이다. "무엇인가What is it?"로 묻는 문제가 모두 그렇듯이, 이 문제는 인간의 본질이 무엇인가를 묻는다. 인간의 본질이란, 그것이 없으면 인간이 아닌 혹은 될 수 없는 어떤 것을 말한다. 인간의 본질이 이성이라는 말은, 이성이 없으면 인간이 아니라는 말이다. 인간의 본질에 대한 질문은, 자의식을 가지고, 의미 있는 인생을 살고자 하는 사람이면 누구나 묻지 않을 수 없는 문제이다.

나는 무엇인가?

그런데 '인간이 무엇인가?'의 문제와 더불어 중요한 문제는, '나는 무엇인가What am I?'라는 문제이다. 사실 앞의 문제를 묻는 것은, 뒤의 문제에 대한 대답을 얻기 위한 수단일 수도 있다. 왜냐하면 '나는 무엇인가?'의 대답으로 '나는 이러이러한 인간이다'라고 대답을 하면, 다시 '그러면 인간이란 무엇인가?'의 문제가 뒤따를 수 있기 때문이다. 어쨌든 두 문제가 전혀 별개의 문제는 아니지만, 우리에게 더욱 관심 있는 것은, 인간 일반이 아니라 내가 무엇인가의 문제이다.

나는 무엇인가의 문제와 비슷한 문제로, '나는 누구인가Who am I?'의 문제가 있다. 이 문제는 '나는 무엇인가'의 문제와 관련이 있지만, 같은 문제는 아니다. '내가 무엇인가'의 문제는 형이상학의 존재론적 문제이지만, '내가 누구인가'의 문제는 존재론적 문제는 아니다. '너는 무엇인가?'의 답으로 '나는 인간이다'는 적절하지만, '너는 누구인가?'의 답으로는 적절하지 않다. 누구who라는 표현 속에 인간이라는 의미가 포함되어 있기 때문이다. '너는 누구냐?'라고 물었을 때 일반적인 대답은, 자기 이름을 말하는 것이다. 그런데 내가 어렸을 때는 내 이름 대신에 '누구누구의 아들입니다'라는 식으로 대답하는 일이 많았다. 특히 어른이나 여자의 경우에, 본인의 이름을 그대로 말하는 것은 예의에 어긋난다고 생각했다. 나는 어릴 때부터 나를 아껴 주시고, 내가 존경하던 큰 외숙모님의 성함을 모른다. 평생 '묵실 외숙모님'이라고 불렀다. 묵실이라는 마을에서 시집온 외숙모님이기 때문이다. 동네 사람들은 나의 어머니를 모두 '의사 댁'이라고 불렀다. 의사 부인이라는 뜻이다. 개인의 정체성을 사회적 관계, 특히 친족관계와 직업 혹은 직위로 규정하던 시대의 이야기이다. 이렇게 보면, '나는 누구인가?'의 질문은, '나는 무엇인가?'의 질문과 달리 사회적 문화적 맥락이나 환경 속에서 발생하는 문제이다.

그러면, 유대영의 인간정체성의 문제는 어떻게 봐야 할까? 존재론적 질문일까? 아니면 사회·문화적 질문일까? 혹은 두 질문이 서로 얽혀 있는 질문일까? 앞의 시나리오에서 보면, 존재론적 문제만은 아니다. 부모님과 병원 치료비가 얽혀 있기 때문이다. 그런데 두 문제 중에서 어느 것이 더 근본적 문제일까? 혹은 어느 것이 먼저 해결해야 할 문제인가를 생각해보면, 존재론적 문제가 사회, 문화적 문제보다 더 선행한다. 인간의 사회와 문화는 인간의 존재론적 영역과 환경 속에 존재하고, 그 속에서 규정되기 때문이다. 따라서 우리가 먼저 해결해야 할 문제는 유대영의 존재론적 정체성ontological identity이다. '유대영을 유대영이라는 인간으로 정립identify시키는 존재론적 본질은 무엇인가?'라는 질문에 대답하는 것이 지금 우리가 할 일이다.

심리철학의 두 분야

이 문제의 해결에 접근하기 위해서는 먼저 심리철학에 대한 약간의 이해를 할 필요가 있다. 우리가 한국말로 '심리철학'이라고 부르는 호칭에 해당하는 철학 분야는 없다. 영미권 사람들이 'Philosophy of Mind'라고 부르는 한 분야와 'Philosophy of Psychology'라고 부르는 다른 분야를 한국어로 하나의 분야처럼 번역했을 뿐이다. 말하자면 '마음의 철학'과 '심리학의 철학' 두 분야가 있다. 마음의 철학은 형이상학에 속하는 한 분야이고, 심리학의 철학은 과학철학의 한 분야이다. 전자는 마음의 존재론적 특성을 다루고, 후자는 심리학의 문제와 이론을 철학적으로 검토한다. 형이상학은 인식론, 윤리학, 논리학과 더불어 철학의 고유한 영역 중의 하나이고, 심리철학은 종교철학, 역사철학, 과학철학과 더불어 특수 학문을 대상으로 하는 철학적 탐구의 한 영역이다. 따라서 우리가 한국에서 '심리철학'이라는 용어를 사용할 때에는, 형이상학과 특수 과학에 대한 철학적 탐구의 두 영역이 포함되어 있다는 것을 염두에 둘 필요가 있다.

우리가 여기에서 다루고자 하는 유대영의 문제는, 당연히, 마음의 철학에 해당하는 문제이다. 유대경의 인간정체성이라는 형이상학적 문제를 다루기 때문이다. 그러나 여기는 한국이고, 한국에서는 두 분야를 아울러서 '심리철학'이라고 부르니까, 이 글에서도 그 관습을 따르겠다.

교수 자, 이제, 앞에 제시된 논리적 선택으로 돌아가자. 유대영은 조대윤일까? 유민영일까? 아니면 제삼의 새로운 인간일까? 어느 것이 옳을까? 여러분의 생각을 물어보겠다. 3분을 줄 테니, 그 동안 생각해서 결정하기 바란다.

오랫동안의 내 경험으로 보면, 절반 정도의 학생이 ①'유대영=조대윤'
에, 사분의 일 정도의 학생이 ②'유대영=유민영'에, 두세 명이 ③'유대
영=유대영'에 손을 든다. 나머지 학생은 그냥 앉아 있다. 이들 중에는
철학 자체에 관심이 없는 학생도 있지만, 결정을 못 해서 손을 들지 못
한 학생도 있다. 손들기를 거부하는 학생도 있을 수 있다. 그런데 여기
는 대학 강의실이다. 개인의 주체적 사고와 자유로운 의사표현은 학문
적 탐구의 생명이다. 손을 들지 않았다고 벌을 주는 것은, 명령 복종을
생명으로 하는 군대에서나 할 일이다.

교수 ①을 선택한 학생들은 왜 그렇게 했지? 그 이유 혹은 근거를 말해
보렴.

윤성 그가 어떤 사람인가 하는 것은, 그가 어떤 생각을 하고 행동을 하
느냐에 달려 있는데, 그 생각과 행동을 마음이 관장하니까, 대윤의 마음
을 가진 유대영은 대윤이라고 보는 것이 옳은 것 같습니다.

교수 ②를 선택한 학생들은 왜 그렇게 했지? 그 이유 혹은 근거를 말해
보렴.

진원 어떤 인간이 어떤 인간인가 하는 것은 마음(정신)이 아니라 몸(육
체)에 달려 있는 것 같아요. 우리는 대윤이의 얼굴, 말하고, 행동하는 모
습을 보고 대윤이라고 판단하지, 그 마음을 보고 판단하는 것은 아니잖
아요?

교수 ③을 선택한 학생들은 왜 그렇게 했지? 그 이유 혹은 근거를 말해
보렴.

해수 인간은 마음과 몸의 결합으로 이루어진 존재인데, 유대영은 대윤

이와 민영이의 마음과 육체와 다른 결합으로 이루어져 있어요. 유대영이 퇴원해서 교통질서를 어기면, 유대영이 어긴 것이지 대윤이나 민영이가 어긴 것이 아니잖아요?

교수 듣고 보니 모두 일리가 있다. 그런데, ①, ②, ③은 서로 논리적으로 양립할 수 있는 관계가 아니다. 셋 중에서 하나만 옳다. 어느 것이 옳을까?

데카르트의 심신이원론

먼저 ①의 입장부터 살펴보자. ①은 유대영이라는 인간의 존재론적 정체성은 유대영이 갖고 있는 마음(정신)에 있다는 것이다. 그런데 지금 유대영이 갖고 있는 마음은 조대윤의 마음이다. 따라서 유대영이라는 인간의 정체성은 조대윤이다.

여기에서 문제는 인간의 존재론적 정체성이 왜 마음에 있는가 하는 것이다. 이 문제는 다음의 두 철학적 문제를 파생시킨다. 첫째, '마음이란 무엇인가?' 하는 것이고, 둘째, '마음이 왜 인간의 정체성을 규정하느냐?' 하는 것이다. 이 두 문제는 형이상학적이면서 동시에 심리철학적인 문제이다. 간단한 문제가 아니다.

이 문제에 최초로 본격적으로 접근한 철학자는 17세기 프랑스 철학자 르네 데카르트였다. 데카르트는 이 존재론적인 문제를 이전의 다른 철학자들이 했던 것처럼 존재론적 관점에서 보지 않고, 인식론적 관점에서 접근하여 해결하려고 했다. 그의 인식론적 접근방식은 이렇다.

인간의 지식 체계는 의심의 여지가 없는 확실한 명제를 근거로 출발해야 한다. 의심의 여지가 없이 확실한 명제는 '나는 생각한다. 그러므로 존재한다.'라는 것이다. 나의 생각이 옳거나 틀렸거나, 꿈속이거나 악마의 조작이거나 상관없이, 내가 생각하는 한 나는 생각하고, 따라서 생각하는 주체로서의 나는 존재한다는 것이다. 나의 사고가 내가 존재함을 함의하고, 내가 나로서 존재한다는 것을 보장한다는 것이다. 그러니까, 나의 사고가 곧 내 존재의 본질이요, 인간으로서의 나의 정체성은 나의 마음에 있다는 사상이다.

그러면 마음이란 무엇인가? 데카르트는 마음은 실체의 일종이라고 대답한다. 그에 의하면 실체란 다른 것에 의지하지 않고 독립적으로 존재하는 개별체이다. 그런데 실체에는 두 종류가 있다. 하나는 정신적 실체이고 다른 하나는 물질적 실체이다. 인간의 경우에는 정신적 실체와 물질적 실체가 결합하여, 하나의 인간이라는 개별체를 형성한다. 전자를 마음이라고 부르고, 후자를 몸이라고 부른다. 그러니까 인간은 정신적 실체인 마음과 물질적 실체인 몸이 결합해서 이루어진 하나의 개별체이다.

정신적 실체인 마음의 특성은 의식을 가지고 사고함에 있다. 데카르트가 말하는 사고는 오늘날 우리가 심리 현상이라고 부르는 믿음, 욕망, 감정, 희망, 상상, 판단, 의식, 희망, 분노, 기쁨 등 모든 현상들을 포함한다. 그러니까 실체로서의 마음의 특성은, 오늘날 우리가 정신 현상 혹은 심리 현상이라고 부르는 모든 현상의 주체이다. 그에 반해서 물질적인 실체는 연장성extension을 갖는다. 연장성이란 두 가지 의미를 갖는데, 하나는 일정한 공간에 위치location하고 있다는 것이고, 다른 하나는 일정한 공간을 차지하고 있다는 것이다. 그러니까 물질적 실체로서의 몸은 일정한 위치에서 일정한 공간을 차지하고 있는 존재이다. 마음이 사고의 주체이고, 몸이 일정한 공간을 차지하고 있다는 데카르트의 주장은 오늘날 우리의 상식에도 부합한다.

그런데 데카르트에 의하면 마음이라는 정신적 실체와 몸이라는 물질적 실체는 결합하여 인간을 형성할 뿐만 아니라, 서로 상호작용을 한다. 여기서 상호작용은 주로 인과적 작용이다. 마음이 몸에 인과적으로 작용하고, 몸이 마음에 인과적으로 작용한다는 것이다. 당신이 의자에서 일어나겠다는 마음의 결정이 당신의 몸이 의자에서 일어나는 원인이 되고, 당신의 몸의 어느 부위의 상처가 당신의 마음에 통증을 야기한다는 것이다. 우리의 몸과 마음이 서로 상호작용한다는 것은 몸과 마음을 사용해서 활동하는 우리들에게는 별로 새로울 것이 없는 주장이다.

데카르트의 이런 주장을 심신이원론이라고 부른다. 그의 심신이원론은 기본적으로 다음의 세 테제로 이루어져 있다.

① 인간은 마음과 몸의 두 실체로 이루어져 있다.
② 마음과 몸은 상호작용한다.
③ 인간의 본질은 마음에 있다.

데카르트가 인간이 마음과 몸의 두 실체로 이루어져 있다고 했기 때문에, 후세 철학자들이 데카르트의 심신이원론을 실체이원론substance dualism이라고 부르기도 한다.

심신이원론의 난제

보미 교수님, 질문 있는데요.

교수 그래.

보미 데카르트에 의하면 인간은 마음과 몸으로 이루어져 있고, 마음은 사고의 주체로서 일정한 공간을 차지하지 않는 반면에, 몸은 일정한 공간을 차지한다고 하는데, 그러면 마음은 어디에 있나요?

교수   아주 좋은 질문이다. 마음은 육체와 달리 물질적인 것이 아니고, 감각적인 대상도 아니지. 그러나 우리는 우리 마음이 있다는 것은 확실히 느끼고 있어. 마음은 어디에 있는가? 이 질문은 고대로부터 동서양 철학자들의 큰 관심이었다. 그들은 눈에 보이거나 손으로 만질 수 없으면서도 존재하는 마음을 일종의 신비한 존재로 생각했어. 그들은 인간의 마음이 육체가 사멸한 이후에도 존재한다고 보고, 그것을 영혼이라고 부르기도 했다. 영혼은 인간의 몸에 들어왔다가 나갈 수도 있다고 생각했다. 우리말에 '정신이 나갔다.', '정신이 되돌아 왔다.' 등의 말이 있는 것처럼. 고대 이집트인들은 죽은 파라오의 영혼이 다시 돌아올 것을 기대하고 피라미드를 쌓아 미라를 그 속에 보관했다. 13~14세기 이탈리아 시인 단테는 천국, 연옥, 지옥을 여행하는 영혼의 이야기《신곡》을 남기기도 했다. 우리 전통에는 조상의 혼이 돌아온다고 보고 음식을 차려서 제사를 지냈다. 데카르트도 이런 전통 속에서 실체이원론을 제시한 것 같다. 그러니까 데카르트가 말하는 실체로서의 마음은 우리가 오늘날 뇌와 관련해서 생각하는 마음보다는, 육체와 분리되어 존재하는 영혼으로 보는 게 맞을 것 같다.

보미   데카르트는 마음과 몸이 상호작용한다고 하는데, 물질이 아닌 마음과 물질인 몸 사이에 어떻게 상호 인과작용이 가능한가요? 몸의 물리적인 운동은 오직 물리적인 힘에 의해서만 가능한데, 물리적이 아닌 마음에는 그런 물리적인 힘이 없잖아요? 데카르트에 의하면, 마음은 물리적인 존재가 아니니까요.

교수   아주 좋은 지적이다. 방금 보미가 데카르트의 심신이원론의 심각한 난점을 지적했다. 물리 운동은 물리적인 것의 힘에 의해서만 작동한다는 것은 물리학의 기본법칙이다. 또한 심신이원론은 물리학의 또 다른 법칙인 질량불변의 법칙에도 어긋난다. 정신적인 힘이라는 새로운 힘이 우주 공간 속에 나타나기 때문이다. 아인슈타인의 상대성 원리를 생각해도 마찬가지야. 그 원리에 의하면 질량은 에너지로 환산될 수 있다. 심신이원론은 정신적 에너지의 출현이 우주의 질량을 확대, 변화시키는 결과가 된다. 그래서 심적 인과성mental causation은, 데카르트의 심신이원론을 견지하는 데 가장 큰 어려움으로 간주된다.

　이런 어려움을 피하거나 극복하기 위해서 후세의 철학자들이 마음과 몸의 상호관계에 대한 여러 가지 이론들을 내놓았다. 독일 철학자 라이프니츠는 심신병행론parallelism을, 프랑스 철학자 말브랑슈는 기회원인론occasionalism을, T. 헉슬리는 부수현상론epiphenomenalism을 제시했다. 심신병행론은 마음과 몸의 상호관계가 시계의 바늘 움직임과 타종처럼 사전에 조화되어 있다는 주장이고, 기회원인론은 심신 인과관계가 마음과 몸에 의해서가 아니라 신에 의해서 이루어진다는 주장이고, 부수현상론은 몸은 실체이지만, 마음은 실체가 아니라 뇌의 부수적 현상이라는 주장이다.

심리적 행동주의

이런 상황에 데카르트의 실체이원론을 정면으로 공격하며 나온 이론이 있었다. 20세기 초반에 등장한 행동주의behaviorism이다. 행동주의는 근대 자연과학의 눈부신 발전과 성과에 자극받아, 심리학도 물리학이나 생물학 같은 과학이 되어야 한다는 신념에서 출발한 이론이다. 행동주의는 비슷한 시기에 두 분야에서 독립적으로 나타났는데, 하나는 심리학 분야에서 나타난 심리적 행동주의이고, 다른 하나는 철학 분야에서 나타난 논리적 행동주의이다.

　심리적 행동주의는 전통적인 심리학의 탐구방식을 거부하고, 심리학에 혁명을 가져온 사상이다. 전통적인 심리학은 인간의 마음속을 들여다보고, 우울이나 불안 같은 감정이나 의식현상을 이해하고 설명하는 방식을 취해 왔다. 본인이나 타인의 마음속을 들여다보는 만큼 내관적이고, 주관적이고, 사변적이다. 내관적인 만큼 공공적으로 관찰할 수 없고, 주관적인 만큼 객관적으로 검증을 할 수 없고, 사변적인 만큼 구체적이지 않다. 이런 사변적speculative 심리학은 오랫동안 철학의 한 분야로 남아 있었다.

행동주의자들은 이런 방식으로는 과학으로서의 심리학을 할 수 없다고 생각했다. 심리학은 사변적인 방법에서 벗어나 경험적인 방법으로 전환해야 한다고 믿었다. 심리학이 철학으로부터 독립해서 과학의 한 분야로 정립해야 한다고 본 것이다. 미국의 심리학자 왓슨과 스키너가 그 대표적인 인물이다. 철학의 일부로 간주되던 심리학을 하나의 새로운 학과로부터 분리시킨 하버드대학교의 경우가 그 좋은 예이다.

내가 미국으로 유학을 가서 하버드대학교로 옮겼을 때도, 스키너 교수는 살아 있었다. 하루는 교육대학원에서 스키너 교수의 강연이 있다고 해서 가보았다. 스키너 교수는 훤칠한 키에 호리호리한 체격으로 기품 있는 서양 신사였다. 넓은 강당은 청중으로 가득했고, 강연 내내 청중은 노교수의 한마디 한마디를 놓치지 않으려는 듯 경청했다. 심리학과 교육철학의 한 시대를 개척한 학자에 대한 존경과 경외가 강연장 속에 가득한 것 같았다.

행동주의는 내가 대학에 다니던 1970년대 초, 한국에 처음 도입되었다. 미국 스탠퍼드대학교에서 행동주의로 박사학위를 받고 연세대학교로 부임한 최정훈 교수가 한국 최초의 행동주의 심리학자 중 하나였다. 행동주의는 한국의 학교 교육에도 상당한 영향을 미쳤다. 행동주의 교육의 방식을 예로 들어 설명하면 이렇다. 우리가 어렸을 때는 한글을 처음 배울 때 책상 앞에 앉아 교과서를 펴놓고, 공책의 네모난 칸에 'ㄱ, ㄴ, ㄷ, ㄹ' 등의 글자를 쓰고, '아버지', '어머니', '바둑이' 등의 단어를 읽고, 쓰는 방식으로 배웠다. 선생님이 가르친 것을 그대로 반복하고 암기하는 방식이었다. 그런데 행동주의 교육이 들어오고부터 교실의 풍경이 달라졌다. 교실 중앙에 'ㄱ, ㄴ, ㄷ, ㄹ' 등의 글자와 '아버지', '어머니', '바둑이' 등의 단어가 크게 적힌 육면체 종이쪽지나 나무토막들이 널려 있고, 선생님께서 "'ㄱ'을 가져오세요", "'어머니'를 가져오세요"라고 말하면, 학생들이 달려가서 여러 종이쪽지나 나무토막 중에서 하나를 골라서 선생님께 가져오는 방식으로 변했다. 학생이 옳은 것을 가져오면 칭찬해주고, 옳지 않은 것을 가져오면 되돌아가서 다시 가져오게 했다. 이 방식을 사용하면 어린 학생들은 책상에 앉아서 종이와 연필을 사용하지 않고, 교실을 뛰어다니면서 글자를 익히게 된다. 책상에 앉아 있지 않고, 뛰어다니면서 놀이하듯이 글자를 배우기 때문에 재미가 있다.

심리적 행동주의의 세 테제

심리적 행동주의의 핵심적 사상은 다음 세 가지이다. 첫째, 심리학은 경험적 관찰, 실험, 검증이 가능한 대상들을 자료로 수집하고 분석해서 연구하는 학문이다. 둘째, 경험적으로 관찰, 실험, 검증이 가능한 대상은 행동과 행동성향behavioral disposition밖에 없다. 따라서 셋째, 심리학에서 '내관', '성찰', '의식' 같은 마음의 내적 속성을 표현하는 용어들은 제거되어야 한다. 과학으로서의 심리학은 관찰 가능한 행동과 행동성향을 연구대상으로 해야 하기 때문이다.

행동에는 두 종류가 있다. 하나는 언어적verbal 행동이고, 다른 하나는 육체적bodily 행동이다. 전자는 말을 사용하는 행동이고, 후자는 몸을 움직이는 행동이다. "날씨가 쌀쌀하다"는 언어적 행동이고, 몸을 움츠리는 것은 육체적 행동이다. 그러면 행동주의는 어떻게 사람들의 행동을 관찰하고, 실험하고, 검증하는가? 그 방법은 스키너 교수가 말한 '기능적 분석functional analysis'에서 잘 나타난다. 기능적 분석은 연구하고자 하는 대상의 행동과 관련된 인과적 변수들을 고려하여 실험할 수 있는 조건 혹은 환경을 만들고, 그 조건 내에서 대상에게 자극stimulus, 강화reinforcement, 반응response을 반복적으로 실시하여 일정한 행동 방식 혹은 규칙을 찾아내는 것이다. 자극은 감각적 자극으로 언어적 자극과 물리적 자극 두 종류가 있다. 강화에는 두 방법이 있는데, 잘했을 때는 상을 주고, 잘못했을 때는 벌을 주는 것이다. 반응도 두 가지로 나타나는데, 언어적 반응과 육체적 반응 두 가지이다.

예를 들어보자. 하루는 민영이가 고민이 있다면서 내 연구실로 찾아와서 말했다. 대윤이 오빠가 자기를 좋아한다고 고백했다는 것이다. 민영이는 놀라고 당황스러워서 아무 말도 못했다는 것이다. 고민이 무엇이냐고 물었더니, 대윤이 오빠가 자기를 정말로 좋아하는지 않는지 모르겠다는 것이다. 그러면서 내게 이렇게 물었다. "교수님, 대윤이 오빠 마음속을 알 수 있는 방법이 없을까요?"

민영이의 이 질문에 어떻게 대답해야 할까? 대윤이의 마음속을 들여다보고 거기에 민영이를 좋아하는 마음이 있는지 없는지 확인할 수 있는 방법이 있을까? 대윤이 자신에게는 있는지 몰라도, 우리에게는 없다. 그러면 대윤이가 민영이를 좋아하는지 않는지 우리가 아는 방법은 없을까? 대답은 직접적으로 아는 방법은 없지만, 간접적으로 아는 방법은 있다. 직접적으로 아는 방법이란 매개체를 거치지 않고 아는 방법이고, 간접적인 방법이란 어떤 매개체를 거쳐서 아는 방법이다. 그 매개체란 대윤이가 민영이에게 하는 행동이고, 우리가 아는 방법은 관찰밖에 없다. 대윤이에게 "민영이를 좋아하니?"라고 물어서 그 대답을 들어 보고, 대윤이 앞에 민영이가 있을 때와 없을 때의 대윤이의 표정을 살펴보는 것이다. 말하자면, 대윤이에게 민영이와 관련된 언어적 자극과 육체적 자극을 주고, 그 반응을 관찰하는 것이다. 대윤이가 민영이를 정말로 좋아하는지를 알기 위해서는, 대윤이에게 여러 가지 방법으로 실험을 할 수가 있다. 민영이가 대윤이에게 무관심한 것처럼 행동한다든지, 민영이를 일정 기간 기다리게 한다든지, 민영이가 대윤이를 화나게 한다든지 등 흔히 상대의 진심을 테스트할 때 사용하는 여러 가지 방법을 시도해 볼 수 있다. 이렇게 보면 우리는 모두 행동주의자이다. 남의 마음속을 들여다볼 수 없는 대신에, 그들의 행동을 보고 그 마음속에 무엇이 있는지 유추한다. 직접적 지식이 아닌 만큼 오류의 가능성도 없지 않지만, 현실적으로 우리에게 주어진 방법은 행동주의적 방법밖에 없다.

그러면 우리가 처음에 제시한 유대영의 문제로 되돌아 가보자. 데카르트는 유대영이 조대윤의 마음을 갖고 있으니 ①이 옳다고 할 것이다. 그런데 문제는 유대영이 조대윤의 마음을 갖고 있는지 우리가 어떻게 아는가이다. 알 수 있는 방법은 없다. 그러면 우리에게 ①이 옳다고 대답할 수 있는 방법은 없다.

그러면 ②와 같이 유대영은 유민영일까? 유대영이 유민영의 몸을 갖고 있고, 여자 목소리로 말하고 행동하니까 유민영일까? 처음에는 그렇게 보일 수도 있다. 그러나 보다 더 다양하고 정밀한 자극을 주고 그 반응을 관찰하면서 반복적으로 실험을 해나가면, 유대영이 유민영과 다른 사고와 행동성향을 가진 것이 드러날 것이다.

그러면 ③이 옳을까? 유대영은 조대윤도 아니고 유민영도 아닌 유대영일까? 심리적 행동주의에 따르면 그런 것 같다. 조대윤의 마음과 유민영의 몸을 가진 유대영은 자신만의 독특한 행동 방식을 가지게 될 것이다. 처음에는 조대윤의 마음과 유민영의 몸이 결합되어 혼란스럽지만, 차츰 자신의 독자적인 행동 방식을 갖추게 될 것이다. 따라서 유대영은 조대윤도 아니고, 유민영도 아니고, 유대영이다.

> **아진**　교수님 말씀이 옳은 것 같아요. 만일 유대영이 퇴원을 해서, 학교로 돌아와서 교수님의 심리철학 수업을 듣는다면, 조대윤도 유민영도 아닌, 유대영이 될 수밖에 없을 것 같아요. 조대윤과 유민영은 이 수업을 들은 일이 없으나, 유대영은 있으니까요. 유대영의 새로운 경험이 유대영을 하나의 독립된 새 인격체로 형성해 나갈 것 같아요.
>
> **교수**　내 생각을 잘 대변해주는구나. 고맙다.
>
> **승현**　하나 더 있어요. 유대영이 어떤 범죄를 저질러서 처벌을 받는 경우, 처벌받는 사람은 조대윤도 유민영도 아니죠. 유대영이죠. 인간의 정체성에는 존재론적인 정체성이 근본적이지만, 사회적 정체성도 중요한 것 같아요. 법적으로 유대영은 유대영이고, 주민등록증도 유대영 앞으로 나올 거니까요.
>
> **교수**　좋은 지적이다. 사실 우리는 일상생활에서는 존재론적 정체성보다 사회적 정체성을 더 실감하면서 산다. 그런 면에서 유대영을 유대영이라는 ③에도 상당한 일리가 있다고 보는 게 좋겠다.

논리 실증주의

다음은 행동주의의 또 다른 형태인 논리적 행동주의에 대해 살펴보자. 논리적 행동주의도 심리적 행동주의와 마찬가지로, 근대 자연과학의 눈부신 발전과 성과에 자극받아 20세기 초 철학 분야에서 일어난 사상이다. 그런데 논리적 행동주의를 주창한 대표적인 철학자는 카르납과 헴펠인데, 그들은 당시 '논리 실증주의'라고 불리는 학파에 속해 있었다. 논리 실증주의는 현대 영미철학을 특징짓는 소위 언어분석철학의 중심된 사조이다. 따라서 논리적 행동주의를 이해하기 위해서는 먼저 논리 실증주의에 대해서도 어느 정도 이해할 필요가 있다.

논리 실증주의는 철학도 물리학이나 화학 같은 자연과학이 갖는 엄밀성, 확실성, 객관성을 가져야 한다고 주장한다. 물리학과 화학이 수학을 도구로 사용하여 엄밀성을 갖고, 관찰과 실험을 통하여 확실성과 객관성을 확보하듯이, 철학도 최근에 개발된 기호논리학을 도구로 사용하여 엄밀성을 확보하고, 경험적 검증을 통해 확실성과 객관성을 확보해야 한다고 주장한다. 자연과학이 근대에 이르러 눈부신 발전을 하게 된 배경에는 그런 탐구 방법과 연구 성과가 있었기 때문이라는 것이다.

그런데 철학은 오랫동안 추상적이고 사변적이고 관념적인 언어와 논변에 함몰되어, 지식 체계로서 가져야 할 덕목들을 상실해 왔다. 애매모호한 표현들에 심오한 사상이 담겨있고, 화려한 미사여구들에 고매한 정신이 숨어있다는 착각을 하고, 만학의 근원으로서의 철학의 영광스런 역사에 취해 있으면서, 학문적인 정체에 빠져 있었다. 철학은 이제 그런 착각과 환상에서 벗어야 할 때가 되었다는 것이다.

논리 실증주의의 언어논리적 분석

그렇게 하기 위해서 논리 실증주의자가 시도한 방법은 언어분석이다. 여기에서 언어란 철학이 사용하는 언어를 말하고, 분석이란 논리적 분석을 말한다. 왜 철학이 사용하는 언어가 문제가 되는가? 그 대답은 이렇다. 철학 사상은 철학의 언어로 표현하는데, 그동안 철학자들은 그들이 사용하는 언어에 대한 충분한 이해를 하지 못한 상태에서 의미가 분명하지 않거나 심지어 의미가 없는 표현들을 중요하게 사용해왔다. 그래서 우리가 먼저 해야 할 것은 철학적 언어의 의미를 분명히 하는 것이다.

그러면 언어의 '의미'란 무엇인가? 여기서는 먼저 문장의 의미부터 생각해보자. 논리 실증주의자들에 의하면 어떤 문장의 의미란 그 문장이 참이나 거짓으로 판별되는 조건 혹은 환경, 즉 진리조건truth condition이다. 말이 좀 어려운데 내용은 그렇게 복잡하지 않다. 예를 들어 '이 책상 위에 장미 한 송이가 있다'라는 문장이 있다고 하자. 이 문장의 의미는 무엇인가? 논리 실증주의자들은 이 문장이 참이나 거짓으로 판별되는 조건 혹은 환경이라는 것이다. 그 조건은 이 책상 위에 실제로 장미가 한 송이 있다, 혹은 없다는 상황이다. 장미 한 송이가 있으면 참이고, 없으면 거짓이다. 그러니까 '이 책상 위에 장미 한 송이가 있다'라는 문장이 참이나 거짓이 되는 진리조건은, 이 책상 위에 실제로 장미 한 송이가 있다 혹은 없다는 상황 혹은 사실이다. 이렇게 진리조건이 문장의 참 혹은 거짓의 기준이 되는 것을 논리 실증주의자들은 '의미의 검증기준the verifiability of meaning 혹은 '검증의 원리the principle of verification'라고 불렀다. 말하자면 참과 거짓을 경험적으로 검증할 수 있는 조건 혹은 환경이 그 문장의 의미라는 것이다.

그런데 만일 어떤 문장의 참과 거짓을 판별할 수 있는 조건 혹은 환경이 없으면 어떻게 해야 할까? 대답은 간단하다. 그것은 의미가 없는 문장이다. 참이나 거짓을 판별할 수 없는 문장은 의미가 없는 문장이라는 것이다. 그런 문장은 무의미한 헛소리에 불과하다. 그런데 논리 실증주의자들에 의하면 서양철학은 이런 의미 없는 문장들로 가득하다는 것이다. 대표적으로 형이상학과 윤리학의 문장들이다. '현상의 세계 너머에 이데아의 세계가 있다'든지, '속성은 실체에 속해서 존재한다'든지, '인간에게는 선의지善意志가 있다'든지, '보편적인 가치가 있다'든지 하는 문장들이 그 예이다. 이런 문장에는 참과 거짓을 경험적으로 검증할 수 있는 진리조건이 없다. 이런 문장들은 말하는 사람들의 상상, 소망, 감정, 신념, 환상 등을 표현한 말들에 지나지 않는다. 따라서 철학의 언어가 과학이 사용하는 언어처럼 명확하고, 엄밀하고, 검증 가능하고, 객관적이기 위해서는, 철학에서 이런 언어들을 제거해야 한다. 이렇게 해서 논리 실증주의자들은 지식 체계로서의 철학에서 형이상학과 윤리학을 제거해야 한다고 주장했다.

심리 현상의 물리적 환원

그러면 심리 현상에 대한 언어들은 어떻게 할 것인가? 심리 현상은 분명히 존재하지만, 그것이 참인지 거짓인지 경험적으로 판별할 수 있는 기준은 존재하지 않는다. 내가 지금 슬픔에 젖어 있다는 것은 분명한 사실이라고 하자. 그러나 그것이 참인지 아닌지 검증할 수 있는 경험적이고 객관적인 조건 혹은 환경은 없다. 그러면 심리 현상에 대한 문장들도 무의미한 헛소리인가?

논리적 행동주의자들은, 심리 현상에 대한 문장은 그 자체로는 의미가 없지만, 경험적으로 검증할 수 있는 물리 현상에 대한 문장으로 환원 혹은 번역했을 때 그 의미가 드러난다고 본다. 카르납과 헴펠이 대표적인 논리적 행동주의자들인데, 카르납은 논리적 행동주의의 이론을 '심리적 진술의 논리적 분석logical analysis of psychological statements'이라고 부르고, 헴펠은 '심리학의 물리학화physicalization of psychology'라고 불렀다. 이들 주장의 핵심은 심리 현상은 따지고 보면 물리 현상이라는 것이다. 인간의 마음과 심리적 현상에 대한 연구는 궁극적으로 인간의 뇌와 뇌의 활동에 대한 연구로 이루어진다는 것이다. 뇌와 뇌의 활동만이 객관성을 확보할 수 있는 심리학의 탐구 대상이라는 것이다.

심리 현상이 물리 현상으로 환원 혹은 번역되어 과학적으로 설명되고 이해될 수 있다는 점을 헴펠은 다음과 같은 예를 들어서 보여주고 있다. 심리 현상을 표현하는 다음 문장이 있다고 하자. '*P*: 대균이가 치통을 앓고 있다.' *P*가 참인지 거짓인지 판별할 수 있는 방법이 있을까? 대균이가 앓고 있는 통증을 제삼자인 우리가 확인할 수 있는 방법이 있을까? 우리는 그의 통증을 눈으로 볼 수도 손으로 만져서 알 수도 없다. 그러면 어떻게 알 수 있을까? 우리가 확인할 수 있는 방법은 그의 언어적, 육체적 행동을 관찰하는 것 외에는 없다. 헴펠은 '대균이가 치통을 앓고 있다'라는 심리적인 문장은 다음의 물리적인 문장들의 연언conjunction에 의해서 밝혀진다고 본다.

ⓐ 대균이가 얼굴을 찡그리고, 턱을 움켜쥐고, 신음소리를 낸다.
ⓑ "대균아, 왜 그래?"라고 물어보니 "이가 아프다"라고 대답한다.
ⓒ 입을 벌리고 검사해 보니 어떤 이가 썩었고, 잇몸이 붉게 부어 있다.
ⓓ 대균이의 체온이 높고, 혈압이 오르고, 신체반응이 무디다.
ⓔ 대균이의 중추신경계에 이런저런 현상들이 일어나고 있다.

위의 다섯 문장들 외에도 다른 여러 문장들이 있을 수 있다. 비록 우리가 그의 치통을 감각적으로 직접 확인할 수 없더라도, 대균이가 치통을 앓고 있는지 아닌지는 위의 문장들에서 보이는 대균이의 언어적, 육체적 행동 혹은 행태로 상당 부분 확인할 수 있다.

헴펠의 이런 주장은 사실 별로 새로울 것이 없다. 우리는 일상생활에서 이미 그렇게 해오고 있기 때문이다. 우리는 다른 사람의 마음을 그들의 말이나 행동으로 판단하면서 살아간다. 그 외의 다른 방법은 없다. 그런데도 우리는 다른 사람의 마음을 잘 알고 있다고 생각한다. 그러나 우리가 잘 안다고 생각하는 다른 사람의 마음이 실제로 그러한지는 알 수가 없다. 그들의 말과 행동을 보고 유추할 뿐이다. 유추한다는 것은 비추어서 추측한다는 뜻이다. 이런 방식이다. 내 잇몸이 붓고, 열이 나고, 이를 움켜쥐고 신음소리를 내고, 중추신경계에 이런 현상이 있었을 때 치통을 느꼈다. 그런데 대균이가 지금 나와 같은 혹은 비슷한 언어적 육체적 행동을 하고 있다. 따라서 대균이도 같은 치통을 느끼고 있을 것이다. 이런 식의 유추로 우리는 대균이가 치통을 앓고 있다고 믿는다. 그러나 이 믿음은 어디까지나 나의 경험과 경우에 비춰 본 유추에 의존하고 있다. 엄밀히 말하면 우리는 다른 사람의 마음을 확실히 알 수 있는 방법은 없다.

이런 현실은 우리 인간에게 커다란 자유를 허용한다. 내가 어떤 생각을 하는지, 무엇을 느끼고 있는지, 어항 속 금붕어를 들여다보듯이 볼 수 있다고 상상해 보자. 인간이 자유롭게 사고하고 행동할 수 있는 자유는 없어지게 될 것이다. 민영이가 대윤이의 마음을 알 수 없어서 답답한 것 이상으로, 대윤이가 민영이의 마음속을 들여다볼 수 없기 때문에, 민영이가 누리는 마음과 행동의 자유가 가치 있다.

두 종류의 환원

민정 그러면 헴펠에 의하면 마음은 존재하지 않는 건가요? 헴펠은 마음과 심리 현상은 뇌와 뇌의 신경생리적 현상으로 환원해서 설명해야 한다고 말했는데, 그렇게 되면 마음은 결국 존재하지 않는다는 말이 되지 않나요?

교수 아주 좋은 질문이다. 환원reduction과 관련된 두 종류의 태도가 있다. 하나는 환원해서 설명하는 것이고, 다른 하나는 환원해서 제거하는 것이다. 환원해서 설명한다는 것은, 복잡한 것을 보다 단순화해서 피상적인 것을 보다 근본적으로, 애매모호한 것을 보다 명확화해서 설명한다는 뜻이다. 무지개를 예로 들어 보자. 무지개가 무엇인지에 대해서는 옛날부터 동서양 사람들이 궁금해 했다. 땅과 하늘을 연결하는 다리라든지, 다섯 혹은 일곱 가지 색을 띠고 있다든지, 무지개 끝이 닿은 곳에 젊음의 샘이 있다든지 하는 등 많은 주장들이 있었다. 그러나 요즈음엔 그렇게 믿는 사람이 없다. 중학교만 졸업해도 무지개는 빛의 굴절 현상이라는 것을 안다. 무지개가 무엇인지 올바르게 알게 된 것으로, 무지개를 빛의 굴절 현상으로 환원해서 설명한 결과이다. 그렇다고 해서 우리는 무지개가 존재하지 않는다고 말하지는 않는다. 무지개는 존재하는데, 따지고 보면 빛의 굴절현상이라는 것이다.

그러나 귀신의 경우는 다르다. 옛날 사람들은 귀신이 있다고 믿고, 귀신을 두려워하고, 귀신에게 제사를 지내기도 했다. 시골에서 자란 나는 밤에 산길을 걸을 때 제일 두려운 것 두 가지가 있었는데, 하나는 호랑이, 다른 하나는 귀신이었다. 내가 자란 동네에는 귀신이 잘 나오는 곳이 여러 곳 있었다. 아이들이 제일 두려워한 것은 귀신에게 홀려서 어디인지도 모르는 곳으로 끌려가는 것이었다. 밤에 자고 있는데 귀신이 내 이름을 불러서 대답을 하고 나가면 홀려서 집으로 돌아오지 못한다는 말이 있었다. 그런데 전깃불이 환하게 밝은 도시로 이사를 하니 귀신 걱정이 없어졌다. 불빛이 밝은 곳에는 귀신이 오지 않을 것으로, 전깃불에 타 죽을 것으로 생각되었기 때문이다. 지금 생각하면 나는 존재하지도 않는 귀신을 두려워하며 살았다. 그러나 도시로 이사한 뒤에는 두려움을 없앨 수 있었다. 귀신은 감각적 착시, 환각 혹은 환상에 불과하므로, 귀신을 세상으로부터 완전히 제거한 것이다.

논리적 행동주의자들 사이에 의견의 차이는 있지만, 대체로 마음과 심리 현상의 존재를 부정하지 않는 것 같다. 마음과 심리 현상을 뇌와 신경생리적 현상으로 환원해서 제거하는 것은 우리가 앞으로 다룰 심신동일론자들의 입장이다.

상미 그러면 유대영에 대한 논리적 행동주의자들의 입장은 무엇인가요?

교수 우리의 본래 주제로 되돌아오게 해서 고맙다. 우리의 문제에 대한 논리적 행동주의자들의 대답은 무엇일까?

상미 유대영의 마음과 심리 현상은 따지고 보면 유대영의 언어적, 육체적 행동이니까, 조대윤도 아니고 유민영도 아닌, 유대영이라고밖에 할 수 없는 것 같아요. 유대영 특유의 언어적 육체적 행동이 새로 생겨난 것이니까요.

교수 좋은 지적이다. 나도 동감이야. 유대영은 조대윤의 마음과 유민영의 육체가 결합된 새로운 인격체personality라고 볼 수밖에 없을 것 같다.

심신동일론

마음이 무엇인가에 대해 우리가 다룰 다음 이론은 심신동일론이다. 심신동일론the theory of mind-body identity은 20세기에 풍미하기 시작한 물리주의와 획기적으로 발전한 신경생리학의 영향을 받았다. 대표적인 철학자로는 플레이스U. T. Place, 파이글H. Feigl, 스마트J. J. C. Smart 등이 있다.

물리주의physicalism란 우주가 근본적으로 물리적인 요소로 이루어져 있고, 세계 내에 존재하는 모든 사물과 사건은 물리 법칙에 따른다는 주장이다. 물리적인 요소란 미세 물리학에서 말하는 미립자로서 원자, 분자, 중성자 등을 말하고, 물리 법칙이란 현대 물리학에서 견지하고 있는 자연법칙들을 말한다. 물리주의는 세계에 존재하는 모든 것은 그 근원을 따라서 수렴해 가면 물질 혹은 물질적 에너지라는 것이다. 이런 면에서 물리주의는 일원론monism이다. 현상적으로는 여러 종류의 존재가 있는 것 같지만, 실제적으로는 한 종류 혹은 한 범주의 존재가 있다는 것이다. 그 존재란 바로 물질이며 물질의 운동이라는 것이다.

신경생리학neurophysiology은 근대 생물학과 현대 의학기술의 발전으로 개발된 생명과학bioscience의 한 분야이다. 그 연구의 중심에는 뇌를 포함한 중추신경계가 있고, 뇌와 관련된 정신 현상들이 있다. 엑스선X-ray, 단층촬영CT, 자기공명영상MRI 등의 기술로 과거에는 확인할 수 없었던 뇌와 신경계의 구조와 작동을 촬영하고 관찰할 수 있게 되었다. 그 결과로 뇌의 어떤 부분과 어떤 심리 현상이 연관되어 있는지를 상당히 정밀한 수준까지 알게 되었다. 논리적이고 이성적 사고를 관장하는 뇌의 부위와 감정적이고 의지적인 행동을 일으키는 뇌의 부위를 각각 알아내어, 그 부위에 대한 약품 개발과 치료 기술까지 개발하게 되었다. 예를 들어, 마음이 불안한 경우 정신과 의사는 신경안정제를 처방하고, 통증이 있는 경우 진통제를 처방해서 불안과 두통을 치료한다. 뇌의 상태와 작동이 지금까지 철학자와 심리학자들이 말해 온 심적 상태와 심적 현상을 관장한다는 것이 분명해졌다.

동일성의 개념

심신동일론에 대해서 알아보기 전에 먼저 동일성의 개념을 명확히 할 필요가 있다. '동일성'을 한자로 표기하면 同一性이 된다. '같을 同'과 '한 一'의 결합어이다. 같고 하나라는 뜻이다. 그런데 우리말에는 동일성과 혼동될 수 있는 표현들이 있다. '같다'와 '비슷하다'라는 표현이다. 그런데 세 표현은 그 뜻이 다르다. 가령 '비슷하다'의 경우, 즉 'x는 y와 비슷하다'라는 말은 x와 y가 일부 속성을 공유한다는 뜻이다. '그 사람 목소리가 네 목소리와 비슷하다'라고 하면 두 사람 목소리 사이에 다소의 공통된 점이 있다는 뜻이다. '같다'의 경우, 즉 'x는 y와 같다'라는 말은 x와 y가 모든 속성을 공유한다는 뜻이다. '그 사람이 너와 같은 차를 몰고 있다'라고 하면 두 사람의 차가 각각 갖고 있는 속성들이 같다는 뜻이다. 그러나 '동일하다'의 경우는, 즉 'x는 y와 동일하다 x is identical with y'라는 말은 x와 y가 모든 속성을 공유할 뿐만 아니라, x와 y가 둘이 아니고 하나라는 뜻이다. '모자를 눌러 쓰고 있는 저 사람이 우리가 찾고 있던 그 도둑이다'라고 하면, 모자를 눌러 쓴 사람과 우리가 찾고 있던 도둑이 동일인, 즉 두 사람이 아니고 한 사람이라는 뜻이다.

동일성의 개념을 가장 잘 보여주는 표현은 수학 등식이다. '2+3=5'의 경우, 2+3과 5는, 표현은 다르지만 하나의 수를 의미한다. '2+3=4+1'의 경우도 마찬가지이다. 이 두 등식은 따지고 보면 '5=5'를 의미한다. 4개의 다른 숫자로 이루어져 있지만, '5=5'를 표현하는 두 등식이고, '5=5'는 5라는 숫자가 두 개 있는 것이 아니라 하나가 있다는 뜻이다. 그러니까 심신동일론자들이 마음과 뇌가 동일하다고 말하는 것은, 마음과 뇌가 둘이 아니고 하나라는 뜻이다.

이론적 환원

그런데 심신동일론자들은 무슨 근거로 마음과 뇌가 둘이 아니고 하나라는 것일까? 데카르트도 말했지만, 내 마음의 상태는 내가 직접 알 수 있지만, 내 뇌의 상태는 내가 직접 알 수 없다. 내 뇌의 상태를 알려면, 내 뇌 속을 들여다보아야 하는데, 그렇게 할 수 있는 방법은 없다. 기껏 할 수 있는 방법이란 전자기파를 조사하고 영상을 찍어서 보는 것이다. 그러나 그 영상은 내 뇌의 영상이지 내 뇌 자체는 아니다. 나를 찍은 사진이 나 자신이 아닌 것과 같다. 데카르트가 말했듯이 세상에 다른 모든 것은 의심할 수 있어도, 내가 지금 의심하고 있다는 사실은 의심의 여지가 없이 확실하다. 내가 지금 이 글을 쓰고 있다는 사실보다 더 확실한 사실이 세상에 또 있는가? 심신동일론자들의 주장처럼 인간의 마음이 인간의 뇌와 동일하면, 즉 마음이 따로 없고 뇌만 있으면, 인간은 마음이 없이 뇌만 갖고 있는 다른 동물과 크게 다를 것이 없는 존재일 것이다. 뇌의 존재만으로는 인류가 건설한 고도의 지적 문화의 발상을 설명할 방법이 없다.

이런 사실에도 불구하고 심신동일론자들은 자기들 이론이 옳다고 주장한다. 그 근거는 무엇인가? 그것은 이론적 동일성에 의한 환원에 담겨있다. 이론적 동일성에 의한 환원이란, 서로 다른 이론들 사이에 포함되어 있는 용어들 사이의 환원을 말하는데, 그 요점을 요약해서 표현하면 다음과 같다. 어떤 용어 x가 어떤 이론 $T1$에 포함되어 있고, 다른 용어 y는 또 다른 이론 $T2$에 포함되어 있다고 가정하자. 용어 x가 지칭하는 대상이 용어 y가 지칭하는 대상과 같은 경우, 즉 용어 x와 용어 y가 동일한 대상을 지칭하는 경우, 그리고 이론 $T2$가 이론 $T1$보다 더 나은 이론인 경우, 용어 x는 용어 y로 환원될 수 있다는 것이다. 다시 말하면 용어 y가 포함되어 있는 이론 $T2$가, 용어 x가 포함되어 있는 이론 $T1$보다 더 우수하고, x와 y가 지칭하는 대상이 동일하면, x는 y로 환원된다는 것이다.

예를 들어 우리는 물에 대해 상당히 많이 알고 있다. 무색무취의 투명한 액체이며, 1기압에서는 섭씨 0도에서 얼고, 섭씨 100도에서 끓는다. 물은 높은 곳에서 낮은 곳으로 흐르고, 식물이나 동물이 생명을 유지하는 데 필수적인 물질이다. 물에 대해서 우리가 갖고 있는 상식이다. 이 상식은 일종의 지식이므로 이론이라고 불러도 좋을 것이다.

이런 상식적 이론을 상식론common-sense theory이라고 부르자.

그런데 우리의 상식론과 다른 물에 대한 이론이 있다. 분자물리학이다. 분자물리학molecular physics 이론에 의하면, 물은 수소 원자 두 개와 산소 원자 한 개로 이루어져 있다. 화학기호로는 'H_2O'라고 부른다. 분자물리학자들에 의하면 물은 H_2O라는 것이다. 즉 '물'이라는 상식론에 포함되어 있는 용어와 'H_2O'라는 분자물리학에 포함되어 있는 용어가 동일한 물체를 지칭한다는 것이다.

그런데 물에 관해서는, 분자물리학의 이론이 우리가 일반적으로 갖고 있는 상식적 이론보다 더 우수하다. 왜 우수한가? 어떤 경우에 어떤 이론이 다른 이론보다 더 우수한가? 이론이 더 엄밀하고accurate, 일관적이고consistent, 포괄적이고, 예측 가능성이 높고predictable, 설명이 더 단순한simple 경우이다. 분자물리학자들은 실험실에서 수소와 산소를 결합하여 물을 만들 수가 있고, 물을 수소와 산소로 분리할 수도 있다. 분자물리학자들은 우리가 알지 못하는 물에 대한 속성을 우리보다 훨씬 많이 알고 있다. 우리가 물에 대해서 알고 있는 상식이란, 주로 물의 감각적인 현상들이다. 따라서 물이 무엇인가의 질문에 대한 대답은, 우리의 상식이 아니라 분자물리학의 이론들이 할 일이다. 달리 표현하면, 우리는 물의 현상적인 속성에 대해서 조금 알고 있지만, 분자물리학자들은 물의 실체를 알고 있다는 것이다.

이렇게 물은 이론적 동일성에 의한 환원의 결과로 H_2O임이 밝혀진다. 즉 '물=H_2O'이다. 즉 물과 H_2O는 동일하다. 다른 둘이 아닌 하나의 물체인 것이다. 그 물체는 물일까? H_2O일까? H_2O이다. 그러면 물은 존재하는 걸까? 최선의 대답은 "물은 H_2O로 존재한다"이다. 우리는 편의상 '물'이라는 말을 사용하지만, 보다 엄밀하게 말하면, 'H_2O'를 사용해야 한다.

심신동일론자들은 마음과 뇌의 관계도 마찬가지라고 주장한다. '마음', '심적 속성', '심리 현상'은 우리의 상식적인 용어들이다. '뇌', '중추 신경계', 'C-섬유Fiber'는 신경생리학 용어들이다. 마음과 뇌의 관계에 관해서, 우리의 상식론과 신경생리학 중에 어느 이론이 더 우수한가? 말할 것도 없이 신경생리학이다. 그러면 '물'이라는 용어가 'H_2O'로 환원되어 없어도 되는 것처럼 '마음'이라는 용어도 '뇌'로 환원되어서 없어도 된다고 볼 수 있다. 이것이 심신동일론자들이 주장하는 이론적 환원에 의한 심신동일론의 근거이다. 심신동일론이란 결국 마음과 심적 현상은 뇌와 뇌의 작동에 불과하고, 그 이상도 그 이하도 아니라는 것이다.

심신동일론 비판

이제 다시 우리의 문제로 돌아가자. 심신동일론자들에 의하면, 유대영은 조대윤인가? 유민영인가? 유대영인가? 대답은 '조대윤'일 것이다. 왜냐하면 심신동일론자들의 경우, 뇌와 뇌의 작동만 존재할 뿐이지, 마음이나 심적 속성은 따로 존재하지 않기 때문이다. 그러니까 조대윤의 뇌가 있는 곳에 조대윤이 있다. 그런데, 지금은 유대영이 조대윤의 뇌를 갖고 있다. 따라서 유대영은 조대윤이라고 보는 것이 옳다.

유선 교수님 질문 있는데요.

교수 무슨 질문이지?

유선 물을 H_2O와 동일시하는 것은 옳지 않은 것 같습니다. 물은 수소 원자 두 개와 산소 원자 한 개로 구성되어 있지만, H_2O가 갖지 않은 속성을 갖고 있는 것 같아요. 물은 투명하고 가열하면 수증기로 변해 증발하고 냉각하면 얼음으로 냉각하는데, H_2O는 그런 속성이 없잖아요? 교수님께서 비형식논리학 수업에서 연합composition과 분할division의 오류를 말씀하셨는데, 물을 H_2O와 동일시하는 것을 그런 오류를 범하는 것 같아요. 각 구성 요소의 속성을 전체에 부여한다든지, 전체의 속성을 각 구성 요소에 부여하는 것은 오류라고 말씀하셨잖아요?

교수 훌륭하다. 내가 가르친 것을 잊지 않고 있었구나. 물을 H_2O와 동일시하는 것은 그런 오류를 범하는 것 같다. 그런데 지금 유선이가 말한 것을 달리 표현하면, 물에는 H_2O에 없는 현상적 속성이 있다는 거지. 현상적 속성이란, 본질적 속성과 달리 우리의 감각기관에 지각되고 의식될 때에만 존재하는 속성이다. 예를 들어, 설탕에는 단맛이 있어. 그런데 설탕을 구성하는 원자들에는 단맛이 없는 것과 같다. 단맛은 물론 우리의 감각기관이 느끼는 것이지만, 설탕에 단맛이 있다는 것은 확실하다. 이런 의미에서 심신동일론자들은 뇌와 뇌의 작동 속성과 마음과 심적 현상을 동일시함으로써, 마음과 심적 현상의 현상적 속성을 간과했다는 비판을 받는다.

기능주의의 반론

은주 저도 질문 있는데요.

교수 그래. 무슨 질문이니?

은주 뇌와 마음을 동일시하면, 뇌가 있는 존재는 마음이 있고, 뇌가 없는 존재는 마음이 없겠네요? 여기서 두 가지 문제가 생기는데, 하나는 개구리도 해부해 보면 뇌가 있는데, 개구리도 마음이 있다고 보아야겠네요. 다른 하나는 우주인에게 인간과 같은 뇌가 없으면, 인간과 같은 사고를 할 수가 없겠네요. 천사나 하나님도 육체가 없으니 뇌가 없을 것이고, 따라서 마음도 없다고 보아야 하지 않나요?

은주는 학부에서는 동국대 연극반에 있었는데, 대학원에 올라와서 치좀의 속성귀속론에 대한 좋은 석사논문을 썼다. 지금은 출판사에서 편집 일을 하고 있다.

> **교수** 심신동일론에 대한 중요한 비판을 했다. 심신동일론 후에 나타난 기능주의functionalism에 의하면, 사고와 판단 같은 정신적 속성과 현상은 반드시 뇌가 아니라도 어떤 환경이나 조건이 만족되면 존재한다고 보아야 한다는 것이다. 그 환경이란, 외부로부터 정보를 입수하고, 입수된 정보를 내적으로 처리하고internal operation, 처리한 결과를 외부로 출력하면, 사고와 판단을 한다고 볼 수 있다는 것이지. 앞에서도 말했지만 이 주장을 기능주의자들은 심적 현상의 다원적 실현이라고 부른다. 사고에서 중요한 것은 사고의 물질적 매개체가 아니라 그 기능이라는 것이다. 그 매개체가 무엇인가는 상관이 없다는 것이다. 그래서 그들은 뇌를 가진 인간만이 사고할 수 있다고 주장하는 것은 인간독선주의라고 본다. 인간의 마음과 심리현상도 인간이 자연과의 상호작용을 통해서 발생한 기능인데, 이 기능은 다른 동물에도 있을 수 있을 뿐만 아니라, 다른 정보 처리과정을 통해서도 있을 수 있다는 것이지. 컴퓨터나 인공지능이 그 예가 될 수가 있다는 것이다. 인간의 뇌가 하는 일이 컴퓨터나 인공지능이 하는 일과 기능상으로는 크게 다를 바가 없다는 것이지. 따라서 마음 일반이 뇌 일반과 동일하다는 것은 옳지 않을 뿐만 아니라, 인간의 마음을 인간의 뇌와 동일시하는 것도 옳지 않다는 것이다.

정성호 교수의 결론

우리는 지금까지 마음이란 무엇인가의 문제에 대한 네 가지 이론, 데카르트의 심신이원론, 스키너 등의 심리적 행동주의, 헴펠 등의 논리적 행동주의, 스마트 등의 심신동일론, 그리고 기능주의에 대해서 살펴보았다. 데카르트의 심신이원론은 마음과 몸의 인과관계, 특히 심적 인과성에 대한 설명에 심각한 난점이 있고, 심리적 및 논리적 행동주의는 외적으로 드러나는 행동의 배경 혹은 원인이 되는 내적 사건, 즉 뇌와 뇌의 작용을 고려하지 않은 오류가 있고, 심신동일론은 뇌와 뇌의 작용이 가질 수 없는 마음과 심적 속성을 배제한 결점이 있다는 것을 보았다. 이런 심신론의 변천과 발전 과정을 거쳐 오늘날 데카르트식의 심신이원론을 견지하고 있는 철학자는 소수이다. 현대의 심신이원론자들은 주로 속성이원론 쪽으로 기울어져 있다. 속성이원론의 장점은 현대에 일반화된 자연주의적 세계관을 수용하면서도, 심신이원론을 견지할 수 있다는 데 있다. 자연주의는 세계에 존재하는 사물들은 근본적으로 물질이지만, 정신적인 속성과 현상도 존재한다는 약화된 물리주의이다.

나도 여러분 나이의 대학생 때 데카르트의 《성찰》을 읽고 실체이원론이 옳다고 믿었으나, 심신관계에 대해서 생각할수록 물리주의적 세계관을 전적으로 부정하기가 어렵고, 그렇다고 마음과 심적 속성의 존재를 포기할 수 없어서, 자연주의적 입장을 채택하고 있다. 즉 우리는 뇌를 갖고 있지만, 동시에 심적 속성도 갖고 있다는 생각이다. 그러니까 자연주의란, 심신이원론과 물리주의를 결합한, 좋게 말하면 조화한 이론이다. 나쁘게 말하면 밤낮으로 날아다니는 박쥐같은 이론이다. 그런데 내가 이런 이론을 견지할 수 있는 근거는 아리스토텔레스가 말하는 존재의 단계 혹은 계층의 논리에 동의하기 때문이다. 아리스토텔레스에 의하면, 존재하는 것은 계층을 이루고 있다는 것이다. 제일 낮은 층에는 가장 단순하고 물리적인 것이, 그 중간에는 다소 복잡한 생물학적인 것이, 그 위에는 고도의 정신적인 것이 존재한다는 생각이다.

나의 조화로운 혹은 박쥐같은 생각은 미세물리학, 분자물리학, 중간 크기 물리학mid-size physics, 물리화학, 생화학, 생물학, 심리학 등으로 이뤄진 과학의 계층과도 일치한다. 그리고 무엇보다 중요한 것은 인간의 지적 유산과 문화의 존재와 의미를 이런 이론적 계층을 통하지 않고서는 설명할 방법이 없다는 것이다. 일종의 논리적 요구에 부합하는 방법이다. 그런데 인간에게는 논리적으로 요구되는 사항을 인정하지 않고는 이론적 설명이 불가능하다. 아리스토텔레스의 실체, 특히 속성 없는 개별체bare particular, 칸트의 물자체, 우리가 존재한다고 확신하고 있는 자아self라는 것들도 따지고 보면 이론적 설명을 위한 논리적 요청에서 생겨난 개념들이다. 논리적 요청에 의한 존재론은 인간의 한계이면서 동시에 인간이 지적 탐구를 하는 데 필요 불가결한 요건이다.

6부
—
언어분석철학

10장

의미의 의미는 무엇인가?

사고 실험: 진경이와 성균이의 대화

어느 늦은 가을날이었다. 진경이와 성균이가 한강에 산책을 나갔다. 저녁놀이 붉게 서쪽 하늘을 물들이고 있었다. 둘은 벤치에 앉아서 해가 도시의 건물 사이로 사라져 가는 것을 바라보았다. 어둠이 내리고, 강 건너 아파트에 불이 하나둘 밝혀지기 시작했다. 성균이 옆에 앉아 있던 진경이가 말했다.

> 진경: 오빠, 나 추워.
>
> 성균: 추워?
>
> 진경: 응. 추워.
>
> 성균: 그렇게 추운 날씨는 아닌데? 바람이 좀 차긴 하지만.
>
> 진경: 오빠, 나 감기 걸리면 어떡해?
>
> 성균: 그럼 안 되지. 빨리 돌아가자.
>
> 성균이가 벤치에서 일어나서 진경이에게 빨리 가자고 손짓한다. 진경이가 따라 일어나면서 속삭인다.
>
> 진경: 바~~보~~~

교수   성균이가 바보니?

여학생들 바보예요.

교수   왜 바보야?

여학생들 진경이가 한 말의 의미를 못 알아들었잖아요? 사람 말을 못 알
      아들으면 바보이지요.

교수   성균이가 무엇을 못 알아들었지?

여학생들 진경이가 한 말은 그런 뜻이 아니잖아요?

교수   그럼 뭔데?

여학생들 ….

교수   왜 대답이 없어?

여학생들 교수님, 정말 몰라서 하시는 말씀이세요?

교수   글쎄 ….

여학생들 그럼, 교수님도 성균이처럼 바보이셔요.

교수   뭐라고? 내가 바보라고?

남학생들 교수님께서 왜 바보예요? 진경이 잘못이지요.

교수   진경이가 뭘 잘못했는데?

남학생들 진경이가 말을 명확하게 하지 않았잖아요? 말을 애매하게 했
      어요.

교수   어떻게?

남학생들 저기, 여학생들은 진경이가 한 말의 뜻을 안다니까, 그들에게
      물어보세요.

여학생들 진경이가 뭘 원하는지, 꼭 꼬집어서 말로 해야 해요? 눈치로 알
      아차려야지요.

남학생들 교수님, 저 학생들은요 …. 진경이가 "오빠 추워!"라고 말한 것
      은, "오빠, 코트 벗어서 나에게 입혀줘"라든가 "오빠 나를 안아 줘" 이런

376

뜻이라는 거예요.

교수 여학생들, 그런 뜻이야?

여학생들 ….

남학생들 교수님, 그것 보세요. 진경이가 말을 애매하게 돌려서 했다니까요.

교수 애매하게 돌려서 했다니? 그건 또 무슨 뜻이지?

남학생들 논리학 시간에 교수님께서 가르쳐주신 것처럼, 하나의 단어나 문장이 여러 가지 뜻을 갖는 경우요. "오빠, 추워!"가 날씨가 춥다는 뜻인지, 옷을 벗어 입혀 달라는 것인지, 껴안아 달라는 것인지, 집으로 돌아가자는 뜻인지 알 수가 없잖아요. 진경이가 춥다고 말한 것은 집으로 돌아가자는 뜻이었는데, 대균이가 갑자기 진경이를 껴안았다면, 어떻게 되었겠어요? 진경이가 화를 낼 수도 있었잖아요?

교수 듣고 보니 그렇네 ….

여학생들 말의 의미라는 것이 꼭 그렇게 하나로 찍어서 말해줘야 알아듣는 거예요? 말의 의미는 말하는 상황에 따라서 시시각각 변할 수 있는 거 아니에요? 창이 열려서 추운 바람이 방안으로 들어오는 상황에서 "춥다"라고 하면, '창문 닫아'라는 뜻인지 누구나 알잖아요? 성균이도 진경이가 말하는 뜻을 충분히 알 수 있는 상황이에요.

미국 LA 다운타운에는 한국 이민자들이 많이 산다. 올림픽 블루버드에는 'Korea Town'이라는 팻말도 걸려있다. 멕시코 등 중남미에서 온 이민자들도 섞여 산다. 그들을 히스패닉이라고 불렀다. 히스패닉은 노래와 춤을 좋아하고, 주말에는 가족, 친구끼리 파티를 많이 한다. 하루는 히스패닉들이 밤늦게까지 크게 음악을 틀고 파티를 하는 바람에 근처에 살고 있던 한국 사람들이 잠을 잘 수가 없었다. 참지 못한 한국 사람이 아파트 창문을 열고 그들을 향해서 소리를 질렀다. "What time is it, now (지금 몇 시야)?" 파티를 하고 있던 그들이 멈추고, 자기들끼리 얼굴을 보면서 물었다. "What did he say (저 사람 뭐라고 했지)?" 그중에 한 사람이 대답했다. "He asked about the time (지금 몇 시냐고 물었어)." 그러자 모두 어이가 없다는 듯 말했다. "What? doesn't he have a watch (뭐라고? 쟤는 시계도 없어)?", "Why did he ask us about the time (왜 우리에게 시간을 묻는 거야)?", "Idiot (바보 아냐)!" 그리고는 파티를 계속했다고 한다.

한국이면 이런 상황에 "지금 몇 시야?"라고 소리치면, '이제 밤이 늦었으니 그만 떠들어라'는 뜻으로 이해하고, 조금은 조용히 했을 것이다. 말의 의미는 그 말을 하는 사람과 그 말을 하는 상황에 따라서, 혹은 언어, 문화 환경에 따라서 크게 달라질 수 있다.

말 많은 세상이다. '말로써 말이 많으니 말을 말까 하노라'라는 옛 시조도 있지만, 말이 없으면 우리는 생각할 수도, 생각한 것을 표현할 수도 없다. 인류학자들에 의하면 말이 먼저 생기고 글은 나중에 말을 기록하기 위해서 생겼다고 한다. 세종대왕께서 '나라말이 중국과 달라서 …'라고 하면서 한글을 창제한 것과 같다. 한글이 있기 전에 한국말이 먼저 있었다는 뜻이다. 어쨌든 언어 즉 말과 글은 인간의 삶에서 뺄 수 없는 요소이다.

동양과 서양의 언어관

그런데 언어에 대해서 동양과 서양이 다소 다른 태도를 취한 것 같다. 고대 유대인의 경전에는 "태초에 말씀이 있었다"라는 말이 기록되어 있다. "펜은 칼보다 강하다"라는 말이 있는가 하면 20세기 독일철학자 하이데거는 "언어는 존재의 집이다"라고 말했다. 서양인들은 고대 그리스로부터 언어의 중요성을 인식하고 언어 친화적인 태도를 취했던 같다. 그러나 고대 중국의 노자는 도덕경에서 "도를 도라고 부르면 참된 도가 아니다"라고 선언했고, 공자는 논어에서 "교언영색 선의인"이라고 하면서 말을 교묘하게 하고 표정을 꾸미는 자에게는 인이 부족하다고 했다. 공자의 제자 안회 같이 행동은 민첩하게 하되, 눌언訥言 즉 말은 느리고 어눌하게 하기를 권했다. 한국 불교의 선종禪宗에서는 불립문자不立文字라고 해서, 문자로는 선의 경지에 도달할 수 없다는 뜻의 가르침을 남겼다. 동양인들은 고대 중국, 인도로부터 언어의 한계를 인식하고 때로는 언어 배타적인 태도를 취했던 것 같다. 동서양의 이런 차이는 서양에서 산문과 논리학이 발전하고, 동양에서 시와 수양론이 발전하는 배경이 되었던 것 같다. 서양은 진리를 말로 표현할 수 있다고 보았으나, 동양은 행동으로 도를 실천할 수 있다고 보았다.

나의 언어분석철학 강의

이런 문화적인 차이는 내가 동국대학교에서 언어분석철학 강좌를 개설하고 강의하는 데까지 영향을 미쳤다. 학생들은 언어가 철학의 강의 주제가 된 것을 의아해하고, 일부는 반감도 갖는 것 같았다. 대학에서 오랫동안 개설되어 온 철학 과목들은, 철학개론, 논리학 등 몇몇 과목을 제외하고는 대개 철학사 과목들이다. 철학사 과목에는 두 종류가 있는데, 하나는 중국 고대철학, 서양 근세철학 같은 시대, 지역별 철학사 과목이고, 다른 하나는 공자, 맹자 철학, 아리스토텔레스 철학, 칸트 철학 같은 개인 철학자의 이론을 다루는 과목이다. 한국에서 철학을 한다는 것은 철학의 역사를 하는 것과 같았다. 대학원 석·박사 논문의 제목들도 대개 칸트의 선험성에 대한 연구, 하이데거의 존재에 관한 연구 같은 개인 철학자에 대한 것이 주류를 이룬다. 한국 철학지에 수록되는 교수들의 논문들도 과거 동서양 철학자들의 사상에 대한 해석 혹은 주석에 관한 것이 대부분이다.

　이런 철학적 분위기에서 언어를 주제로 한 강의를 개설하는 것은 상당한 위험 부담이 있었다. 공자, 주자, 플라톤, 헤겔 같은 위대한 철학자의 사상과 형이상학, 인식론, 윤리학, 논리학 등 중요한 철학의 분야들을 공부하기도 바쁜데, 철학과는 크게 상관없어 보이는 언어를 주제로, 그것도 논리적 분석을 한다니 학생들이 좋아할 리가 없었다.

　여기에는 정치적 상황도 작용했다. 1993년에 귀국했을 때는 한국 대학 내에서 반미감정이 극에 달해 있었다. 동국대학교 지하철역을 나와서 학교로 들어가는 교문 복판 콘크리트 바닥에는 성조기가 크게 그려져 있어서 누구나 그것을 밟고 지나가게 했다.

　이런 상황에서 미국에서 박사학위를 받고, 그곳의 대학에서 가르치다가 귀국한 나를 바라보는 학생들의 눈길이 고울 리가 없었다. 서울대학교 학생들은 미국에서 학위를 취득하고 돌아온 교수에게 죽은 사람에게나 하는 이배二拜를 한다는 믿기 힘든 소문도 있었다. 내 국적이 한국인데도 불구하고 나를 미국사람 취급하는 것 같았다. 이런 와중에 언어분석철학이라는 과목을 개설한 것이다. '철학' 하면 독일철학밖에 모르는 우리 학생들에게, 언어분석철학은 미 제국주의의 세계지배 철학이 분명했다. 같은 학과의 어떤 교수는 강의 이름을 '20세기철학'으로 바꾸는 것이 어떻겠냐고 충고까지 했다. 그러나 그럴 수도 없었다. 이 과목은 어떤 시대의 철학의 역사를 가르치는 과목이 아니다. 언어라는 철학의 중요한 주제를 두고 그것에 대한 논리적 분석을 하는 과목이다.

　학기 첫 시간에 배포한 나의 강의계획서를 보고, 강의 내용에 대한 설명을 들은 학생들은 당황하는 기색이 역력했다. 무엇보다 강의계획서 자체가 영어로 쓰여 있었다. 강의 개요, 매주 다룰 주제, 참고문헌도 모두 영어였다. 교재가 따로 없고, 교수가 선택한 논문과 저서의 일부를 묶은 책자가 배포되었는데, 그것도 모두 영어였다. 대개 한글이나 영어로 된 교재 한두 개로 한 학기 수업을 해온 학생들에게, 나의 강의계획서는 상당히 충격적이었을 것이다. 한국대학에서 영어 강의가 실시되기 한참 전의 일이었다. 수강변경 기간이 지나고 나면, 학생들 절반이 교체되었다. 강의계획서를 보고 떠난 학생들의 자리를, 그런 정황도 모르고 새로 들어온 학생들이 자리를 메웠다.

이렇게 출발한 나의 언어분석철학 강의는 이후 20년간 계속되었다. 반-언어적인 문화와 반미 감정이 계속되고, 영어 교재와 영어로 쓰인 내 강의 노트로 수업을 하는 데도 학생들은 이 과목에 수강신청을 했다. 내 강의가 영어 교재와 영어 강의안으로 이루어지고, 내용이 어려울 뿐만 아니라, 학점도 잘 나오지 않는다는 소문은 후배들에게 착오 없이 전달되고 있었다. 나를 아는 어떤 사람이 종로에 있는 학원에서 동국대학교 철학과 졸업생을 만났는데, 그가 "정성호 교수님 강의를 듣는 학생은 용감하다"라는 말을 했다고 한다. 그러나 나로서는 어쩔 수 없는 일이었다. 내가 가르칠 교재들은 모두 영어로 되어 있었고, 한국어 번역이 없었다. 혹시 한두 권 한국어 번역이 있다고 하더라도, 그 번역을 읽고 이해하는 것이 영어로 쓰인 것을 이해하는 것보다 더 어려웠다. 그뿐만 아니라, 이 강의는 언어분석철학 강의이다. 영어의 문법적 구조와 의미론적 특성이 깊숙이 관여한 과목이다. 한국어로 번역하면 그 특성이 잘 드러나지 않고, 오히려 혼란스럽기까지 했다.

한국에서 서양철학을 하는 것은, 미국이나 유럽에서 서양철학을 하는 것보다 몇 배 더 어렵다. 언어의 장벽이 아주 높고, 문화적 차이가 매우 심하다. 서양철학의 언어는 서양의 문화적 토양에서 생겨나고 발전했다. 서양 문화에 대한 이해 없이, 서양 언어에 대한 깊이 있는 이해가 어렵고, 서양 언어에 대한 깊이 있는 이해 없이, 서양철학에서 사용하는 언어의 의미를 충분히 이해하기는 쉽지 않다. 그런 상황에서 우리 학생들은 영한사전을 뒤적여 영어 단어의 의미를 찾는다. 우리말 중에 영어로 번역하기 어려운 단어가 한둘이 아니듯이, 영어 단어 중에 우리말로 번역하기 어려운 단어도 수없이 많다. 그 의미가 제대로 전달되기 쉽지 않고, 이해하기도 어렵다. 우리 학생들이 불가능한 일을 하고 있다고 말해도 지나친 말이 아니다. 내 수업을 듣는 학생들의 교재에는 영어 문장들 사이에 영한사전에서 찾은 단어의 의미들이 작은 글씨로 빼곡히 적혀 있었다. 한 페이지를 그렇게 읽으려면, 적어도 삼십 분 혹은 한 시간은 걸렸을 것이다. 그런데 내가 한 주에 미리 읽어오라는 교재 분량은 예사로 열 장은 된다. 나는 공백 없이 까맣게 적힌 그들의 교재를 보면서, 한편으로는 안쓰럽기도 하고, 다른 한편으로는 감탄스럽기도 했다.

언어분석철학 강의를 하는 이유

호영 교수님, 이런 상황인데도 군이 언어분석철학을 그것도 영어로 강의할 필요가 있으세요?

준영 맞아요. 언어분석철학이라는 과목 이름도 별로 호감이 가지 않아요.

성희 이 과목이 어렵다는 소문도 있어요.

교수 좋은 질문이고 지적이다. 나의 대답은 이렇다.

이렇게 군이 언어분석철학을, 그것도 영어로 가르쳐야 할 이유가 있느냐고 묻는 사람이 있다. 당연한 질문이고, 좋은 질문이기도 하다. 나의 대답은 '있다'이다. 이유는 두 가지다. 하나는 언어분석철학이 현대 철학의 주류를 이루는 철학이기 때문이다. 현대 철학이란 동시대의 철학,

우리가 살고 있는 시대의 철학을 말한다. 그리고 우리는 우리가 살고 있는 시대의 철학을 알고 또 할 필요가 있다. 왜냐하면 각 시대는 각 시대 나름의 철학적 관심과 문제를 갖고 있는데, 우리가 철학에서 할 일은 무엇보다 먼저 우리 시대의 철학적 관심과 문제를 파악하고 그 해결을 모색하는 것이다. 지극히 당연한 일이다. 정치, 경제, 과학, 예술 등 지적 분야는 모두 자기 시대의 자기 문제들의 해결을 위해서 노력한다. 철학도 예외가 아니다.

철학도 다른 분야와 같이 변화하고 진화한다. 현재 우리가 하고 있는 철학은, 과거 철학이 변화하고 진화한 결과이다. 따라서 그 역사적 변화와 진화의 과정을 알고 이해하는 것은 현대 철학을 하는 데 필요하고 중요한 요소이다. 그러나 그것은 어디까지나 현재 우리가 안고 있는 철학적 관심과 문제를 해결하기 위한 배경 혹은 사전 지식으로 필요할 뿐이다. 현재의 문제를 해결하는 데 필요하고 도움이 되니까 과거를 되돌아보고 배우는 것이다. 철학은 과거를 향해서가 아니라 미래를 향해서 할 필요가 있다. 과거는 이미 지나갔고, 미래는 앞으로 우리와 우리의 후손이 살아갈 장場, field이기 때문이다.

그리고 미래를 향한 철학을 하기 위해서는 먼저 지금 우리가 하고 있는 철학부터 할 필요가 있다. 왜냐하면 지금 우리가 하는 철학이 곧 미래의 철학으로 연결될 것이기 때문이다. 미래 철학의 씨앗을 뿌릴 사람은 현재의 철학을 하는 우리밖에 없다. 우리가 먼저 우리 시대의 철학부터 할 필요와 의무가 있는 것은 이 때문이다.

서양철학 역사의 시대 분류

이런 어려움이 있음에도 내가 우리 학생들에게 분석철학을 가르친 다른 이유가 또 있다. 각 시대에는 각 시대 나름의 철학적 관심과 문제가 있었던 것처럼, 철학의 역사에는 각 시대를 나누는 변화 혹은 변신의 계기들이 있었다. 철학이 처음 시작된 고대에는 동양과 서양 모두 인간이 살아가는 자연의 변화와 운동에 관심이 많았다.

자연현상의 변화는 어떻게 이루어지는가? 그 변화를 이루는 근본 요소는 무엇이며, 그 변화 배후에는 어떤 힘과 원리가 있는가? 자연 속에서 살아가는 인간은 그런 힘과 원리와 어떤 관계가 있고, 어떻게 살아가야 하는가? 등 대부분 오늘날 우리가 존재론 혹은 형이상학이라고 부르는 문제들이다. 이 시대를 형이상학의 시대the age of metaphysics라고 부른다.

서양의 경우 형이상학의 시대는 서양 중세 말까지 계속되었고, 17세기에 이르러 새로운 철학적 관심과 문제가 등장했다. 인식론이다. 인간의 지식에 대한 관심이 크게 대두된 것이다. 그 이유는 이렇다. 세계와 존재에 대한 수많은 이론들이 천여 년간 존재해 왔는데, 어느 이론이 옳은지가 문제가 되지 않을 수 없었다. 어느 이론이 옳은가? 이론의 옳고 그름을 어떻게 판단하는가? 누구의 판단이 옳고 누구의 판단이 그른지 어떻게 아는가? 등의 문제가 등장한 것이다. 즉 인식과 진리의 문제가 철학적 탐구의 중심에 놓인 것이다. 이렇게 된 데에는 프랑스의 철학자 데카르트의 공헌이 크다. 그가 한 유명한 말, "나는 생각한다, 그러므로 존재한다"라는 말은 서양철학의 관심이 존재론에서 인식론으로 전환한 상황을 극적으로 잘 보여준다. 인식론의 시대the age of epistemology가 열린 것이다. 서양철학에서 근세에 인식론의 시대가 열린 것은 근대의 자연과학의 발전에 영향을 받은 바도 크다. 자연과학의 새로운 발전이 철학자들에게 지식과 인식에 대한 관심을 높여 준 것이다. 영어권의 로크, 버클리, 흄, 독일어권의 라이프니츠, 스피노자, 칸트 등은 모두 서양철학의 인식론적 황금기를 이루는 데 공헌한 철학자들이다.

그런데 한편으로 서양세계에 새로운 변화가 일어나기 시작했다. 근대 민족국가의 출현이다. 유럽 전체를 지배하던 신성로마제국이 무너지고, 분할된 지역의 민족들이 각자의 독립 국가를 건설하기 시작했다. 국가 건설의 이념과 방법에 대한 이론이 요구되었고, 철학자들이 그 역할을 맡았다. 로크의 《정부론》, 루소의 《사회계약론》, 칼 마르크스의 《자본론》 같은 저서들이 출판되고, 민주주의, 사회주의, 자본주의, 공산주의 등 오늘날 우리가 살고 있는 정치, 사회 이념들이 형성되었다. 서양철학의 이데올로기의 시대the age of ideology가 열린 것이다.

지금까지 나는 서양철학의 역사를 크게 형이상학, 인식론, 이데올로기의 세 가지 시대로 분류하고 각 시대의 특성에 대해서 간단히 설명했다. 그런데 여기에서 유의할 점이 두 가지 있다. 하나는 이 시대적 분류는 어디까지나 단순화하고 일반화한 분류라는 것이다. 한 시대를 대표하는 주류를 중심으로 그 시대를 명명한 것이다. 유럽에는 지역에 따라서 다른 관심을 가진 철학자들이 있었고, 일시적으로 생겨났다가 사라진 지류에 해당하는 철학 사조들도 있었다. 그들의 철학 작업도 중요한 의미를 갖는다.

다른 하나는 인식론의 시대라고 해서 형이상학을 하지 않은 것이 아니고, 이데올로기 시대라고 해서 인식론을 하지 않은 것은 아니다. 철학의 중요한 분야들 즉 형이상학, 인식론, 윤리학, 논리학 같은 철학들은 철학의 역사를 거쳐서 항상 중심된 탐구 대상이 되어왔다. 지금 여기에서 말하는 철학의 시대는, 어떻게 보면 앞의 네 중심 분야의 시대적 변형과 전환에 불과하다.

언어분석철학의 철학사적 의의

언어분석철학을 한국 학생들에게 가르쳐야 할 이유를 말하던 내가 왜 갑자기 서양철학의 시대 분류와 변화에 대해 말하고 있을까? 그 이유는 언어분석철학의 철학사적 의의와 그 중요성을 설명하기 위함이다. 언어분석철학은 서양 철학사에서 형이상학의 시대, 인식론의 시대, 이데올로기의 시대에 이어서 네 번째로 그 사상적 내용과 방법에 혁기적인 전환을 가져온 사건이다. 그 전환을 언어적 전환the linguistic turn이라고 부르기도 한다. 그런데 이 표현은 다소 오해의 소지가 있다. 철학의 관심이 언어에 집중된 것 같은 인상을 주기 때문이다. 1900년대 초에 일어난 철학이 언어에 대한 철학의 관심을 크게 환기시킨 것이 사실이지만, 그 본질은 오히려 철학적 분석에 있다. 그래서 어떤 사람들은 현대를 분석의 시대the age of analysis라고 부르고, '언어분석' 대신에 '분석철학'이라고 부르는 것을 선호한다. 왜냐하면 철학적 분석에는 언어적 분석뿐만 아니라 논리적 분석, 형이상학적 분석 등 다른 종류의 분석도 있기 때문이다. 그래서 이 시대의 철학을 '언어논리적 분석철학'의 시대라고 부르는 것이 무난하다. 그렇지만 여기에서는 말을 줄여서 '분석철학'이라고 부르기로 하겠다.

언어분석철학이 20세기 초에 일어난 이유

그런데 분석철학은 왜 20세기 초반에 일어났을까? 세 가지 이유가 있다. 첫째는, 자연과학의 발전이다. 자연과학은 오랫동안 철학의 한 분야로 간주되어왔다. 1687년에 출판되어 자연과학 최고의 저작으로 간주되어온 뉴턴의 저서명도 《자연철학의 수학적 원리Philosophiæ Naturalis Principia Mathematica》였다. 뉴턴은 자신이 자연철학을 하고 있다고 생각한 것이다. 그러나 이후 자연과학이 발전하면서 전문·특수화되어 물리학, 화학, 생물학, 지질학 등 여러 분야의 개별 과학들이 생겨났다. 원자와 분자의 구조가 발견되고, 화학 원소의 종류가 분류되고, 진화생물학이 등장하여 동식물은 물론 인간의 진화과정을 밝혀내고, 지구의 지질학적 구조와 지판地板의 이동 등 연구를 통하여 수억 년 전에 공룡 같은 거대한 동물들이 살았고, 지진과 화산 폭발이 신의 분노 때문이 아니라는 것도 밝혀졌다. 자연과학의 놀라운 발견들로 인간은 자연의 다양한 현상과 변화에 대한 이해는 물론, 자기 자신이 어떤 존재인가에 대한 규명도 과거와는 다른 수준과 차원에서 할 수 있게 되었다. 그런데도 철학은 수천 년 전부터 내려오던 문제와 방법에 매달려 자기들만의 게임을 하고 있었다. 철학이 오랫동안 차지해왔던 지식의 왕좌를 철학의 한 분야로 간주되었던 자연과학에 내놓을 처지에 놓였다. 철학의 위기가 찾아온 것이다. 과거의 화려한 영광을 되찾아야 할 책무가 새 시대의 철학자들에게 주어졌다. 철학 자체의 개혁과 혁신이 요구된 것이다.

둘째는, 그 개혁과 혁신의 내용과 방법이 언어, 논리, 분석 쪽으로 방향을 잡은 것이다. 그 이유는 20세기 초에 새롭게 일어난 수학과 논리학 때문이다. 현대 분석철학의 문을 열었다고 평가되는 영국의 철학자 러셀은 1900년 프랑스 파리에서 있었던 국제 수학회에서 이탈리아 수학자 페아노G. Peano와 독일의 수학자 칸토어G. Cantor 등의 집합론과 새로운 수학적 도식과 추리방식에 깊은 감명을 받고 돌아왔다. 그리고 3년 후인 1903년, 수학이 근본적으로 논리학이라는 것을 증명하는 《수학의 원리The Principles of Mathematics》를 저술해서 출판했다. 그리고 2년 후인 1905년에 러셀은 최초의 분석철학적 논문이며, 철학적 분석의 패러다임이라고 불리기도 하는 논문 〈지시에 대하여On Denoting〉를 발표했다. 분석철학이 현대 수학과 논리학의 영향 아래에서 출발한 계기를 보여주는 사건이다.

러셀과 더불어 분석철학을 창시한 다른 수학자 겸 철학자가 한 사람 있다. 독일의 프레게이다. 프레게는 러셀의 영향을 받아 철학 쪽으로 관심을 갖게 되었지만, 그의 중요한 공헌은 현대 기호논리학, 특히 문장(명제) 논리학의 창시와 계발에 있다. 기호논리학의 출현은 고대 그리스 아리스토텔레스의 논리학 이후 서양 철학사에서 가장 혁신적인 사건 가운데 하나이다. 이 역시 현대 수학의 발전에 힘입은 바가 크다. 하버드대학교의 드레벤 교수는 자신의 연구실에서 나에게 "논리학이 철학 사조의 방향을 결정한다"라고 선언한 일이 있는데, 현대의 기호논리학이 현대의 분석철학에 끼친 결정적인 영향을 생각하면 틀린 말은 아니다.

분석철학이 20세기 초기에 출현한 세 번째 이유는, 당시 유럽은 물론 미국의 철학을 지배하다시피 한 독일 관념론, 특히 헤겔의 절대 관념론 때문이다. 관념론에는 두 가지 측면이 있는데, 하나는 인식론적 측면으로, 우리 인간이 알 수 있는 것은 관념밖에 없다는 주장이다. 17세기 영국의 성공회 신부이면서 철학자였던 버클리G. Berkeley가 한 말 "존재한다는 것은 지각된다는 것이다To be is to be perceived"로 대표되는 인식론의 중요한 사조 중의 하나이다. 인식론의 목표는 전통적으로 인간의 외부에 존재한다고 믿어지는 실제 세계에 대한 인식이었는데, 버클리는 그 전통을 부정하고, 우리는 관념의 울타리 속에 갇혀 있어서, 그 울타리 밖에 무엇이 있는지 모른다는 주장을 했다.

관념론의 또 다른 측면은 형이상학적 측면인데, 존재하는 것은 관념밖에 없다는 것이다. 인식론적 관념론과 동전의 양면 같은 주장인데, 우리가 감각을 통해 인식하는 것은 외부 세계에 실제로 존재하는 물질이 아니라, 우리의 마음이 외부 세계에 그런 물질이 존재한다고 투사한 결과라는 것이다. 따라서 실제로 존재하는 것은 외부 세계의 물질이 아니라, 우리의 마음과 그 속의 관념이라는 것이다. 불교식으로 말하면 '일체유심조一切唯心造' 즉 모든 것은 마음이 만들었다는 것이다. 헤겔의 절대 관념론은 한 걸음 더 나아가서 현실세계라는 것이 곧 정신세계이고, 물질이 곧 정신이며, 물질의 변화와 운동은 곧 정신의 변화와 운동이라는 것이다. 둘이 따로 존재하는 것이 아니라, 하나라는 것이다. 그리고 그 일체화가 완전히 실현되었을 때, 절대 정신이 실현된다는 것이다. 그 과정은 '정반합'의 변증법적 운동에 따른다는 것이다.

헤겔과 독일 관념론의 중요한 테제는, 첫째, 개별체는 현상에 불과하고, 존재하는 모든 것은 하나의 통일체를 이룬다. 둘째, 존재하는 모든 것은 유기적인 관계를 형성한다. 셋째, 따라서 소위 개별체의 특성과 존재 의미는 그 통일체와의 관계를 통해 발견되고 규명된다는 것이다. 이런 존재론 속에서는 개별체의 독립성 혹은 독자성이란 존재하지 않는다. 인간도 마찬가지이다. 마르크스의 전체주의적 공산주의 사상과 히틀러의 독일 민족적 국가주의의 출현을 예견케 하는 사상이다.

언어분석철학 이후의 철학

현대 분석철학은 자연과학이 눈부시게 발전하고 근대 수학의 영향으로 논리학에 혁명이 일어났음에도, 여전히 철학자들이 사변적이고 추상적인 사상에 젖어 세상 돌아가는 것을 모르고, 자기들만의 환상과 착각에 빠져있는 것에 대한 반발로 일어나게 되었다. 철학적으로 말하면 헤겔의 관념론에 대한 실재론적 반발이요, 역사적으로 말하면 자연과학과 근대 수학, 논리학의 발전에 자극을 받은 결과이다. 중세 말 르

네상스의 인간주의와 근대과학의 출현이 인식론적 전환의 계기가 되었듯이, 현대의 자연과학과 수학, 논리학의 혁명적인 발전이 철학의 언어, 논리, 분석적 전환의 계기가 된 것이다. 인식론적 전환 이후의 철학이 과거의 형이상학적 철학과 그 패러다임이 다르다고 말할 수 있는 것처럼, 언어논리적 전환 이후의 철학도 그 이전의 인식론적, 형이상학적 철학과 패러다임이 다르다고 말할 수 있다.

우리는 아직 분석철학의 시대에 살고 있다. 초기 분석철학자들과 꼭 같은 관심과 방법으로 분석철학을 하는 것은 아니지만, 오늘날 철학하는 우리는 과거와는 달리 우리가 사용하는 언어와 논리에 대해 보다 엄밀하게 검토하고 철저하게 분석하는 태도로 철학을 한다. "존재와 관념은 하나이다", "역사는 정신의 운동이다"와 같은 말을 들으면, 뭔가 심오하고 가슴을 두근거리게 하는 면이 있지만, 분석철학 이후의 세대는 그런 말에 쉽게 넘어가지 않는다. 그들은 "하나라는 것이 무슨 의미예요?", "정신도 운동을 하나요? 물리학에서 말하는 운동과 어떻게 달라요?", "왜 그래요?" 등 꼬치꼬치 따지고 든다. 심오한 말을 한 사람 입장에서는 골치 아프지만, 분석적 정신을 가진 사람에게는 답답한 상황이다. 이런 상황을 두고 콰인 교수는 이렇게 말했다. "깜깜한 밤중에 휘파람 부는 것 같은 소리 하지 마라." 나는 한국의 몇몇 교수들에게 이렇게 말해 왔다. "뜬구름 잡는 소리로, 젊은 사람들의 인생을 낭비하게 하지 마세요." 철학이야 말로 가장 엄밀하게 사고하고, 논리적으로 분석해야 하는 학문이다. 뜬구름 잡는 소리를 화려하게 늘어놓는 것은 시인이나 소설가가 할 일인지는 모르나 철학이 할 일은 아니다. 언어분석철학 이후의 철학이 과거의 철학과 다를 수밖에 없는 이유이다.

언어의 기능과 존재 목적

이제, 분석철학 속으로 들어가 보자. 앞에서도 말했지만, 분석철학에서 말하는 분석은 언어, 논리적 분석이다. 철학에서 사용하는 언어를 엄밀하게 검토하고, 철학적 문제를 해결하는 방법에서 논리적 측면을 중요하게 생각한다. 따라서 분석철학을 이해하려면, 우리가 사용하는 언어와 논리학에 대해 어느 정도의 입문적 상식이 필요하다. 여기서는 철학과 1, 2학년 수준의 입문 수준에서 언어와 논리학에 대해서 간단히 설명하겠다.

언어의 기능에는 크게 두 가지가 있다. 하나는 의사소통의 수단이고, 다른 하나는 의사형성의 수단이다. 여기서 '의사意思'란 영어의 'thought' 즉, 우리말로 '사고'에 해당하는 말이다. 그러니까 언어의 기능은 기본적으로 사고를 형성하고, 형성한 사고를 교환함에 있다. 사고의 교환은 사고가 먼저 형성된 이후에 가능하므로, 논리적으로 보면 사고형성이 사고전달보다 더 우선적이다. 그런데도 사람들은 언어의 기능을 말할 때 의사소통을 먼저 들거나, 의사소통만을 언급한다. 언어의 기능을 잘못 이해한 탓이다.

언어가 존재하는 첫 번째 이유와 목적은 인간의 주위 환경에 대한 이해이다. 자기가 살고 있는 세상과 그 속에 존재하는 사물에 대한 이해 혹은 지식이야말로 인간에게 언어가 필요한 첫 번째 이유이며 목적이다. 언어는 인간이 자연환경 속에서 생존하고 번영하는 데 필수적인 도구이다. 그런 면에서 언어의 존재 이유와 목적은 생물학적이다. 언어의 존재 이유와 목적이 생물학적이라는 말은, 인간이 아닌 다른 동물들도 자연환경 속에서 생존하고 있기 때문에 언어를 갖고 있느냐고 물음을 제기할 수 있다. 대답은 "그렇다"이다. 외부의 자극에 본능적으로 반응하여 생존한다고 하더라도, 기초적인 정보 처리 능력과 체계는 그 내부에 갖추고 있다고 볼 수밖에 없다. 그러나 인간은 다른 동물들과는 비교할 수 없는 고도의 지적 능력을 갖고 있다. 인간이 갖고 있는 더 복잡하고 다양한 언어 덕분이다. 언어 없이는 현재 우리가 보는 세계에 대한 인간의 지식과 이해가 불가능하다.

언어가 존재하는 두 번째 이유와 목적은, 인간과 인간 사이의 의사소통이다. 의사소통이란 나의 생각을 남에게 전달하고, 남의 생각을 내가 받아들이는 행위이다. 언어의 매개 없이 인간 사이 의사소통은 불가능하다. 언어가 아닌 행동으로, 즉 신호를 사용하고 손짓, 발짓 같은 행동으로 의사를 전달하는 방법이 있다. 언어학자들은 인간의 의사소통의 많은 부분이 얼굴 표정이나 손짓, 발짓 등 행동으로 이루어진다고 주장한다. 생물학자들은 집단생활을 하는 꿀벌들이 꽃이 있는 곳의 방향과 위치를 날갯짓으로 다른 벌들에게 전달한다고 한다. 둘 다 언어 없이 의사전달과 소통을 하는 것 같다. 그러나 몸짓으로 하는 신호나 행동도 그 속에 전달하고자 하는 내용, 즉 일종의 의미가 포함되어 있을 때에만 정보 전달의 수단이 될 수 있다. 따라서 언어가 없는 의사전달 혹은 소통은 논리적으로 불가능하다.

언어의 존재 이유와 목적 두 종류를 도식화해서 표현하면 아래와 같다.

a. 세계에 대한 이해: 인간 - 언어 - 세계
b. 의사전달의 수단: 인간 - 언어 - 인간

이 도식이 보여주는 것은, 언어가 인간과 세계 사이를 연결하는 다리 역할을 할 뿐만 아니라, 인간과 인간 사이를 연결하는 다리 역할을 한다는 것이다. 언어라는 다리가 없으면, 인간에게는 세계와 세계 속에 있는 사물을 이해할 인식적 기능이 없고, 사회와 사회 속에 있는 다른 인간과 교류할 수단이 없다. 언어가 존재의 집이라는 하이데거의 말이, 이런 맥락에서 보면 그렇게 과장된 표현이 아니다.

자연언어와 인공언어

다음으로, 언어에는 크게 자연언어와 인공언어 두 종류가 있다. 자연언어natural language는 인간의 역사를 통해 오랜 기간 동안 개발되고 진화해온 언어를 말한다. 인간의 언어도 인간이 만들었기 때문에 자연발생적이라고 말하기는 어렵지만, 침팬지, 앵무새, 돌고래 등 다른 고등동물들도 나름의 언어를 갖고 있다고 보면, 인간의 언어도 자연발생적인 측면이 없지 않다. 인류 역사에는 수많은 언어들이 생겨났다가 사라졌다고 한다. 오늘날에는 한국어, 중국어, 영어, 독일어 등 수백 개의 자연언어가 사용되고 있다.

인공언어artificial language는 일단의 사람들이 특수한 목적을 가지고 의도적으로 제작한 언어이다. 인공언어의 역사는 짧은 편인데, 근대에 이르러 과학과 기술이 발전하면서 많이 생겨났다. 19세기 전기의 발명과 더불어 생겨난 모스부호, 귀가 먼 사람들을 위하여 제작된 수화, 눈먼 사람들이 사용하는 점자, 20세기 컴퓨터의 발명과 더불어 발명된 컴퓨터 언어가 인공언어의 대표적인 예들이다. 음악에서 사용하는 음표, 수학에서 사용하는 수학 기호mathematical symbols, 논리학에서 사용하는 논리적 기호logical symbols 등을 포함하면, 인공언어의 범위는 훨씬 넓어질 것이다.

언어의 세 국면

언어에는 언어의 구조, 의미, 사용의 세 국면이 있다. 언어학자들은 이들을 통사론, 의미론, 화용론이라고 부른다. 언어의 첫 번째 국면은 통사론統辭論, syntax이다. 통사론은 언어의 구조와 규칙에 대한 이론이다. 우리가 중·고등학교 국어 시간에 배운 문법과, 영어 시간에 배운 문법을 비교해 보면 통사론이 어떤 것인지 어렵지 않게 알 수 있다. 한국어로 '나는 너에게 책을 준다'라는 문장을 영어에서는 'I give you the book'로 표현한다. 한국어에서는 '준다'라는 동사가 문장 끝에 있는데, 영어에서는 'give'라는 동사가 주어 바로 뒤에 놓인다. 우리말은 주어-목적어-동사의 구조를 갖는 반면에, 영어는 주어-동사-목적어의 구조를 갖는다. 두 언어의 문법적 구조가 다른 것이다.

고등학교 2학년 때 제2 외국어로 독일어를 선택했는데, 명사에 남성, 여성, 중성 같은 성性이 있고, 주격, 목적격, 같은 격格이 있어서 성과 격에 따라서 어미가 달라지는 독일어 문장 하나를 만들려면 많은 생각을 해야 했다. 한편, 우리말의 어려움 중 하나는 띄어쓰기이다. 영어나 독일어는 단어 사이에 기계적으로 한 칸씩 띄어 쓰면 되지만, 한국어는 단어들을 붙이거나 띄어 써야 하는 경우가 많다. 대표적인 경우가 외래어 뒤에 붙이는 접미사이다. '-어', '-인', '-강', '-산' 등의 접미어는 한글 고유어나 한자어가 아닌 외래어 뒤에 붙을 때 띄어 써야 한다고 배웠다. 그러나 개정 후에는 외래어에 붙을 때에도 똑같이 붙여 쓰게 되었다. '그리스 어'가 '그리스어'로 바뀐 것이다. 한국어가 모국어인 나조차 아직도 띄어쓰기에 자신이 없다.

언어의 두 번째 국면은 의미론意味論, semantics이다. 의미론은 언어의 뜻과 의미에 대한 이론이다. 의미에는 여러 종류가 있으나 크게 두

394

종류로 나눌 수 있다. 하나는 실제적 의미literal meaning이다. 실제적 의미란 말 혹은 글자 그대로의 의미, 혹은 처음부터 설정된 본래적 의미이다. 단어의 실제적 의미를 가장 많이 볼 수 있는 곳은 사전이다. 그래서 실제적 의미는 사전적 의미lexical meaning라고도 불린다. '봄'의 실제적 의미는 겨울 다음에 오는 계절이요, '해'의 실제적인 의미는 태양계의 중심에 있는 가장 큰 행성이다. 봄에는 해가 비치는 시간이 길고 따뜻한 덕분에 꽃이 피고 잎이 돋아난다. 한국말 '봄'과 '해'를 실제적인 의미로 사용한 것이다.

그런데 오래전 우리의 대중가요에는 이런 가사가 있었다. "청춘은 봄이요, 봄은 꿈나라." 청춘이 봄이고, 봄이 꿈나라이면, 청춘은 꿈나라가 된다. 그런데 그런 나라가 세상에 있는가? 청춘이 봄이라는 말이 무슨 뜻인가? 좋게 봐줘서, 청춘은 인생의 시작인데, 봄도 한 해의 시작이니까, 서로 비슷한 점을 들어서 청춘은 봄과 같다는 뜻으로 받아들이기로 하자. 그러나 사랑에 취해 이성을 잃은 청춘이 "당신은 나의 태양"이라고 노래할 때는 문제가 좀 심각하다. 이 때 '태양'이란 무슨 뜻일까? 빛의 근원, 밤이 아닌 낮, 따뜻한 기운, 불덩어리, 행성운동의 중심축, 심지어는 탄소동화작용을 가능하게 해서 꽃이나 나뭇잎을 피우는 기운 등 사람에 따라 혹은 상황에 따라 온갖 다른 의미를 가질 수 있다. 이렇게 사용된 '봄'이나 '태양'의 의미를 두고 언어학자들은 비-실제적 의미 혹은 비유적 의미figurative meaning라고 부른다. 비유적 의미란 한두 종류의 유사성 혹은 공통점을 근거로 단어의 의미를 규정하는 경우이다. 은유적analogical, metaphorical 표현이 대표적이다. 청춘은 봄과 유사점이 있고, 사랑에 빠진 나에게는 당신과 태양 사이에 공통점이 있다는 뜻이다. 은유적 표현은 문학에서, 특히 시적 표현으로 많이 사용된다. 나는 김영랑의 시를 좋아하는데, 그의 시 중에는 이런 표현이 있다. "내 마음의 어딘 듯 한 편에 …. 끝없는 강물이 흐르네." 무슨 뜻인지 정확하게 알 수는 없지만, 읽을 때마다 다른 느낌을 준다. 은유적 언어의 장점이다.

언어의 세 번째 국면은 화용론話用論, pragmatics이다. 화용론은 언어의 사용에 대한 이론이다. 통사론이 언어의 구조적 측면에, 의미론이 언어의 심리적 측면에 관련한 이론이라면, 화용론은 언어의 사회적 측면과 관련된 이론이다. 화용론은 그 이름에서 보여주듯이 글보다는 말, 특히 말의 사용과 활용에 관한 이론이다. 말의 사용에는 말을 하는 사람, 듣는 사람, 말을 하고 듣는 환경, 즉 시간, 공간, 상황, 관습, 사용되는 언어 등이 개입한다. 이 전체를 '문맥'이라고 표현하기도 한다. 그러니까 화용론에는, 말하는 사람, 듣는 사람, 말하는 행위가 일어나는 문맥 세 가지가 중요한 요소로 작용한다.

말의 활용에는 여러 가지 유형이 있다. 가장 대표적인 것이 서술 혹은 기술description이다. 중·고등학교 국어 시간에 배운 '서술문'에 해당한다. "이 장미는 붉다", "낙동강은 남해로 흐른다" 등 어떤 사물이나 사태에 대해서 기술하는 경우이다. 다음은 질문 혹은 의문을 제기하는interrogation 것이다. "남대문이 어디에 있어요?", "피타고라스의 정리란 무엇인가?" 등 모르는 어떤 것에 대해 묻거나, 제시된 이론이나 주장에 대해 의문을 제기하는 경우이다. 다음은 명령하는imperatival 것이다. "수업 시간에 떠들지 마라", "공부를 열심히 해라" 등 학생들이 학교에서 선생님한테서 듣는 말들이 대개 명령문이다. 다음은 놀라거나 감탄하는exclamation 것이다. "날씨가 너무 좋다!", "어머나, 깜짝이야!" 등 갑자기 일어난 사건이나 감격적인 상황 앞을 표현하는 경우이다. 이런 경우들뿐만 아니라, 우리는 자기의 생각이나 감정을 표현하기 위해, 다른 사람에게 약속하거나 부탁하기 위해, 불편하거나 어려운 상황에서 벗어나기 위해서 등 여러 가지 상황에서 여러 가지 표현의 말을 사용한다.

한국에 온 외국인이 특히 유의할 것은 한국어 특유의 존댓말이다. 한국말은 문자 그대로 "아" 다르고 "어" 다르다. 한 글자라도 잘못 말했다가는 큰일 나는 수가 있다. 미국에서 온 학생이 수업이 끝난 후 나에게 다가 와서, 미국에서 교수에게 하던 말을 한국어로 번역해서 "성호야, 요즈음 어떻게 지내니? 나 질문 있는데 네가 대답해줄래?"라고 묻는 것은 우리 관습상 예의가 아니다. 한국 학생이 그렇게 했다면 징계감이 될 수도 있다. 말로서 천 냥 빚을 갚는다는 말이 있는데, 화용론의 중요성을 잘 보여주는 말이다.

논리학

논리학論理學, logic은 논증 혹은 추론의 규칙과 방법을 연구하는 철학의 한 분야이다. 논증 혹은 추론은 전제로부터 결론을 이끌어 내는 과정 혹은 결과를 말한다. 논증과 추론은 같은 뜻이지만 뉘앙스의 차이가 있다. 추론은 전제로부터 결론을 이끌어 내는 추리 과정을, 논증은 추리 과정을 거쳐서 얻어진 결과를 강조하는 듯한 뉘앙스가 있다. 여기에서는 편의상, 논증을 추론을 포함한 의미로 사용하겠다. 전제는 주어진 정보 혹은 상황을 말하고, 결론은 주어진 정보 혹은 상황을 근거로 제시하고자 하는 주장을 말한다. 그러니까 논증은 어떤 주장을 제시하는 것이 목적이고, 그 주장이 옳다는 것을 정당화하기 위해 전제를 도구로 사용한다. 자기주장을 막무가내로 내세우고, 우격다짐으로 실현시키려는 사람에게는 논증이 필요 없다. 논증은 근거를 가지고 사고하고, 설명하고, 토론하고자 하는 사람에게 필요한 도구이다. 즉 합리적으로 사고하고, 표현하고, 행동하기로 결심한 사람에게 필요한 삶의 방법이다.

　우리가 합리적으로 사고하고 표현하고 행동하기 위해서 논리학을 하지만, 그 궁극적인 목표는 어디까지나 진리를 발견하고 보존하기 위함이다. 사고의 과정에 오류나 허위가 끼어들지 못 하도록 단단한 방벽을 쌓아 놓겠다는 의도이다. 그 방벽이란 곧 논증의 법칙이다. 따라서 논증의 법칙에 따라 사고하면 오류나 허위에 빠질 위험이 없다. 논증의 법칙은 수학, 물리학, 법학, 경제학, 공학, 기술 등 모든 분야에 적용되어 오류에 빠지지 않도록 도와준다. 논증의 법칙에 따라 논리적으로 사고하지 않고 올바르게 이론적인 체계를 세울 수 있는 학문은 없다. 논리학은 모든 학문 분야에서 진리를 지키는 수호자 역할을 한다.

　다시 논증으로 돌아가서, 논증에서 결론은 하나의 문장으로 표현되지만, 전제는 적어도 둘 이상의 문장으로 이루어져야 한다. 왜냐하면 전제가 하나의 문장인 경우는 전제가 결론에서 반복되어 순환에 빠지기 때문이다. 전제가 둘이고 결론이 하나인 논증을 삼단논법syllogism이라고 부른다. 삼단논법은 기하학에서의 삼각형처럼 논리학에서 논증의 가장 기본적이면서 표준적인 형식이다.

　서양철학에서는 고대 그리스의 철학자 아리스토텔레스가 창시하고 완성했다는 논리학을 근대에 이르기까지 해왔다. 소위 연역적 논리학 혹은 연역법이다. 연역적 논리는, 전제가 참인 경우에 결론도 반드시 참이 되는 추론의 법칙을 확립하고, 그 법칙에 따라 사고하는 방식이다. 전제가 모두 참인 경우에, 결론도 필연적으로 참이 되는 추론과정을 타당한 추론과정이라고 부른다. 연역법은 타당한 논증의 방법과 법칙을 연구하는 논리학이다.

　19세기 초에 들어서, 영국의 밀은 전제와 결론의 관계가 필연적이 아니고 개연적인 추론과정을 논리학의 한 분야로 제시했다. 귀납적 추리 혹은 귀납법이다. 귀납법은 전제가 모두 참인 경우에도 결론이 필연적이 아니라 개연적으로 따라 나오는 추리과정을 다룬다. 개연성은 필연성과 가능성 사이에 있는 중간적 성질의 확률에 해당한다. 예를 들어, 경찰이 수집한 정보가 모두 참이더라도 결론이 잘못될 가능성은 언제나 있다. 경찰이 놓친 정보가 있을 수 있기 때문이다. 우리가 세상사를 두고 하는 논증과 추론은 대개 귀납법이다. 세상사에는 '필연적으로 그렇다'라고 말할 수 있는 경우가 거의 없다.

기호논리학

20세기에 들어서 기호논리학symbolic logic이 나타났다. 기호논리학은 말 그대로 기호를 사용해서 논증이나 추론을 하는 논리학이다. 기호논리학은 수학의 형식적 단순성, 완결성 그리고 계산가능성에 자극받아서 생겨났다. 아리스토텔레스의 논리학이 개념과 개념 사이의 논리학이라면, 기호논리학은 문장과 문장 사이의 논리학이다. 전자에서는 개념이 논리적 추론의 기본 단위이지만, 후자에서는 문장이 논리적 추론의 기본 단위이다. 그래서 문장 논리학이라고 부르기도 한다.

그러나 기호논리학도 논리적 범주에서는 아리스토텔레스의 전통을 따른다. 논리적 범주란 논리적 체계에서 사용하는 기본적인 요소 혹은 분류이다. 논리적 범주에는 크게 두 가지, 양quantity과 질quality이 있고, 양에 전칭universal과 특칭particular, 질에 긍정affirmation과 부정negation이 있다. "모든 인간은 선하다", "어떤 인간은 선하다", "모든 인간은 선하지 않다", "어떤 인간은 선하지 않다"는 각각 전칭긍정, 특칭긍정, 전칭부정, 특칭부정의 문장이다. 또한 논리학에는 문장들 사이에 사용하는 연결사connectives가 있는데, 연언連言, and, 선언選言, or, 조건條件, if ... then ..."등이 대표적이다. 기호논리학자들은 이런 논리적 개념과 도구들을 모두 기호화하여 논리적 추론을 할 수 있게 했다. 기호를 사용한 추론의 형식 덕분에 논리적 계산이 가능하게 되었고, 오늘날 우리가 사용하는 컴퓨터의 정보 처리 과정을 가능하게 하는 이론적 기초를 제공했다. 논리학의 혁명이 아닐 수 없다.

의미의 의미

이제 이 글의 주제인 의미의 의미에 대해 생각해 보기로 하자. 의미란 무엇인가? 의미는 무엇에 대한 의미인가? 우리는 '의미'를 어떤 의미로 사용하는가? 질문은 간단하지만, 대답은 그렇지가 않다. 의미에 대해서 알아보기 전에, 다음의 두 문장의 차이를 살펴보자.

a. 서울은 한국의 수도이다.
b. '서울'은 한국의 수도이다.

문장 a, b의 차이는 무엇인가? 답은 a는 참이나 b는 참이 아니라는 것이다. 왜냐하면 a의 서울은 도시의 이름이지만, b의 '서울'은 한국어 단어이기 때문이다. 그러니까 b의 경우 "'서울'이라는 한국어 단어는 한국의 수도이다."가 된다. 단어가 수도일 수는 없다. 참이 아니다. '서울'은 서울이라는 도시의 이름을 인용한 표현이다. 그러니까 '서울'은 서울을 지칭하는 한국어 단어이고, 따라서 '서울'과 서울은 같은 것이 아니다.

철학과 학생들이 나의 연구실에 찾아와서 흔히 묻는 질문들이 있다. 1학년 때는 "교수님, 철학이 뭐예요?", 2학년 때는 "교수님, 사랑이 뭐예요?", 3학년 때는 "교수님, 인생이 뭐예요?"라고 많이 묻는다. 이 질문들은, '철학', '사랑', '인생'의 의미를 나에게 설명해 달라는 것이다. 단어의 의미를 설명하는 것을 철학에서는 정의를 내린다고 한다. 단어의 정의를 내려 달라는 것은, 대개 단어가 의미하는 것의 본질을 밝혀 달라는 경우가 많다. 2학년 학생들은 자기가 하고 있는 사랑이, 혹은 연인이 말하는 사랑이 사랑의 본질에 맞는지 알고 싶은 것이다.

그런데 '의미'는 본질 이외에 여러 가지 의미로 사용된다. "우리가 더 이상 만날 의미가 없다.", "네가 그렇게 행동하는 의미가 뭐니?", "세계 곳곳에 지진이 자주 발생하고 있다. 그것이 무엇을 의미하는가?"에서처럼 가치, 이유, 의도, 목적 등 상황에 따라서 혹은 말하는 사람에 따라서 여러 가지 의미를 갖는다. 그러나 '의미'의 본래적인 의미는 '언어적 표현의 의미'이다. 우리는 언어적 표현의 의미를 통해서 사고하고, 표현하고 행동하고, 서로의 의사를 교환한다. 따라서 우리가 먼저 알아보아야 할 것은 언어적 표현의 의미가 무엇인가 하는 점이다. 논의의 편의상 앞으로는 '언어적 표현의 의미'를 그냥 '의미'로 사용하겠다.

외연과 내포

의미에는 크게 두 국면이 있다. 하나는 외적, 다른 하나는 내적 국면이다. 외적 국면이란 언어 표현이 언어 사용자 외부에 있는 것과 관계하는 국면이고, 내적 국면이란 언어 표현이 언어 사용자의 내부, 즉 마음속에 있는 것과 관계하는 국면이다. 서양철학에서는 오래 전부터 전자를 외연denotation, 후자를 내포connotation라고 불렀다. 오늘날에는 논리학에서 전자를 외연extension, 후자를 내연intension이라고 부른다. 꼭 같은 의미는 아니지만, 둘 다 비슷한 성격을 가진 표현이므로, 여기서는 오늘날 논리학에서 사용하는 표현을 사용하기로 하겠다.

어린 동생이 형에게 "형, 호랑이가 뭐야?"라고 물었다. 형이 대답했다. "호랑이는 고양이처럼 생겼는데, 엄청나게 크고, 무섭게 생기고, 어~~흥~~하고 소리를 질러." 그러자 동생이 대답했다. "우리 호랑이 키우자. 내 친구 집에는 엄청나게 크고 무섭게 생긴 개를 키우는데, 그 개를 데리고 다니면 다른 아이들이 괴롭히지 않아." 형이 대답했다. "호랑이는 안 돼." 동생이 졸랐다. "왜 안 돼?" 어쩔 수 없이 형은 동생을 데리고 동물원에 갔다. 호랑이 우리 앞에서 형이 호랑이를 가리키면서 말했다. "저게 호랑이야." 동생이 대답했다. "집에서는 못 키우겠구나." 이 대화는 '호랑이'의 외연과 내연을 그대로 보여주는 예이다. '호랑이'의 외연은 동물원에 있고, 내연은 형과 동생의 대화 속에 있다.

'호랑이' 같은 단어를 우리는 일반명사라고 부른다. 일반명사는 다수의 동일 속성 혹은 유형의 사물이나 사태를 아울러서 지칭할 때 사용하는 단어이다. 우리가 일상생활에서 사용하는 인간, 남자, 과일, 사과, 나무, 장미 같은 자연종 이름natural-kind name들이 대표적인 일반명사이다. 일반명사의 반대말은 고유명사이다. 어떤 특정한 사물이나 사건 하나를 지칭할 때 사용하는 단어이다. 이순신, 숭례문, 임진왜란, 3.1 독립운동 등이 그 예이다.

그런데 일반명사의 의미, 특히 외연에는 문제가 있다. '인간'의 외연의 범위는 어디까지일까? 살아있는 인간은 외연에 포함되지만, 수백 년 전에 죽은 인간이나 아직 태어나지 않은 인간도 인간의 외연에 포함시켜야 할까? 전자를 부정하면 조상을 욕되게 하는 일이 될 것이고, 후자를 부정하면 아직 태어나지 않은 당신의 손자는 인간이 아니게 된다. 그렇다고 그 둘을 인간의 외연에 포함시키는 것도 문제다. 인간이 인간이기 위해서는, 적어도 인간으로 사고하고 행동해야 하는데, 그들은 그렇게 할 정신과 육체가 없다. 정신과 육체가 없는 인간을 인간이라고 부르는 것은 무리다. 이렇게 우리가 항상 사용하는 일반명사 '인간'의 외연의 범위를 확정하는 데도 어려움이 있다.

이 문제가 가장 첨예하게 대립되는 경우 중의 하나가 임신중절의 합법화를 두고 로마 가톨릭과 여성 인권론자 사이의 대립이다. 전자는 태아를 인간으로 보고, 임신중절은 살인행위라고 주장하는 반면에, 후자는 태아는 임산부의 육체의 일부로서 아직 독립된 인간이 아니므로, 임신중절은 여성의 자기 육체에 대한 기본 인권이라고 주장한다. 두 주장은 지금도 팽팽하게 맞서고 있다. 언어의 외연의 문제가 단지 언어철학의 문제만은 아니라는 것을 잘 보여주는 경우이다.

고유명사라 해서 문제가 없는 것도 아니다. 북한산에 등산을 가본 사람이면 누구나 보았겠지만, 산길 주변에 있는 큰 바위에 크게 한자로 새겨진 이름들이 있다. 사람의 이름이니까 고유명사인데, 문제는 그 이름이 누구를 지칭하는지 알 수가 없다. '李舜信'이라고 새겨진 이름이 있어서 누군가 이순신 장군을 기려서 그의 이름을 바위에 크게 새겨 놓았구나 생각했는데, 아니라고 한다. 이순신 장군의 '신'은 信이 아니라 臣이라는 것이다. 그러면 누구의 이름일까? 누구인지도 모르면 외연을 모르는 고유명사는 적어도 나에게는 의미가 없는 이름이다. 다른 경우도 마찬가지이다. 시골에 가면 마을 입구에 '영세불망비永世不忘碑'라고 쓴 비석들이 늘어서 있다. 고을 원님의 업적을 기려서 영원히 잊지 말자고 세운 비석들인데, 한자를 모르는 요즈음 젊은 사람들에게는 그 이름이 누구를 지칭하는지 알 수가 없다.

지칭적 의미론

그러면 도대체 '의미'의 의미는 무엇일까? 의미론에는 크게 세 가지가 있다. 지칭적 의미론, 관념적 의미론, 행동적 의미론이다. 먼저 지칭적 의미론the referential theory부터 살펴보자. 지칭적 의미론에 의하면, 언어적 표현, 단어 혹은 문장의 의미는, 그 단어 혹은 문장이 지칭하는 대상이라는 것이다. 여기서 우리말 '지칭한다'는 영어의 'refer to', 'denote', 'designate', 'stand for' 등의 번역이다. 예를 들어, '호랑이'라는 한국어 표현은 호랑이를 지칭하고, '고양이'라는 한국어 표현은 고양이를 지칭한다. 두 단어의 의미는 명확하게 다르다. 호랑이를 고양이로 잘못 알았다가는 큰일 나는 수가 있다. 여기에서 대상이란 지칭되는 사물, 즉 대상물referent을 말한다. 개별체, 사건, 사태 등이 지칭되는 대상물일 수 있다.

지칭적 의미론은 상식적이고, 그 자체로 명확해서 여기서 설명할 것이 별로 없다. '산'은 산을 의미하고, '물'은 물을 의미한다. '동국대학교'는 동국대학교를 의미하고, '대한민국'은 대한민국을 의미한다. 이보다 더 명확한 것이 있겠는가?

그런데 지칭적 의미론에도 문제가 없는 것은 아니다. 의미는 있는데 대상물이 없는 표현이 있고, 표현은 둘 혹은 그 이상인데 대상물은 하나인 경우가 있고, 대상물은 여럿 있는데 표현은 하나인 경우도 있다. 뿔이 하나 달렸다는 '유니콘'은 의미는 있는데, 대상물이 존재하지 않는다. '무한대infinity'는 한없이 큰 수라는 뜻인데, 그것이 지칭하는 특정한 숫자는 없다.

'이순신'과 '난중일기의 저자'는 표현은 둘인데, 하나의 대상, 즉 임진왜란을 승리로 이끈 민족의 영웅 한 사람을 지칭한다. '금강산', '봉래산', '풍악산', '개골산'은 각각 다른 의미를 가진 표현들이지만 그것이 지칭하는 대상은 하나의 산, 마의태자가 신라 망국의 한을 안고 들어갔다는 강원도 북단에 있는 산이다. 하나의 사건 혹은 사태에 대해서도 다른 표현들을 사용하는 경우도 있다. 1980년에 있었던 광주 시민 봉기 사건은 한때 '광주사태'로 불렸으나 후에 '광주민주화운동',

'광주민주항쟁' 등 여러 이름으로 불렸다.

표현은 하나인데, 지칭되는 대상이 여럿인 경우도 있다. 소위 지표적 표현indexical expression들이 그렇다. '나', '너', '우리', '오늘', '내일', '여기', '저기' 같은 표현들은 지칭하는 대상이 하나로 결정되어 있지 않고, 말하는 사람, 듣는 사람, 말하는 시간, 장소, 상황에 따라서 매번 달라지고, 달라질 수 있다. 김동길 교수에게 '나'는 김동길이지만, 이규호 교수에게 '나'는 이규호이다. '오늘'은 말하는 날짜에 따라 1월 1일일 수 있고, 12월 31일일 수 있다. 이렇게 지칭적 의미론이 말하는 언어적 표현과 대상 사이의 일대일 관계가 성립하지 않는 경우들이 있다. 지칭적 의미론이 갖는 난점이다.

관념적 의미론

다음으로 관념적 의미론the ideational theory이 있다. 언어적 표현의 의미는 관념이라는 것이다. 대상적 의미론이 극히 상식적이라 일반 사람들이 쉽게 받아들이는 이론이라면, 관념론적 의미론은 사변적인 철학자들이 선호하는 이론이다. 관념적 의미론은 존재론적 관념론과 인식론적 관념론과 맥을 같이 한다. 존재하는 것은 근본적으로 관념이고, 우리의 인식이 관념을 통해서 이루어지듯이, 언어적 표현의 의미도 관념에 있다는 것이다. 고대 그리스의 아리스토텔레스, 근대 영국의 로크 등, 서양 철학자 대부분이 선호한 의미론이다. 관념론적 의미론이 가장 설득력을 갖는 부분은, 언어는 의사소통의 수단인데, 그 수단이 우리의 마음속에 있는 관념이라는 것이다. 관념이 없으면 우리는 의사소통을 할 수가 없다.

그런데 관념적 의미론도 문제가 없는 것이 아니다. 첫째 문제는 '관념'이라는 표현이다. 철학자들은 물론 일반인도 '관념'이라는 말을 많이 사용한다. 그런데 이 '관념'이라는 말이 무엇을 의미하는지 정확히 알고 그런 표현을 사용할까? 반드시 그렇지도 않은 것 같다.

'관념'의 의미에 대한 수많은 주장이 있지만, 대체로 다음 두 가지가 공통적이다. 하나는, 관념은 우리의 마음속에 있다는 것이고, 둘째는 우리 마음이 그리는 이미지 혹은 인상 같은 것이라는 것이다. 그러니까 관념론적 의미론에 의하면, 내가 사용하는 '호랑이'라는 단어의 의미는 내 마음속에 있는데, 호랑이를 직접 보고, 그 소리를 듣고, 털을 만져 보고(위험하지만), 냄새를 맡는 등 호랑이에게서 받은 감각적 인상과, 호랑이에 대한 책, 영화 혹은 호랑이 사냥꾼 등에 나온 호랑이에 대한 여러 가지 묘사, 설명 등이 내가 가진 '호랑이'의 관념이라는 것이다. 로크는 이런 관념을 심적 인상, 즉 심상mental image이라고 불렀다.

그런데, 문제는 당신이 사용하는 '관념'의 관념, 즉 관념의 심적 인상은 무엇이냐는 것이다. 그런 것이 있는가? 그런 것이 있으면 어떻게 생기고 어떻게 움직이는가? '관념론'은 어떤가? '관념론은 실재와 관념이 서로 다르지 않고 같으며 하나이다'라는 관념론의 핵심적인 이론은 어떤가? 그 이론에 대한 심적 인상이 당신 마음속에 떠오르는가? 수학적 관념은 어떤가? '1+2'는 사과 한 개와 사과 두 개의 이미지를 마음에 그려 볼 수 있으나, '987÷26'의 경우는 어떤가? 어떤 심상이 마음에 떠오르는가?

세상에는 그 의미 때문에 문제가 많이 생기는 관념이 있다. '사랑'이라는 관념이다. 사람마다 사랑에 대한 관념을 갖고 있는데, 문제는 그 관념들이 일치하지 않는다는 것이다.

대균이가 민경이에게 "너를 사랑해"라고 말한다. 대균이의 사랑 관념과 민경이의 사랑 관념이 같다는 보장이 있을까? 같을 가능성이라도 있을까? 없다. 왜냐하면, 관념은 주관적이고, 주체의 경험에 따른 온갖 생각, 느낌, 욕망, 실망 등이 깊이 배어 있기 때문이다. 세상에 이런 동문서답이 따로 없다. 사랑한다는 말을 믿고 결혼을 했는데, 살다 보면 그게 아니다. 그래서 어느 비 오는 날 어머니가 마루에 걸터앉아 한숨을 쉬면서 말한다. "네 아빠는 나를 사랑하지 않았단다." 이 말을 들은 아이가 아빠에게 달려가서 따진다. "아빠는 왜 엄마를 사랑하지 않아?" 아빠가 대답한다. "그게 무슨 말이야, 아빠는 엄마를 사랑해." 아이가 혼자서 중얼거린다. "누구 말이 옳은 거야?" 답은 '둘 다 옳다'이다. 각자의 관념으로 사랑을 하고 있기 때문이다.

행동주의적 의미론

마지막으로 행동주의적 의미론the behaviorist theory이 있다. 언어적 표현의 의미를 행동주의적으로 규명하는 이론이다. 행동주의는 여러 분야에서 존재하는데, 그 기본적 정신은 모든 탐구는 과학적이어야 한다는 것이다. 즉 경험할 수 있는 자료 혹은 정보에 입각해서 탐구해야 한다는 것이다. 여기에서 경험한다는 것은, 감각적으로 지각한다는 것이다. 눈으로 보고, 귀로 듣고, 혀로 맛을 보고, 코로 냄새를 맡아 보는 등 우리의 감각기관을 통해 입력된 것과 그것에서 파생된 것을 근거로 혹은 자료로 해서 연구해야 한다는 것이다. 행동주의가 가장 경계하고 인정하지 않는 것은 사변思辨, speculation이다. 사변이란, 경험적 근거 없이 주관적인 상상이나 관념으로 추측하고 추론하는 것을 말한다. 깜깜한 방에 앉아서 공중에 누각을 짓는 것에 비유되는 방법이다. 내관內觀, introspection도 행동주의자들이 거부하는 탐구 방법이다. 내관이란 자신의 마음속을 들여다보면서 탐구하는 방법이다. 그런데 마음 혹은 심적 현상은 감각 경험의 대상이 아니다. 과학적 탐구의 자료로 적당하지 않다.

경험적 자료에 근거해서만 탐구하기 때문에, 행동주의는 마음이나 마음의 작용이 아니라, 관찰 가능한 행동과 행동성향을 중심으로 언어적 표현의 의미를 규명한다. 세 살 된 딸에게 엄마가 말한다. "저기 있는 사과 하나 가지고 올래?" 딸이 쪼르르 달려가서 사과를 하나 가지고 온다. 엄마가 말한다. "세상에, 우리 딸이 사과가 무엇인지 아네!"라면서 칭찬한다. 일곱 살 난 철수는 오늘도 학교에 지각을 했다. 선생님이 철수를 꾸짖으면서 말한다. "철수야, 너는 어떻게 선생님의 말씀을 못 알아듣니? 내가 지각하지 말라고 그렇게 말했는데." 엄마의 딸은 한국어 '사과'가 무엇을 의미하는지 알고, 철수는 "지각을 하지 말라"는 선생님의 말씀을 못 알아듣는다. "지각하지 말라"는 의미를 아는 것은 실제로 지각하지 않았을 경우이다.

행동주의적 의미론은, 내적 측면을 배제하고, 외적 측면만을 본다. 마음이 아니라 행동을 본다. 즉 입력과 출력만 있지, 내적 과정 같은 것은 없다. 감각 자극을 통해서 들어온 자료와, 행동적 반응 사이의 인과관계와 성향을 통해 언어적 표현의 의미를 규정하는 이론이다.

행동주의가 가장 설득력을 갖는 분야는 의사소통communication이다. 화자와 청자 사이의 의사소통이 이뤄지려면, 그들이 사용한 언어적 표현의 의미가 전해져야 한다. 그 표현이 무엇을 대상으로 하는지, 마음속에 어떤 관념이 있는지 상관할 필요가 없다. 행동만 보면 된다. 이런 의미에서 우리는 모두 행동주의자들이다. 상대방의 행동을 보고 우리는 그 사람이 내가 한 말을 알아들었는지 못 알아들었는지를 판단하기 때문이다.

그런데 행동주의에도 문제가 없는 것이 아니다. '278x39', "지구는 자전하면서 공전한다.", "영희는 지난밤에 하늘을 나는 꿈을 꾸었다." 같은 문장들을 어떻게 감각적 자극과 행동적 반응으로 표현할 수 있을까? 없어 보인다. 그뿐만 아니라, 일반명사, 추상명사, 지표적 표현, 수학적 언어 등은 모두 감각적 자극의 대상이 될 수 없고, 행동으로 반응할 수 없는 방법이 없다. 행동주의 의미론으로 설명할 수 없는 언어적 표현들이 보통 많은 것이 아니다. 행동주의적 의미론은 그 적용 범위가 너무 좁다. 행동주의적 의미론자가 행동주의적 의미론의 의미를 자극과 반응의 인과 관계로 설명할 수 있는 방법이 있을까? 없다.

세 의미론의 비교

우리는 지금까지 세 종류의 의미론에 대해서 살펴보았다. 각 이론은 장점이 있는 반면에 단점도 있다. 완전한 이론은 없다. 그러면 어떻게 해야 할까? 우리가 할 수 있는 것은 두 가지이다. 하나는 현재 있는 이론 중에서 가장 나은 것을 선택하는 것이고, 다른 하나는 보다 나은 새로운 이론을 만드는 것이다. 두 번째는 시간이 많이 걸리고 누구나 할 수 있는 것은 아니다. 첫 번째를 선택하는 것이 더 현명하다. 현재 있는 이론들을 비교하여 최선의 이론을 선택하는 수밖에 없다. 나는 진리를 알기 위해 철학의 길로 들어섰는데, 갈수록 진리를 아는 것보다 최선의 이론을 선택하는 일에 시간을 많이 보내는 것을 발견하게 되었다. 실망이 크지만 다른 방법이 없다. 우리는 진리의 개념 자체에 대해서도 하나의 진리를 발견하지 못하고, 여러 개의 이론들이 나와 있기 때문에 그 중에서 각각의 장단점을 두고 토론하고 비교하고 있는 형편이다. 이런 상황에서 "이것이 진리이다!"라고 선포하는 것은 여간 어려운 일이 아니다.

　내가 보기에는 지칭적 의미론이 다른 의미론보다 나은 것 같다. 그 이유는 관념적 의미론이나 행동주의적 의미론이 지칭적 의미론에 근거하고 있기 때문이다. 나는 앞에서 언어의 두 기능에 대해 말했는데, 그 첫째가 세계에 대한 인식과 이해였다. 세계에 어떤 사물이 존재하고, 어떤 사건이 일어나는지를 알고 이해하는 것은 인간이 생존하는데 필수적인 조건이다. 그리고 그런 인식과 이해를 위해서는 언어를 매개체로 사용해야 한다. 앞에서도 말했지만, 언어는 사고의 매개체이고, 언어가 없으면 사고할 수 없다. 인식과 이해는 사고의 양태들modes이다. 따라서 우리는 언어를 통해 세계에 어떤 사물이 존재하고, 어떤 사건이 일어나는지를 알고 이해하게 된다. 그런데 어떤 것에 대해 사고하기 위해서는 우리는 먼저 그것을 지칭할 수 있어야 한다. 즉 세계 속의 사물과 사건을 대상으로 지칭할 수 있어야 그것에 대한 인식과 이해가 가능하다. 세상에 존재하는 사물이나 사건을 지칭하는 것, 이것이야 말로 언어가 존재하는 최초의 이유이며 목적이다.

언어를 사용하여 인간과 인간 사이에 의사소통을 하고, 상황에 따라 언어의 의미가 달라지는 것은 그 이후의 문제이다. 호랑이를 '호랑이'라고 부른 후에야, '호랑이'에 대한 심적 인상 즉, 관념이 있고, 학생들이 무서운 선생님을 '호랑이 선생님'이라고 부를 수 있다. 지칭적 의미의 기초 없이 관념적 의미나 행동주의적 의미가 작동할 수 없다.

그렇다고 해서 지칭적 의미론만이 옳은 것은 아니다. 앞에서 보았듯이, 관념적 의미론과 행동주의적 의미론의 장점도 있다. 따라서 지칭적 의미론을 기본으로 하고, 관념적 의미론과 행동주의적 의미론의 장점을 취하여 언어적 표현의 의미를 확대해서 이해하는 것이 어떨까 싶다. 두루뭉술하게 다 취하는 것 같지만, 그렇지는 않다. 삼국지 소설에 보면, 유비, 장비, 관우 각각 장점이 있고 단점이 있다. 셋이서 장점을 합하여 전투에 나가는 것에 무슨 문제가 있겠는가?

프레게의 뜻_{sense}과 대상_{reference}

'의미'의 의미에 대한 이론 가운데 비교적 명확하고 설득력 있는 설명을 한 사람이 있다. 수학자이면서 철학자인 독일의 프레게이다. 프레게는 동일성 문장identity sentence을 통하여 의미의 의미가 하나가 아니라 둘 있다는 것을 보여준다. 다음 문장을 보자.

a. 이순신 = 이순신
b. 이순신 = 《난중일기》의 저자.

여기서 이순신은 충무공 이순신을 지칭한다. a, b 모두 동일성을 나타내는 문장이다. 그런데 두 문장 사이에는 차이가 있다. 첫째는, 문장 a는 필연적으로 참이다. 이순신이 이순신이 아닌 경우는 없고, 그렇지 않은 경우는 있을 수 없기 때문이다. 논리학에서는 a를 동일률the law of identity이라고 하여, 모든 논리적 법칙의 기본으로 삼고 있다. 그러나 b는 참이긴 하지만 필연적으로 참은 아니다. 이순신 장군이 《난중일기》를 쓰지 않았을 수도 있기 때문이다. 둘째, a는 동어반복으로 분석문장이다. 분석문장analytic sentence은 그 의미상 참으로, 그것이 참인지 아닌지 알기 위해 다른 지식이나 정보가 요구되지 않는다. 그러나 b는 다르다. b가 참인 것을 알기 위해서는 역사적인 지식과 정보가 필요하다. 이런 문장을 종합문장synthetic sentence이라고 한다.

그러나 a, b 모두 한 인간에 대한 문장이다. 동일하다identical는 것은 말 그대로 '같고 하나'라는 뜻이다. 영어로는 'one and the same'이다. 그러니까, a, b 모두 하나의 같은 인간에 대한 문장이다. 그런데도 어떻게 a와 b 사이에 차이가 나는 걸까? 하나가 필연적으로 참인 분석

문장이고, 다른 하나가 개연적으로 참인 종합문장이면, 두 문장은 같은 의미의 문장일 수가 없다. 무슨 차이가 이런 역설을 만드는 걸까? 프레게의 대답은 이렇다. a와 b는 지칭하는 대상은 하나이지만, 갖고 있는 뜻이 다르다는 것이다. 프레게는 독일어로 "Gedanke"라고 불렀지만, 편의상 영어로는 "sense", 우리말로는 "뜻"이라고 번역했다. 사실 이 것은 독일어 원어의 '사고'의 의미를 그대로 살린 번역은 아니다. 특히 영어의 'sense'에는 감각적임 혹은 감을 잡음 같은 뉘앙스가 있어서 제대로 된 번역은 아니다. 그런데 다른 좋은 표현이 없다.

대상이란 언어적 표현이 지칭하는 대상이다. 여기서는 한 개인이다. 프레게에 의하면 그 뜻은 언어적 표현으로 우리가 이해하는 것이다. 즉 '이순신'의 뜻과 《난중일기》의 저자'의 뜻이 다르다. 두 단어로 우리가 이해하는 바가 다르기 때문이다. 전자는 해군 제독이고, 후자는 책을 쓴 사람이다. 따라서 프레게에 의하면 '의미'의 의미는 두 가지가 있다. 대상과 뜻이다. 우리는 '의미'라는 단어의 의미를 대상의 의미로 혹은 뜻의 의미로 사용한다는 것이다.

그런데, 여기서 한 가지 문제가 발생할 수 있다. 언어적 표현의 뜻이 우리가 그 표현으로 이해하는 것이면, 관념과 무슨 차이가 있는가? 프레게는 이 질문에 대한 대답에 많은 지면을 할애했는데, 그 요점은 다음과 같다. 첫째, 관념은 주관적이지만, 뜻은 객관적이다. 주관적이란 어떤 주체subject에 속해 있다는 말이고, 객관적objective이란 어떤 사물 혹은 대상에 속해 있다는 말이다. 여기서 주체는 인간이므로, 주체적이라는 말은 인간의 마음속에 있다는 말이 되고, 객관적이라는 말은 인간의 마음속에 있지 않고 그 외부에 있다는 말이다. 즉 관념은 인간의 마음속에 있고, 뜻은 외부 세계에 있다는 말이다. 둘째, 관념에는 주체의 경험이나 감정 같은 것이 개입하지만, 뜻은 그렇지 않다. 그런 의미에서, 관념이 심리적이라면, 뜻은 언어적 혹은 논리적이다. 관념이 사람의 마음속에 있는 반면에, 뜻은 사전 속에 있을 가능성이 많다. 셋째, 다음의 두 수식, '2+7', '3x3'을 보자. 여기에서 두 수식은 하나의 숫자 9를 대상으로 하고 있다. 그런데 그 하나의 수가 '2+7', '3x3'이라는 두 수식으로 표현되어 있다. 즉 하나의 지칭 대상에 두 가지 뜻이 있다. 이 경우 수식들에 인간의 경험과 감정이 개입하는가? 개입할 가능성이 거의 없다. 따라서 관념들이 아니다. 그러나 이 수식들은, 프레게가 말하는 '뜻'은 갖고 있다. 뜻이 적용되는 영역이 관념이 적용되는 영역보다 훨씬 넓은 것이다.

프레게가 뜻을 제시한 이유 중의 하나는 관념을 부정하고 그것을 논리학에서 제거하기 위해서였다. 그럼에도 불구하고 그가 말하는 '뜻'이 정확하게 무엇인지에 대해서는 이론이 많다. 내 생각에는, 정확이 옳다고 말하기는 어렵지만, 프레게의 '뜻'은 우리가 흔히 말하는 개념에 가깝다. 관념보다는 개념에 가깝다는 말이다. 프레게의 이론에 문제가 없는 것은 아니지만, 나는 지금까지 제시된 의미에 대한 이론 중에서 프레게의 이론이 가장 명확하고 설득력이 있다고 본다.

철학적 분석의 패러다임

마지막으로, 철학적 분석의 패러다임이라고 불리기도 하는 러셀의 이론 하나를 소개하고자 한다. 그 이유는 현대 철학의 주류라고 할 수 있는 언어분석철학이 어떤 철학이며, 서양철학 역사상 데카르트의 인식론적 혁명 다음으로 중요한 언어논리적 혁명의 모습이 어떤 것인가를 축약해서 보여주는 좋은 예이기 때문이다. 다음 문장을 보자.

a. 프랑스왕은 지금 뉴욕에 있다 The King of France is in New York.

이 문장은 참이 아니다. 프랑스는 지금 왕정이 아니고 왕이 없기 때문이다. 존재하지 않는 것이 주어가 된 문장이 참이 될 수는 없다. 그런데, 다음 문장은 어떤가?

b. 황금산은 황금색이다The gold mountain is golden.

여기서 황금산이란 황금으로 된 산을 말한다. 황금으로 된 산이니까 황금색이라는 것은 물어볼 것도 없이 참이다. 분석문장이고, 필연적으로 참이다. 그런데 황금산이 존재하는가? 황금이 매장된 산은 존재하지만, 황금으로 된 산은 존재하지 않는다. 만일 그런 산이 있었다면, 이미 오래전에 사라졌을 것이다. 그런 산을 그대로 남겨둘 인간들은 없다. "바다 속 깊이 황금산이 있는데, 우리가 모를 수도 있지 않은가?"라고 물을지도 모르겠다. 그럴 가능성을 배제할 수는 없지만, 그런 산이 존재한다고 말할 수도 없다. 어쨌든 b는 분석명제이기 때문에 참이고, 참이더라도 필연적으로 참이다. 오류가 될 가능성이 전혀 없다. 붉은 장미는 붉고, 푸른 장미는 푸르다는데 이렇다 저렇다 시비할 거리가 없다. 동어반복이기 때문이다. 그런데 문제는 붉은 장미와 푸른 장미는 존재하는데, 황금산은 세상 어디에도 존재하지 않는다. 존재하지 않는 것이 주어가 될 경우, 그 문장이 참이 될 수 없다는 것은 앞에 a 문장에서 이미 보았다. 그러면 어느 쪽이 옳은가? b는 참인가 거짓인가?

흄과 칸트의 견해

영국의 대표적인 경험론자인 흄은 '관념 사이의 관계relations of ideas'와 '사실상의 문제matters of fact'를 구별하고, 전자는 선험적이고 후자는 경험적이라고 주장했다. '선험적'이란, 경험이 없는 혹은 경험이 필요 없는 경우이고, '경험적'이란 경험이 있는 혹은 경험이 필요한 경우라는 뜻이다. 판단에는 이렇게 두 종류의 판단, 선험적 판단과 경험적 판단이 있다는 것이다. 판단을 이렇게 두 종류로 분류했을 경우, 문장 b가 참인지 아닌지 알기 위해서는 경험이 필요할까, 필요하지 않을까? 이 문장은 선험적인 문장일까, 경험적인 문장일까? 나는 흄 전문가가 아니기 때문에 자신 있게 말할 수는 없지만, 아마도 흄은 문장 b를 '황금산'이라는 관념과 '황금색이다'라는 관념 사이의 관계로 볼 가능성이 크다. 그렇게 보면 위 문장 b는 참이다.

흄의 위의 두 구별을 더욱 발전시켜서 명제의 종류를 분석명제와 종합명제로 구별한 철학자는 독일의 칸트이다. 칸트는 그의 《순수이성비판》에서 분석명제는 술어가 주어에 포함되어 있는 문장, 종합명제는 술어가 주어에 포함되어 있지 않은 문장으로 구별했다. 술어가 주어에 포함된 만큼, 분석명제는 세계에 지식이나 정보를 제공하지는 않지만 필연적으로 참이다. 종합명제는 세상에 대한 지식과 정보를 제공하지만 필연적으로 참은 아니다. 칸트는 문장 b의 진리값을 어떻게 보았을까? 칸트 전문가도 아닌 나는 자신 있게 말할 수는 없지만, 《순수이성비판》에 있는 그의 주장에 따르면, 아마도 분석명제의 전형적인 예로 간주하고 필연적으로 참이라고 할 가능성이 있다.

브렌타노와 마이농의 견해

그런데, 흄과 칸트와 다른 방식으로 문장 b가 참이라고 주장하는 철학자가 있다. 오스트리아의 심리학자이면서 철학자인, 브렌타노F. Brentano의 제자 마이농A. Meinong이다. 마이농은 이렇게 주장한다. 황금산이 존재한다는 것이다. 황금산은 시간과 공간 속에 물리적으로 존재하지는 않지만, 우리의 사고의 대상으로 존재한다는 것이다. 사고의 대상이니까, 관념처럼 우리의 마음속에 존재하는 걸까? 마이농은 아니라고 말한다. 사고의 대상으로서의 황금산은 시간과 공간 속에 존재하지 않고, 우리의 마음속에도 존재하지 않는다는 것이다. 그러면 어디에 존재하는가? 나는, 다시, 마이농 전문가가 아니기 때문에 자신 있게 말할 수는 없지만, 그의 주장을 그의 스승인 브렌타노의 지향성 이론과 연계하고, 프레게가 그의 논문 〈지칭과 뜻〉에서 제시한 '제삼세계'의 개념을 참조하면, 마이농이 말하는 사고의 대상은 지향적인 세계 혹은 제삼세계에 존재한다고 말할 수 있다. 예를 들면, 인력gravity은 시간과 공간 속 물리적인 세계에 존재하지만, 인력의 법칙은 물리적인 세계 속에도, 우리의 마음속에도 존재하지 않고, 제삼세계 혹은 지향적 세계 속에 존재한다고 보는 것이다. 이렇게 보면 모든 학문의 이론은 도서관의 책 속에 있는 것도 아니고, 우리의 마음속에 있는 것도 아니고, '이론의 세계'라고밖에 말할 수 없는 세계 속에 존재한다.

이렇게 당대 최고의 지식인이라는 철학자들이 '황금산은 황금색이다'라는 간단한 문장의 진리값이 참인지 거짓인지를 두고 서로 다른 주장들을 하고 있다. 그런데 다음의 경우는 어떤가? '둥근 사각형은 둥글다.' 이 문장도 분석문장이니까 참일까? 그러나 둥근 사각형은 존재하지 않을 뿐만 아니라, 존재할 수도 없다. 자기 모순적인 표현이기 때문이다. 자기 모순적인 것은 세상에 존재할 수가 없다.

철학이 왜 이런 한심한 지경에 빠졌는가? 수학, 물리학, 화학, 생물학 등은 현대에 이르러 눈부신 발전을 하고 있는데, 철학은 관념론이냐 실재론이냐 하면서 이런 작은 문제 하나 풀지 못하는 지경에 빠져 있다. 철학이 철학 자체를 정화하고 개혁해야 할 지경에 이른 것이다.

러셀의 확정기술구 분석

이런 상황에서, 철학의 새로운 이념과 방법론을 제시하고 나온 철학자가 있다. 영국의 수학자이자 철학자인 러셀이다. 러셀은 프레게와 더불어 20세기 언어분석철학의 문을 연 철학자로 평가된다. 두 사람은 모두 새로 개발된 현대 논리학, 즉 기호, 문장 논리학으로 전통적인 철학의 문제들을 새롭게 해석하고 해결하는 방법을 제시했다. 철학의 '언어 논리적 전환'이 이루어진 것이다.

러셀은 '황금산은 황금색이다'를 어떻게 분석했을까? 그의 분석은 다음과 같다.

① 황금으로 만들어진 산이 적어도 하나가 있고,

　(There is at least one mountain made of gold) and

② 황금으로 만들어진 산이 많아야 하나가 있고,

　(There is at most one mountain made of gold) and

③ 황금으로 만들어진 산은 어떤 산이나 황금색이다.

　(Whatever mountain made of gold is golden)

여기에서, 러셀은 확정기술구, 'the'를 유일성으로 해석하여 '적어도 하나', '많아야 하나'로 표현하고, 불확정기술구를 '하나가 있다'라는 존재양화로 해석하여, '황금산은 황금색이다'라는 문장을 ①, ②, ③ 문장의 연언conjunction으로 분석했다.

러셀은 '현재의 프랑스왕은 대머리이다'라는 문장은 다음과 같이 분석했다.

a. 어떤 것 x가 있고,

b. x는 현재 프랑스 왕국을 다스리고,

c. x는 대머리이다.

여기에서 x는 변항이다. 수학에서는 변수라고 하는데, 여기에서는 x의 값으로 수가 들어가지 않고 단어가 들어가기 때문에 변항이라고 부른다. 수학에서는 항수(상수)와 변수를 구별하는데, 항수는 정해진 수이고, 변수는 변하는 수이다. 일차함수 '2+x=y'에서 x와 y의 값으로 여러 가지 수가 들어갈 수 있다. x에 3, y에 5가 들어가는 경우는 수식 전체가 참이 되고, x에 4가 들어가고 y에 7이 들어가는 경우에는 참이 아니다. 위의 a, b, c 문장들처럼 변항이 들어가고, 변항의 값에 따라서 문장 전체가 참이 될 수도, 거짓이 될 수도 있는 문장을 '명제함수'라고 부른다. 러셀은 명제함수를 사용하여 "현재의 프랑스왕은 대머리이다"라는 문장을 a, b, c의 세 문장의 연언으로 분석하고, 다음과 같이 기호화하여 표현했다.

$$\exists x((Kx \ \& \ \forall y(Ky \supset y=x)) \ \& \ Bx$$

여기에서 $\exists$는 존재양화, x는 변항, K는 '현재의 프랑스왕이다', y는 변항, $\forall$는 보편양화, B는 '대머리이다'를 기호화한 것이다. 이런 분석에 의하면 '현재의 프랑스왕은 대머리이다'는 명백히 참이 아니다. 연언을 이루고 있는 b가 참이 아니기 때문이다. 프랑스는 왕정이 아니다.

러셀의 확정기술구 이론을 공부하다 보면, '기호화', '기술구', '존재양화' 등 낯선 표현들이 나타나고, 기호논리학이라고 하니까 어려울 것이라 생각하고 지레 포기할지도 모르지만, 중·고등학교에서 국어와 수학을 배운 사람이면, 조금만 노력하면 누구나 이해할 수 있는 논리적 기술이다. 읽어도, 읽어도 그 의미가 분명하게 드러나지 않는 아리스토텔레스의 형이상학이나 헤겔의 관념론보다 오히려 이해하기가 쉽다. 논리적이고 명쾌하기 때문이다.

러셀의 방식으로 해석하면, '황금산은 황금색이다'라는 문장은 거짓이다. 문장 ①과 ②가 거짓이기 때문이다. 연언의 경우, 연언을 구성하는 문장 하나만 거짓이면, 연언 전체가 거짓이 된다. 즉 'a+b'에서 a, b 중 하나만 거짓이면 그 전체가 거짓이 된다. 러셀은 이런 언어논리적 방식으로 기존의 철학적 문제들을 분석한 후에, 철학이 동물학보다 더 현실감이 없다고 개탄을 했다.

러셀과 프레게의 철학적 분석, 즉 언어논리적 분석의 전통을 이어받는 후세의 젊은 철학자들은 지금까지의 서양철학 전반에 대한 재검토를 하기 시작했다. 그 결과 전통적인 형이상학이나 윤리학적 명제에는 정서적 의미emotional significance만 있을 뿐, 참과 거짓을 판별하는 인식적 의미cognitive meaning는 없다고 보고, 새 시대의 철학에서는 배제해야 한다고 선언하기도 했다. 참과 거짓을 구별할 수 없는 문장은 의미 없는 문장과 다를 바 없으며, 이제 그런 의미 없는 문장으로 철학을 해서는 안 된다는 것이다.

전통적인 사변 철학은 사람의 감정과 영감을 한없이 높이고 흔들어 놓지만, 인식적 가치가 없으므로 폐기해야 한다는 논리 실증주의자들의 주장에는 일리가 있고, 동감이 가는 면이 있다. 그러나 철학에는 수학과 물리학 같은 인식과 지식의 영역만 있는 것이 아니다. 인간의 존재의미와 인간 사회가 지향해야 할 가치에 대한 탐구의 영역도 있다. 참과 거짓이 논리적으로 분명히 규명되지 않더라도, 형이상학과 윤리학을 철학에서 폐기할 것은 아니라고 나는 생각한다.

언어의 문법적 형식과 존재의 논리적 형식

그러나 러셀이 우리에게 보여주는 중요한 가르침 하나가 있다. 언어적 형식이 논리적 형식과 일치하지 않는다는 것이다. "황금산은 황금색이다"라는 문장은 전통적인 언어학과 논리학에 따르면, '주어+술어'의 문법적 형식을 취한다. 아리스토텔레스의 전통에 따르면, 황금산이라는 실체가 있고, 황금색이라는 속성이 그 실체에 귀속된다는 것이다. '이 장미는 붉다'는 붉다는 속성이 이 장미라는 실체에 귀속된다는 의미이고, '그녀는 쌀쌀하다'는 쌀쌀하다는 속성이 그녀에게 귀속된다는 것이다. 그러니까 '황금산은 황금색이다', '이 장미는 붉다', '그녀는 쌀쌀하다'라는 문장은 '황금산은 황금색이다', '이 장미는 붉다', '그녀는 쌀쌀하다'라는 현실 혹은 사실과 구조적으로 일치한다는 것이다. 언어와 현실 사이의 구조적 일치 혹은 대응이야말로, 인간이 이 세상에서 생존할 수 있는 가장 근본적인 법칙이면서 동시에 서양철학이 가능했던 최초의 그리고 최고의 원리였다. 언어가 실재와 일치 혹은 대응하지 않으면, 우리가 어떻게 세상을 이해하고, 자연 법칙을 찾아낼 수 있었겠는가? 세상에 수많은 믿음이 있지만, 이 믿음처럼 인간의 삶에 중요하고 근본적인 믿음이 없다고 해도 과언이 아니다.

그러나 이 믿음을 러셀이 철학적 분석의 방법을 통해 무너뜨리고 말았다. 언어의 문법적 형식과 존재의 논리적 형식이 일치하지 않는다는 것이다. 그런데 언어의 문법적 형식과 존재의 논리적 형식이 일치하지 않는다는 것을 밝혀낸 것이 왜 그렇게 중요할까? 그것은 앞에서 말한 것처럼 언어가 존재하는 이유와 목적과도 연결되는데, 인간이 언어를 통해 세계에 대한 이해와 지식을 확보하는 데 있다. 즉 언어가 인간과 세계 사이를 매개해서 인간이 세계 속에서 생존하고 번영하는 데 필요한 도구로 사용되는 것이다. 그런데 그렇게 하기 위해서는 언어와 세계 사이의 일치 혹은 대응이 이루어져야 한다. 세계는 이러이러한데, 언어는 저러저러하다면 둘 사이에 일치가 이루어지지 않고, 세계를 있는 그대로 표상한다는 언어의 본래적 기능은 수행되지 않는다. 따라서 언어와 세계 사이의 일치 혹은 대응은, 인간의 세계에 대한 이해와 지식의 기본적이면서 필수적인 요건이 된다.

서양철학자들은 오랫동안 언어의 이런 요건을 중요하게 생각하고, 인간의 언어가 세계를 있는 그대로 표상한다고 믿었다. 이 믿음이 없으면 철학은 물론, 과학, 정치, 경제, 문학, 심지어 예술까지 불가능해진다. 그런데 언어와 세계 사이의 일치 혹은 대응이란 무엇인가? 무엇에 대한 일치이며 대응인가? 바로 형식과 내용에 대한 것이다. 형식이란 용어는 워낙 포괄적이어서 몇 마디로 정의하기가 어렵지만, 쉽게 말하면 구조, 설계, 프레임워크에 가깝다. 가장 대표적인 예는 수학에 있다. 수학의 수식과 수식들 사이의 관계, 기하학의 도형과 도형들 사이의 관계 등 수학적 형식이 형식의 가장 전형적인 예이다. 노트르담 성당과 같은 거대하고 복잡한 건축물의 건설은 먼저 설계도면에서 시작한다. 도면에 따라 기둥을 넣고 벽을 쌓음으로서 성당건물이 완성된다. 노트르담 성당의 설계도면은 그 성당의 구조, 즉 어떤 수학적 형식으로 지어졌는지를 보여준다. 노트르담 성당이 불에 탔을 때, 프랑스 대통령이 성당을 그대로 복원할 것이라고 선언했다. 자세한 설계도와 사진들이 남아있기 때문이다. 설계가 잘못된 경우에는, 성당을 지을 수가 없을 뿐만 아니라, 지었어도 금방 무너지고 말 것이다.

그런데 서양철학자들은 오랫동안 언어의 문법적 형식이 존재의 논리적 형식과 일치 혹은 대응한다고 보고, 언어의 문법적 형식에 따라서 존재의 논리적 형식을 규명하려고 노력했다. 대표적인 경우가 다음과 같다.

주어 + 술어 = 실체 + 속성

등식의 왼편은 언어, 특히 영어, 독일어 등 서양언어의 문법적 형식이고, 등식의 오른쪽은 세계의 논리적 형식이다. '이 장미는 붉다'는 이 장미라는 실체가 붉음의 속성을 갖는다는 것을 의미한다. 서양철학자들은 이 등식이 옳다고 믿고, 세계를 구성하는 존재론적 범주의 근본을 실체와 속성으로 규정했다. 당신과 나는 모두 하나의 실체이고, 나는 이 글을 쓰고, 당신은 이 글을 읽는다는 속성을 갖고 있다. 세상에 대한 모든 지식, 설명, 학문은 기본적으로 이 실체와 속성, 실체와 실체 사이, 속성과 속성 사이의 관계에 대한 연구이다.

그런데, 현대 분석철학 특히 언어와 논리를 통한 철학적 분석은 이러한 전통적 믿음 혹은 신앙이 더 이상 유지할 수 없게 만들었다. 언어와 존재의 구조적 일치 혹은 논리적 형식의 일치는 처음부터 존재하지 않는다는 것이다. 언어의 의미와 논리적 형식에 대한 무지에서 비롯한 오해라는 것이다. 그리하여 우리가 할 것은 언어의 의미와 논리적 형식을 분명하게 하는 일이다. 우리가 언어분석철학을 해야 할 이유이다.

재현 교수님 질문 있는데요. 교수님께서는 언제나 서양철학의 가장 큰 전제는 언어와 존재 사이의 대응에 있다고 말씀하셨어요. 언어가 존재를 있는 그대로 드러낸다 혹은 보여준다는 전제에 근거하여 언어로 사고를 하고 이론을 확립하여 철학을 한다고 하셨어요. 그런데, 지금 교수님께서는 러셀의 확정기술구이론을 예로 들면서, 언어의 문법적 형식과 존재의 논리적 형식이 반드시 일치하지 않는다고 말씀하셨어요. 그리고 이 점이 분석철학의 가장 큰 공헌처럼 강조하셨어요. 만일 러셀의 주장이 옳으면, 우리는 언어를 사용하여 세계를 있는 그대로 묘사하고 이해할 수 없는 것 아니에요?

교수 아주 좋은 질문이다. 분석철학의 핵심을 꿰뚫는 질문이고, 언어와 존재 사이의 관계에 대한 본질을 들여다보는 질문이다. 민재의 질문에 대한 내 대답은 이렇다. 첫째, 철학자들이 오랫동안 언어의 문법적 형식이 존재의 논리적 형식을 있는 그대로 보여준다고 생각한 것은 잘못이고, 그 잘못을 기호논리학을 사용하여 밝힌 것이 현대 언어분석철학이다. 언어분석철학의 일차적 공헌은, 철학의 오래된 잘못을 지적하고 그 점을 철학자들이 유의하여 앞으로 그런 잘못을 저지르지 않도록 경고를 준 점이다. 내가 언어분석철학 이후의 철학이 그 이전의 철학과 같을 수 없다고 말한 것도 이런 배경이다. 둘째, 앞으로의 철학자들은 철학을 함에 있어서 언어의 문법적 형식에 얽매이지 말고, 논리적 분석을 통해서, 언어의 문법적 형식 배후에 가려져 있는 그 논리적인 형식을 찾아내어 철학적 사고를 하라는 것이다. 그렇게 해야만, 언어의 논리적 형식이 존재의 논리적 형식을 드러내어, 존재 혹은 세계의 논리적 형식, 즉 구조를 밝힐 수 있다는 것이다. 이 점이 언어분석철학이 철학의 역사에 제공하는 가장 큰 교훈이다. 세계의 구조, 그 논리적 형식을 제대로 드러낼 수 있는 길을 제시했기 때문이다.

철학을 어떻게 할 것인가?

철학을 어떻게 할 것인가? 이 질문은 하나의 질문 같아 보이지만, 사실은 두 가지 다른 질문들을 품고 있다. 하나는 철학이라는 학문을 두고 어떤 태도나 입장을 취할 것인가 하는 질문이고, 다른 하나는 철학이라는 학문에 관심을 갖고 있는데 어떤 방법으로 시작하는 것이 좋은가 하는 질문이다. 첫 번째 질문은 철학 바깥에서 하는 질문이고, 두 번째 질문은 철학 안으로 들어와서 하는 질문이다. 철학을 할 것인가 말 것인가의 문제와, 철학을 어떻게 하면 잘 할 수 있을지의 문제이다.

첫 번째 질문에 대해, 철학을 반세기 가량 해 온 나로서는 철학하는 즐거움과 그 혜택을 잘 알기 때문에 "한번 해 보세요"라고 대답하고 싶다. 그런데 그것은 어디까지나 철학을 직업으로 해온 내 생각이다. 승마를 해볼까 말까 생각하는 사람에게 하지 말라는 승마교사가 어디 있으며, 교회에 나갈까 말까 고민하는 사람에게 나오지 말하는 목사가 어디에 있겠는가? 세상에는 철학이 아니고도 즐거움과 혜택을 주는 취미와 일들이 많다. 철학을 하지 않고도 즐겁고 보람 있게 사는 길은 많이 있다. 먹고 사는 일에 별로 도움이 되지도 않고, 어렵기로 소문이 나 있는 철학을 굳이 할 이유가 어디에 있는가 생각할 수도 있다. 철학은 철학하는 사람들이나 하라고 하고, 그럴 시간에 차라리 등산을 하고 바다에 낚시나 하러 가는 것이 낫다고 생각하는 사람이 있을지도 모르겠다.

그런데 문제는 그렇게 단순하지가 않다. 당신이 역사에서 벗어날 수 없듯이, 철학에서도 벗어날 수 없기 때문이다. 당신이 한국과 세계의 역사 속에서 살아오고, 그 역사의 물결에 실려 흘러오고 있는 것처럼, 당신은 한국과 세계의 철학 사조 속에서 살아오고 있다. 역사의 흐름 속에 살고 있다는 것에는 동의하지만, 철학의 사조 속에 살고 있다는 것에는 동의하지 않는 사람이 있을지 모르겠다. 그러나 그것은 사실이다. 역사와 철학은 당신에게 보이는 방식이 다르다. 역사적인 사건들은 중·고등학교에서 역사 시간에 많이 배우고 익혔다. 역사소설도 읽고, TV에서 〈불멸의 이순신〉 같은 역사극을 보기도 한다. 역사는 바다의 표면 같아서 그 파도와 조류가 상당 부분 우리 눈에 보인다. 그러나 철학은 그렇지 않다. 중·고등학교에서 '철학'이 수학이나 영어처럼 따로 과목으로 만들어서 교육하는 일이 없고 그 사상이 소설이나 드라마로 제작되어서 출판되거나 방송된 일도 별로 없다. 그러나 철학 사조는 심해의 해류 같아서 해면의 파도와 조류 아래에서 면면이 흘러왔고 지금도 흐르고 있다. 역사의 출렁거림은 눈에 들어오지만, 철학의 출렁거림은 눈에 들어오지 않는다. 그러나 표층 해류의 방향과 속도가 심층 해류에 의해서 결정되듯이, 역사적인 사건들의 흐름도 철학적인 사상들에 의해 방향과 내용이 결정된다.

역사뿐만이 아니다. 당신은 수학과 물리학의 법칙을 벗어날 수도 없다. 다만 그것들을 접할 기회가 없어서 혹은 당신의 관심 밖에 있어서 그런 사실이 있는 줄을 모르고 살아왔을 뿐이다. 인간의 문명 속에는 이렇게 심해의 해류 같은 지적 분야들이 있었다. 종교, 예술, 과학이 그렇다. 이들은 인류의 문명, 문화, 역사의 방향과 그 흐름을 결정한 분야들이다. 이 분야들 중에는 예술과 종교 같이 삶의 표면에 상당 부분 드러나는 경우도 있지만, 철학이나 과학처럼 표면에 잘 드러나지 않고,

드러나더라도 일반인들이 알아보기 쉽지 않는 경우도 있다. 그러나 그 활동과 영향이 표면에 드러나지 않는다고 그것들이 존재하지 않는 것은 아니다. 바다 속의 생명체나 바다 위를 항해하는 선박에게 심해의 해류처럼 더 근본적이고 중요한 작용을 하고 영향력을 미치는 것은 없듯이, 종교, 예술, 과학, 철학은 지난 수천 년간 인간의 삶의 방향과 내용을 결정하는 가장 중요한 힘으로 작용해왔다.

사실 당신이 철학을 하고 안 하고는 철학에게는 별로 중요하지 않다. 당신 없이도 철학은 잘 해왔고, 앞으로도 잘 할 것이다. 다만 당신은 물론 당신 주위 사람들의 사고방식과 가치관을 결정해 온 철학이라는 학문에 대해 어떤 태도와 선택을 할 것인가는 당신에게 달렸다.

다만, 한 가지 권하고 싶은 것이 있다. 자기가 살고 있는 세상을 지금과 같은 세상으로 만든 사상 혹은 정신이 어떤 것인가를 고민해보라. 그러면 당신이 어떤 존재이며 어떤 삶을 살고 있는지를 아는 데 도움이 될 것이다. 인간의 지능을 다섯 종류로 분류한 하버드대학교의 어떤 심리학 교수는 여러 종류의 지능들 가운데, 본인이 어디에 어떤 상황에 있는지를 아는 지능이 가장 중요하다고 말한다. 다른 지능들을 통합, 관리하는 역할을 하기 때문이다. 이 지능이 발전하지 않으면, 다른 지능들이 아무리 우수하더라도, 그 기능들을 제대로 발휘할 수 없다는 것이다. 본인이 삶의 어떤 위치에 있는지, 본인의 삶이 어떤 방향으로, 무엇을 향해서 가고 있는지, 본인의 삶의 의미가 어디에 있는지를 아는 것은 당신의 인생에 결정적으로 중요하다는 것이다. 그리고 철학만큼 이런 문제에 도움 되는 분야는 없다. 당신은 어차피 당신 시대의 철학 사조 속에 속해 있다. 당신이 어떤 바다의, 어디쯤에서 어디로 가고 있는지를 아는 것이, 당신과 당신의 삶에 중요하지 않겠는가?

철학을 어떻게 할 것인가의 두 번째 문제로 넘어가자. 당신은 철학에 관심을 갖고, 일단 그 속을 한번 들여다보기로 했다. 처음으로 철학이라는 것을 해보는 당신이다. 철학을 어떻게 하는지 그 방법을 전혀 모른다. 어떻게 하는 것이 좋을까?

한국에는 네 종류의 철학이 있다. 첫째는 순수이론철학이다. 순수하다는 것은 철학을 위해 철학을 한다는 뜻이다. 순수하게 이론적 관심으로 철학을 하는 경우를 말한다. 주로 대학의 철학교수들이 이런 철학을 한다. 형이상학, 인식론, 윤리학, 논리학 같은 철학의 핵심 분야의 문제들에 대한 탐구를 한다. 둘째는 응용철학이다. 응용한다는 것은 철학의 이론을 철학이 아닌 다른 분야에 적용해서 활용한다는 뜻이다. 종교철학, 예술철학, 과학철학, 사회철학, 교육철학, 법철학, 생명철학 등 많은 분야가 있다. 응용철학은 주로 두 종류의 사람들이 한다. 철학자 중에 종교, 예술, 과학 등의 다른 분야에 관심을 갖고 그 분야에 대한 철학적 탐구를 하는 경우와, 그런 분야에 종사하는 사람들이 자기가 전문으로 하고 있는 분야의 철학적 관련과 배경에 대해서 관심을 갖고 철학을 하는 경우이다. 철학의 사회적, 역사적 영향은 주로 응용철학 분야를 통해 이루어졌다. 긍정적인 경우도 있지만, 부정적인 경우도 있었다. 인간의 평등과 기본권 사상이 민주주의의 기틀이 되기도 하고, 사회주의의 정신이 되기도 했다. 셋째는 통속철학이다. 통속적이란 전문가가 아닌 일반 대중들에 속해 있거나 관련되어 있다는 뜻이다. 통속소설이 있듯이 통속철학이 있다. 철학을 전문으로 하지 않은 일반인 혹은 직업인들이 철학이라고 생각하는 철학이다. 시인, 소설가, 화가, 음악가, 목사, 승려 등 인문, 예술, 종교 분야에 종사하는 사람들이 소위 '인생철학'이라고 불리는 철학을 하는 경우가 이 종류에 속한다. 네 번째는 사이비철학이다. 철학도 아니면서 철학인 것처럼 행세하는 가짜 철학이다. 길거리에서 흔히 보는 '철학원'이 이에 속한다. 사주四柱를 보고 팔자八字를 예측하면서 생활하는 점쟁이 등의 철학이다. 한국에는 대학생, 기업인, 전문직에 속하는 소위 지식인들도 점을 보러 다닌다고 한다. 기독교나 불교신도들도 점을 보러 다니는 현상은 한국에서만 볼 수 있는 기이한 경우가 아닌지 모르겠다.

순수이론철학은 철학 전문가들이 할 일이기 때문에 여기에서 추천할 사항은 아니다. 응용철학은 앞에서 말한 분야에 속한 전문가들이 할 만한 혹은 할 필요가 있는 철학이다. 그런 전문가들이 본인의 분야와 관련된 철학을 하면 두 가지 장점이 있다. 하나는 자기 분야의 이론들의 사상적 배경과 근거에 대한 감각과 지식을 갖게 되고, 다른 하나는 그 동안 본인이 당연하다고 받아들여 온 주장들에 대한 반성적 혹은 비판적 지평이 열릴 수 있다. 본인이 전문으로 하는 분야에 대한 보다 깊은 이해와 검토의 길이 열릴 수 있다는 말이다.

통속철학은 누구나 할 수 있다. 우리가 대중음악을 부를 수 있는 것처럼, 통속철학도 누구나 할 수 있다. 이때의 철학은 이론적인 문제보다는 실천적 문제를 다루는 경우가 많지만, 유념할 것은 생각나는 대로 아무 말이나 하는 것이 철학은 아니라는 것이다. 먼저 엄밀하게 생각하고, 논리적으로 추론할 필요가 있다. 본인이 살면서 경험하고 생각한 것을 다른 사람에게 말이나 글로 내보이고, 서로 대화하고 토론하는 것은 철학이 우리에게 줄 수 있는 즐거움 가운데 하나이다. 이런 철학을 통해 삶에 대한 지혜나 인간에 대한 혜안을 넓히고 심화할 수 있다.

마지막으로, 사이비철학이 있는데, 철학이라는 이름이 처음부터 들어가지 말았어야 하는 가짜 놀음이다. 철학자인양 하면서, 일반 대중을 현혹하고, 자신의 유익을 취하는 사람들이 점쟁이 외에도 없지 않아 보인다. 한국 철학의 발전에 해악이 되는 요소들이다.

철학하는 데에도 경향성이 있다. 여기에서는 몇 가지만 언급하겠다.

먼저 수학적, 논리적 성향으로 철학하는 사람들이 있다. 서양철학에서 이런 경우가 많은데, 대표적으로 플라톤, 데카르트, 라이프니츠, 러셀, 프레게 등이다. 수학을 하다가 철학에 관심을 둔 경우와 철학을 하다가 수학에 관심을 둔 사람들이다. 만일 당신이 수학에 관심이 있으면, 논리학과 수리논리학에 관련된 책들을 한번 읽어보기 바란다. 논리적 계산도 수학적 계산만큼 재미있고, 잡다한 세상의 고민을 잊게 하는 효과가 있다.

물리학, 화학, 생물학 등 자연과학에 종사하면서 철학에 관심을 가졌던 철학자들도 있다. 아리스토텔레스, 데카르트, 칸트, 베르그송, 현대 과학철학자들이 대표적이다. 당신이 만일 이 분야에 관심이 있으면, 이런 철학자들의 저서와 과학철학에 대한 이론들을 한번 읽어보기를 권한다. 놀랍고도 흥미로운 이론들을 접할 수 있을 것이다.

정치, 사회, 경제 등에 관심을 갖고 철학을 한 사람들도 있다. 플라톤, 로크, 칸트, 헤겔, 루소, 사르트르 등이 대표적이다. 이런 철학자의 사상은 많이 알려져 있지만, 실제로 그들의 저서를 읽어 보면 지금까지 알았던 것 보다 훨씬 깊고 체계적인 세계에 대한 이해와 지식을 가질 수 있다. "모든 인간은 평등하게 태어났다"라고 선언한 토마스 제퍼슨도 로크 등 계몽주의 사상의 영향을 받았다.

예술, 특히 미술과 음악 쪽에 관심을 갖고 철학을 한 사람들도 있다. 미학을 개척한 아리스토텔레스를 비롯하여 칸트 등이 대표적이다. 현대에 들어서는 미학이 예술철학의 분야로 발전해서 많이 탐구되고 논의된다. 서양미술사는 서양철학과 깊은 관계를 가지면서 변화, 발전해왔다. 고전주의로부터 낭만주의를 거쳐 현대의 구조주의와 해체주의에 이르는 예술사적 변화는 서양철학의 형이상학과 인식론적 세계관의 영향을 받은 바가 적지 않다. 그 철학적 배경과 사상을 알고 박물관에서 회화를 보고, 음악을 듣는 것도 즐거운 경험일 수 있다.

마지막으로 한 가지 언급하고 싶은 것은, 철학함의 혜택은, 먼저는 지식과 지혜이지만, 그만큼 혹은 그 이상으로 중요한 것은 즐거움이다. 철학이 아무리 깊은 지식과 높은 지혜를 준다고 하더라도, 즐겁지 않으면 할 가치가 없다는 것이 내 소신이다. 그런데 한 가지 보장할 수 있는 것은, 철학의 즐거움은 다른 어떤 분야에서 얻는 즐거움보다 강렬하고 심오하고 지속적이라는 것이다. 철학은 높은 산에 올라서 아래 세상을 내려다보는 것 같은 트인 시야와 즐거움을 준다. 공자의 《논어》, 노자의 《도덕경》, 플라톤의 《대화편》, 데카르트의 《방법서설》, 칸트의 《순수이성비판》, 니체의 《차라투스트라는 이렇게 말했다》 같은 책을 밤늦게 읽다가, 혼자 방을 나와서 밤하늘에서 반짝이는 별들을 바라보라. 황홀한 향기 같은 것이 당신을 감싸는 듯한 느낌을 경험할 수 있을 것이다.

정성호 교수의 철학 강의실

초판 1쇄 발행 | 2023년 9월 15일

지 은 이 | 정성호
펴 낸 이 | 이은성
편   집 | 김하종
디 자 인 | 파이브에잇

펴 낸 곳 | 필로소픽
주   소 | 서울시 종로구 창덕궁길 29-38, 4-5층
전   화 | (02) 883-9774
팩   스 | (02) 883-3496
이 메 일 | philosophik@naver.com
등록번호 | 제2021-000133호

ISBN 979-11-5783-306-1 93100

필로소픽은 푸른커뮤니케이션의 출판 브랜드입니다.